민주주의

민주주의

초판 1쇄 발행 2016년 4월 7일
지은이 | 최동환
펴낸이 | 이의성
펴낸곳 | 지혜의나무
등록번호 | 제1-2492호
주소 | 서울시 종로구 관훈동 198-16 남도빌딩 3층
전화 | (02)730-2211 팩스 | (02)730-2210
ⓒ최동환
ISBN 979-11-85062-12-9 03380

저자 이메일 : webmaster@hanism.com
저자 홈페이지 : http://www.hanism.com

민주주의Democracy란 무엇인가

민 주
주 의

최동환 지음

지혜의나무

목차

제3장 초연결시대 민주주의와 생명의 과정

저자서문

1. 지난 3천 년간 민주주의를 설명한 철학자도 이론서도 없었다.

놀랍게도 지난 3천 년간 동서양을 통해 단 한사람의 철학자도 민주주의의 이론체계를 제시한 바가 없었다. 현재까지 이것이 민주주의 국가를 작동시키는 설계원리이며 실행방법이라고 설명하는 단 한 권의 책도 없었다.

민주주의는 다수인 국민 <u>스스로가 스스로를</u> 지배하고 국민 <u>스스로가 스스로에게</u> 지배받는 정치제도이다. 따라서 모든 주권과 권력은 국민에게 있다. 반면에 과두주의는 소수의 지배자가 다수의 민중을 지배하는 정치제도이다. 한명의 지배자가 민중을 지배할 때 독재주의이다.

플라톤 이후 2,500년간 서양은 이원론과 수직적 계급구조의 독재주의와 과두주의의 철학과 정치가 철통같이 지배하고 있었다. 화이트헤드가 그의 『과정과 실제』에서 플라톤에 대해 이렇게 말한 것은 참으로 옳다.

> 유럽의 철학적 전통을 가장 확실하게 일반적으로 특징짓는다면 그것은, 그 전통이 플라톤에 대한 일련의 각주로 이루어져 있다는 것이다. (화이트헤드, 2001)

지난 서양철학 2천 5백 년 동안 수많은 철학자들이 자신이 처음 발견한 이론이라고 주장한 것들 모두를 하나하나 추적해보면 그것들은 모두 그 꼭대기에 있는 플라톤의 철학의 한 부분에 대한 보충설명으로서의 각주脚註에 지나지 않는다는 것이다. 그러니까 모든 서양철학자가 플라톤 철학의 한 갈래이고 그 플라톤이 주장한 것은 자기 파괴적인 이원론을 바탕으로 한 수직적 계급구조의 독재주의獨裁主義 내지는 과두주의寡頭主義이다.

세계사에서 수많은 혁명가와 정치가, 철학자, 법률가, 문필가들이 민주주의를 주장했지만 그 내용들이 민주주의가 아니라 단지 독재주의나 과두주의에 지나지 않았던 이유가 바로 이것이다.

따라서 플라톤 이후 지금까지의 정치제도들은 한 명 또는 소수가 주권과 권력을 독점하는 독재주의와 과두주의의 여러 갈래일 뿐 정작 국민이 주권과 권력을 가지는 민주주의를 실현하는 정치제도는 처음부터 존재하려야 할 수 없었다는 말이다.

오늘날 세계적으로 민주주의라는 용어처럼 흔한 용어도 없다. 그러나 지난 3천년동안 동서양을 통틀어 민주주의의 이론체계와 그 실행방법에 대해 체계적으로 설명한 철학자가 단 한 사람도 존재할 수 없었다는 이 참담하고 허무한 현실에서부터 우리는 다시 시작해야만 한다.

이제 우리가 맞고 있는 이 4차 산업혁명의 시대 또는 초연결시대는 먹지도 않고 자지도 않으며 쉬지 않고 노동만하는 인공지능, 로봇 등의 과학기술이 인간의 직업을 대신하고 있다. 이제 대량실업은 누구도 막을 수 없는 현실로 다가와 있다. 그렇다면 이 시대를 살아가야 하는 우리 인간은 어떤 직업을 가져야 하는 지에 대해 심사숙고해야하지 않겠는가?

오늘날은 일자리를 창출하는 제3의 길로 적극적 복지를 이루겠다는 기든스의 주장은 이미 실현불가능한 과거의 유물이 된지 오래이다.

과거 고대 아테네와 로마에서 쏟아져 들어오는 노예들에게 시민의 일자리를 모두 빼앗겼던 실례가 오늘 우리의 현실이 되고 있다. 아테네는 시민이 모두 정치가가 되어 시민 스스로 국가를 다스리고 스스로에게 다스림을 받는 민주주의를 채택하여 국가의 공직公職에서 풍부한 일자리를 만들어냈다. 반면에

로마의 민중은 스스로의 주권을 한 명 또는 소수의 지배자에게 빼앗기고 대신 공짜 빵을 먹으며 원형경기장과 공중목욕탕에서 빈둥거리는 삼류건달이 되었다. 이제 우리는 아테네와 로마 둘 중에 하나를 선택해야만 한다.

2. 대의민주주의는 노예제도인가?

오늘날 동서양을 막론하고 정치인들과 학자들이 저지르는 가장 뻔뻔스럽고 터무니없는 거짓말은 대의민주주의代議民主主義를 민주주의라고 우기는 일이 아닐까?

"다수가 결코 지배할 수 없다면 민주주의는 존재하지 않는다. 그러므로 사실상 우리가 민주주의라고 부르는 것은 소수 지배의 겉모습에 지나지 않는다"(로버트 달, 2008). 그러니까 우리 모두가 국민이 주권과 권력을 가지는 민주주의라고 철석같이 믿어온 정치제도 대의민주주의는 단지 소수가 주권과 권력을 가지는 과두주의에 지나지 않는다는 말이다.

프랑스혁명의 바탕을 제공한 루소는 1762년 그의 저서『사회계약론』에서 이에 대해 분명하게 밝히고 있다. "주권은 양도될 수 없다는 것과 같은 이유에서 대변될 수는 없다" (루소, 1987)는 분명한 목소리로 주권자가 아니라 대표자나 중간 매개자에 의해 움직이는 대의민주주의를 부정하고 있다. 따라서 루소는 지금 마치 민주주의라도 되는 것처럼 전 세계에서 의심 없이 받아드리고 있는 대의민주주의를 다음과 같이 자유를 박탈하는 명백한 노예제도로 규정하고 있다.

영국 국민은 스스로 자유롭다고 생각하고 있다. 그러나 그들은 크게 착각하고 있는 것이다. 그들이 자유로운 것은 오직 의회의 대의원을 선출할 때뿐이며 일단 선출이 끝나면 그들은 다시 노예가 되고 존재하지 않게 된다. 그들이 자유를 누리는 짧은 기간 동안에 그 자유의 행사行使는 정녕 자유를 상실하기에 합당한 것이다. (루소, 1987)

우리나라는 1980년대에 군부독재를 무너뜨리고 선거로 지도자를 뽑게 된 것을 민주화라고 하여 마치 국가의 주권과 권력을 국민이 가지는 민주주의를 이루기라도 한 것처럼 생각하고 있다.

프랑스의 정치학자 자크 랑시에르가 우리나라를 방문한 후 프랑스 신문과의 인터뷰에서 "오늘날 우리는 민주주의에 별로 큰 가치를 두고 있지 않지만, 한국인들은 그들이 군사정권을 무너뜨린 데에 대해 큰 자부심을 갖고 있으며 현재 그들이 실현하고 있는 민주주의에 엄청난 의미를 부여하고 있다" (자크 랑시에르, 2010)라고 말한 것은 옳다.

그러나 우리가 1980년대에 군사정권을 무너뜨리고 이루어낸 민주화는 결코 민주주의를 이루어낸 종착점일 수 없다. 우리는 이제 이 민주화를 국민이 국가의 주권과 권력을 가지는 민주주의를 이루기 위한 길고도 험난한 과정의 첫걸음인 시작점에 불과하다고 말하는 것이 옳을 것이다.

다시 말하면 우리는 우리나라가 지금부터 이루어 나가가야 할 민주주의의 목표를 이미 30여 년 전에 이루어낸 결과로 착각한 것이다. 그것도 한 두 명이 아니라 나라 전체가 집단적으로 착각한 것이 아닌지 우리는 스스로에게 물어볼 필요가 있다.

민주주의의 이론체계를 정확하게 알아야 민주주의를 이루겠다는 포부가 생길 것이고, 민주주의를 이루겠다는 목표를 가질 수 있을 때 민주주의를 이루어야 한다는 책임감도 생기지 않겠는가?

그러나 우리나라는 정작 모든 것에 앞서 알아야 할 민주주의의 이론체계조차 알려고 하지 않았고, 추구해야 할 목표인 민주주의 자체를 그 첫걸음에서부터 잃어버리고 말았다. 그리고 저 자기 파괴적이고 시대착오적인 대립과 분열의 정치투쟁이 마치 민주주의를 위한 것이라도 되는 것처럼 우리 민족의 고귀한 피와 땀과 눈물을 한도 끝도 없이 요구하고 있다.

우리는 무언가 근본적인 핵심을 놓치고 지엽말단을 본질로 알고 그동안 받들어 모시고 있는 것이 아닐까? 투표로 지도자를 선출하는 대의제가 민주주의와 반대되는 소수가 주권과 권력을 가지는 과두주의가 된다는 것은 랑시에르의 말처럼 사실상 정치학의 상식이다.

> 대의제는 공공영역을 담당할 권한을 가진 소수가 전체를 대표하는 것이어서, 이의의 여지없이 과두제의 형태를 갖게 된다. 대의제의 역사를 살펴보게 되면 항상 신분, 계급, 재력 등이 우선적으로 대표성의 기초가 되고 있다는 점을 발견할 수 있다. (자크 랑시에르, 2010)

우리는 너나없이 모두 사람이다. 이 근본적이고도 중요한 사실을 자기 파괴적인 과두주의와 독재주의에서는 존중하지 않고 있다. 국가의 주권과 권력을 국민이 가지는 민주주의는 사람 사는 세상을 사람답게 살아보자는 정치제도이다.

독재주의는 한 명만이 최고로 존엄하며 과두주의는 소수만이 최고로 존엄하다. 그러나 민주주의는 국민 전체가 모두 최고로 존엄하다.

그러나 그동안 우리는 정치제도를 민주주의로 바꾸려는 노력보다는 정치인을 바꾸면 세상이 달라질 것으로 착각한 것이 아닌지 우리 자신에게 물어볼 필요가 있다.

과연 우리 모두는 한 명이나 소수의 존엄한 지배자의 노예인가 아니면 우리 모두가 모두 최고로 존엄한 존재인지를 우리 자신에게 물어본 일이 있었던가?

그동안 정치가와 학자들은 민주주의라는 이름으로 민중을 즐겁게 해줌으로써 명성과 권력과 인기를 얻고, 그 반대편에서는 대의代議가 의미하는 이원론의 수직적 계급구조로 최상위 권력과 돈을 가진 소수의 지배자들에게 아첨함으로써 과두주의를 더 세련되게 유지하는 일에 계속 성공하고 있는 것이 아닐까?

3. 민주주의 혁명은 이미 스마트 폰, 스마트 카 그리고 허브공항과 허브항만에서 시작하고 있다.

인류의 역사에서 완전히 사라진 민주주의의 이론체계가 오늘날 세계를 선도하는 새로운 자기조직적인 플랫폼platform 생태공동체를 운영하는 구글과 삼성, 페이스북, 애플 등의 기업들의 경영방법에서 되살아나고 있다.

독재주의나 과두주의는 자기 파괴적인 이원론을 바탕으로 이른바 갑질이 저질러지는 수직적 갑을구조의 이론체계이다. 반면에 민주주의는 자연의 생태공동체와 같이 생명의 과정원리를 바탕으로 하는 수평적 평등구조의 자기조직화 이론체계이다. 이 민주주의의 원리가 전혀 생각지도 못했던 세계를 선도하는 기업들이 사용하는 플랫폼 생태공동체에서 그 모습을 드러내고 있는 것이다.

이제 우리는 이 시대에 소리 없이 세계를 움직이기 시작한 민주주의의 혁명을 알기 위해서는 대학이나 정치권이 아니라 지금 이 순간 전 세계에서 가장 거대한 자금과 권력과 인재가 집중되며 가장 경쟁이 치열한 글로벌 기업들을 주의 깊게 살펴볼 필요가 있다. 왜냐하면 대학과 정치권에서 지난 3천 년간 마치 진리라도 되는 것처럼 받들어진 수직적 갑을관계의 독재주의와 과두주의의 고정관념을 극복하는 민주주의 혁명을 기대하기는 무리이기 때문이다. 우리는 그보다는 현실 세계를 지금 이 순간 작동시키고 있는 실제적인 원리를 정확하게 알 필요가 있다. 나아가 단순히 그 지식을 아는 것보다는 그 지식을 빠르고 정확하게 처리하고 작동시키고 운영하는 바로 그 새로운 방법을 알 필요가 있다.

가상과 실제를 통합함으로써 현재와 미래를 지배하는 제4차 산업혁명 또는 초연결시대를 선도하는 세계적인 거대 기업인 구글, 삼성, 페이스북, 애플 등이 어떻게 스스로를 작동시키고 운영하는가 하는 점이 좋은 실례가 될 것이다.

물론 미래의 플랫폼은 스마트 폰과 스마트 홈, 스마트 카 또는 가상현실(VR)은 물론 다른 어느 것이 새롭게 나타나 주도할지 알 수 없다. 따라서 우리는 플랫폼 생태공동체의 원리 그 자체를 이해하고 활용할 능력을 갖출 필요가 있다. 2014년 양면시장이론으로 노벨 경제학상을 수상한 장 티롤은 "기존 경제학에서 논의되어 왔던 완전 경쟁시장의 구조(단면시장, One-Sided Market)와 전혀 다른 시장, 즉 양면 시장(Two Sided Market)이 존재한다는 것을 이론적으로 증명한 것이다" (김진영, 2015).

티롤은 구글, 알리바바, 페이스북, 아마존 등의 기업이 10억, 수억, 수천만, 수백만 이용자들에게 무료로 서비스를 제공하고 그 이용자들을 필요로 하는 사업자들에게 광고를 팔거나 수수료를 통해 수익을 얻는 새로운 플랫폼 생태공동체를 설명한 것이다.

"양면시장이란 두 종류의 이용자(또는 사업자)가 특정한 플랫폼을 통해 상호작용함으로써 가치가 창출되는 시장이다. 플랫폼을 제공하는 사업자는 양측의 거래 또는 상호작용이 발생할 수 있는 환경을 제공하고 그 이용료를 양측 또는 어느 한쪽으로부터 받음으로써 수익을 얻는다" (김성환 외, 2008).

오늘날 사실상 플랫폼을 활용하지 않은 기업은 거의 없을 정도로 이미 전세계의 자본주의 경제를 작동시키는 근본원리로 자리 잡고 있다.

"하버드대학의 아이젠만(Thomas R. Eisenmann) 교수가 분석한 바에 따르면, 시가총액 기준 세계 100대 기업의 60% 가량이 플랫폼을 활용한 비즈니스를 하고 있다… 요컨대 정도의 차이만 있을 뿐 플랫폼을 활용하지 않는 기업은 거의 없다고 봐도 좋을 것이다" (최병삼 외, 2014).

그러나 이 플랫폼 생태 공동체 이론은 플라톤 이후 기존의 그 어떤 철학이론으로도 설명이 불가능하다. 이미 기존의 그 어떠한 철학자의 이론으로도 설명이 불가능한 새로운 플랫폼 생태 공동체 이론이 세계의 현실을 주도하며 지배하기 시작한 이 시대는 지난 3천년과 전혀 다른 차원의 철학이 전면적으로 세계를 움직이고 있음을 알게 해준다.

세계를 주도하는 기업들은 이미 플랫폼 생태공동체로 스스로를 자기조직화하며 지난 3천년간 동서양에 고정관념으로 지배해온 수직적 갑을구조의 자기 파괴적인 이원론의 철학이론을 뛰어넘고 있는 것이다. 이제 오늘날 전 세계의 기업들은 플랫폼platform이라는 민주주의적인 생태공동체를 만들지 못하면 세계적인 치열한 경쟁을 견디고 살아남기가 불가능해지고 있는 것이다.

나는 이제 그 모습을 드러내는 플랫폼 생태공동체가 바로 생명의 과정을 바탕으로 하는 자기조직화로 진행되는 민주주의 이론체계와 동일한 것임을 이 책에서 수식으로 수량화하고 도형화하고 부호화하고 철학이론으로 설명할 것이며 그것을 다시 과학적 실험데이터로 증명할 것이다.

그리고 이 기업논리의 플랫폼을 정치제도로서의 민주주의로 전환하여 설명할 것이다. 또한 스마트 폰, 스마트 시티, 스마트 국가를 예로 들어 설명할 것이다. 그렇다고 이 책에서 말하는 민주주의적인 생태공동체가 디지털기술로 경쟁하는 세계적인 기업들만 활용하고 있는 것은 아니다. 오히려 가장 아날로그적인 하드웨어의 영역인 공항空港과 항만港灣도 이미 새로운 민주주의의 혁명에 의한 경영원리가 생존과 번영을 결정짓고 있다.

즉 우리나라의 인천공항과 중국의 상해항만을 비롯한 세계적인 공항과 항만이 치열한 경쟁을 극복하기 위해 사용하는 허브와 스포크 Hub & spoke 이론 또한 플라톤 이후 지금까지 기존의 그 어떤 철학이론으로도 설명이 불가능하다. 그러나 이 이론도 민주주의의 생태공동체가 작동하는 생명의 과정원리 바로 그것이다.

이제 1차와 2차 산업혁명의 주인공인 자본주의는 20세기 후반 인터넷 등의 3차 산업혁명에 이어 비약적인 기술의 발달로 가상과 실제를 통합하는 4차 산업혁명 또는 초연결시대에 이르러 민주주의에게 빠른 속도로 그 자리를 내주고 있다. 민주주의의 혁명은 이미 이 세상 그 누구도 돌이킬 수 없는 세계사의 도도한 흐름이다.

4. 4차 산업혁명/초연결시대에는 민주주의의 원리를 알고 실행하는 기업은 살고 그렇지 못한 기업은 죽는다.

콜럼버스는 자신이 무엇을 발견했는지 전혀 알지 못했다. 마찬가지로 이 세상을 혁명적으로 바꾸고 있는 개인이나 집단 또는 물건은 정작 자신이 무엇을 바꾸고 있는지 모르는 경우가 역사에는 허다하다.

오늘날 스마트 폰, 스마트 카, 허브공항, 허브항만 등이 바로 그러한 예이다. 스마트 폰은 과거 산업시대의 기차역이 플랫폼 생태공동체를 만들어 도시로 발전하거나, GM의 알프레드 슬론이 1920년 대에 자동차 부품을 플랫폼 생태계로 만들어 세계적인 자동차 회사가 되었던 것과 같은 원리이다. 그러나 오늘날은 그와는 비교할 수 없을 정도로 거대한 규모로 플랫폼 생태공동체를 이루는 혁명을 일으키고 있다.

이 스마트 폰이 만드는 플랫폼생태계는 다시 제4차 산업혁명 또는 초연결시대를 이끄는 스마트 홈, 스마트 카, 스마트 공장, 스마트 시티, 스마트 국가로 발전하며 가상과 실제를 통합하며 지금까지와는 전혀 다른 차원의 초연결시대를 열어갈 것이다.

뿐만 아니라 과거 고대 아테네에 존재했던 민주주의도 플랫폼 생태공동체와 허브와 스포크 Hub & spoke 이론으로 발생했다. 무슨 말인 가하면 세계 최초로 알려진 고대 아테네의 민주주의는 당시 세계사를 결정적으로 바꾼 살라미스Salamis 해전의 승리에서부터 본격적으로 이루어졌다. 그리고 그 살라미스 해전의 주역은 삼단노선三段櫓船이었다. 그 고대 아테네의 민주주의를 본격적으로 촉발시킨 삼단노선三段櫓船이 바로 현재와 미래의 민주주의를 촉발시킬 스마트 폰과 스마트 홈, 스마트 카, 스마트 공장, 스마트 시티, 스마트 국가를 작동시키는 플랫폼 생태공동체의 자기조직화 원리로 진행되는 생명의 과정과 동일한 것이다. 그리고 또한 이 원리가 인천공항과 상해항만을 작동시키는 허브와 스포크 Hub & spoke 원리와 동일한 자기조직화 원리이다. 본문에서 자세히 설명하겠지만 이들은 모두 수직적 갑을관계를 극복하여 공동체가 스스로를 수평적 평등관계에서 자기 조직화하여 진행하는 생태공동체가 만들어내는 생명의 과정 원리이다.

과거 아테네 민주주의를 플랫폼 생태공동체의 원리인 삼단노선三段櫓船이 촉발시켰다면 오늘날 초연결시대의 민주주의를 스마트 폰과 스마트 홈, 스마트 카, 스마트 공장, 스마트 시티, 스마트 국가가 촉발시킨다는 사실은 조금도 이상한 일이 아니다. 세상은 과거나 지금이나 돌고 도는 것이며 태양아래 새로운 것은 아무 것도 없기 때문이다.

오늘날 스마트 폰이 이끄는 생태공동체는 스마트 홈, 스마트 카, 스마트 공장, 스마트 시티의 생태공동체로 이어지며 이들을 앞으로 어느 나라의 어떤 기업이 선도할지 지금으로서는 알 수 없다. 그리고 스마트 폰 생태공동체를 주도한 기업들 스스로는 꿈에도 바라지 않았었고 또한 지금도 조금도 바라지 않을 것이고, 아마 그것이 무엇인지도 알지 못했을 것이다. 그러나 그들은 자신이 만든 스마트폰의 플랫폼 생태공동체를 통해 지난 3천 년간 그 동서양의 그 어떤 철학자도 거들떠보지 않았던 민주주의의 원리를 회복하고 있다.

민주주의에 대해서 조금의 관심도 애정도 없이 냉정하고 계산적인 자본주의 논리로 움직이는 기업들이 인류의 희망인 민주주의를 자신도 모르게 발견하여 세계인의 삶 깊숙이 전파하고 있다는 현실에 대해 그다지 놀랄 필요는 없다. 관심과 애정을 가지고 살펴보면 우리가 살고 있는 이 세상은 의외로 대단히 흥미진진하고 역동적인 곳이니까…!

우리나라 학계의 좌파학자들 중 일부는 재벌 특히 그중에서 가장 비민주적인 특정재벌을 타도하여 민주적 통제에 두자고 공공연히 주장하기도 한다. 그들의 주장은 과연 상아탑에서 평생 공부한 학자답게 철옹성 같은 전문용어와 강한 설득력으로 무장하고 있다. 그러나 불과 얼마 전까지 세계를 호령하던 글로벌 기업 모토롤라와 노키아를 보라! 그들은 지금 어디에 있는가? 세계를 움직이던 그 세계적인 거대기업들을 미국의 민중이 타도하여 붕괴시켰는가? 아니면 핀란드의 민중이 타도하여 붕괴시켰는가?

이 세계적인 기업들을 하루아침에 타도하고 붕괴시킨 무시무시한 존재는 다름 아닌 민주주의이다. 그들 기업은 민주주의의 원리로 작동하는 자기조직적인 플랫폼 생태공동체의 원리를 받아드리지 않고 구태의연한 기존의 경영방법으로 기업을 움직였기 때문이다.

이제부터는 민주주의를 작동시키는 생태공동체가 만들어내는 생명의 과정 원리를 알고 실행하는 기업은 살고 그렇지 못한 기업은 죽는다. 동서고금의 역사에서 이보다 더 의미심장한 역설이 어디에 또 있을까?

우리나라의 삼성, 현대와 SK와 LG 등의 대기업들도 마찬가지다. 그 기업들을 장차 타도하고 해체하는 존재가 있다면 그것은 이미 소리 없이 세계를 움직이기 시작한 민주주의일 것이다.

무엇보다도 먼저 이들 기업 모두는 모두가 초연결시대의 자기조직화의 원리로 플랫폼 생태공동체를 이루어 스마트 홈, 스마트 카, 스마트 공장, 스마트 시티를 만드는 일을 선도하지 못한다면 노키아와 모토롤라 등과 같이 비참하게 몰락할 것은 불을 보듯 뻔하다. 이제는 아무리 민주주의를 싫어하고 미워하고 증오하는 냉정한 기업이라 해도 민주주의 혁명을 위해 앞장서지 않으면 생존할 수 없는 전혀 새로운 기업환경이 이미 보이지 않고 들리지 않는 가운데 세계를 지배하고 있는 것이다.

우리가 지금 살아가고 있는 이 세상이 이처럼 민주주의적이며 또한 역동적이라는 사실을 믿을 수 있겠는가? 그러나 이것이야말로 더도 아니고 덜도 아닌 현실이며 실제 그 자체이다.

장차 세계를 이끌고 세계의 중심이 될 스마트시티와 스마트국가가 단지 ICT 기술로 만들어지는 것으로 생각한다면 이만저만 잘못 생각하는 것이 아니다. 그보다는 자기조직화의 플랫폼 생태공동체를 움직이는 민주주의의 과정원리야말로 필수불가결의 근본적인 핵심원리가 되는 것이다.

5. 과학적 실험으로 증명된 민주주의 이론이 곧 플랫폼 생태공동체 이론과 Hub & spoke 이론, 양면시장 이론이며 또한 음양오행, 태극과 팔괘, 64괘, 366사 이론이다.

잉바르 카를손과 안네마리에 린드그렌은 『사회민주주의란 무엇인가』에서 이렇게 말한다.

마르크스주의 이론은 과학적이고 체계적인 구성물이다. 하지만 이것은 다른 모든 과학적 이론과 마찬가지로 과학적으로 검증되어야 한다. 즉 그 이론이 예견하는 것이 옳은지를 입증하기 위해서는 현실에 비추어 증명되어야만 한다. 이러한 비판적 검토를 해보면 이미 우리는 체계적 구성물로서의 마르크스주의가 세상의 발전을 설명하고 예견하는 데 있어서 1800년대에 개발된 다른 이론 체계들보다 특별히 더 타당성이 있지는 않다는 것을 알 수

있다. (잉바르 카를손 외, 2009)

마르크스의 이론은 추론된 판단을 개념화한 이론이지 실험을 통해 증명된 과학이론이 아니라는 말이다. 그리고 마르크스에게는 정말로 깜짝 놀랄 수밖에 없는 사실이 있다. 즉 마르크스는 자본주의 국가를 비판하는 일에는 누구도 감히 따를 자가 없었지만, 정작 사회주의 국가를 어떻게 세우고 운영하는지에 대해 아무 것도 설명한 바가 없다는 사실이다. 즉 남을 악으로 몰아세웠다고 자신이 자동적으로 선이 되는 것이 아니듯, 마르크스가 자본주의의 문제를 밝혀내는 일에 성공했다고 해서 사회주의 국가에 대한 아무런 설계도와 운영방법을 제시하지 않고도 사회주의가 자본주의의 대안이 되는 것은 전혀 아니었다.

"레닌이 인정한 대로, 마르크스의 저술 속에는 사회주의 경제에 관한 한마디의 말도 찾아볼 수 없다. 단지 각자는 능력에 따라 각자에게 배분되는 사회로부터, 각자에게 필요에 따라 각자에게 배분되는 사회로 라는 슬로건 밖에 없다"(칼 포퍼, 1982)는 것이다. 칼 포퍼는 또한

> 마르크스주의는 하나의 순수한 역사이론이다… 이론 그 자체는 러시아 공산당이 집권한 후 아무런 정책의 기초를 제공해주지 않았다…마르크스의 러시아 제자들은 처음에 그들이 당면했던 사회공학적 엄청난 문제에 전혀 준비가 안 되어있었다. 레닌이 곧 알아차린 바와 같이 마르크스주의는 실제적인 경제문제에 있어서 아무런 도움이 안 되었다.(칼 포퍼, 1982)

는 사실을 밝히고 있다. 마르크스주의를 과학이라고 주장하지만 과학적 실험으로 증명한 이론이 아니다. 또한 사회주의 낙원 내지는 이상사회를 주장하지만 그것을 어떻게 설계하고 운영할 것인지에 대해 마르크스는 아무 것

도 준비한 것이 없었다는 말이다. 그럼에도 불구하고 20세기의 마르크스주의자들은 과학일 수 없고 또한 아무런 설계도와 실행방법도 준비되지도 않는 사회주의 이론으로 전체 인류를 대상으로 한 정치적 실험을 폭력혁명을 통해 실행했다.

그러나 1960년대에 사회주의 국가들이 전 세계를 사회주의 폭력혁명의 공포로 몰아가던 바로 그때 프랑크푸르트학파 1세대의 아도르노는 분연히 떨치고 일어나 『부정변증법』에서 이미 이렇게 말했다.

공산주의가 집권만 하면 어디서나 관리체제로서 자신의 묘혈을 팠다는 점을 그들은 간과하지 않았다. 중앙집권적 국가정당 제도는 지난날 국가권력에 대한 관계로서 고찰한바 모두를 조롱하는 것이다.(테오도르 아도르노, 2008)

아도르노는 사회주의 국가들이 평등한 사회를 만든 것이 아니라 오히려 억압적인 일당독재─黨獨裁의 독단적 권력구조 국가를 만들었다는 사실을 정확하게 말한 것이다. 더 나아가 아도르노는 이렇게 말한다.

유물론이 한때 변혁하고자 했던 세상 못지않게 정치적 권력을 장악한 유물론도 그와 같은 실천에 스스로를 내맡겼다. 이 유물론은 의식을 이해하고 나름대로 변혁하는 대신 여전히 그것을 속박하고 있다. 테러리즘적 국가기구들은 이제 곧 50년이나 지속되어온 프롤레타리아트의─이들은 이미 오래 전부터 관리되고 있다─ 독재라는 뻔한 구실 아래 영구집권의 기구로서 안주한다.(테오도르 아도르노, 2008)

프랑크푸르트학파 제1세대인 저명한 아도르노가 밝힌 바와 같이 유물론을 바탕으로 하는 사회주의 국가들이 하나같이 "테러리즘적인 국가를 만들어 독재라는 뻔한 구실 아래 영구집권의 기구로서 안주"했다는 것은 이제 누구나 아는 상식으로서의 누구나 아는 역사적 사실이 되었다. 소련과 동구권이 무너지며 인류는 이제 마르크스의 이론이 과학이 아니며 사회주의가 낙원을 만들 수도 없다는 사실을 바로 그 사회주의 폭력혁명이라는 실험의 결과를 통해 알게 되었다.

부르스 커밍스는 사회주의 국가가 설계도와 실행방법이 없이 시작했던 결과 사회주의 국가들에게 그들이 무너뜨린 기존국가의 토착적인 정치가 이루어졌다는 사실을 이렇게 말한다.

> 맑스—레닌주의는 정치적 모델의 부재로 인해 토착적 정치가 대두할 가능성을 열었고, 이 가능성은 바로 정치 모델의 결핍으로 인해 요구되는 것이기도 했다. 여하튼 우리는 이러한 현상을 러시아, 중국, (그리고 가장 두드러지게는) 북한의 공산주의에서 목격한다 (부르스 커밍스, 2001).

새로운 정치경제학을 내세운 마르크스 - 레닌주의가 정치적 모델이 없이 출발했음은 그 사회주의가 시작하기도 전에 이미 실패한 것이다. 하지만 폭력혁명을 통해 이미 집권했으니 어쩔 수 없이 그들이 무너뜨린 바로 그 기존의 국가에 존재하던 과거의 정치제도에 억지로 끼워 맞추지 않으면 안 되었다는 것이다. 부루스 커밍스는 러시아와 중국에 이어 그 대표적인 실례로 북한北韓을 들고 있다.

이제는 누구도 마르크스주의를 과학이라고 말할 수 없게 된 것이다. 또한 누구도 사회주의 국가를 낙원이라고 말할 수 없게 된 것이다. 그러나 이 전 세계적으로 엄청난 희생을 치루고 이루어진 20세기의 사회주의 폭력혁명의 실험은 다음과 같이 인류에게 반드시 필요한 소중한 교훈을 남겨주었다는 점에서 결코 무의미한 것만은 아니었다.

첫째 이제부터는 어떤 그럴듯한 권위 있는 이론도 엄밀한 과학적 실험으로 증명되지 않은 지식을 과학이라고 말해서는 안 된다.

둘째 미리 설계도와 실행방법이 준비되지 않은 상태에서 자기 파괴적인 폭력혁명을 통해 국가를 세우려는 어떠한 정치이론도 거부해야한다.

셋째 무엇보다도 인류는 어떤 경우에도 더 이상 정치적 실험대상이 되어서는 안 된다.

이제 초연결시대는 과두주의인 자본주의와 사회주의 그리고 사회민주주의가 스스로 물러나고 민주주의의 시대가 되고 있음은 자명하다. 그러나 우리가 이 시점에서 꼭 알아야 할 것이 있다. 그것은 과거 마르크스의 사회주의와 마찬가지로 오늘날도 민주주의 국가에 대한 설계도와 실행방법이 아무 것도 준비된 것이 없다는 사실이다.

그리고 오늘날 국내외에서 민주주의를 입에 담는 정치학자들 중에는 고대 아테네가 추첨을 통해 국가의 공직을 선출한 사실을 두고 민주주의의 작동원리가 곧 추첨이라고 생각하는 경향이 있다. 추첨=민주주의로 생각하는 것은 민주주의가 작동하는 많은 요인 중 하나가 곧 민주주의의 모든 원리라고 확대해석하는 것이다. 그러나 아테네민주주의보다 완벽한 민주주의를 운영한 인디언 민주주의는 "지도자에 대한 선거와 파면의 권리를 가지고 있었다." (모건, 2000)

이제 새롭게 시작하는 민주주의 시대에 제시되는 민주주의의 이론체계는 반드시 실험을 통해 증명된 과학이론의 뒷받침이 있어야 한다. 또한 미리 민주주의의 설계도와 실행방법을 확정하여 준비함으로써 두 번 다시 인류를 새로운 정치제도의 실험대상으로 삼아서는 안 된다.

나는 이 책에서 민주주의를 운영하는 이론체계와 실행방법을 조심스럽게 제시하려고 한다. 그리고 그 이론체계의 핵심이론은 우리나라 대기업 LG전자 연구소의 실험실에서 엄밀하고 구체적이며 객관적인 실험을 통해 증명된 내용임을 보여주려고 한다. 그리고 이 과학적 실험으로 증명된 민주주의의 이론체계와 실행방법이 이미 시작된 초연결시대의 세계를 이끄는 구글, 삼성, 페이스 북, 애플이 사용하여 성공하고 있는 자기조직화의 플랫폼platform 생태공동체의 과정이론이라는 사실을 또한 증명할 것이다. 또한 이 실험을 통해 증명한 민주주의의 이론체계가 우리나라의 인천공항과 부산항만 등에 적용되고 있는 자기조직화의 허브와 스포크 Hub & spoke이론이라는 사실을 증명할 것이다. 그리고 이 플랫폼 생태공동체와 허브와 스포크 이론의 원형을 고대 아테네 민주주의를 작동시킨 자기조직화의 원리인 삼단노선三段櫓船이라는 사실을 설명할 것이다.

또한 실험을 통해 증명한 민주주의 이론체계가 노벨 경제학상을 수상한 오스트롬의 『공유의 비극을 넘어』와 티롤의 『양면시장이론』을 포함함을 설명할 것이다. 그리고 민주주의는 단순한 대중의 자기조직화에 그치는 것이 아니라 인간 개인과 대중의 자기 균형과 통합 나아가 자기실현과 자기성취와 자기완성의 과정원리임을 설명할 것이다.

그리고 바로 이 생명의 과정의 원리가 우리 민족의 고대국가가 남긴 지식인 하도낙서와 음양오행, 태극과 팔괘와 64괘와 45훈과 366사의 수식과 도형과 부호와 철학 이론체계임을 설명할 것이다.

그리고 이 민주주의의 이론체계가 오늘날 인공지능과 로봇을 비롯한 과학기술의 발달로 만들어지는 대량실업문제를 완전히 해결한다. 그리고 이른바 흙수저 계급론이 만드는 수직적 갑을구조를 극복하여 수평적 평등구조를 만들며 나아가 국민의 참다운 복지와 행복을 폭력혁명이 아니라 평화적이고 점진적인 과정을 통해 이루어낸다.

6. 아테네 민주주의, 인디언 민주주의, 한민주주의韓民主主義는 하나이다.

전해지는 것이 아무 것도 없는 민주주의의 설계도와 실행방법을 실험을 통한 증명으로 그 이론체계를 복원하고 또 그 수식과 도형과 철학이론과 실험데이터로 초연결시대에 세계를 이끄는 거대기업들과 세계적인 공항과 항만을 운영하는 플랫폼과 허브와 스포크 이론을 설명하는 것은 분명 과거 마르크스주의의 암울했던 실패를 극복하고 미래의 민주주의 이론체계를 복원하는 중요한 시도일 것이다.

그러나 이 정도만으로 장차 인류전체가 사용할 정치제도인 민주주의의 이론체계와 그 실행방법이 마련되었다고 말하기에는 아직 이르다.

우리는 이렇게 실험으로 증명되고 실제로 현실에서 세계적인 기업들과 공항과 항만에서 플랫폼 생태공동체와 허브와 스포크 Hub & spoke 이론 등으로 작동되고 있는 민주주의를 설명하는 이론체계가 정말로 고대 아테네 민주주의를 작동하는 설계원리와 실행방법이었는지를 철저하게 따져보아야 한다. 이 과정을 거치지 않고 민주주의 이론체계와 실행방법을 복원했다고 말할 수는 없기 때문이다. 하지만 지난 2천5백년간 아테네 민주주의의 이론체계와 실행방법을 설명한 철학자는 아무도 없고 그 책도 전해진 것이 단 한 권도 없다.

따라서 우리는 무엇보다도 먼저 아테네 민주주의를 복원해야한다. 나는 이 책에서 다음과 같은 다섯 가지 테두리를 확정하여 아테네 민주주의를 복원하는 과정을 거쳤다.

1. 오르페우스와 헤시오도스, 그리고 피타고라스와 헤로도토스에게서 발견되는 과정적 민주주의
2. 그리스 비극과 디오니소스에게서 발견되는 과정적 민주주의
3. 고대 아테네 민주주의가 스스로 보여준 과정적 민주주의
4. 페리클레스의 연설에서 발견되는 아테네의 과정적 민주주의
5. 고대 아테네 민주주의를 촉발시킨 삼단노선三段櫓船에서 발견되는 자기조

직화의 플랫폼 생태공동체와 허브와 스포크 Hub & spoke 이론

우리는 이 5가지 테두리를 검토하는 과정에서 세계사에서 사라진 아테네 민주주의의 이론체계를 복원하고, 그 이론체계가 우리가 엄밀한 과학적 실험을 통해 증명해낸 민주주의의 이론체계와 일치하는가를 하나하나 비교검토하며 따져나가야 한다. 그리고 양자가 서로 일치할 때 비로소 우리는 민주주의의 이론체계와 실행방법을 복원했다고 말할 수 있다. 또한 민주주의의 이론체계와 실행방법을 결정함에 있어 아메리카 인디언의 민주주의를 검토하지 않는다면 그것은 돌이킬 수 없는 실수가 된다.

유럽인들은 아메리카 대륙에 도착했을 때 인디언들의 정치제도를 보고 자세하게 기록을 남겼다. 그리고 그동안 학자들은 이 기록들과 직접 인디언들과의 접촉을 통해 아메리카 인디언들이 역사상 가장 탁월한 민주주의를 운영했음을 밝혀냈다.

마르크스와 함께 사회주의 이론을 세운 저명한 프리드리히 엥겔스는 당시 자신들이 해결하지 못한 그리스·로마 게르만 초기 역사의 수수께끼를 아메리카 인디언 친족집단을 통해 풀었다고 했다. 그는 인디언 사회가

군인도 헌병도 경찰관도 없으며, 귀족도 왕도 총독도 지방장관도 재판관도 없고, 감옥도 소송도 없지만 모든 것이 규정된 절차에 따라 운영된다. 온갖 분쟁과 알력은 관계자들에 의해 공동으로 해결된다 (프리드리히 엥겔스, 1985)

고 했다. 물론 인디언 사회는 엥겔스의 설명에서 더 나아가 자본주의의 부르주아도 사회주의 일당독재一黨獨裁의 당 간부도 없이 모든 것이 민주주의로 운영되었을 것이다. 우리는 이 인디언 민주주의의 설계원리와 실행방법도 우리가 복원한 민주주의 이론체계와 부합하는지를 철저하게 비교검토하고 따

져보아야 한다.

이 작업을 위해 나는 이 책에서 인디언 민주주의에 대해 다음의 여섯 가지 사실을 밝혀냈다.

첫째 인디언 민주주의는 알려진 민주주의 중에서 가장 완벽한 민주주의였다. 무엇보다도 여성의 권리가 완벽하게 보장되었고, 계급이 없었다.

둘째 인디언 민주주의는 아테네민주주의와는 전혀 다른 방식으로 운영되었다. 그러나 아테네민주주의보다 완벽한 민주주의로 운영되었다.

셋째 인디언 민주주의의 연방국가는 우리민족 고대국가의 연방국가와 하나로 연결되면서 우리민족 고대국가의 정치제도가 민주주의였다는 중요한 사실을 밝혀준다.

넷째 인디언민주주의가 우리민족의 고대경전 천부경과 삼일신고와 366사에 내장된 생명의 과정원리와 정확하게 부합함으로서 우리민족의 고대국가가 민주주의로 운영했다는 사실을 알게 해준다.

다섯째 인디언민주주의는 아테네민주주의와 우리민족의 민주주의와 하나로 연결됨으로서 세계사에서 사라졌던 사람 사는 세상을 사람답게 살아보자는 정치제도인 민주주의를 다시 복원하는 일에 없어서는 안 될 결정적인 자료가 되어준다.

이제 이 다섯 가지의 내용과 우리가 실험을 통해 복원한 민주주의의 이론체계가 고대 아테네민주주의와 함께 서로 비교하여 서로 부합된다면 그 때 비로소 우리는 민주주의의 이론체계와 실행방법이 준비되었다고 말할 수 있는 것이다. 그리고 마지막으로 우리는 엄밀하고 객관적이며 구체적인 과학적 실험을 통해 증명한 이론체계가 세계적 거대기업들의 플랫폼과 허브공항과 허브항만에서 사용하는 이론들이며, 이 시대 최고의 경제학자들의 이론이며 또한 고대 아테네민주주의와 인디언민주주의 이론이라면 도대체 그 생명의 과정 이론체계는 어디서 가져왔는지 그 출처를 분명히 밝혀야한다.

나는 그 이론체계를 우리민족의 고대국가에서 전한 우리민족의 고유한 경전인 천부경과 삼일신고, 366사와 그 외 20여권의 고유한 경전들에 공통적으로 내장된 하도낙서와 음양오행, 태극과 팔괘와 64괘와 45훈과 366사의 수식과 도형과 부호와 철학 이론체계에서 가져왔음을 보여줄 것이다.

7. 해양과학이 인디언민주주의와 우리민족의 민주주의를 말해준다.

도무지 하나로 연결되어 엮어질 수 없는 고대 아테네민주주의와 아메리카 인디언민주주의와 우리민족의 고대국가 민주주의가 하나로 연결되고 있다. 특히 인디언민주주의와 우리의 고대국가 민주주의는 너무도 비슷하여 둘을 따로 분리할 수 없을 정도이다. 이는 우리와 인디언이 하나의 동일한 공동체에서 함께 살던 가족 내지는 이웃이 아니고는 있을 수 없는 현상이 아닌가 한다. 그렇다면 그들과 우리는 언제 어디에서 함께 살았을까? 바로 이점을 현대의 해양과학이 서해西海의 바다 밑의 시료를 채취해 분석한 데이터가 설명해주고 있다. 과학이 실험 데이터로 말을 하기 시작하면 이 세상의 온갖 어지러운 추론들은 순식간에 입을 닫기 마련이다.

"마지막 빙하기가 끝날 무렵인 13,000년 전...극지방의 얼음판이 엄청난 양의 물을 잡아 두고 있었기 때문에 지구 전체의 해수면은 100미터 가량 낮아져 있었다"(찰스 만, 2005).

유라시아 대륙 북쪽이 꽁꽁 얼어 두꺼운 얼음으로 뒤덮였을 때 한중일 삼국과 오키나와와 대만까지를 연결하는 바다는 살기 좋은 따뜻한 기후와 수많은 삼각주와 비옥한 땅이 있던 거대한 평원이었다. 구석기시대 후기에서 신석기시대 전반까지 이 지역은 점진적으로 육지에서 바다로 변해 지금에 이른 것이다.

해양과학의 데이터는 18,000년 육지가 최대로 드러나 한중일 삼국과 오키나와와 대만을 둘러싼 바다가 모두 육지였을 때부터 13,000년 전과 11,000년 전에 각각 어디까지 바닷물이 들어왔고 그리고 바닷물이 서해西海를 거의 다 채워 발해만이 이루어지려는 9,000년 전까지의 점진적으로 바닷물이 차오르는 등고선等高線 지도를 만들어 보여준다. 바로 이 사라진 평원에서 우리민족이 민주주의 공동체를 운영하고 있었고 그 일부가 당시 육지였던 베링해협을 건너가 아메리카 인디언이 된 것이라고 생각한다면 그들 인디언의 언어와 민주주의와 관습 등이 우리의 고대국가의 것과 비슷한 점에 대해 어느 정도 납득할 수 있게 되는 것이다.

우리는 이 평원이야말로 우리민족의 고대국가에서 전한 민주주의의 발상지이며 또한 아메리카 인디언 민주주의의 발상지라고 조심스럽게 추정해볼 수 있을 것이다. 따라서 우리는 이제부터 민주주의가 발생한 이 거대한 평원을 민주평원(民主平原 minjuland)이라고 부르기로 하자.

민주평원minjuland은 당시 함께 존재했던 동남아에 거대한 평원인 순다랜드sundaland와 함께 엄혹한 마지막 빙하시대에 지구상에 존재했던 두 군데의 피난처이자 낙원이었다. 일부 서양학자들은 이 순다랜드가 인류문명의 발상지라고 주장하기도 한다. 우리는 해양과학이 밝혀낸 새로운 사실에서 그동안 미처 알지 못했거나 생각조차 할 수 없었던 중요한 내용에 대해 생각하고 연구할 수 있는 계기를 준다. 그것은

첫째 우리민족의 터전인 이 한반도가 유라시아 대륙의 구석에 위치한 변방이 아닐 수 있다는 사실이다. 한반도는 마지막 빙하기의 구석기시대 후기와 신석기시대 초기라는 인류에게 대단히 그리고 결정적으로 중요한 시기에 초기 인류문명을 만들어낸 민주평원minjuland과 한 덩어리를 이루는 중심영

역일 수 있고, 우리민족이 바로 그 중심세력일 수 있다.

둘째 아메리카 인디언에게서 민주주의와 우리민족과 동일한 문화가 발견되는 것은 이 민주평원에서 우리민족과 함께 민주주의로 공동체를 운영했기 때문으로 볼 수 있다.

셋째 우리의 고대경전 천부경과 삼일신고와 366사와 20여권에 담긴 지식은 바로 이 민주평원minjuland에서 우리의 조상이 구석기시대 말기에서 신석기시대 초기까지 살아가며 만들어내기 시작하여 우리의 고대국가 한국, 배달국, 단군조선을 거쳐 고구려와 발해까지 한 번도 끊어지지 않고 전해진 지식일 수 있다.

넷째 만주의 요하문명은 9천 년 전부터 시대별로 유적과 유물이 차곡차곡 쌓여 있어 우리민족의 역사를 과학적 증거로 말해준다. 그리고 이 요하문명은 민주평원에서 발생한 문명이 남쪽에서 북쪽으로 점진적으로 바닷물이 차오르면서 마지막에 가장 북쪽에 자리 잡은 장소였을 것이다.

해양과학의 도움으로 새롭게 얻게 된 연구의 자료들은 민주주의에 대한 새로운 지식과 우리의 고대국가에서 전한 천부경과 삼일신고와 366사를 비롯한 20여권의 경전에 담긴 지식과 그것을 만든 우리민족에 대한 수수께끼를 상당부분 풀어줄 수 있는 새로운 지식이 될 수 있을지도 모른다.

그리고 또한 해양과학이 알려주는 이 새로운 지식은 또한 놀랍게도 플라톤이 밝힌 아테네 민주주의 입법자 솔론Solon에게 이집트 신관이 전해준 사라진 대륙 아틀란티스Atlantis에 대한 이야기를 말 하고 있다. 그 이집트 신관이 솔론Solon에게 말한 아틀란티스Atlantis의 이야기가 우리의 민주평원에 대한 이야기인지 아닌지는 아직 잘 모르겠다.

그러나 적어도 이집트 신관이 솔론Solon에게 그 당시에서 8천 년 전에 존재했던 위대한 문명이 한번이 아니라 수차례의 홍수와 지진으로 망하면서 그 위대한 문명의 지식이 모두 잊히고 사람들은 여러 번 어린아이처럼 처음부터 다시 새롭게 문명을 시작하지 않으면 안 되게 되었다고 말한 이야기는 틀림없이 우리민족의 이야기이다.

우리민족이야말로 가장 오래되고 또한 찬란한 문명이 가졌던 과거의 지식과 역사를 모두 다 잃어버렸기 때문이다. 마지막 빙하시대에 존재했던 민주평원minjuland의 문명은 고사하고 과학적으로 증명된 유적과 유물이 9천 년 전부터 시대별로 존재하고 있는 만주의 요하문명이 전한 지식과 역사에 대해서도 우리는 거의 다 망각하고 있는 것이다. 그리고 우리는 새롭게 나라를 세울 때 마다 번번이 어린아이처럼 처음부터 새롭게 처음부터 시작하지 않으면 안 되었기 때문이다.

그러나 다행스럽게도 우리민족의 고대국가를 통해 전해지는 지식이 천부경, 삼일신고, 366사와 20여권의 경전에 동일한 수식과 도형과 철학이론으로 간직되어 있는 것이다. 그럼으로써 우리는 이제 처음부터 다시 시작하지 않아도 될 수 있게 되었다.

8. 한민족은 장엄한 한국혁명으로 세계사를 바꾸는 민주주의를 연다.

노예가 된다는 것은 남이 자신을 억누르고 핍박하여 노예가 되는 것이 아니다. 자기 자신이 먼저 스스로의 존엄성을 파괴하여 짓밟고 멸시할 때 비로소 노예가 되기 시작한다. 마찬가지로 강대국이 우리민족에게 1000년 이상 사대주의를 하도록 강요하여 우리가 노예가 된 것이 아니다. 우리민족 자신이 우리민족 스스로의 존엄성을 파괴하여 짓밟고 멸시한 다음부터 비로소 사대주의를 받아드려 우리민족 스스로 노예가 되기 시작한 것이다.

따라서 1000년 이상의 비참한 굴욕의 시대를 겪은 이 시대의 우리는 우리민족에게 고유한 경전과 이론철학, 신학, 논리학, 미학과 정치철학이 존재할 것이라고는 감히 생각조차 하지 못한다. 그리고 우리의 고유한 철학의 우수성에 대해서는 국제적인 치열한 경쟁을 극복하며 세계를 이끄는 우리나라의 일부 대기업이 그 가치를 알고 중요하게 받아드릴 뿐 아직 다른 분야에서는 여전히 국제적인 경쟁에 적용할 만큼 충분한 이해와 자신감을 가지지 못하고 있는 것 같다. 그런가하면 일부에서는 남의 것을 우리의 고유한 것이라고 주장함으로서 그나마 우리민족의 고유한 것이 존재할 조그만 자리마저도 근본적으로 파괴하고 있다. 예를 들자면, 외래사상인 유교, 불교, 단학/선도, 서양철학, 동양철학의 한 부분을 가지고 그것이 우리의 고유한 경전과 이론철학과 논리학, 미학, 신학과 정치철학이라고 주장하는 것이 바로 그것이다.

우리민족의 고유한 경전과 이론철학과 논리학, 미학, 신학과 정치철학을 주장하려면 무엇보다 먼저 우리민족만의 고유한 이론체계를 세워서 그것이 외래사상인 유교, 불교, 단학/선도, 서양철학, 동양철학의 것과 완전히 다른 것이라는 사실을 먼저 비교 검토를 통해 증명해보여야만 한다. 하지만 우리만의 고유한 이론체계를 세울 생각조차 하지 못하고 또한 비교검토의 과정조차 없이 남의 것을 우리민족의 고유한 것이라고 우기는 것은 결국 우리의 고유한 것이 존재할 최소한의 조그만 자리마저 파괴하여 말살하는 행동이 아니고 무엇이겠는가? 이것이야말로 우리민족 스스로 우리의 존엄성을 파괴하고 짓밟고 멸시하는 행동일 것이다. 이처럼 다른 민족의 정신과 우리민족의 정신에 대해 철저한 비교검토를 거치지 않은 상태에서 다른 민족의 정신을 우리민족의 고유의 정신이라고 우길 경우, 그 말을 믿고 우리민족의 고유한 정신을 찾아 나선 사람들이 안게 되는 허무와 좌절 나아가 고귀한 인생의 낭비를 누가 책임질 것인가?

그러나 우리민족만의 고유한 이론체계를 세우고 나아가 남의 것들과 비교검토의 과정을 거친 다음 그 우리민족의 고유한 것이 외래사상인 유교, 불교, 단학/선도, 서양철학, 동양철학의 것을 포함한다는 사실을 설명한다면 그것은 우리가 우리민족 스스로를 사랑하고 아끼며 존중하는 옳은 방법이 되지 않겠는가? 또한 그 이론체계가 엄밀하고 구체적이고 객관적인 과학적 실험을 통해 증명되었다면 그것은 이미 검증을 위한 가설假說 단계의 이론이 아니라 진리성을 지닌 이론체계이다.

더구나 이 이론체계가 우리민족 고대국가의 창업자들인 한인, 한웅, 단군왕검님께서 국가를 운영하는 설계원리와 실행방법으로 전해주신 천부경, 삼일신고, 366사에 공통적으로 담겨있는 내용이라면 이제 우리는 전 세계를 향해 가슴을 활짝 펴고 당당하게 이를 진리眞理로서의 이론체계라고 말해야 하지 않겠는가? 그리고 이와 같은 과정을 통해 우리민족의 고유한 정치철학을 밝혀서 그것이 민주주의라는 사실을 설명할 수 있다면, 민주주의는 인류의 본성이자 한민족의 본성이라고 말하여 아무런 거리낌이 없을 것 같다. 그리고 한민족의 본성인 민주주의를 우리 한민족이 다시 회복하려는 혁명은 1000년 동안 우리민족 스스로가 스스로를 짓밟고 억압한 노예의 침묵을 깨고 갑오농민전쟁에서 시작하여 3·1운동과 독립투쟁 그리고 4·19혁명과 산업화 과정, 부마민주항쟁과 5·18 광주민주화운동 등의 민주화 운동 이후 지금까지 숨 가쁘게 쉬지 않고 역동적으로 진행되고 있다.

이 혁명은 이제 초연결시대를 맞아 이제 우리 한민족의 주도로 세계사를 가장 결정적으로 바꾸는 민주주의 혁명으로 나아가고 있다. 나는 세계사 그 어디에서도 그 비슷한 유래조차 찾을 수 없는 이 놀랍고도 역동적이며 끈질긴 과정의 혁명을 한국혁명이라고 부르고자한다.

미국혁명과 프랑스혁명과 러시아혁명은 소수의 부르주아가 지배하는 자본주의 국가를 만들었거나 일당독재一黨獨裁의 소수 당 간부가 지배하는 사회주의 국가를 만들었다. 그리고 그 국가들은 단지 자기 파괴의 원리인 "분리하여 지배하라divide and rule"로 소수가 다수를 지배하는 과두주의 국가에 불과했다. 오늘날 우리민족의 미래를 짊어질 젊은이들이 자조적으로 말하는 소위

'흙 수저 계급론'은 이러한 수직적 갑을구조의 정치제도에서는 당연히 나타나는 일반적인 현상인 것이다.

그러나 이제 4차 산업혁명/초연결시대를 통해 그 본래의 깊은 의미와 거대하고 강력한 모습을 드러내는 한국혁명은 이들 서양문명이 일으킨 이들 "분리하여 지배하라divide and rule"는 자기 파괴적인 과두주의 혁명과는 완전히 반대편에 선다. 그리고 분리된 모든 것을 수평적 평등구조로 하나로 연결하여 인간의 본성이자 한국인의 본성인 사람답게 살아보자는 자기조직화로 진행하는 과정적 민주주의를 실현하는 혁명을 시작하고 있는 것이다.

모든 것을 연결하여 모든 것에 생명을 불어넣는 초연결시대는 인간과 인간 그리고 사물과 사물만 연결되는 것이 아니다. 그보다 훨씬 더 근본적인 것들이 서로 끊어졌던 연결고리를 다시 회복하여 자기조직화의 네트워크를 만들어 다시금 원래대로 생명을 가진 존재가 되는 시대이다.

즉 우리민족의 고유한 경전 천부경, 삼일신고, 366사에 담긴 하도낙서, 음양오행, 태극과 64괘, 45훈과 366사의 이론과 우리의 찬란한 역사가 과학과 연결되고 또한 동서양의 기존철학과 연결되고, 정리되지 않고 전해지는 아메리카 인디언들의 기록과 고대 아테네의 민주주의 기록과 4차 산업혁명/초연결시대의 세계적인 기업의 플랫폼 생태공동체와 허브 공항과 항만의 경영원리와 이 시대 최고의 학자들의 이론들과 저 서해 바다 밑에 잠자고 있는 민주평원minjuland에서 만들어진 지식까지 모두가 하나로 연결되어 자기 조직화하여 진행하는 생명 과정의 시대이다.

그리고 "분리하여 지배하라divide and rule"로 끊어졌던 모든 것이 다시 원래대로 하나가 되며 모두 동일한 수식과 도형과 부호와 철학이론과 실험데이터로 연결되어 자기 조직화하는 과정의 시대인 것이다. 그럼으로써 초연결시대에는 그동안 소수가 다수를 지배하는 자기 파괴적인 과두주의와 독재주의를 주장한 플라톤과 아리스토텔레스 그리고 동중서와 그의 제자 사마천[1]에게 세뇌되어 들리지 않고 보이지 않던 한민족의 본성인 민주주의의 우렁찬 목소리가 시원하게 들리고 그 아름다운 모습이 똑똑하게 보이기 시작하는 것이다.

이제 우리 한민족이 회복한 자기조직화를 통한 자기완성으로의 민주주의 이론체계와 실행방법은 한민족이 갑오농민전쟁이후 격동의 역사를 안고 용틀임하며 이끌어온 저 장엄莊嚴한 한국혁명을 통해 세계사를 결정적으로 바꾸며 미래로 나아가고 있다.

9. 이 책을 마치면서

나는 언제나 책을 쓰는 일보다는 책을 읽는 일이 훨씬 더 즐겁다. 산속의 수도장이나 대학이 아니라 현실의 치열한 삶의 현장에서 진리가 스스로 나에게 다가왔지만, 책을 통해 동서고금의 가장 뛰어난 인물들과 진지하고 자유롭게 대화를 나누며 그 진리를 확인할 수 있었기 때문이다. 그리고 책을 쓰는 일의 어려움은 그 반대편에 산책散策의 즐거움이 있어서 서로 비기며 균형과 통합을 이루게 된다.

애정과 관심을 가지고 자세히 살펴보면 우리나라 삼천리금수강산 방방곡곡이 별천지別天地 아닌 곳이 어디에 있겠는가? 우리나라 곳곳이 알고 보면 별세계別世界이다. 우리민족의 처음부터 지금까지를 속속들이 다 알고 있는 저 서해의 바닷물이 경기만京畿灣을 지나 시흥갯골을 타고 시원한 갈대밭을 따라 강물처럼 꼬불꼬불 육지로 타고 올라와 들판까지 밀려들어오는 것을 보면 언제보아도 새롭다.

가을과 겨울에 시흥 갯골에서 오리들이 떼를 지어 갯골 바닷물 위에서 놀

---

1) 동중서(董仲舒, BC 198-106) 오늘날 허베이성의 광천 출신이다. 전한 제국의 사상가, 학자, 시인이자 『사기』의 저자인 사마천의 스승이었다. (동중서, 2006)

고 있거나, 갯골 들판의 하늘에서 열을 지어 노래 부르며 편대 비행하는 것을 보면 마음이 다 정겹고 시원하다.

뒷 창문을 열면 저 백두대간白頭大幹의 속리산에서 가지를 치고 이어 나온 한남정맥漢南正脈의 끝자락을 잇는 울창한 소나무 숲이 사시사철 푸른빛을 띠고 반긴다. 그리고 때때로 소나무 숲에 손에 닿을 듯 물까치가 떼로 날라 와 놀고, 가끔 어치와 산비둘기와 이름 모를 새들이 평화롭게 지저귀며 놀다 가는 모습은 언제보아도 사랑스럽다.

시흥갯골의 안쪽에는 그 오랜 세월동안 서해에서 시흥갯골 바닷물을 타고 오던 배들이 정박하던 어촌 자리위에 언덕이 있다. 과거 우리나라에서 처음으로 청자를 구워 갯골을 통해 배로 실어 나르던 가마터와 아기자기했던 어촌은 이제 찾아볼 길 없고 작은 공장들이 들어서 있다. 하지만 그 언덕 위에는 그 오랜 세월 배를 타고 오가던 사람들과 어촌사람들의 수많은 사연들을 5백년간이나 모두 들어주던 은행나무와 4백년간이나 보아오던 느티나무가 함께 나란히 서서 다정하게 이야기를 걸어온다. 좀 더 산 쪽으로 들어가면 귀신을 쫓는다는 2백년 묵은 소나무가 힘차게 버티고 서서 반긴다.

우리나라 삼천리금수강산 방방곡곡 어느 곳이나 다 별천지別天地 아닌 곳이 없겠지만 나에게는 여기도 별천지이다. 나는 이런 별세계別世界에서 누구의 방해도 없이 원하는 때 원하는 만큼 산책하며, 조용히 읽고 싶은 책을 마음 껏 읽고, 오로지 사람 사는 세상 사람답게 사는 진리의 편에 서서 쓰고 싶은 책을 마음껏 쓸 수 있다는 사실만으로도 나날이 가슴이 벅차고 하루하루 내 자신이 새롭다.

그리고 이 책을 준비하고 쓰는 동안 새재님은 늘 소중한 마음을 함께하며 힘이 되어주셨다. 또한 한샘님은 소중한 마음을 함께했다.

최동환 섬김
2016년 4월

38

서장 序章 : 왜, 어떻게 민주주의가 발생하는가?

한 명이 다수를 지배하는 독재주의와 소수가 다수를 지배하는 과두주의가 현실에서 이루어지려면 대체로 속임수를 도덕으로, 폭력을 정의로, 프로파간다를 중용으로 위장해야한다. 따라서 한 명이나 소수의 지배자가 다수를 속이고 폭력을 사용하고 자신을 선전하기 위해서는 먼저 자신부터 속이고, 자신에게 먼저 억압을 가하고, 자신부터 세뇌해야만 한다.

반면에 민주주의는 인간이 스스로를 실현하고 성취하고 완성하는 최고의 진리를 현실에서 이루어내는 것이다. 사람이 사람답게 사는 세상을 사람이 만들어내는 것이다. 얼핏 보면 독재주의자와 과두주의자는 권력과 재물을 차지하는 것 같고 민주주의자는 모든 면에서 손해를 보는 것 같이 보인다.

그러나 인간에게 주어진 소중한 삶은 시장에서 사고파는 물건과는 근본적으로 다른 것이다. 인간이 택하는 최고의 공동체인 국가의 정치제도도 단순하게 정치제도로만 머무는 것이 아니다. 우리는 보다 넓고 보다 깊게 우리의 삶과 정치제도를 생각하고 채택할 필요가 있다.

민주주의는 자아의 완성을 위한 필수불가결의 과정이다.

민주주의를 주장하는 사람은 언제 어디서나 손해와 피해를 본다. 그럼에도 불구하고 왜 그들은 기나긴 세계사속에서 언제나 민주주의를 주장해왔는가? 그리고 왜 민주주의 국가가 만들어지는가? 그러나 보다 크게 바라보고 깊게 생각해보면 우리가 미처 생각하지 못한 영역을 발견할 수 있다.

독재주의를 주장한 사람은 자신이 왕이 되어 모든 권력과 부를 독점하려는 것이다. 따라서 플라톤이 철학왕을 주장한 것은 당연하다. 소수 지도자의 통치인 과두주의를 주장한다면 이 역시 권력을 소수가 독점하므로 자신과 자신의 동료나 의기투합하는 사람들끼리 권력과 부를 독점할 수 있다. 그러니 사실상 독재주의나 마찬가지이되 위험부담을 서로 조금씩 나누어가질 수 있다.

그들 소수는 왕이나 귀족, 성직자가 되어 부와 명예와 권력을 독점하게 된다. 그들은 그 일을 위해 노력할만하며 목숨 바쳐 투쟁할만한 가치가 있다. 이러한 이유로 역사상 많은 사람들이 왕이나 귀족, 성직자가 되기 위해 투쟁했고 또한 오늘날 자본주의의 부르주아, 사회주의의 당 간부가 되기 위해 목숨을 걸고 투쟁한 것이다. 그런데 민주주의를 주장할 경우 설혹 민주주의가 채택되어도 권력을 자신이 가지거나 자신의 패거리와 나누는 것이 아니라 전체 시민이 권력을 평등하게 공유한다. 따라서 민주주의를 주장하는 사람이 자신의 주장이 관철된다 해도 그가 가질 수 있는 권력은 전체시민이 나누어 가지는 권력 중 하나에 지나지 않는다.

이 세상 누가 겨우 그 정도의 보잘 것 없는 작은 권력을 가지기 위해 노력을 하고 목숨을 바치겠는가? 그는 자신에게 도움이 되는 일이 아니라 모두에게 도움이 되는 일을 택하고 있다. 그렇다고 그 모두인 대중이 자신들을 위해 애를 썼다고 그에게 고마워할까?

그 때나 지금이나 민중은 자기 살기에 급급하다. 고마워하는 사람도 없을 것이며 또한 고마워한다고 해도 소수일 것이며 그것도 잠시일 뿐이다.

뿐만 아니라 민중은 시기심과 질투의 화신인 경우가 많다. 예를 들면 아테네에서 삼단노선 선단을 만들어 살라미스 해전을 준비하고 또한 그곳에서 페르시아의 대군을 격파하여 민주주의를 본격화한 장본인 테미스토클레스는 시기심으로 가득 찬 아테네의 민중에 의해 고발당해 반역자가 된다.

결국 추방당한 그는 페르시아로 망명하여 페르시아의 왕에게 기지를 발휘해서 환대를 받지만 페르시아에게 그리스의 기밀을 팔지 않고 그곳에서 자살하여 삶을 마감한다. 아테네의 민중은 그를 배신했지만 그는 끝까지 민주주의 아테네를 사랑했다.

민주주의의 지도자가 되려면 테미스토클레스처럼 민중의 변덕과 시기심과 질투도 감수할 각오를 해야만 한다. 따라서 이 세상 어느 바보가 민주주의를 부활하자고 말하겠는가? 이 세상 어느 바보가 민주주의를 위해 목숨 바쳐 투쟁하겠는가? 지난 3천 년간 동서양을 통해 민주주의의 이론체계를 복원한 학자가 단 한사람도 없었던 것은 조금도 이상한 일이 아니다. 그리고 아리스토텔레스 이후 2천5백년간 민주주의가 말살된 것 또한 조금도 이상한 일이 아니다. 너무나 당연한 일인 것이다.

하지만 우리는 테미스토클레스를 비롯하여 민주주의를 위해 모든 것을 바친 수많은 사람들을 진리의 차원에서 바라볼 필요가 있다. 즉 테미스토클레스는 아테네의 민주주의를 발전시키면서 스스로를 현실에서 실현하고, 성취하고, 완성한 것이다. 뿐만 아니라 자신은 물론 아테네의 대중 전체가 스스로를 실현하고 성취하고 완성하는 민주주의의 길을 활짝 열어주었다. 그는 인간으로 태어나 실현할 수 있는 최상의 진리를 자기 자신과 대중 전체를 통해 현실에서 살아 움직이게 만든 것이다. 민주주의를 현실에서 실현한다는 것은 모든 정치가와 철학자, 종교인, 구도자 모두에게 인간으로 태어나 도달할 수 있는 가장 고귀한 진리를 실현하는 것이다. 민주주의는 단순한 정치제도를 훨씬 더 넘어서있다.

민주주의는 정치가 단지 권력의 수단이 아니라 인간이 실현할 수 있는 최상의 진리를 현실에서 이루어내도록 만들어준다. 결국 민주주의자들이 민주주의로 행동한 이유는 산속에서 수련이나 수도를 하며 자신만의 행복을 추구하거나 또는 죽은 다음 저 세상에서의 영광을 얻기 위해 행동한 것과는 전혀 다른 차원의 행동이다.

그들이 독재주의나 과두주의를 택했다면 부와 권력을 잠시 동안 가질 수는 있었을 것이다. 그러나 그는 결코 그 자신을 현실에서 실현하지도, 성취하지도, 완성하지도 못했을 것이다. 결국 민주주의를 택한 그는 무엇보다도 크게 바라보고 깊게 생각했으며 무엇보다도 크고 중요한 것을 살아서 현실에서 행동함으로써 얻은 것이다. 그러므로 민주주의자는 권력을 추구하는 이기주의자들이 볼 때 바보이다. 그러나 진리를 추구하는 입장에서 본다면 이 세상 그 누구보다도 현명했고 또한 용기 있는 행동을 한 것이다. 중요한 것은 생각이 아니라 행동인 것이다.

우리는 아테네 민주주의에서 왜 테세우스와 솔론과 테미스토클레스와 페리클레스 등이 줄을 지어 나타나며 민주주의를 주장하고 실현했는지 그 이유를 깊게 생각해보아야 한다.

이제 세계사는 다시는 거스를 수 없는 민주주의의 혁명을 맞이하고 있다. 이제 이들이 추구해온 개인 차원의 자기완성으로서의 민주주의가 역사를 움직이는 대중 전체의 민주주의와 일체가 되고 있는 것이다.

이 시대는 역사상 처음으로 진리로서 자기를 실현하여 완성하려는 개인들과 민주주의를 실현하여 완성하려는 대중 전체가 하나가 되는 시대이다. 궁금하지 않은가? 이들이 열어갈 민주주의의 미래가!

독재주의와 과두주의는 언제나 민주주의로 향한다.

정치는 권력을 행사하는 형태에 따라 세 가지로 나눈다. 혼자서 권력을 독점하는 독재주의인가, 소수가 권력을 독점하는 과두주의인가, 대중 전체가 권력을 나누어가지는 민주주의인가이다.

정치학이라는 말을 만들어낸 아리스토텔레스는 『정치학』에서

공직자를 추첨으로 임명하면 민주정체로, 선거로 임명하면 과두정체로 간주된다. (아리스토텔레스, 2010)

라고 못 박아 말했다. 현대인에게 공무원의 선출방법에 있어서 민주주의는 추첨 그리고 과두주의는 선거로 상징된다는 이 말은 충격적이며 또한 대단히 낯설다. 그만큼 현대의 정치는 근본적인 영역에서 치명적으로 왜곡되어 있다.

그러나 추첨이 가장 과학적이고 철학적이며 민주주의적인 방법이라는 사실은 뒤에 여론조사를 창안한 조지 갤럽의 여론조사 이론과 유명한 존 롤스가 『정의론』에서 주장한 무지의 베일 이론 그리고 무엇보다도 민주주의의 기본법칙인 '우리는 100%'와 '45도의 혁명' 이론을 통해 자세하게 설명할 것이다.

그리고 아리스토텔레스가 추첨과 선거를 민주주의와 과두주의를 나누는 방법이라고 설명한 것이 옳은 것은 아니다. 민주주의도 선거를 통해 얼마든지 운영할 수 있음을 인디언 민주주의가 보여주었기 때문이다.

크게 보면 인류는 200만년 이상 민주주의로 살아 왔으되 길어야 1만년 정도 독재나 과두주의를 경험했고 지난 300년 정도 자본주의로 살았으며 사회주의는 100년 정도 경험했다. 따라서 인류가 민주주의로 200만년을 살아오는 동안 독재주의나 과두주의를 경험한 것은 그야말로 찰나에 지나지 않는다.

누구나 길을 걸어가다 넘어졌다면 다시 일어나 걸어가는 것이 당연한 이치이다. 마찬가지로 인류가 사람을 억압하는 독재주의나 과두주의를 버리고 자연스럽게 사람이 사람답게 살기위해 민주주의의 물결을 일으키고 있는 현상 또한 너무도 당연한 이치이다.

제1장 누구나 알지만 아무도 모르는 민주주의

이 시대를 사는 우리가 민주주의를 알기 위해 접근 할 수 있는 세 가지의 민주주의가 있는데 그 셋 중 어느 것도 자체적으로는 완전하지 않다.

민주주의가 실행되었던 고대 아테네민주주의와 아메리카 인디언의 민주주의는 그 민주주의의 설계원리와 실행방법이 전해지지 않는다. 반면에 우리 민족의 고대국가들의 창업자들은 나라를 세울 때 마다 그 민주주의의 설계원리와 실행방법을 고유의 경전 천부경, 삼일신고, 366사와 20여 권의 경전에 담아 전했다.

하지만 우리의 고대국가가 실제로 어떤 민주주의의 형태를 가졌었는지는 아테네민주주의와 인디언민주주의와 달리 거의 전해지지 않으며 전해진다 해도 우리는 그 내용이 무엇을 의미하는지 전혀 알 수 없었다.

그러므로 이 세 가지 민주주의를 하나로 연결하여 묶을 때 비로소 서로가 서로를 보완하며 완전한 민주주의의 설계원리와 실행방법을 찾아낼 수 있다. 그리고 민주주의의 가치를 알기 위해서는 무엇보다 먼저 민주주의와 반대편에 서있는 이원론과 그에 대한 정치원리인 과두주의 또는 독재주의에 대해 이해할 필요가 있다.

이 과두주의와 독재주의는 자연의 생태공동체가 스스로 자기 조직화하여 운영하는 생명의 과정원리와는 완전히 반대되는 자기 파괴적 원리이다. 하지만 이들도 오늘날 민주주의라는 아름다운 이름으로 포장되어 있다.

우리는 먼저 지금 우리가 경험하고 있는 이 과두주의의 설계원리와 실행방법을 먼저 체계적으로 알 필요가 있다. 그래야 그 과두주의와 민주주의를 비교할 수 있기 때문이다.

민주주의는 인간의 본성이다.

인간은 "적어도 200만 년 전에서부터 1만 3천 년 전까지 모든 사람들은 약 50~150명으로 이루어진 긴밀한 수렵 채집 공동체에서 살았고 외부인과 마주칠 일이 별로 없었다." (마크 판 퓌흐트 외, 2011) 그러니까 인간이 다른 영장류와 달리 200만년 동안 인간으로 살아온 것은 50~150명이 인간 공동체를 만들어 살아갈 수 있는 능력이었다. 그 인간 공동체는 과정과 순환을 거듭하는 자연의 생태공동체와 하나가 되어 수렵과 채집을 통해 함께 과정과 순환을 이루며 스스로가 하나의 생태계로 적응한 것이다.

"우리 인간의 조상들은 인구 밀도가 낮은 지역의 사바나에 살면서 떠돌아다니며 생활을 하는 수렵채집인이었다. 이들은 불만을 품고 있는 다른 구성원들과 함께 포악한 권력자를 뒤로한 채 언제든지 무리를 떠날 수 있었다 (마크 판 퓌흐트 외, 2011)"

인간이 약 50~150명으로 자연의 생태공동체와 하나가 되는 인간 공동체를 만들었을 때 어떻게 그 공동체가 지속가능하여 200만년 동안 유지할 수 있었을까?

그 비결은 다름 아닌 민주주의였다. 인간 공동체는 어느 공동체에 포악한 권력자가 생기면 그 구성원은 언제든지 공동체를 떠날 자유가 있다. 따라서 어떤 공동체이든 포악한 권력자가 권력을 가진 공동체는 모든 구성원이 떠나버려 그 공동체는 자연히 해체가 된다. 오늘날도 독재국가의 국민들은 어떤 방법으로든 그 나라를 떠나려고 하는 것과 마찬가지이다.

반면에 모두가 자유롭고 평등한 민주주의 공동체는 자연스럽게 사람이 모여들어 서로가 안전과 행복을 공동으로 추진할 수 있게 되는 것이다. 오늘날도 많은 사람들이 자유롭고 평등한 나라에 가서 살려고 하는 것과 마찬가지이다. 바로 이것이 민주주의가 인간의 특징이며 본성으로 굳어질 수밖에 없었던 이유이다.

이 간단한 민주주의의 원리가 과거 아테네 민주주의가 번성한 원리이며 장차 민주주의로 움직이는 스마트 시티와 스마트 국가가 세계의 중심이 되는 기본원리이다.

> 1만 2천 년 이전에는 인류는 기본적으로 평등주의자였다. 그들은 사회 계급 없이 최소한의 정치 계급만 존재하는, 이른바 평등 사회에서 살았다. 모든 사람이 집단의 결정에 참여했으며, 가정 밖에서는 어떠한 지배자도 존재하지 않았다.(마크 판 퓌흐트 외, 2011)

그러니까 인간은 200만 년 전부터 1만 2천 년 전까지 평등하고 자유로운 민주주의로 움직이는 인간 공동체를 만들어 보존해온 것이다.

무려 200만년이라는 엄청난 시간동안 인간은 민주주의를 통해 인간 자신의 본성을 확립한 것이다. 민주주의는 공동체 구성원 스스로가 스스로의 공동체를 지배하고 공동체 구성원 스스로가 그 공동체의 지배를 받는 정치제도이다.

이 민주주의를 방해하고 파괴하는 독재주의와 과두주의는 결국은 단지 시간의 문제일 뿐 반드시 해체되어 사라지기 마련이다. 인간에게 200만년동안 굳어져 본성이 된 민주주의를 어떤 인간도 방해할 수 없고 또한 파괴할 수도 없기 때문이다. 200만년 동안 사람이 원숭이와 유인원의 가장 큰 차이점은 바로 민주주의이다.

오직 한 마리의 수컷이 지배하는 수많은 원숭이 무리와 달리 고릴라 무리의 수컷 우두머리alpha는 다른 수컷에게 매우 관용적이다.(리차드 리키 외. 1987)

원숭이 공동체는 오직 한 마리의 수컷이 지배하고, 그보다 월등하게 우수한 유인원인 고릴라도 한 마리가 지배하기는 하지만 원숭이보다는 다른 수컷들에게 관용적이라는 말이다. 그러나 사람은 원숭이와도 다르고 유인원과도 달리 민주주의로 공동체를 만들어 운영했기에 사람인 것이다.

하지만 인간 공동체 안에서도 원숭이나 고릴라 공동체처럼 1인 독재나 소수의 독재가 이루어지기도 한다. 군주들의 독재나 국가사회주의의 히틀러나 공산주의 스탈린의 독재 등이 그것이다.

이처럼 인간 공동체가 원숭이 공동체나 고릴라 공동체로 되돌아가려는 현상도 생각해보면 이해할 수 없는 것은 아니다. 사람도 그 과정을 거쳐 왔기 때문에 인간에게도 그 독재의 DNA가 분명히 존재한다.

그러나 인간이 된 이상 인간 공동체에서 독재는 과도기적인 현상에 불과한 것이다. 인간은 200만년동안 형성한 자신의 본성으로서의 민주주의를 버릴 수 없기 때문이다. 인간이 민주주의의 본성을 버린다면 더 이상 인간이 아니기 때문이다.

1. 이원론과 과두주의 비판

왜 대중은 지난 3천 년간 어처구니없게도 그들이 200만년 동안 가지고 누리던 권력과 부를 한 사람의 왕 또는 소수의 귀족, 양반, 부르주아, 일당독재의 당 간부들에게 모두 다 빼앗기고 스스로를 파괴하여 원숭이나 고릴라처럼 그들의 독재주의와 과두주의의 지배 밑에 엎드려 그들의 자비를 구하는 처량

하고 불쌍한 신세가 되었을까?

이 독재주의와 과두주의를 가능하게 하는 원리는 대중을 지배자와 피지배자로 분리하여 소수의 지배자가 다수의 피지배자를 억누르고 그들의 권력과 부를 빼앗는 이원론이 설명한다. 말하자면 서양에서는 플라톤의 국가론, 동북아에서는 동중서가 주장한 중화주의 유교이론이 바로 그 전형이다. 인도에서는 카스트제도가 그것이다.

우리는 그들이 남긴 이론체계도 관심이 가지만 그보다 더 큰 관심은 도대체 이 뻔한 속임수에 불과한 이원론이 지난 3천 년간 실제의 현실에서 마치 진리라도 되는 것처럼 뻔뻔스럽게 대중위에 군림하게 된 이유가 무엇일까라는 점이다.

지난 역사를 살펴보면 권력과 부를 얻으려는 소수는 자신들의 이기심과 욕망을 위해 그 소수들끼리 강력하게 단결하여 희생을 감수하고 조직적으로 움직여 무지몽매한 군중을 지배함으로써 그 목적을 달성하는 경우를 수도 없이 볼 수 있다.

그러나 다수의 군중들은 조직적으로 움직이지도 않았고 또한 어떤 희생도 감수하려하지 않는 겁쟁이이면서도 권력과 부에 대해서는 누구 못지않은 탐욕을 가지고 있었다. 즉 그들 군중은 소수의 지배자에 엎드려 권력과 부를 얻는 일에 공짜로 무임승차하려고 한 것이었다.

권력과 부를 위해 강하게 조직된 소수가 겁 많고 탐욕스러우면서 무임승차를 하려는 다수를 계급화하여 지배하는 것은 조금도 어려운 일이 아니다. 단지 속임수와 폭력을 동원하면 되는 일이다.

결국 대중 전체가 가져야 할 자율성을 소수의 특수이익집단이 독점함으로써 권력과 부가 소수에게 집중되는 것이다.

그렇다면 민주주의를 누가 주장하는가? 민주주의는 대중 전체가 이익을 얻는 정치제도이다. 민주주의를 앞장서서 주장한다고 해도 얻을 수 있는 것은 전체와 똑같이 나누는 작은 권력이다. 노력한 사람이나 감나무 아래에서 감 떨어지기를 기다린 사람이나 그 결과 얻는 과실은 동일한 것이다.

누가 이런 손해 보는 일을 하려고 하겠는가를 궁금해 하거나 물을 필요는 없다. 지난 3천 년간 동서양을 통 털어 단 한 사람도 그런 손해를 보려는 바보가 없었기 때문이다.

독재주의나 과두주의를 옹호하는 학자는 언제나 넘치도록 많다. 그들에게 부와 권력을 보장할 왕과 소수의 귀족, 양반, 부르주아, 일당독재의 당 간부들은 어느 시대이든 필요한 만큼 충분하다.

그러나 민주주의는 대중 자신이 대중 자신을 옹호해야한다. 왕과 소수의 귀족, 양반, 부르주아, 일당독재의 당 간부들이 민주주의를 옹호하기를 바랄 수는 없는 것이다.

과두주의의 원형 스파르타와 소크라테스학파

인간의 본성인 민주주의는 철학자들에 의해 가장 철저하게 짓밟히고 말살되었다. 소크라테스와 플라톤과 아리스토텔레스는 아테네의 자유로운 민주주의 체제에서 성장하여 그들의 학문을 완성시켰다. 그러나 그들이 열열이 찬미하고 추구한 것은 그들을 키워준 아테네의 민주주의가 아니라 아테네를 파괴한 스파르타의 과두주의였다.

> 소크라테스학파는 전통적으로 친親 스파르타적 경향을 보였다. 플라톤 자신도 스파르타의 정체에 대한 열렬한 찬미자로써, 자신의 이상국가론에서 그들의 정체를 어느 정도 수용하였다. 그들에게 스파르타 정부는 과두정의 완벽한 모델이었기 때문이다. (험프리 미첼, 2000)

스파르타는 소수가 다수를 지배하는 과두주의의 완벽한 모델이고 로마는 그 다음이었다. 플라톤과 아리스토텔레스의 철학은 스파르타를 모델로 삼았고 그것이 알렉산더의 마케도니아를 거쳐 로마에 전해진 것이다. 그리고 그것은 오늘날 자본주의와 사회주의 또는 사회민주주의라는 이름으로 전해진다.

생각해보면 아테네 민주주의가 세계사에서 완전히 사라져 지금까지도 회복하지 못하게 말살된 시대가 아리스토텔레스의 시대라는 사실은 조금도 이상하지 않다. 미첼이

> 사실상 민주정은 아리스토텔레스의 시대에 끝장이 났다. (험프리 미첼, 2000)

라고 말한 것은 당연하다. 그리고 아리스토텔레스의 시대에 끝장이 난 민주주의는 지금 자본주의와 사회주의 또는 사회민주주의의 시대에도 조금도 복원되지 못하고 변함없이 그대로이다.

펠로폰네소스 전쟁으로 스파르타가 아테네를 점령했을 때 스파르타는 아테네에 꼭두각시 정부로서의 30인의 참주를 구성한다. 소크라테스가 이들과 가까웠음은 주지의 사실이다.

> 30인 참주 중의 하나인 크리티아스(Critias)는 소크라테스의 제자였던 젊은 시절에 스파르타를 이상국가로 찬미하는 논문을 쓰기도 했다. 스토아 철학자들은 스파르타의 모든 것에 대해 아주 좋게 평가하는 사람들이었고, 제논은 자신의 이상국가를 스파르타를 모델로 삼아 썼다. 플라톤은 뤼쿠르고스식 체제의 훈련을 높이 평가한 듯하다. 그리고 레욱트라의 패배 이전에 쓰여진 ― 이 점은 이해해야 한다― 그의 『국가론』은 전부는 아니지만 어느 정도는 스파르타 체제를 모방하여 초안을 잡고 있다. (험프리 미첼, 2000)

오늘날 서양의 모든 철학이 플라톤 철학의 각주에 지나지 않는다고 화이트헤드가 『과정과 실제』에서 한 말은 서양철학의 진실한 자기고백이다. 그리고 플라톤의 『국가』가 스파르타의 과두주의를 바탕으로 써진 것은 누구나 알 수 있는 일이다. 그리고 스파르타의 과두주의는 지금까지 존재한 그리고 존재하고 있는 모든 과두주의의 원형이 된다.

스파르타는 소수가 정예의 군대를 만들었고 그들의 애국심과 용맹함은 유명하다. 즉 스파르타의 왕 레오니다스가 이끄는 300명의 결사대가 페르시아의 백만 대군을 맞아 테르모필레에서 죽음을 무릅쓰고 애국심과 용기로 싸운 것은 그 후 애국심과 군인의 본분으로 숭상되고 있다.

그러나 과두주의는 소수가 다수를 지배하기 위해 반드시 필요한 속임수와 폭력과 프로파간다를 필요로 한다.

이점에서도 스파르타는 전형적인 실례를 세계사에 보여주고 있다. 먼저 투키디데스는 기원전 24년 스파르타가 그들의 가장 용감한 국가노예 헤일로타이 2천명을 감쪽같이 살해한 사실을 기록하고 있다. 이 사실은 당시 그리스 세계를 깜짝 놀라게 하고 나아가 세계사에 큰 충격을 안겨주고 있다.

즉 스파르타인들은 자신들의 전쟁에 이용하기 위해 속임수를 사용하여 국가노예 2천명을 데리고 나갔다가 그들이 불만을 표시하자 몰살을 시켜버리는 폭력을 서슴지 않고 사용한 것이다. 소수가 다수를 지배하는 과두주의에서 필수불가결한 속임수와 폭력인 것이다.

우리는 비밀경찰이라면 무시무시한 히틀러의 게쉬타포나 친위대 또는 소련의 KGB를 떠올린다. 이들의 원형이 바로 스파르타의 비밀경찰 즉 크뤼테이아라는 사실은 소수가 다수를 지배하는 과두주의의 근본적인 지배원리가 공포를 동반한 폭력과 속임수임을 깨닫게 해준다.

스파르타의 제도 중에서 비밀경찰이라고나 해야 할 크뤼테이아는 고대나 지금이나 변함없이 주석가를 소름끼치게 했다. 플루타르코스에 의하면 감독관단은 '때때로' 단검으로 무장한 스파르타 청년들을 산야로 파견했다. 그들은 낮에는 숨어 있다가 밤에 돌아다니며 무력한 헤일로타이를 발견하는 대로 무차별 살해하였다. 크륍테이아는 명백히 테러리즘의 목적을 실천하기 위한 매우 전제적이고 사악한 종류의 비밀경찰이었고, 전해지는 정보를 신뢰해도 좋다면 그 점에서는 대단히 성공적이었음에 틀림없다. (험프리 미첼, 2000)

스파르타의 과두주의와 아테네의 민주주의의 가장 큰 차이점은 스파르타는 시민들이 발의권이 없었지만 아테네는 발의권이 있었다는 점이다.

왕들과 장로회는 행정과 입법상의 모든 활동에서 발의자이나, 찬성과 거부의 권한은 있지만 발의권은 없는 시민의 동의가 있어야만 활동할 수 있었다. (험프리 미첼, 2000)

민주주의와 과두주의를 나누는 차이 중에서 시민들이 발의권이 있고 없고는 매주 중요한 차이이다. 이 발의권이 있음에 따라 민주주의는 모든 국민이 정치가가 되는 것이다. 그러나 과두주의는 선출된 소수의 대표만이 정치가가 되는 것이다. 루소는 이렇게 말한다.

사람이 타인의 자유를 침해함으로써만 자신의 자유를 보존할 수 있는 불행한 경우가 있고, 노예가 극단적으로 노예일 때 비로소 시민이 완전히 자유를 누리는 경우가 있다. 그것이 곧 스파르타의 경우였다. 현대의 국민인 당신네들은 노예를 가지고 있지 않다. 당신들이 곧 노예인 것이다. (루소, 1987)

루소는 스파르타의 과두주의는 곧 시민 모두가 자유인 것 같지만 사실은 자유시민 모두가 노예였다는 것이다. 스파르타의 자유시민은 자신들이 노예였음에도 불구하고 자신들의 노예에 대해서는 비밀경찰을 통해 수시로 살해하는 등 극악한 공포정치를 펼친 것이다.

스파르타는 과두주의의 전형이 됨으로 해서 과두주의가 만드는 실제적인 노예정치와 그 도구인 비밀경찰을 통한 통치에 대해 잘 설명하고 있다.

이러한 스파르타의 문제가 오늘날의 자본주의, 사회주의, 사회민주주의라는 이름의 과두주의와 과연 다른가? 루소는 이렇게 말한다.

> 다만 나는 자유롭다고 생각하는 현대의 국민들이 무엇 때문에 대표자를 갖게 되었고 고대인들은 대표자를 갖지 않았는가 그 이유를 말하는 것뿐이다. 어쨌든 한 국민이 대표자를 가지는 순간 그들은 자유를 잃게 되고, 존재하지 않게 되는 것이다. (루소, 1987)

루소는 오늘날 세계 각국이 선거로 대표를 뽑는 대의 민주주의는 곧 과두주의이며 그 국가의 국민은 노예와 다름없다고 말하고 있다.

오직 국민 자신이 주권을 가지고, 국민 스스로 번갈아가며 국민을 다스리고, 국민 스스로가 번갈어가며 국민의 지배를 받는 민주주의만이 자유를 가지고 있다고 말할 수 있다.

진화론에서 과정론으로.

진화론은 어느 한 종種을 중심으로 살핀다는 점에서 여전히 기계론적이다. 이것은 거대한 생태계 안에서 일어나는 거대한 과정 안에서 단지 한 부분에게만 맞다. 우리가 궁금하게 생각하는 것은 거대한 생태계의 한 부분이 아니

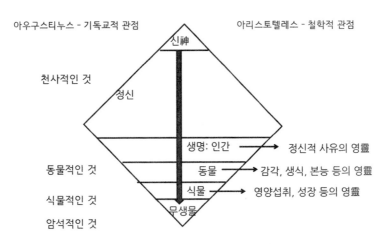

아리스토텔레스와 아우구스티누스의
수직적 계층구조의 세계

아우구스티누스 - 기독교적 관점   아리스토텔레스 - 철학적 관점

신神

천사적인 것

정신

생명: 인간 → 정신적 사유의 영靈

동물적인 것   동물 → 감각, 생식, 본능 등의 영靈

식물적인 것   식물 → 영양섭취, 성장 등의 영靈

암석적인 것   무생물

그림1 아리스토텔레스와 아우구스티누스의 수직적 계층구조의 세계

라 전체 생태계를 움직이는 일반원리이다.

다윈의 진화론은 모든 생태계를 움직이는 거대한 생명의 과정 전체의 일
반원리를 설명하기에는 불가능하다. 오히려 다윈의 생태계는 알고 보면 아리
스토텔레스가 이미 제시한 수직적 계급구조를 거꾸로 뒤집은 것에 지나지 않
는다는 점에서 우리를 놀라게 한다.

이 책에서 다루는 것은 단순한 종의 진화가 아니라 모든 생명체가 스스로
네트워크를 만들어 자기조직화하여 움직이는 자연 생태공동체의 일반법칙으
로서의 생명의 과정이다. 바로 이와 같은 자연의 생태공동체의 일반법칙에서
초연결시대와 민주주의의 설계도와 실행방법이 만들어지기 때문이다. 아리
스토텔레스는 세계를 "무생물, 식물, 동물, 생명, 정신, 신으로 구분한다. 이때
생명은 인간을 지칭하는 듯이 보인다. 그는 각 층의 특징을 중추적 기능에서
살피고 있는데, 식물은 영양섭취, 성장 등의 영靈, 동물은 감각, 생식, 본능 등
의 영靈, 인간은 각각 정신적 사유의 영靈을 갖는다. (소광희 외, 1983)

마르크스와 공산주의 혁명

프롤레타리아가 이 혁명으로 잃을 것은 쇠사슬뿐이며
얻을 것은 전세계이다. - 공산당 선언 -

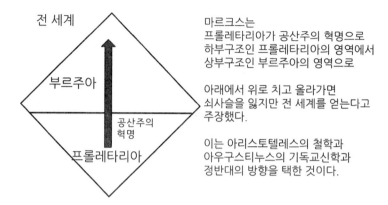

전 세계

부르주아

공산주의
혁명

프롤레타리아

마르크스는
프롤레타리아가 공산주의 혁명으로
하부구조인 프롤레타리아의 영역에서
상부구조인 부르주아의 영역으로

아래에서 위로 치고 올라가면
쇠사슬을 잃지만 전 세계를 얻는다고
주장했다.

이는 아리스토텔레스의 철학과
아우구스티누스의 기독교신학과
정반대의 방향을 택한 것이다.

그림2 마르크스와 공산주의 혁명

아리스토텔레스의 계층이론이 기독교 신학에 영향을 줄 때 다음과 같은
유신론적 이원론이 된다.

아우구스티누스처럼 암석적인 것·식물적인 것·동물적인 것·천사적
인 것·신으로 구분하기도 했다. 중세기 형이상학에 있어서처럼 존재를
신·천사·인간·자연으로 구분하기도 했으며, 야스퍼스에 있어서와 같이
자연·인간·절대자로 구분할 수도 있다.'(소광희 외, 1983)

아리스토텔레스와 아우구스티누스의 수직적 계층구조의 세계는 최상위에
신이 자리잡고 그 아래로 정신과 인간, 동물, 식물, 무생물로 계급구조를 이룬
다. 이는 위에서 아래로의 질서를 상징한다.

아리스토텔레스에서 지금까지 이 층이론의 골자는 변한 것이 없다. 변한
것이 있다면 이 철학적·신학적 층이론을 거꾸로 뒤집은 것이다. 이 계층이론

의 전도는 마르크스가 공산당선언에서

> 프롤레타리아가 이 혁명으로 잃을 것은 쇠사슬뿐이며 얻을 것은 전 세계이
> 다. 만국의 프롤레타리아여 단결하라! (마르크스 · 엥겔스, 2000)

라고 할 때 나타난다. 마르크스의 공산당선언은 플라톤과 아리스토텔레스
와 이우구스티누스와 달리 그 계층이론의 방향이 정반대이다. 즉 아래에서
위로의 혁명을 통한 질서라는 점에서 지금까지의 계층이론과 정반대의 방향
을 가진다.

마찬가지로 다윈의 진화론도 기존의 아리스토텔레스와 아우구스티누스의
계층이론과 그 방향이 반대라는 점에서 획기적이다. 다윈의 진화론은 무생물
에서 시작하여 미생물과 동식물과 침팬지로 올라가서 인간을 정점으로 하는
상향식 계층 구조이다. 다윈은 『종의 기원』에서 이렇게 말한다.

> 이 세계를 가득 채우고 있는 생물의 무수한 종속과는 모두 각각의 강 또는
> 군 범위 안에서, 공통의 조상으로부터 유래한 것이라는 사실을, 그리고 그
> 모든 것들은 유래의 과정에서 변화해 온 것이라는 사실을, 명백히 보여 주
> 는 것이고 나에게는 생각된다. (다윈, 1987)

모든 생명체의 조상은 동일하다는 것이다. 즉, 진화론은 가장 원시적인 것
부터 시작해서 가장 우수한 것으로 수직적 계층 구조를 이루며 상향식으로
올라간다. 마침내 다윈은 아리스토텔레스와 아우구스티누스 이래 신에서부
터 아래로 내려오던 수직적인 질서를 거꾸로 뒤집어 무생물에서부터 미생물
로 시작하여 인간에 이르는 위로 향하는 새로운 질서를 세웠다.

그러므로 남다른 기지가 번쩍이는 철학자 니체는 진화론의 핵심을 간파하

여 신은 죽었다고 말하는 것이다. 그것도 "우리가, 너와 내가 신을 살해했다" (프리드히리 니체, 2009)고 말하는 것이다.

그리고 마침내 니체는 마침내 속마음을 드러낸 것이다. 그것은 인간이 신이 되는 것이다. 이것이 곧 아래에서 위로 향하는 진화론의 최종적인 결론이다. 시인인 니체는 드디어 이렇게 노래한다.

> 우리에게 이 피를 씻어 줄 자 누구인가? 우리를 씻어 줄 물이 어디에 있나? 어떤 속죄의 제의를 우리는 고안해 내야 한단 말인가? 이러한 행위의 위대성은 우리가 감당하기에는 너무 지나친 위대성이 아닌가? 그런 행위를 할 자격이 있음을 보이려면, 우리 자신이 신들이 되어야 하지 않을까? (프리드히리 니체, 2009)

니체의 주장은 이제 인간이 신을 죽였으므로 우리들 인간이 신이 되어야 한다는 것이다. 이와 같은 니체의 주장이 도발적이고 혁명적으로 보이지만 니체는 다윈의 진화론에 숨겨진 핵심을 정확하게 읽고 해설한 것에 지나지 않는다. 진화론이 아리스토텔레스와 아우구스티누스의 수직적 계급구조를 뒤집어 아래에서 위로 향할 때 니체의 주장은 너무나 당연한 귀결이다. 그리고 니체를 계승한 하이데거에서부터 데리다에 이르는 철학자들의 이론이 오늘날 세계의 철학계를 지배하고 있다.

나는 오히려 니체의 주장에 대해 마치 불에 덴 듯 놀라며 그를 비난하는 것이 이상하다. 니체의 주장이 그토록 도발적이라면 지난 2천5백년간 아리스토텔레스에서부터 시작하여 수많은 철학자들과 신학자들이 수직적 계급구조를 옹호하는 것이야말로 더 근본적으로 도발적이라는 사실에 대해서는 왜 우리는 조금도 놀라워하지 않는가?

도대체 이 둘이 무엇이 다르단 말인가? 아래에서 위로 향하든 아니면 위에서 아래로 향하든 둘 다 똑같은 이원론이며 수직적 계급구조가 아니었던가?

우리는 이제 아래와 위를 "분리하여 지배하라divide and rule"고 주장하는 진화론과 마르크스의 주장이 자기 파괴적인 이원론에 불과하다는 사실을 진지하게 생각해볼 필요가 있다. 그리고 이 분리되어 생명을 잃은 양극단을 자기 조직화하여 균형과 통합을 이루어 다시 생명의 과정을 진행하는 우리 민족의 민주주의에 대해 생각할 때가 된 것이다.

2. 생명의 과정으로서의 민주주의

생명을 가진 자연의 생태공동체 안의 모든 생명체들은 자기조직적인 네트워크를 통해 서로가 서로를 연결하고 있다. 그리고 생명체들 모두 태어나서 스스로를 실현하고 성취하고 완성하는 생명의 과정을 진행하며 순환하고 있다.

인간 개개인과 공동체들과 국가도 살아있는 생명체로서 서로가 서로를 연결하며 자연의 생태공동체와 동일한 생명의 과정을 진행한다.

민주주의는 자연의 생태공동체와 동일한 원리로 국가를 운영한다. 민주주의의 원리는 만물이 살아있는 생명체로서 자연의 생태공동체를 만들어 진행하는 생명의 과정 그 자체이지 다른 것이 아니다.

솔로몬의 이원론인가? 한민족의 과정론인가?

누구나 자기 자신을 이해하는 일이 가장 어렵다. 개인이 아니라 민족의 경우 더더욱 스스로를 이해하기가 어렵다. 외국학자들이 우리민족을 설명한 관점은 그래서 소중하다.

인간이 집단을 이루어 공동체가 되었을 때 어떤 패턴을 가지는가를 연구한 『집단역학』의 저자 포사이스는 우리민족과 이스라엘민족을 다음과 같이 비교했다.

이스라엘의 키부츠 사람들은 종종 열띤 논쟁을 벌이는 데 비해, 한국인들은 조화를 추구하고 불화를 회피한다. 이 두 문화권이 모두 집단주의적이지만 분쟁을 해결하는 방식은 매우 다르다. (Donelson R. Forsyth, 2009)

포사이스는 우리민족과 이스라엘 민족의 모두 집단주의적인 특징을 가지고 있다고 말한다. 이는 개인주의적인 특징을 가진 서구인들과는 근본적으로 다른 특징이다. 그러나 둘 사이에는 현격한 차이가 있다는 것이다. 이스라엘식의 집단주의가 문제를 열띤 논쟁을 통해 옳고 그름을 해결하는 것은 훌륭한 방법이다. 그러나 공동체의 불화를 피해 조화를 추구하는 한국식의 방법은 이스라엘식과는 전혀 다른 차원의 사고와 행동의 틀이 만드는 해결 방법이다. 오늘날 세계에서 머리가 좋은 면에서 세계 1위와 2위를 다툴 정도이며 다른 어느 민족보다 오랜 역사를 가진 공통점까지 있는 우리 한민족과 이스라엘민족을 외국학자들이 비교한 내용은 우리에게 적지 않은 의미가 있을 것이다.

따라서 이 문제에 대해 보다 심층적으로 그리고 정치철학적으로 우리민족을 연구한 자료를 찾아볼 필요가 있다. 미국 코넬대학에서 정치학을 가르치는 앨퍼드는 『한국인의 심리에 대한 보고서』라는 의미심장한 책을 썼다.

정치학자인 그는 각계각층의 많은 한국인과 직접 인터뷰를 통해 한국인의 심리에 대해 접근했다. 그의 책은 우리가 모르는 사이 외국인들이 우리민족에 대해 얼마나 깊이 있게 연구하고 날카롭게 접근하고 있는가를 잘 보여준다. 그중에서 특히 의미 있는 것은 한국인이 이해하는 솔로몬의 지혜에 대한 인터뷰이다. 이 인터뷰는 한국인이 솔로몬에 대해 느끼는 심리를 잘 설명하고 있다. 즉 한민족과 이스라엘민족의 근본적인 사고와 행동의 틀의 차이를 아이를 둘로 쪼개자는 솔로몬의 지혜라는 적절한 예를 들어 잘 설명한다.

앨퍼드가 직접 인터뷰한 우리나라의 한 여성 (아마도 상당한 지식인이라고 판단되는)은 이스라엘 식의 솔로몬의 지혜를 최악으로 보고 다음과 같은 한국식 지혜를 제시하고 있다.

> 서구의 솔로몬은 아이의 몸을 둘로 갈라서라도 어느 창녀가 거짓을 말하는지 알아내려 했죠. 사실을 안 다음 그는 거짓말을 한 여자를 죽이고 아이를 진짜 엄마에게 돌려주었어요, 하지만 한국의 솔로몬이라면 타협을 모색했을 겁니다. 두 여자를 자매로 맺어주어 아이를 함께 돌볼 수 있도록 했겠죠..(C. 프레드 앨퍼드, 2000)

솔로몬식으로 아이를 둘로 쪼개자는 것은 살아있는 생명체인 인간을 물건으로 간주하여 하나를 둘로 분리하는 무자비한 이원론이다. 또한 솔로몬이 거짓말한 여자를 죽이고 진짜 엄마에게 아이를 돌려주는 것도 무지막지한 선악이원론이다.

아이를 둘로 자르겠다는 자기 파괴적인 "분리하여 지배하라divide and rule" 식의 이원론적 위협 자체가 우리민족의 사고의 틀로는 생각조차 할 수 없고, 우리민족의 행동의 틀로는 도저히 행동으로 옮길 수도 없는 지나치게 낯설고 이질적인 것이다. 그러나 솔로몬의 지혜는 이 이원론을 현실에서 실현하고 있다.

아이의 엄마라고 주장하는 진짜 엄마와 사기꾼을 선악으로 가르는 이원론적 판결이 과연 아이를 위해 현명한가 하는 문제가 솔로몬에게는 전혀 고려되어있지 않다. 또한 거짓말한 여자를 단칼에 죽이자는 "분리하여 지배하라divide and rule" 식의 이원론도 지나치게 잔인하다.

한국인은 지난 만년의 역사 동안 인간을 물건으로 취급해본 적이 없다. 인간과 인간이 살아가는 공동체를 살아있는 생명체로 생각하는 것이 한국인에게는 너무나 당연한 상식이기 때문이다.

또한 거짓말이 공동체를 파괴하는 가장 나쁜 것으로 간주하여 극히 미워하지만 그렇다고 거짓말한 사람을 단칼에 죽여 버리는 것은 지나치다고 생각한다.

이 경우 두 여자에게는 치킨게임과 같다. 둘 중 하나가 양보하지 않으면 아이는 죽는다. 따라서 진짜 엄마는 겁쟁이가 되어 게임을 포기할 것이다. 솔로몬의 지혜는 게임이론 중에서 배신자가 이기는 죄수의 딜레마를 역이용하는 지혜인 것이다. 대단히 고차원의 지혜이다.

그러나 한국인의 지혜는 이보다 훨씬 더 앞으로 나가있다. 이 둘 중 하나가 사기꾼인지 뻔히 알지만 서로 자매로 삼겠다는 말이다. 먼저 그 아이의 입장에서는 이는 자신이 반으로 쪼개지는 위험으로부터 벗어나 자신을 지켜줄 엄마가 하나 더 생기는 일이니 불행이 행복으로 바뀌는 일이다.

또한 사기꾼 여자는 그 아이에게 지나친 애정을 가졌던 것이 큰 죄가 되어 벌을 받을 일도 없다. 진짜 엄마도 아이를 찾기 위해 사기꾼이 죽어야 만 할 때 과연 행복하겠는가? 따라서 이 경우 아이와 진짜엄마와 사기꾼 여자 모두 불행이 바뀌어 행복한 결과가 된다. 따라서 한국인은 어떤 경우에도 이스라엘의 솔로몬식의 지혜를 지혜로 여기지 않는다. 그리고 그 같은 해법을 택하지도 않는다. 우리민족의 당면과제인 동서통합과 남북통일도 이 해법으로 해결될 것이다.

한국인의 방법은 결과적으로 이 일의 당사자 중 누구도 불만이 없는 결과를 가져왔다. 그리고 가장 놀라운 것은 당사자 모두가 자기 조직화하여 하나로 연결되어 그 이전보다 훨씬 더 커지고 강한 힘을 가진 생태공동체를 창조하게 된 것이다. 이른바 민주주의적인 자기조직화를 통해 생태공동체적 균형과 통합이 이루어진 것이다.

이것이야말로 전체의 참여자가 100%라고 할 때, 누구도 배제하지 않는 '우리는 100%'라는 민주주의의 필수불가결의 요소를 참여자 모두가 타협과 양보로 만들어내는 것이다. 그럼으로써 새롭게 태어난 가족으로서의 생태공동체는 이제부터 전체 100%가 하나가 되어 균형과 통합을 이루어 스스로를 실현하고 성취하고 완성하는 생명의 과정을 진행할 수 있게 된 것이다.

반면에 솔로몬 식 지혜는 전체 참여자가 100%라고 할 때 그 100%를 둘로 쪼개 하나는 선이고 다른 하나는 악이 되어 서로가 서로를 원수처럼 증오하게 되었다.

결과적으로 참여자 100%가 발휘할 수 있는 능력이 반으로 줄어든 것이다. 그리고 그 반 마저도 서로를 원수처럼 증오하며 대립함으로써 실제로 존재하던 100%의 힘은 이제 제로상태가 된 것이다. 따라서 살아서 숨쉬고 행동하던 하나의 전체로서의 공동체는 이제 둘로 나누어져 파괴되어 생명을 잃고 생명의 과정도 영원히 사라졌다.

이처럼 간단한 산수만 할 줄 알아도 한민족과 이스라엘민족 어느 쪽이 더 강력한 집단주의적인 이론체계를 담고 있는 가를 쉽게 알 수 있는 것이다.

한국인은 바로 이 '우리는 100%'라는 민주주의의 원리를 발전시켜 지난 만 년간 국가를 다스려왔으며 그 원리를 우리의 고유한 경전인 천부경과 삼일신고와 366사와 20여 가지 경전에 공통적으로 담아 이 시대까지 전해온 것이다.

이원론은 아이를 둘로 쪼개듯 공동체를 생명체가 아니라 물건처럼 선/악과 지배/피지배로 쪼개버린다. 그리고 쪼개진 둘을 지배계급과 피지배계급으로 나누어 수직적 계급구조를 만든다. 따라서 가면 갈수록 공동체는 지배와 피지배가 고착되고 돌이킬 수 없게 분리되어 힘이 약화된다. 결국은 공동체는 파편화되고 원자화된 개인과 개인만 남는 것이다. 오늘날 현대사회가 바로 이 지경에 이른 것이 아니겠는가?

그러나 자기 조직화하여 진행되는 생명의 과정철학은 단순한 선악이원론이 아니라 인간과 공동체를 생명체로 간주하여 선/악, 청/탁, 후/박을 모두 고려한 결과 얻어지는 균형과 통합과 조화를 제시한다. 그리고 시간이 가면 갈수록 강력한 공동체를 만들어가게 된다. 따라서 이 균형과 통합과 조화의 과정은 가면 갈수록 공동체의 결속력과 그 힘이 강화되는 것이다. 바로 이것이 우리민족의 힘이며 우리민족의 역사이며 민주주의의 기본원리이다. 그리고 이것이 미래의 민주주의 국가이다.

이 균형과 통합과 조화의 원리를 "분리하여 지배하라 divide and rule"는 플라톤의 이원론으로 설명할 수 있겠는가? 오늘날 마치 유행처럼 너도나도 통합과 융합을 주장한다. 그러나 지난 3천 년간 분리와 대립을 주장했을 뿐 통합과 융합을 만들 수 있는 이론체계를 제시한 철학자는 아무도 없었다. 통합과 융합을 기본법칙으로 작동되는 민주주의를 설명할 이론체계도 당연히 없었다.민주주의는 우리 한민족의 삶 자체에 녹아있는 당연한 사고와 행동의 틀이지만 서양학자들에게는 이 같은 방법론이 너무나 신기하고 이색적으로 다가왔을 것이다. 포사이스나 앨퍼드와 같은 서양학자들이 우리민족의 특징을 특별하게 설명한 이유가 바로 그것일 것이다.

또한 우리민족 자신은 우리가 늘 사용하는 방법이지만 그것이 얼마나 독특한 것이며 또한 얼마나 놀라운 철학적 의미를 가진 것인지에 대해 우리는 전혀 알아채지 못하고 있는 것이다.

생명의 과정으로서의 민주주의

민주주의를 이해하기 위해서 이원론과 과두주의의 문제를 이해했다면 이제는 민주주의의 이론체계의 바탕인 생명의 과정원리를 이해할 필요가 있다.

생명의 과정원리는 이 책에서 서로 다른 여러 가지 예를 들어 반복적으로 설명할 것이다. 여기서는 가장 쉬운 예로 설명하고자 한다.

생명의 과정					
식물	씨앗	움	꽃을피움	열매맺음	열매나눔
닭	달걀	달걀안의 병아리	닭	자연적응	새끼양육
인간 개인	태아	출산과정	성인	쌓음-사회적응	나눔-자식양육
민주주의	자기 원형	균형과 통합	자율과 자치	복지국가	평등국가
한철학	가능상태	혼돈상태	질서상태	성취상태	완성상태
역이론		하도낙서, 음양오행	태극과 64괘	45훈	366사
우리민족 고대국가			개천	재세이화	홍익인간

표 1 생명의 과정에 대한 여러 가지 예의 표

위의 표에 담긴 생명의 과정에 대한 여러 가지 예는 생명의 과정을 식물과 닭과 인간 개인과 민주주의와 한철학, 역이론 그리고 우리의 고대국가에서 전한 역사 등의 내용을 하나의 표에 담은 것이다.

표의 맨 위의 것을 예로 들면, 식물의 경우 씨앗이 움이 되고 꽃을 피우고 열매를 맺고 그 열매를 필요한 존재에게 나누는 것이다. 이 생명의 과정은 자연의 생태공동체의 구성원들 모두가 자신도 모르게 행동하는 원리이다. 민주주의가 바로 이와 동일한 원리이다. 표의 아래의 것들도 같은 순서로 생명의 과정이 이루어진다.

이 모든 것은 기존의 동서양 이원론의 틀을 완전히 극복한 생명의 과정의 틀에서 만들어진 것이다. 따라서 이 생명의 과정의 틀 안에는 동서양의 모든 이원론이 들어올 수 있지만 이원론의 틀 안에는 어떤 경우에도 이 생명의 과정의 틀이 들어갈 수 없다.

가령 플라톤과 아리스토텔레스와 오늘날 그들의 제자들의 철학의 틀로는 이 생명의 과정을 생각조차 할 수 없고 그들의 틀 안에 생명의 과정을 넣는다는 것은 불가능하다. 또 과두주의나 독재주의에 불과한 자본주의나 사회주의, 사회민주주의의 틀로는 이 생명의 과정의 내용을 이해할 수도 없고 그 안에 생명의 과정을 넣을 수도 없는 것이다.

이 책은 민주주의의 원리인 생명의 과정을 가장 쉬운 것부터 서로 비교하며 이해할 수 있도록 하고 차차 복잡한 것을 소개하는 방식을 택했다.

그럼으로써 알고 보면 단지 자기파괴 외에 다른 아무 것도 아닌 이원론을 복잡하고 전문적인 언어로 철옹성을 쌓아 문외한의 접근을 막음으로써 과두주의나 독재주의를 만들어내고 옹호하던 철학자들의 고질적인 악습을 과감하게 타파하여 민주주의의 문을 활짝 열어보려고 노력했다.

⑴ 생명의 과정 전반에 대한 설명

우리는 누구나 생명의 과정에 대해 상식적으로 알고 있다. 인간이 태아에서 시작하여 출산과정과 신생아와 성장과정을 거치며 자기실현과 자기성취와 자기완성을 추구하는 것은 인간이라면 오대양육대주 남녀노소 누구든 어디에 살던 상식중의 상식이기 때문이다. 이 생명의 과정은 인간이라면 모르려야 모를 수 없는 가장 기본적인 인식의 도구이기 때문이다.

우리는 너나없이 인간으로 이 생명의 과정이라는 인식의 도구를 가지고 있으면서 그것으로 우리의 주변의 모든 살아있는 생명체가 이 생명의 과정을 겪으면서 그 생명의 과정 안에 있는 어떤 상태에 있는가를 파악한다.

이와 같은 과정적 인식은 따로 설명이 필요 없을 정도로 누구나 언제 어디에서든 해온 상식이다. 그러나 우리는 이 생명의 과정이 정확하게 어떤 상태들에 의해 어떻게 이루어져있고 그 상태들이 어떤 존재방식을 가지고 있는지 자세하게는 모른다.

생명의 과정철학으로서의 한철학은 이 전체과정과 그 상태들을 자세하게 설명함으로서 정확한 과정적 인식을 하여 정확한 지식을 얻게 하며 그것으로 시행착오를 극소화한 사고와 행동을 할 수 있도록 해주는 것이다. 그리고 이 전체적인 생명의 과정을 통찰함으로서 아름다움을 인식하고 창조할 수 있게 되는 것이다.

이제 민주주의를 파괴하는 가장 큰 적이 누군가가 명확해졌다. 그 적은 민주주의를 길고도 고통스러운 과정을 통해서가 아니라 단숨에 이룰 수 있다는 민중선동가들이다. 그리고 수구주의자들이다. 고드윈은 그 선동가들을 이렇게 말한다.

> 오, 개혁! 온건하고 유쾌한 힘이여! 그 이름이 거룩하지 못한 부정한 입술에 의해 오염된 적이 얼마나 많았던가! 그 깃발이 선동가들의 손에서 펄럭이고, 살인자들에 의해 핏물에 흥건히 젖어 흉하게 변해버린 적이 얼마나 많았던가!
>
> 인간의 위대한 대의를 방해하는 원수는 둘이다. 하나는 수구주의자들이고 다른 하나는 혁신주의자들이다. 후자는 가만히 있는 것을 견디지 못하고 조용하고 점진적인 발전, 즉 사상과 지성의 발전을 통한 상서로운 발전의 맥을 갑작스레 끊어 놓는다. (윌리엄 고드윈, 2006)

수구주의자들은 이 이원론을 진리로 포장하여 숭배한다. 그리고 이들 민중선동가들이 선전선동의 깃발을 흔들며 살인과 폭력으로 갑작스럽게 민주주의의 발전을 끊어 놓는다. 이들 둘 다 인간의 본성 민주주의의 생명의 과정을 파괴하고 있다.

(2) 달걀과 닭의 생명의 과정과 순환

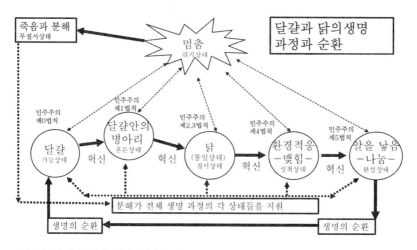

그림 3 달걀과 닭이 진행하는 생명의 과정과 순환

달걀이 먼저인가 ? 닭이 먼저인가? 라는 수수께끼는 동서고금을 막론하고 해결할 수 없는 난제 중의 난제이다.

그러나 생명의 과정을 이해한다면 이 달걀과 닭은 생명의 과정을 통해 순환하는 전체 과정의 하나이다. 이 전체 과정을 둘로 쪼개서 어느 것이 먼저인가 라고 묻는 자체가 이원론적 발상인 것이다.

결국 그 수수께끼는 살아서 움직이는 생명의 과정을 부정하고 그 살아있는 생명의 과정을 물건처럼 유물론화하여 둘 중의 하나를 선택하게 만들고 있음을 알 수 있다. 즉 질문 자체가 틀린 것이다.

달걀은 스스로 그 안에서 병아리로 변하여 달걀안의 병아리가 된다. 즉 달걀안의 병아리는 그 자체로 생명의 과정 중에 하나의 독립된 상태이다.

그 달걀안의 병아리라는 상태는 달걀껍질을 깨고 세상에 나온다. 이 상태는 이제 닭이라는 상태이다. 닭이 자신에게 주어진 환경에 적응하며 짝을 만

나는 상태는 역시 독립된 상태이다. 이 상태에서 다시 달걀을 낳으면 그 달걀
은 다시 생명의 과정을 진행한다.

그러나 이 여러 상태들이 내부나 외부에 문제가 생기면 위기상태가 된다.
이를 잘 극복하면 다시 원래 상태로 돌아오지만 그렇지 못하면 죽음과 분해
의 상태가 된다. 그리고 이 전체과정은 다른 생명체들이 죽어 분해된 상태의
바탕위에 놓인다. 민주주의의 원리가 바로 이 과정과 동일하다.

이 달걀과 닭의 생명의 과정과 그 순환은 플라톤과 아리스토텔레스 이전
그리스 문명의 신화에 그대로 응용되어 나타난다. 따라서 이 달걀과 닭의 이
루는 생명의과정이 곧 민주주의의 과정이라는 말은 곧 플라톤과 아리스토텔
레스 이전의 고대 그리스 신화가 곧 민주주의를 설명한다는 말과 같다. 따라
서 달걀과 닭의 생명과정은 민주주의의 설명에 긴요한 것이다.

즉 우리는 생명의 과정을 통해 플라톤과 아리스토텔레스가 파괴한 민주주
의의 이론체계를 그리스 문명 자체에서 복원할 수 있는 것이다.

(3) 식물의 삶과 과정철학

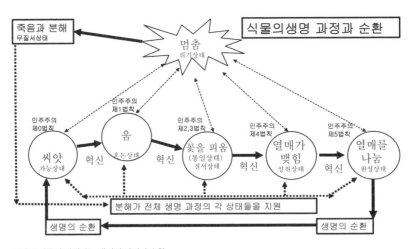

그림 4 식물이 진행하는 생명의 과정과 순환

식물들의 삶은 씨앗이 움을 틔워 꽃을 피우고 열매를 맺어 그것을 필요한 생명체에게 나누는 것이다. 그리고 그 열매 중 일부는 다시 씨앗이 되어 생명의 과정을 새롭게 시작한다.

인간의 본성으로서의 생명의 과정은 인간 스스로와 동물은 물론 식물들이 진행하는 생명의 과정과도 동일하다. 인간은 특히 자연의 생태공동체에서 식물들이 진행하는 생명의 과정과 자신들이 진행하는 생명의 과정을 오랜 세월 동안 관찰하고 비교해왔을 것이다.

이는 수렵채집시대와 농경시대의 지식에도 큰 영향을 미쳤을 것이다. 인간은 오랜 세월 동물과 식물 그리고 인간이 동일한 생명의 과정을 진행한다는 사실에서 생존과 문화를 위한 지식을 마련했을 것이다.

이는 뒤에 아테네 민주주의를 꽃피운 시인들인 아이스퀼로스와 소포클레스와 에우리피데스 등의 비극과 그 비극을 공연한 디오니소스의 축제를 이해하기 위해 반드시 필요하다.

이 식물이 진행하는 생명의 과정을 이해하고 활용함으로써 인간 공동체는 자연의 생태공동체와 투쟁하거나 거스르지 않고 원만하게 하나가 될 수 있었을 것이다. 바로 이 식물이 진행하는 생명의 과정이 인간이 국가를 만들어 진행하는 민주주의 과정과 같다.

⑷ 인간의 삶과 과정철학

다음의 인간의 생명의 과정과 순환의 그림은 인간의 본성으로서의 생명의 과정이 나타나있다. 이는 자연 생태계의 동물들이 진행하는 생태공동체와 동일하다. 물론 전체적인 자연의 생태공동체가 진행하는 생명의 과정과도 동일하다.

태아에서 출산을 통해 성장하여 자연스럽게 생긴 능력으로 소중한 것들을 쌓고 그것을 나누는 것이며 또한 다시 자손을 낳아 생명의 과정이 새롭게 시작한다.

이는 대부분의 인간의 삶에서 나타나는 보편적인 현상으로 따로 설명이 필요 없을 것이다.

이 과정은 아테네 민주주의를 설명하기 위한 오르페우스와 헤시오도스의 우주론을 이해하는 일에 반드시 필요하다. 뿐만 아니라 민주주의 전체의 과정을 이해하는 일에도 필수적이다.

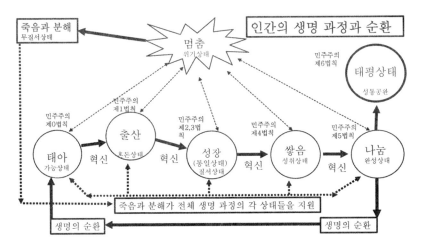

그림 5 인간이 진행하는 생명의 과정과 순환

(5) 민주주의의 기본법칙과 7가지 민주주의의 법칙을 담은 생명의 과정

우리는 달걀과 닭, 식물 그리고 인간이 생명의 과정을 진행하며 여러 상태들을 만들어내고 그것들을 혁신하는 과정을 살펴보았다. 그리고 그 여러 상태들이 민주주의의 7가지 법칙을 설명한다는 사실을 그림을 통해 알아보

앉다.

과정으로서의 민주주의는 자세하게는 민주주의의 기본법칙과 7가지 민주주의의 법칙이 설명하는 상태들로 설명된다. 플라톤과 아리스토텔레스와 동중서의 이원론에 입각한 전제주의나 과두주의의 단순함에 익숙한 우리에게 이 민주주의의 법칙이 보여주는 여러 상태들은 처음 보는 생소한 것이 될 것이다.

특히 아리스토텔레스가 『정치학』에서 민주주의와 과두주의의 중간을 택해 혼합주의를 말한 것은 진리를 왜곡하고 있다. 그는 생명을 가진 인간에게 해당하는 수평적 평등구조의 생명의 과정론으로 이루어지는 민주주의와 물건에게나 적용되는 수직적 계층구조의 이원론으로 이루어지는 과두주의 사이에 중간이 있는 것처럼 생각해 그것을 혼합주의라고 말한 것이다.

그의 주장은 그가 말하는 형상과 질료의 대상인 청동상/석상과 생명을 가지고 살아서 생각하고 행동하는 인간을 대등하고 놓고 이 양자의 가운데에서

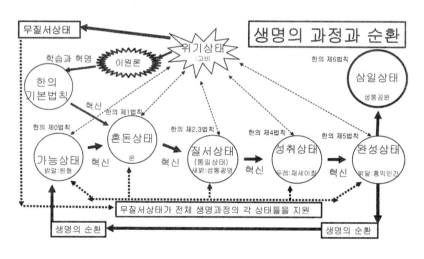

그림 6 생명의 과정의 일반법칙

중용을 택하여 이 양자가 통합될 수 있다고 주장하는 것과 같다.

이는 인간과 물건을 대등하게 보고 그 중간을 택할 수 있다는 주장이 된다. 따라서 아리스토텔레스의 혼합주의는 생명을 가진 모든 존재와 특히 인간에 대한 모욕이다.

자기조직화로 진행하는 민주주의는 생각하고 행동하는 인간의 정치제도인 반면 과두주의나 독재주의는 살아있는 인간을 물건으로 취급하여 수직적으로 계급화 하여 파괴하는 정치제도이기 때문이다.

이 생명의 과정과 순환은 그림6과 같이 이원론을 극복한 생명의 과정의 일반법칙으로 나타나게 된다. 이 과정과 여러 상태들을 이 책에서 하나하나를 절로 나누어 자세하게 설명하게 된다. 그러나 그 이전에 전체적인 개념을 미리 파악한다면 뒤에 설명할 다소 복잡한 내용을 보다 쉽게 이해할 수 있을 것이다. 여기서는 전체과정을 간단하고 쉽게 하나하나 나누어 생각해보자.

① 민주주의의 기본법칙 - 대중의 자기조직화

민주주의가 시작이라고 말하기 위해서는 반드시 민주주의의 기본법칙으로서의 자기조직화의 원리가 작동하여야 한다.

그 첫째가 '우리는 100%'이다. 그리고 그 둘째가 '45도의 혁명'이다. 수직적 계급구조를 수평적 평등구조로 혁신하는 이 두 가지가 이루어질 때 민주주의가 시작된다.

그러나 지난 3천 년간 세계사에 알려진 동서양의 모든 국가에서 이 두 가지가 이루어진 적이 한 번도 없다는 점에서 사실상 진정한 민주주의는 세계사에서 아직 시작조차 하지 못했음을 말해준다.

그 첫째 '우리는 100%'는 민주주의 국가에서는 누구도 배제하지 않는 100%가 되어야 한다. 국가에서 배제되는 대상은 언제나 최상위 1%와 최하위

1%이다.

자연의 생태공동체에서도 '우리는 100%'는 필수불가결의 원칙이다. 자연에서도 보잘 것 없는 존재는 하나도 없다는 사실은 다음의 예가 도움이 될 것이다.

> 브라질 농부들이 키우는 '브라질넛'의 수확량을 어떻게 하면 높일 수 있을까 하고 연구를 하던 중 뜻밖의 결과가 나왔다. 브라질 열대우림 숲이 건강해야 인간이 키우는 작물이 잘된다는 것이었다. 브라질넛은 수분을 그 지역에 사는 특별한 종의 수컷 벌이 해주는데 이 수컷 벌과 짝을 이뤄야 하는 암컷 벌은 그 인근에서 자라는 난초 꽃의 과즙만을 먹고 살기 때문이다. 결국 자연 전체가 건강해야 인간이 키우는 작물까지도 풍성해지는 셈이다. (오경아, 2015)

자연전체가 건강해야 보잘 것 없어 보이는 특별한 종의 수컷벌이 생존할 수 있고, 그 수컷 벌이 생존해야 인간이 만든 인위적인 생태계의 브라질넛이 수분을 하여 수확량이 늘어난다는 것이다.

결국 자연의 생태공동체와 인간 공동체는 서로 연결되어 있으며 그 공동체들은 전체를 이루는 요소들 모두가 빠짐없이 '우리는 100%'를 이룰 수 있을 때 지속이 가능하다는 사실을 알 수 있다. 즉 인간 공동체에서 보잘 것 없는 존재란 있을 수 없는 것이다.

민주주의는 누구도 배제하지 않는 '우리는 100%'가 기본 중의 기본이다. 그 '우리는 100%'안에는 힘없고 가난한 사람도 있지만 힘 있고 돈 많은 부자들도 있다. 이들이 모두 수평적 평등구조 안에서 하나가 되어 힘을 발휘하는 정치제도가 민주주의인 것이다.

'우리는 100%'를 이루려면 도저히 함께 할 수 없을 것 같은 사람들과도 함게 해야만 한다. 그들 중 어느 한 세력을 제거하거나 타도하여 얻는 이익이 아무리 커도 '우리는 100%'가 되어 얻어지는 이익보다는 비교할 수 없을 정도로 작을 것이기 때문이다.

둘째로 '45도의 혁명'이다. 이 혁명은 '우리들은 100%'가 이루어지기 위해 현실적으로 반드시 필요한 것이다. 즉 최상위 1%의 부자와 전문가들이 그들이 가진 재산과 능력을 누구에게도 빼앗기지 않는 대신 그들 스스로 민주주의에 참여하는 것이다. 민주주의에 참여한다는 것은 그들 스스로 지배계급으로서의 특권들 중에서 불평등을 심화시키는 것들을 스스로 내려놓아 전체 국민에게 위화감을 만드는 일을 하지 않는 것이다.

또한 최하위 1%의 극빈자들은 국가의 관직을 다른 국민과 마찬가지로 평등하게 돌아가며 맡는 과정에서 평등한 국민이 되는 위치가 되도록 스스로 노력하는 것이다.

그럼으로써 불필요하게 스스로를 높인 사람은 스스로 어느 정도 내려오고 자신의 의사와 달리 지나치게 내려온 사람이 스스로 올라올 수 있도록 만들어주는 것이 45도의 혁명이다. 이 45도의 혁명은 폭력이 조금도 필요없는 평화의 혁명이다. 폭력의 힘은 순간이며 약하지만 대중이 '우리는 100%'와 '45도의 혁명'을 이루어내며 발휘되는 힘은 그 어떤 폭력보다 강하며 오래가는 것이다.

따라서 '우리는 100%'와 '45도의 혁명'을 통해 수직적 계층구조의 과두주의는 수평적 평등구조의 민주주의로 이행하기 시작하는 것이다. 쉽게 말하면 수직적 갑을구조의 과두주의를 수평적 갑을구조의 민주주의로 바꾸는 것이다. 즉 대중이 스스로 자기조직화를 이루어 출발하는 것이다.

② 민주주의의 제 0 법칙 - 대중의 원형

인간은 역사의 99% 이상은 수렵채집시대의 민주주의로 살아왔다. 다시 말해 인간에게 민주주의는 곧 본성 그 자체인 것이다. 인간은 민주주의를 실행함으로서 경쟁자들인 고릴라와 침팬지를 능가하여 자연계 최고 포식자가 되었다. 즉 인간은 수평적 평등구조에서 공동체를 운영할 때 인간이 가진 최적의 능력을 발휘할 수 있었다는 말이다.

누가 가르쳐주지 않아도 거북이의 새끼들은 알에서 깨어나면 일제히 바다로 향해 내달린다. 거북이새끼에게는 바로 그런 본성이 태어나기 전부터 설계되어 있기 때문이다. 마찬가지로 인간은 태어나면서부터 민주주의를 하기 위해 생각하고 행동하는 것이다. 인간의 모든 생각과 행동은 민주주의의 과정에 맞추어지도록 이미 200만년 동안 거듭거듭 만들어져 있기 때문이다.

대중의 모든 생각과 행동의 원형이 되는 상태가 바로 민주주의의 제0법칙의 상태인 것이다.

③ 민주주의의 제 1 법칙 - 대중의 균형과 통합

아무리 인간에게 민주주의가 본성이라고 해도 실제로 인간이 공동체를 만들면 여러 가지 문제가 필연적으로 발생한다.

또한 아무리 인간이 과두주의적 공동체를 혁신하여 '우리는 100%'와 '45도의 혁명'을 성공적으로 이루었다고 해도 그것만으로 민주주의가 이루어지는 것도 아니다. 왜냐하면 수평적 평등구조의 공동체를 이루어 자기조직화를 이루었다고 해도 그 공동체가 자율과 자치로 행동하기 위해서는 반드시 공동체로 존재하는 두 영역이 하나로 통합되어야 하기 때문이다.

즉 도덕과 정의의 영역을 중용의 영역이 제도로써 균형을 이루며 통합하는 것이다. 민주주의에서 중요한 것은 영웅호걸 보다는 먼저 제도이기 때문이다. 도덕과 정의의 영역을 중용의 영역이 무엇인지 알아보자.

<1> 정의

인간의 몸은 생존의 영역으로 의식주를 필요로 하며, 의식주는 유한하고 얻기 어려우므로 그것을 얻기 위해 치열한 경쟁이 일어난다.

따라서 모든 공동체는 그 경쟁을 어떻게 공정하게 관리하는 가하는 문제가 반드시 제기된다. 공동체가 공정하게 관리되어 정의를 얻으면 그 공동체는 지속이 가능하되 그렇지 못해 부정의 할 때 그 공동체는 해체의 길을 걷게 된다. 만일 경쟁 자체가 없다면 정의 그 자체가 없는 죽은 공동체이다. 그러나 그동안 과두주의와 독재주의는 수직적 계급구조를 유지하기 위한 폭력을 정의라는 이름으로 사용해온 것이다.

<2> 도덕

마음의 영역은 공감의 영역이다. 인간은 서로 간에 넘지 말아야 할 보이지 않는 공감의 선이 존재한다. 그 공감의 선을 서로 지켜줄 때 공동체는 서로가 공감의 영역을 확보하여 지속이 가능하되 그렇지 못하면 해체된다.

그 서로 넘지 말아야 할 공감의 선은 예의인지신禮義仁知信으로 말해진다. 이것들은 수평적 평등관계에서 지켜져야 하는 것이다.

그러나 동중서董仲舒와 그의 제자 사마천司馬遷[2]의 중화주의 유교의 철학과 역사관 이래 2천 년간 동북아에서 도덕의 예의인지신禮義仁知信은 소수의 지배자를 위한 수직적 계층구조를 지탱하는 지배의 수단이었다는 점에서 비극

---

[2] 동중서(董仲舒, BC 198-106) 오늘날 허베이성의 광천(廣川) 출신이다. 전한 제국의 사상가, 학자, 시인이자 『사기』의 저자인 사마천의 스승이었다.
　동중서, 『동중서의 春秋繁露』, 신정근역, 태학사, 2006년, 책 서두의 동중서 소개

중에서도 가장 큰 비극이었다.

다시 말해 민주주의에서 대중들이 수평적 평등관계를 유지하기 위한 공감의 영역 즉 도덕으로서 예의인지신禮義仁知信이 필수불가결한 것이다.

그러나 동중서董仲舒와 그의 제자 사마천司馬遷 의 중화주의 유교의 철학과 역사관 이래 지난 2천 년간 인간과 인간의 관계인 도덕을 근본적으로 파괴하는 전제주의의 피라미드식 수직적계층구조를 지탱하기 위한 지배수단으로의 속임수를 예의인지신禮義仁知信이라는 이름으로 악용한 것이다.

<3> 중용

중용의 영역은 반드시 수평적 평등구조의 민주주의에서만 존재한다. 수직적 계층구조의 전제주의나 과두주의에서 중용의 영역은 존재할 수 없다. 왜냐하면 전제주의나 과두주의의 피라미드 구조에서 중용의 영역은 단지 지배와 피지배의 중간영역에서 계급을 만들고 유지하는 선전선동의 프로파간다 propaganda를 담당할 뿐이기 때문이다.

중용의 영역은 대중이 스스로 지배하고 대중이 스스로 지배를 받는 수평적 평등구조에서 생존과 공감의 영역이 균형과 통합을 이루도록 만들어주는 영역인 것이다.

④ 민주주의의 제 2 법칙 - 대중의 자율과 자치

생존과 공감의 영역 나아가 정의와 도덕의 영역이 균형을 이룬다면 이제 하나가 된 대중은 스스로 자율과 자치를 통해 국가를 만들 수 있다. 즉 국민 스스로 국가를 만들어 공적영역이 되어 국가를 다스리고 국민 스스로 사적영역이 되어 국가의 다스림을 받는 것이다. 이것은 대중이 스스로 자율과 자치로서 자기실현을 하는 것이다.

공적영역은 입법부와 사법부와 행정부와 지방정부를 말하며, 사적영역은 시장과 시민사회, 가정이다.

공적영역은 스스로는 움직이지 않는 가운데 시시각각 움직이는 사적영역의 중심이 되어 전체 국가를 이끌어간다.

⑤ 민주주의의 제 3 법칙 – 공사公私의 통일

국민이 스스로 공적영역을 장악하여 국가를 다스리고, 국민이 스스로 사적영역인 민간부문을 이루어 공적영역의 다스림을 받을 때 민주주의는 실현된 것이다. 그렇다면 어떻게 민주주의가 정상적으로 실현되었음을 알 수 있는가? 그것이 곧 통일상태이다.

다스리는 공적영역이 다스림을 받는 사적영역과 완전히 일체가 되어 통일이 되었을 때 비로소 민주주의는 실현된 것이기 때문이다. 그 통일상태는 또한 일련의 과정을 거치게 된다. 그 민주주의의 통일 과정을 팔강령八綱領이라고 한다. 이 팔강령의 과정 전체를 무난히 겪을 때 공적영역과 사적영역은 완전히 하나로 통일하여 민주주의의 강력한 능력을 갖추게 되는 것이다.

⑥ 민주주의의 제 4 법칙 – 복지국가福祉國家

민주주의 국가의 국민이 완전히 하나로 통일하는 상태가 된다면 그 능력은 과두주의에서는 상상도 할 수 없을 만큼 강력하게 된다. 그 능력으로 자연을 최적화할 때 민주주의 국민은 의식주에 대해 더 이상 걱정을 하지 않아도 될 풍요로움을 모두 함께 누리게 된다.

또한 자연을 최적화한다는 것은 자연이 가진 능력을 최대한 발휘하게 하여 자연의 능력이 지속적으로 발휘되도록 하는 것이다.

국가는 공적영역과 사적영역이 완전히 하나가 되어 자연을 최적화하여 모두가 풍요로움을 누리되, 자연이 파괴되지 않고 지속가능하도록 인간이 가진 모든 능력을 쏟아 부어야 하는 것이다. 이 능력에서 대중과 국가는 스스로를 성취할 수 있는 것이며 그것이 바로 복지국가福祉國家이다.

사회민주주의는 대중이 가진 위대한 자율과 자치의 능력을 한갓 국가의 관료주의로 대체하려고 한다는 점에서 인간의 능력을 근본적으로 부정하고 있으며 또한 민주주의를 부정하고 있다. 따라서 그 복지국가는 결코 지속될 수 없다.

⑦ 민주주의의 제 5 법칙 - 평등국가

인간은 의식주가 해결되었다고 행복해지지는 않는다. 민주주의가 완성되었다는 의미는 국민들 모두가 가지고 있는 각자의 능력으로 서로에게 서로가 도움을 줌으로서 인간 개개인이 가진 모든 사건들이 최적화되는 것이다. 인간의 평등은 이 때 비로소 얻게 되는 것이다.

평등은 국가의 강제나 통제를 통해 이루어지는 것이 아니라 반드시 대중 스스로 가지고 있는 자율과 자치의 능력에 의해 이루어진다. 그리고 그 평등은 민주주의의 전체 과정의 길고도 험난한 과정을 거쳐 마지막에 이르러 비로소 이루어지는 것이다. 현재의 정치제도가 악이므로 그 악을 물리치면 선한 평등한 사회가 온다는 민중선동가들의 주장은 단지 미신에 불과하다.

제2장 세 가지 민주주의

민주주의에는 세 가지가 전해진다. 하나는 고대 아테네의 민주주의이다. 민주주의가 실행되었던 분명한 기록을 남기고 있으며 또한 그 영향력도 심대하다. 하지만 여성과 노예를 제외한 남성시민들 만으로 민주주의를 운영했다는 점에서 문제가 있다. 그리고 무엇보다도 아테네 민주주의는 그 설계원리와 실행방법에 대해 아무 것도 남긴 것이 없다. 단 한 사람의 민주주의 철학자도 민주주의의 책도 전하지 않는 것이다.

둘째는 아메리카 인디언 민주주의이다. 인디언과 유럽인들이 처음 만났을 때 호데노소니 연방은 지금으로서는 상상도 할 수 없을 만큼 큰 영향력을 행사했다. 훗날 미국의 연방제도는 바로 이 인디언의 호데노소니 연방을 배워 만든 것이라는 사실은 학자들 사이에는 이미 알려져 있다. 인디언은 가장 완벽한 남녀평등과 자연의 생태공동체와 일체가 되는 민주주의를 가지고 있었다.

셋째는 우리 한민족 고대국가의 민주주의이다. 이 우리민족의 민주주의를 고대 아테네의 민주주의와 인디언의 민주주의와 구별하기 위해 한민주주의(韓民主主義 Handemocracy)라고 부르기로 하자.

한민주주의는 우리민족의 고대 경전 천부경과 삼일신고와 366사에 그 원리가 자세하게 설명되어있다는 점에서 민주주의의 원리에 대해 아무런 이론체계와 실행방법이 없는 아테네 민주주의와 인디언 민주주의의 문제를 분명한 수식과 도형과 철학이론과 실험데이터로 그 설계원리와 실행방법을 제공해준다.

3. 고대 아테네의 민주주의와 한민주주의 과정론

왜 민주주의에 관한 이론체계가 지난 3천 년 동안 전해지지 않는가? 플루타르크는 그의 영웅전에서 스파르타를 과두주의 스파르타로 만든 정치가 리쿠르고스와 비교되는 인물로 로마의 누마를 들고 있다. 이 누마의 기록이 민주주의의 자료가 사라진 이유를 어느 정도는 말해준다.

플루타르크는 "누마의 개혁은 민주적이고 평화적이었다. 그는 여러 종족의 국민들을 차별없이 조화시켜, 대장장이·악사·구두 기술자 등 직업별로 구분된 공동체를 형성시켰다. 반면 리쿠르고스는 매우 귀족적인 성향을 가지고 있었으며 힘든 일은 노예와 타국인에게 맡기고 시민들은 전쟁 업무에만 종사하게 했다" (플루타르크, 2000)라고 누마와 리쿠르고스 두 정치가를 비교하고 있다. 여기서 누마는 로마의 왕으로 군림한 인물이지만 대단히 민주주의적임을 알 수 있다.

누마의 민주주의적인 성향은 리쿠루고스가 스파르타 과두주의 법을 제정한 인물이라는 점과 비교되는 것이다. 그런데 나는 플루타르크가 누마에 대해 설명한 내용을 읽다가 뜻하지 않게 매우 중요한 내용이 숨겨져 있음을 알게 되었다.

즉 플루타르크는 민주주의에 대한 책들이 모두 사라진 원인에 대해 중요한 단서가 되는 내용을 그의 영웅전 '누마 폼필리우스' 편에 감추고 있었던 것이다. 누마는 나라를 잘 다스려 전쟁이나 폭동도 없고 왕을 시기하거나 미워하지도 않고 왕위를 빼앗으려는 시도도 없었다고 한다. 누마는 80이 넘도록 살다 조용히 숨을 거두었다고 하며 동맹국과 이웃나라와 국민들이 어른 아이 할 것 없이 모두 슬퍼했다고 한다.

> 역사가 발레리우스 안티아스에 의하면, 누마의 석관에 넣은 책은 열두 권의
> 종교 서적과 열두 권의 그리스 철학 서적이었다고 한다. 4백 년이 지난 코르
> 넬리우스와 바이비우스가 집정관으로 있을 때 폭우로 그 석관이 드러나 뚜
> 껑을 열어 보니 관 하나에는 시체가 들어 있던 흔적조차 없이 텅 비어 있었
> 고 다른 하나에는 책이 들어 있었다. 이 책을 세심하게 읽어본 페틸리우스는
> 그 책의 내용을 세상에 알리지 않는 것이 좋겠다고 원로원에 보고하고 코미
> 티움으로 가져다 모조리 불살라 버렸다고 한다. (플루타르크, 2000)

플루타르크는 민주주의적인 통치를 한 누마왕의 무덤에는 열두 권의 종교
서적과 열두 권의 그리스 철학 서적이 있었다고 했다.

4백년 후 페틸리우스는 누마의 무덤에서 책을 발견하고 그 책의 내용을 세
심하게 읽어 본 후 그 내용을 세상에 알리지 않는 것이 좋겠다고 원로원에 보
고하고 코미티움으로 가져다 모조리 불살라 버렸다는 기록을 남긴 것이다.
그 때 페틸리우스가 원로원 의원들의 동의를 얻어 불태워버린 책들이 그리스
시대로부터 전해지는 과두주의에 대한 서적이 아니었음은 분명하다. 플라톤
과 아리스토텔레스 등이 저술한 서적은 로마의 과두제나 왕정을 뒷받침하는
책이기 때문이다.

페틸리우스가 원로원의원들의 동의를 얻어 불태운 책은 로마의 과두정이
나 왕정에 심각하게 해가 되는 내용을 담은 책임이 틀림없다.

그들이 불태운 책은 민주주의에 대한 책이었을 가능성이 가장 크다. 적어
도 만민이 만족하는 민주적 정치를 베푼 누마가 무덤에 까지 가지고 갈 정도
의 책이라면 그가 베푼 정치와 부합하는 대단히 소중한 민주주의에 대한 책
이었을 것이기 때문이다.

플루타르크가 남긴 누마에 대한 기록은 고대의 민주주의에 대한 책들이 지난 3천년 동안 왜 전해지지 않는가에 대해 중요한 단서를 제공해주고 있는 것이다. 왕의 무덤에서 나온 책을 불살라버릴 정도면 다른 학자들이 남긴 책들의 운명은 보지 않아도 짐작이 가기 때문이다. 하지만 우리는 고대 아테네 민주주의의 서적이 전해지지 않는다고 해서 아테네 민주주의의 내용을 알기 위한 노력을 포기할 수는 없다.

따라서 민주주의에 대해 알기 위해서는 현존하는 아테네 민주주의에 대한 자료를 폭넓게 검토하여 그 자료들의 내용에서 민주주의가 운영되며 만들어 내는 하나의 일관된 패턴으로서의 법칙이 있는가를 살펴보아야한다.

나는 다음과 같은 다섯 가지 테두리를 확정하고 그 내용을 심도 있게 검토함으로서 고대 아테네의 민주주의의 설계원리와 실행방법을 복원하려고 한다.

1. 오르페우스와 헤시오도스, 그리고 피타고라스와 헤로도토스에게서 발견되는 과정적 민주주의
2. 그리스 비극과 희극, 디오니소스에서의 과정적 민주주의
3. 고대 아테네 민주주의가 스스로 보여준 과정적 민주주의
4. 페리클레스의 연설과 아테네의 과정적 민주주의
5. 고대 아테네 민주주의를 촉발시킨 삼단노선三段櫓船에서 발견되는 자기조직적인 플랫폼 생태공동체와 허브와 스포크 Hub & spoke 이론

그리고 고대 아테네 민주주의 정치기구들과 그 조직방법은 다음의 표와 같다.

기관명	권한과 기능	선출방법과 공직 숫자
시민대표평의회 (부울레boulē)	아테네 정치의 최고 통치제로서 민회의 집행과 운영을 책임지는 위원회	추첨을 통해 30세 이상 위원 500명을 선출. 임기 1년으로 한 사람이 평생동안 두 번 선출 불가
민회 ekklēsia	공적영역의 질서를 위한 법 제정, 과세와 재정 그리고 외교업무와 도편추방 등을 심의하고 결정.	전체시민 중 6천명. 1년간 40회 이상 회합
시민법정 dikasteria	시민대표명의회와 민회에서 제정된 법과 칙령에 의해 사건들을 심리하고 판결. 정치적인 기능도 수행	30세 이상 시민 중 지원자에서 6천명을 추첨으로 배심원을 선출. 이들 중 법정에 출석한 배심원 중 추첨을 통해 사안에 따라 501명, 1001명, 1501명 또는 그 이상의 배심원을 구성한다.
행정관	민회와 법정을 준비하고 그곳에서 내려진 결정을 시행한다. 따라서 정치적 권력은 민회와 법정에 있지 행정관에게는 없다.	임기는 1년. 700명 정도의 행정관 중에서 600명 정도는 추첨으로 선출하고 100명 정도는 선거로 선출한다. 선거로 뽑는 행정관은 전문성과 경험이 요구되는 군사와 재정의 공직으로 연임의 제한이 없다.
입법위원회 nomothetai	법률가들의 위원회. 411년과 404년의 과두 혁명 이후 민주정이 복원후 민회는 더 이상 법률을 통과시킬 수 없으며, 오직 법령만 통과시키기로 결정. 입법 의결은 노모테타이로 위임되었다	추첨으로 선출.민회가 개정이 필요하다고 의결하면, 민회는 노모테타이라는 위원회를 구성하고 그 법률의 중요성에 따라 그 위원의 수를 정했다 (최소 501명 이었지만 그 수는 종종 1,001명 , 1,501명 , 혹은 그 이상이기도 했다).
심사dokimasia	행정관을 비롯한 공직자들은 30세 이상 시민들 중에서 후보로 지원한 사람들 가운데에서 추첨으로 선출되었다. 선출된 공직자들은 직무를 수행하기 전 심사를 받아야 했다. 심사는 시민의 지위, 부모 공경의 여부, 종교적 헌신, 납세실적, 군복무 여부 등을 조사한다.	
감사와 처벌	행정관은 직무 결산 보고서 제출해야하고 언제나 탄핵 가능성이 있고, 소송에서 지면 처벌을 받는다.	
도편추방	조개껍질이나 도자기파편에 적어 6천표가 넘으면 10년간 해외로 추방을 하는 제도	

표 2 고대 아테네 민주주의 정치기구들과 그 조직방법 (버나드 마넹. 2004, 헤로도토스. 1986, 존 R .헤일. 2011)

이 표의 내용은 아테네 민주주의가 정치제도로서 실제로 작동했던 원리임으로 아테네 민주주의를 이해함에 있어 매우 근본적인 것이다. 하지만 이 아테네의 민주주의 제도의 자세한 내용을 설명하려면 또 다른 한 권의 책이 필요하므로 여기서는 그 핵심만 요약하여 표로 만들었다.

오르페우스와 헤시오도스, 그리고 피타고라스와 헤로도토스의 과정적 민주주의

그리스 문명 초기에는 플라톤과 아리스토텔레스의 자기 파괴적인 이원론과 정반대의 철학인 자기조직적인 생명의 과정철학이 존재했음을 보여주는 증거가 놀랍도록 풍부하다. 현재 전해지는 고대 그리스의 가장 오래된 자료들 안에서 생명의 과정원리가 어떻게 적용되었는지를 살펴보기로 하자.

그동안 플라톤과 아리스토텔레스 이래 2천5백년간 만들어진 고정관념을 타파하려는 철학자들의 움직임은 종종 있어왔다. 그러나 실제로는 바로 그 플라톤과 아리스토텔레스가 만든 고정관념의 틀로 플라톤과 아리스토텔레스 이전의 철학을 관찰함으로써 그 노력들은 다람쥐 쳇바퀴 돌 듯 아무런 성과가 없었다.

따라서 플라톤과 아리스토텔레스가 만든 이원론의 고정관념에 물들지 않은 전혀 다른 생명의 과정철학의 틀로 플라톤과 아리스토텔레스 이전의 철학과 정치제도를 살펴보는 일은 민주주의의 이론체계를 이해하는 일에 매우 중요하다.

(1) 오르페우스와 생명의 과정론

오르페우스는 가장 초기의 과정적 우주론을 보여준다. 오르페우스는 그리스 신화에서 가장 잘 알려진 시인이자 음악가이다. 그의 우주론은 후대의 철학자들과 시인들에게 큰 영향을 준 것으로 나타난다. 오르페우스는

> 고대 그리스의 신들의 이름을 최초로 창안하였으며, 또 그들의 생성을 자세히 설명하고 각각의 신들이 행한 모든 일을 말했다. 그리고 사람들은 오르페우스가 가장 참되게 신에 대해 이야기한다고 믿었다. 호메로스도 역시 여러 가지 면에서, 특히 신들에 관해서 오르페우스를 따랐다.[3]

여기서는 오르페우스의 우주론[4]을 살펴보면 다음과 같다. 오르페우스는 먼저 전체의 유일한 근원의 자리에 시간을 상징하는 크로노스Chlonos를 기본으로 하여 에테르와 카오스를 대립시켜 우주의 알인 우주란宇宙卵을 설정한다. 그것이 그의 과정론의 첫 번째 상태이다.

그 다음 두 번째 상태가 그 우주란이 깨어나 낮과 밤인 파네스와 뉙스가 만들어진다. 그리고 그 다음 하늘과 땅인 우라노스와 가이아가 만들어진다. 그 다음 크로노스Kronos와 레아가 출현한다. 그리고 제우스와 페르세포네 그 다음 디오니소스 등이다.[5]

---

3) 아테나고라스(DKIB13)
4) 오르페우스를 비교적 간단하게 설명한 다마스키오스 (DKIB12)의 기록과 다마스키오스 (DKIB13)가 인용하는 히에로뉘모스와 헬라니코스의 설명에 의하면
5) 전체의 유일한 근원 자리에는 크로노스(Chlonos)를 놓는 한편, 두 근원 자리에는 에테르와 카오스를, 존재자 일반의 자리에는 〔세계〕 알을 상정했으며, 이 셋(h)as)을 〔신 탄생의〕 첫번째 것으로 삼았다. 두 번째 것에는 수정되어 신을 잉태하는 알이나 빛나는 외투, 또는 구름이 속한다고 한다. — 이러한 것들에게서 파네스(Phanes)가 튀어나오기 때문이다. —왜냐하면 그들은 중간의 것에 대해서는 때에 따라서 다르게 생각하기 때문이다 ··세번째 것으로는 정신으로서 메티스(MeUs)를, 능력으로서 에리케파이오스(E ii kepaios)를 , 아버지로서 바로 이 파네스를 ··이와 같은 것이 통상적인 오르페우스교 신론이다. 다마스키오스 (DKIB12)
히에로뉘모스에 따라 일반적으로 정리해 보면, 신들은 여섯 세대로 이루어지는데, 1. 크로노스(Chlonos)와 에테르, 카오스, 2. 파네스(헤시오도스적으로는 에로스)와 뉙스, ,. 우라노스와 가이아, 4. 크로노스(kIonos)와 레아, 5. 제우스와 페르세포네, 6. 디오니소스(그레 아스) 등이다. (탈레스 외, 2005)

오르페우스의 우주론과 생명의 과정 비교				
오르페우스	우주란, (에테르,카오스)	낮과 밤인 파네스와 뉵스, 하늘과 땅인 우라노스와 가이아, 크로노스Kronos와 레아	제우스	
식물	씨앗	움	꽃을피움	열매맺음	열매나눔
닭	달걀	달걀안의 병아리	닭	자연적응	새끼양육
인간 개인	태아	출산과정	성인	쌓음- 사회적응	나눔-자식양육
민주주의	대중의 원형	균형과 통합	자율과 자치	복지국가	평등국가

표 3 오르페우스의 우주론과 생명의 과정에 대한 여러 가지 예의 표

　위의 표는 오르페우스의 우주론과 이미 소개한 바가 있고 앞으로 자세하게 살펴볼 생명의 과정과 민주주의의 과정을 비교한 것이다.

　오르페우스는 우주란宇宙卵을 비유로 사용했다. 생명의 과정을 다루기 위해 달걀과 닭이 진행하는 생명의 과정을 미리 살펴본 우리는 그가 우주란으로 무엇을 어떻게 설명할지 이미 잘 알고 있다. 그리고 그가 말하지 않은 내용이 무엇인지까지도 이미 우리는 이미 상세하게 알고 있다.

　우선 오르페우스의 우주과정론을 살펴보자. 과정의 근원을 시간으로 두고 크로노스Chlonos로 상징한다. 그리고 모든 과정의 바탕이 되는 가능상태인 우주 알을 에테르와 카오스를 대립시켜 만든다.

　다음 그 우주 알을 깨고 그 안에서 낮과 밤인 페네스와 뉵스, 하늘과 땅인 우라노스와 가이아라는 양극단이 대립하는 상태인 혼돈상태가 만들어진다. 이것은 달걀안의 병아리를 상징하는 것이며, 인간이 태어날 때 신생아도 아니고 태아도 아닌 상태 또는 어머니 뱃속도 아니고 세상도 아닌 상태를 의미하는 것이다.

　그 다음 그 양극단이 대립하는 혼돈상태의 중심에 자율적으로 움직이는

질서상태가 발생한다. 바로 그것이 곧 제우스 등으로 상징되는 것이다.

이 같은 오르페우스의 과정론은 곧 인간과 동식물 등 생명을 가진 모든 만물이 공통적으로 진행하는 생명의 과정과 정확하게 일치하는 것이다.

이 그리스문명 초기의 오르페우스의 과정론은 그 후 호메로스의 일리아스와 오딧세이 그리고 헤로도토스의 역사와 헤시오도스의 신통기 등에 영향을 준 것으로 보인다. 그리고 오르페우스의 과정론은 우리의 고대 경전 천부경과 삼일신고와 366사가 설명하는 생명의 과정론이 보여주는 민주주의 이론과 정확하게 일치한다.

즉 고대 그리스문명의 과정론과 우리 한민족문명의 과정론은 생명의 과정을 바탕으로 한다는 점에서 동일하다. 물론 플라톤과 아리스토텔레스의 이원론은 이 생명의 과정을 설명하지 못할 뿐 아니라 생명의 과정을 파괴한다.

(2) 헤시오도스와 생명의 과정론

헤시오도스는 호메로스와 함께 고대 그리스의 대표적인 서사 시인이다. 헤시오도스는 『신들의 계보』를 통해 종교적이며 도덕적인 내용을 설명하여 호메로스와는 전혀 다른 방법으로 그리스의 철학과 신학을 설명한다. 더구나 『일과 날』을 통해 농경시대의 삶과 노동의 가치를 설명했다.

① 헤시오도스의 『일과 날』

먼저 헤시오도스는 『일과 날』에서 신과 인간이 한 곳에서 생겼다는 주장을 하며 크노소스 시대의 황금의 종족과 그보다 훨씬 열등한 은의 종족 시대 그리고 제우스 시대의 청동의 종족 시대와 그 다음 일리아스와 오딧세이와 같은 반신半神의 영웅의 종족 시대 그 다음은 저주받은 철鐵의 종족의 시대로 구

분을 했다. (헤시오도스, 2009)

헤시오도스가 이렇게 시대를 나눈 것은 나름대로의 역사철학을 전개하며 필멸하는 인간은 황금의 종족 시대와 은의 종족 시대와 청동의 종족 시대 이후 위기상태인 난폭한 철기시대에 도달했음을 설명한 것이었다.

그런데 플라톤은 이와 같이 그리스인 전체가 그들 민족이 시작하면서부터 알고 믿어온 그리스인의 고유한 종교와 역사가 담긴 신화를 단지 1%의 소수 지배자가 99%의 다수를 지배하는 속임수의 이원론 정치철학으로 바꾸어 버렸다.

즉 플라톤은 『국가』에서 헤시오도스가 말한 황금종족의 시대, 은의 종족의 시대, 청동종족의 시대, 영웅의 시대, 철의 종족이 시대의 용어를 사용하되 그와는 전혀 다른 수직적 계급구조의 개념을 억지로 만든 것이다.

플라톤은 하나의 국가를 인도의 카스트제도처럼 계급화시키는 수단으로 『국가』에서 "황금족과 은족, 청동족, 그리고 철의 종족" (플라톤, 1997)으로 수직적 계급에 의한 지배와 피지배의 이원론으로 나눈 것이다.

여기서 그리스의 생명의 과정철학은 플라톤에 의해 인간을 피라미드식 수직적 계층구조로 계급화하는 이원론의 철학으로 전락한 것이다. 더 자세히 말하면, 플라톤은 그의 『국가』에서

신이 여러분을 만들면서 여러분 중에서도 능히 다스릴 수 있는 이들에게는 탄생 시 황금을 섞었는데, 이들이 가장 존경받는 것은 이 때문입니다. 반면에 보조자들에겐 은을 섞었습니다. 하지만 농부들이나 다른 장인들에게는 쇠와 청동(구리)을 섞었습니다. (플라톤, 1997)

라고 한 것이다. 여기서 최상위 1%의 지배자는 철인이며, 지배계급은 은족, 피지배계급은 청동과 철의 종족이다.

오늘날 우리나라에서 플라톤의 계급론과 똑같이 아래의 지문과 같이 부모의 재산에 따라 나누어지는 수저계급론이 금수저와 은수저와 동수저와 흙수저로 계급화하고 있다. 플라톤과 아리스토테레스의 과두주의가 오늘날 자본주의의 틀을 이루고 있음을 볼 때 그다지 놀랄 일은 아니다.

> SNS에 떠돌고 있는 수저계급론 기준표에 따르면 금수저는 자산 20억 이상 또는 연 수입 2억 원 이상인 가구가 속하고 은수저는 자산 10억 원 이상 또는 연 수입 8000만 원 이상 가구, 동수저는 자산 5억 원 이상 또는 연 수입 5500만 원 가구이다. 최근에는 흙수저를 넘어 '플라스틱 수저', '놋수저' 라는 새로운 하위 계급까지 등장했다. (김주리, 2015)

이와 같은 수저계급론은 다름 아닌 플라톤이 2천5백 년 전 주장한 이원론의 계급구조론이 우리나라에서 팽배하다는 것을 의미한다. 그러니까 플라톤은 이와 같은 계급을 만들자고 주장했지만 오늘날 우리나라는 바로 그 계급론이 사회를 이미 강력하게 지배하고 있음을 말한다.

그리스의 신과 역사를 지배와 피지배의 계급이론인 이원론으로 만든 플라톤의 주장의 속내를 그가 살던 시대의 철학자들은 모두 간파했다. 탁월한 철학자 에피쿠로스는 플라톤이 황금족과 은족과 청동족과 철족으로 나눈 것을 빗대어 플라톤을 황금인간으로 불렀을 정도였다 (디오게네스 라에르티오스, 2011).

따라서 플라톤은 이 이원론을 아테네 시민들에게 설득하기 위해 그 스스로 『국가』에서 "훌륭한 거짓말"(플라톤, 1997)이라고 주장하며 이것으로 "페니키아의 전설과 같은"(플라톤, 1997) 새로운 국가의 새로운 개국신화로 삼자고 했다.

바로 이것이 플라톤이 『국가』에서 말하고자 한 핵심이며 바로 이 논리를 뒷받침하기 위해 그의 철학이 만들어진 것이다. 그리고 지난 2천5백년간 서양철학은 이 틀을 한 번도 바꾸지 않고 지금까지 전하는 것이다.

플라톤이 훌륭하다고 억지로 주장한 거짓말을 바탕으로 한 이원론은 1%의 지배자가 99%의 군중을 지배와 피지배로 분리시키고 계급화하여 군중의 힘을 약화시킴으로써 지배하는 것이다. 그리고 이 이원론은 반드시 전체 99%를 위해 제물이 되는 1%의 최하위 계층의 희생으로 유지된다.

바로 이 이원론이 지난 2천5백년간 서양을 지배한 것이다. 인도를 지배한 인도의 카스트제도도 동일한 원리이다. 또한 지난 2천 년간 동북아를 지배한 동중서의 중화주의 유교이론도 이원론의 원리라는 점에서 동일하다.

이제 우리는 그리스 철학의 시작점인 헤시오도스의 『일과 날』에서 플라톤이 헤시오도스의 생명의 과정 철학을 속임수와 폭력으로 만들어지는 독재주의와 과두주의의 이원론으로 바꿔치기 했다는 사실을 알아보았다.

② 헤시오도스의 『신들의 계보』

이제 헤시오도스의 『신들의 계보』를 살펴보자. 이 책은 더욱 더 중요한 내용을 설명하고 있다. 헤시오도스는 이 책에서 최초의 문명을 창조하는 대중이 어떤 방식으로 스스로의 역사를 전개하는가 하는 점을 분명하게 밝히고 있다. 즉 헤시오도스는 문명이 전개되는 이론체계를 세 가지의 과정이 서로 연결되며 혁신을 이루는 방식을 설명하고 있다. 표로 설명한 헤시오도스의 신들의 계보와 생명의 과정을 살펴보면 오르페우스의 것과 비슷하지만 더 세련된 내용으로 생명의 과정을 설명하고 있다.

그 첫 번째가 카오스이다. 그리고 두 번째가 대지의 여신 가이아와 하늘의 신 우라노스의 등장이다. 에레보스(어둠)와 검은 눅스(밤)은 동일한 대립을 표현한다. 재미있는 것은 반은 사람이고 반은 뱀인 거대한 괴물 타이폰의 등장이다.

헤시오도스의 신들의 계보와 생명의 과정					
오르페우스	우주란, (에테르,카오스)	낮과 밤인 파네스와 뉙스 하늘과 땅인 우라노스와 가이아 크로노스Kronos와 레아	제우스		
헤시오도스	카오스	에레보스(어둠)와 검은 뉙스(밤), 가이아와 우라노스, 타이폰	제우스 일당		
닭	달걀	달걀안의 병아리	닭	자연적응	새끼양육
민주주의	대중의 원형	균형과 통합	자율과 자치	복지국가	평등국가

표 4 헤시오도스의 신들의 계보와 생명의 과정

그리고 타이폰이라는 반은 인간이고 반은 뱀인 거대한 괴물이 출현하며 그 괴물을 제우스 일당이 죽이면서 새로운 상태로 혁신하게 되는 것이다. (헤시오도스, 2009)

결국 카오스라는 우주란宇宙卵이 깨어나는 혼돈의 상태에서 하늘과 땅, 빛과 어두움의 대립이 일어나는데 그 상징인 타이폰을 죽이고 그것의 중심에 질서를 탄생시키는 주인공이 바로 제우스 일당이라는 것이다.

이는 달걀과 닭, 식물의 생명과정, 인간의 생명의 과정, 국가의 생명의 과정과 동일한 것이다. 나아가 우주전체의 생명의 과정과도 같다. 그리고 민주주의의 생명의 과정과도 같다.

헤시오도스의 『신들의 계보』는 서양철학의 시작 부분이 얼마나 놀라운 철학을 담고 있었는가를 영웅적으로 보여준다. 그리고 이 놀라운 철학은 우리가 알고 있는 서양철학의 원조 플라톤에 의해 그 시작에서부터 철저하게 파괴되었다는 사실을 분명하게 설명해주고 있다.[6]

6)진실로 맨 처음 카오스가 생겼네, 그 다음으로 넓은 가슴의 가이아, 곧 모든 것들의 영원하고 굳건한 터전이 생겼으며 또 안개 짙은 타르타로스가 생겼으니, 넓은 길이 난 땅 가이아의 구석 에 있도다.

이와 같은 놀라운 유사성은 헤시오도스의 뒤를 이어 사실상 유럽철학의 원조가 되는 피타고라스에게서 다시 한 번 분명하게 드러난다.

(3) 피타고라스와 생명의 과정론

이소크라테스는 "사모스 사람인 피타고라스는 이집트로 가서 그곳 사람들의 제자가 되어 다른 철학을 처음으로 헬라스 사람들에게 가져왔다고 말했다" (DK14A4).

피타고라스는 수數를 가장 이지적인 것으로 설정하고 조화를 가장 아름다운 것으로 생각하고 더구나 그 이전의 신화를 철학으로 설명했다는 점에서 그는 사실상 서양문명에서 최초의 철학자이다.

> 피타고라스는 가장 이지적인 것을 수數 , 가장 아름다운 것을 조화, 가장 강한 것을 앎, 가장 좋은 것을 행복이라고 주장함으로써 그 이전의 신화를 철학으로 설명했다.[7]

또한 에로스, 불멸하는 신들 가운데 가장 아름다운 신이 생겼는데 이 신은 사지를 풀어지게 하고, 모든 신들과 모든 인간들의 생각과 사려 깊은 뜻을 그들의 가슴 속에서 굴복시킨다. 카오스에서 에레보스(어둠)와 검은 뉘스(밤)가 생 겼다. 다시 뉘스에서 에테르(빛)[9] 와 헤메라(낮)가 생겨 났는데, 이들은 궉스가 사랑에 빠져 에레보스와 몸을 섞어서 낳았다. 진실로 가이아는 맨 처음으로 자신과 동등한 별이 가득한 우라노스(하늘)를 낳았으니, 이는 어디서나 자신을 감싸서, 지복의 신들에게는 영원히 굳건한 터전이 될 수 있게 하기 위함이라. 또 그녀 (가이아)는 긴 우레아(오로스)를 낳았으니, 이것들은 신들, 주름진(계곡의) 산들에서 지내는 님프들의 우아한 보금자리 이다. 그녀 (가이아)는 또한 굽이치는 불모의 바다인 폰토스를 환희의 사랑 없이 낳았다. 그 다음에, (가이아)는 우라노스와 잠자리를 같이 해서 자식들을 낳았으니, 깊은 소용돌이를 가진 오케아노스와 코이오스와 크레이오스와 휘페리온과 이아페토스와 테이아와 레이아와 테미스와 므네 모쉬네와 황금관을 쓴 포이베와 사랑을 부추기는 테튀스라. 이들에 뒤이어 무장을 하고 꾀가 많은 크로노스를 낳았으니, 그는 자식들 가운데 가장 무서운 자라. 그는 원기 왕성한 아비를 미워했다.

(헤시오도스, 2009)

7) 가장 이지적인 것은 무엇인가? 수이다. 가장 아름다운 것은 무엇인가? 조화이다. 가장 강한 것은 무엇인가? 앎이다. 가장 좋은 것은 무엇인가? 행복이다. 가장 참된 것은 무엇이라고 이야기되는가? 인간들이 사악하다는 것이다. (DK58C4)

피타고라스가 제시하는 수와 조화와 아름다움과 앎과 행복을 일치시키는 이 내용 하나만으로도 그는 생명의 과정을 바탕으로 그의 철학을 전개하고 있음을 알 수 있다.

그리고 피타고라스가 신화라는 장르를 철학이라는 장르로 변환시킨 최초의 인물이라는 점은 실로 중요하다.

① 피타고라스의 수와 우리의 고대경전 천부경, 삼일신고, 366사

그리고 우리민족의 고대국가에서 전해지는 천부경, 삼일신고, 366사에는 공통적인 생명의 과정철학을 수식과 도형과 철학이론으로 설명하는 내용이 내장되어있다는 점에서 우리의 고대경전과 피타고라스의 주장은 정확하게 일치한다.

> 또한 모든 것을 포괄하는 것을, 그 속에 이는 질서를 근거해서 처음으로 코스모스(kosmos)라고 불렀다.[8]

피타고라스가 모든 것을 포괄하는 것을 코스모스 즉 질서라고 불렀다는 것이 정확히 무엇인지는 전해지지 않는다. 그러나 우리는 생명의 과정이야말로 모든 것을 포괄하고 있음을 알고 있다.

> 피티고라스는 철학(philosophia)이라는 용어를 처음으로 사용했고 , 수數들 사이에 비례관계와 기하학적 도형들을 원리(arche)라고 처음 불렀다.[9]

---

8)피타고라스는 모든 것을 포괄하는 것을, 그 속에 있는 질서(taxis)에 근거해서 처음으로 코스모스 (kosmos) 라고 일컬었다.(DK14A21)
9)므네사르코스의 아들이며 사모스 사람인 피타고라스는 처음으로 철학(philosophia)을 바로 이 용어로 불렀으며, '수들'과 '이들 사이의 비례관계 (symmetria)들 —이것들을 그는 화성(harmonia)들 이

피타고라스가 철학(philosophia)이라는 용어를 처음으로 사용했고 , 수數들 사이에 비례관계와 기하학적 도형들을 원리(arche)라고 처음 불렀다는 점과 우리의 고대경전에 담긴 철학이 수의 비례관계와 그것을 기하학적 도형들로 정확하게 설명된다는 점에서 일치한다. 결국 피타고라스가 말하려했지만 말하지 못한 것 내지는 말을 했지만 전해지지 않는 모든 것을 우리의 고대국가에서 전한 경전 천부경, 삼일신고, 366사가 공통적으로 이 수의 비례를 기하학적 도형으로 표현하고 나아가 그것으로 철학의 원리를 설명하고 있는 것이다.

즉 그가 수數를 중요시한 것과 그 수로 만물을 설명하려고 한 점은 우리의 고대철학과 일맥상통한다. 그리고 그 수를 점點으로 표시되는 패턴pattern으로 설명하려고 한 점은 우리의 고대철학과 완전히 일치한다. 모름지기 학문에서 이와 같은 완벽한 일치는 결코 우연이 아니다.

다만 지금 전해지는 그가 제시한 점의 패턴이 초보적인 간단한 것임에 비해 우리의 고대국가에서 전해진 점의 패턴은 매우 정교하고 대단히 자세하다는 점이 다를 뿐이다. 어쨌든 피타고라스에 의해 고대 그리스와 고대 이집트와 고대 한국이 하나가 되어 만난다는 점은 매우 의미심장하다.

② 피타고라스와 우리 고대경전의 점으로 이루어진 패턴의 수

피타고라스의 점의 패턴이 만드는 제곱수와 삼각수 (안재구, 2000)는 우리의 고대경전 천부경과 삼일신고와 366사 등에 내장된 천부도天符圖의 점의 패턴과 일치한다.

피타고라스가 오늘날 현실적으로 중요한 이유는 그의 점點으로 된 패턴의 수數에 있다. 피타고라스학파는 최초에는 이집트인과 바빌로니아인에게 배

라고도 부른다— 그리고 그 둘로 이루어진 원소 (stoicheion)들 , 이른바 기하학적 인 것 〔도형 〕들을 (geometrika)을 원리 (arche)들이라고 했다. 게다가 하나(monas)와 한정되지 않은 둘 (aorristos dyas)을 원리들 속에 포함시켰다. (DK58B15)

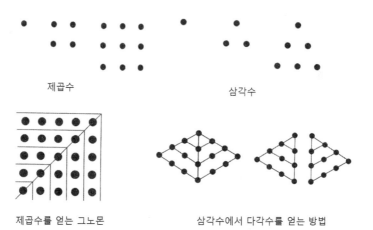

피타고라스의 제곱수와 삼각수

제곱수

삼각수

제곱수를 얻는 그노몬

삼각수에서 다각수를 얻는 방법

그림 7 피타고라스의 점의 패턴이 만드는 제곱수와 삼각수

워 수학에 대한 지식을 얻었다.(안재구, 2000) 여기서 피타고라스가 이집트뿐 아니라 바빌로니아의 수학도 배웠다는 주장은 옳을 것이다. 고대 이집트와 바빌로니아는 연결되어 있기 때문이다. 그리고 이 고대문명은 우리민족의 고대문명과 연결되어있다. 그는 홀수와 짝수를 구분하여 의미를 부여했다. 그리고 수를 점으로 표현함으로서 수가 점으로 만들어진 도형으로 나타날 수 있다는 사실을 밝혔다.

바로 이점이 고대 그리스 그리고 고대 이집트와 바빌로니아 그리고 고대 한국이 철학의 분야에서 만나게 되는 결정적인 계기가 된다.

피타고라스는 1+2+3+4=10 이라는 수식에 아래와 같이 큰 의미를 부여하였다.

〔피타고라스주의자들이〕 '텍트락튀스' 로 뜻하는 것은 일차적인 네 가지 수들로 구성되어 가장 완전한 것을 내보이는, 이를테면 10과 같은 어떤 수이

다. 1, 2, 3, 4의 합은 10이 되니까. 이 수는 첫 번째 텍트락튀스이며, 언제나 흐르는 자연의 원천으로 불린다. 우주 전체가 그 자체로 조화에 따라 정렬되어 있고, 조화는 세 협화음, 즉 제4음과 제5음 및 옥타브의 체계이며, 이 세 협화음의 비율들이 앞서 언급된 네 수, 즉 1, 2, 3, 4에 서 발견되는 한에서는 말이다. (『학자들에 대한 반박』 VII. 945) (탈레스 외, 2005)

그가 이처럼 의미를 부여한 1+2+3+4=10 이라는 수식은 위의 그림과 같이 점으로 만들어진 도형의 패턴으로 나타난다.

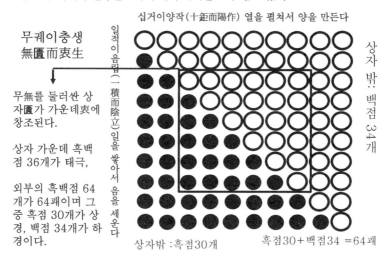

천부도 天符圖

이 도형은 천부경天符經의 원리로서 음양오행과 태극과 팔괘와 64괘의 원리는 물론 이 책에서 설명할 민주주의의 원리를 모두 담고 있다.

십거이양작(十鉅而陽作) 열을 펼쳐서 양을 만든다

무궤이충생
無匱而衷生

무無를 둘러싼 상
자匱가 가운데衷에
창조된다.

상자 가운데 흑백
점 36개가 태극,

외부의 흑백점 64
개가 64괘이며 그
중 흑점 30개가 상
경, 백점 34개가 하
경이다.

일적이음립(一積而陰立)일을 쌓아서 음을 세운다

상자
밖:
백
점
34
개

상자밖 :흑점30개

흑점30+ 백점34 =64괘

그림 8 천부도 天符圖

이 그림에서 피타고라스가 보여준 제곱수와 삼각수 그리고 제곱수를 얻는 그노몬과 삼각수에서 다각수를 얻는 방법은 점點으로 만들어진 도형圖形의 패턴을 잘 보여준다.

여기서 피타고라스는 이 점이 표현하는 수가 만든 도형의 패턴이 단지 제곱수와 삼각수라는 수학적인 범위에 머물러있다.

그러나 우리의 고유한 경전 천부경과 삼일신고와 366사에 공통적으로 내장된 수가 만든 도형의 패턴은 철학의 의미를 설명하고 있다는 점에서 피타고라스가 설명하지 못한 보다 고차원적인 영역으로 우리를 이끌어준다.

바로 천부도 天符圖라는 도형이다. 뒤에 자세하게 설명할 이 그림에서 보이듯 이 천부도는 그림 한 장으로 음양오행과 팔괘와 태극과 64괘와 384효의 부호와 그 의미를 수식數式으로 수량화하는 도형의 패턴 안에서 설명하고 있다. 즉 천부도 =수식= 부호= 철학원리= 민주주의의 원리가 되는 것이다.

그리고 바로 여기서 진정한 민주주의의 이론체계가 설명된다. 이 내용은 이 책의 전체에서 설명할 것이므로 여기서는 수가 만든 도형의 패턴들 중 가장 기본이 되는 도형 천부도를 보여주는 것으로 대신하겠다. 누가 보아도 이 천부도가 보여주는 흑점 45개와 백점 55개로서 총 100개의 점이 보여주는 패턴이 피타고라스의 남긴 점의 패턴의 원형이 분명하지 않은가?

따라서 이 천부도라는 도형 하나가 동북아에 존재했던 우리민족의 고대국가의 국가철학 = 서양철학의 시원 피타고라스 = 이집트와 바빌로니아의 국가철학으로 연결시켜주고 있는 것이다.

이제 이 책은 피타고라스가 가장 이지적인 것을 수數, 가장 아름다운 것을 조화, 가장 강한 것을 앎, 가장 좋은 것을 행복이라고 주장하여 그 이전의 신화를 철학으로 설명한 것처럼 민주주의를 수와 도형과 철학이론과 실험데이터로 설명할 것이다.

(4) 헤로도토스와 과정론

아테네민주주의가 활짝 꽃을 피우고 열매를 맺는 결정적 계기는 페르시아

전쟁이다. 그 때까지 존재감이 거의 없던 평민들로 구성된 육군의 경무장보병과 해군의 노잡이가 중심이 되어 엄청난 대군을 이끌고 온 페르시아의 군대를 격파했기 때문이다.

바다와 육지의 대전투를 평민의 군대 경무장보병과 노잡이를 중심으로 역사적인 전투에서 승리를 거둔 이때부터 아테네는 참전한 다수의 일반 평민들이 강력한 발언권과 힘을 가지고 민주주의를 본 궤도에 오르게 만들었다.

아테네의 민주주의를 꽃피운 시인들이 이 사건을 두고 가만히 있었을 리가 없다. 이 사건을 직접 설명한 자료 중 유명한 것이 헤로도토스의 역사와 아이스킬로스의 『페르사이』이다.

> 페르시아전쟁 에 관한 가장 중요한 第 1 史料로서는 同 戰爭에 관한 이른바 '戲曲的'인 역사라 할 헤로도토스의 『히스토리아이이』와 '歷史的인 戲曲'이라 할 아이스킬로스의 『페르사이』가 있다. (김진경, 1991)

아이스퀴로스의 『페르사이』에는 유명한 침략군 페르시아의 왕 크세르크세스의 모후인 아톳사가 아테네의 군대에 대해 이렇게 묻는다.

> 아톳사 누가 그들의 목자(收者)로서 군대를 지휘하지요?
> 코로스장 그들은 누구의 노예라고도 , 누구의 신하라고도 불리지 않사옵니다.
> 아톳사 그렇다면 적군이 쳐들어올 경우 그들은 어떻게 대항하죠?
> 코로스장 다레이오스의 잘 훈련된 대군이 그들에게 패할 정도로요.
> (아이스퀼로스, 2008)

아이스퀼로스는 『페르사이』에서 이처럼 아테네인들은 누구의 노예도 신하도 아니라고 말하고 있다. 즉 아테네인들은 국민 스스로가 스스로를 다스리고, 국민 스스로가 스스로에게 다스림을 받는 민주주의라는 정치제도를 운영하고 있음을 자랑스럽게 말하고 있다. 그리고 그 민주주의의 군대가 페르시아의 대군을 마라톤전투와 살라미스해전에서 격파할 정도로 강력하다는 사실을 말하고 있다.

헤로도토스와 아이스킬로스는 거의 동시대인으로 둘 다 페르시아와의 전쟁을 통한 민족적 경험을 작품을 통해 표현하고 있다. 특이 이 둘은 아테네인을 대상으로 하되 페르시아의 전제군주제專制君主制와 아테네의 민주주의와의 투쟁의 중요성에 대해 강조하고 있다.[10]

이제 자유와 평등을 누리는 아테네가 그 이전의 전제군주제에서보다 훨씬 더 강력한 힘을 가지게 되었다는 헤로도토스의 말을 직접 들어보자.

> 이렇게 하여 아테네는 검점 강대해졌고, 자유와 평등이라는 것이 단지 한가지 면에서 만이 아니라 모든 면에서 얼마나 중요한 것인가를 실증했다. 왜냐하면 아테네는 독재하에 있었을 때는 전력戰力면에서 어떤 나라도 능가하지 못했었지만, 일단 독재자로부터 해방되고부터는 다른 모든 나라를 누르고 최강국으로 발돋움했기 때문이다. 이것은 명백히 그들이 압제 하에 있을 때는 마치 노예가 그 주인을 위해 일하는 것을 꺼리듯이 독재자를 위해 일하는 것을 고의로 기피했었지만, 자유의 몸이 되고부터는 각자 자신의 이해에 관심을 갖고 일할 의욕을 불태웠음을 보여주고 있다. (헤로도토스, 1986)

민주주의가 누리게 해주는 자유와 평등은 국가공동체 전체가 발휘할 수

---

10) 헤로도토스와 아이스킬로스는 약간의 연령의 차이가 있긴 하나 거의 同時代人으로서 둘 다 페르시아전쟁이라는 커다란 민족적 경험을 통해 그들이 갖던 탁월한 재능이 啓發되어 역사와 비극의 분야에 있어 각기 파이오니어가 되었으며, 따라서 ' 전쟁에서 얻은 감명을 기록화하는 데 있어 그들은 근본적 으로 유사한 태도를 지니고 있는 것이다. 그들은 다 같이 주로 아테나이인을 대상으로 하여 작품을 썼으며 작품 속에 한결 같이 페르시아의 專制君主制와 희랍의 민주정의 투쟁의 중요성을 강조하였다. (김진경, 1991년)

있는 능력을 극대화한다는 말을 헤로도토스는 논리를 갖추어 분명하게 논증하고 있다.

결국 우리는 모두 사람이다. 인간은 기본적으로 생각하고 느끼는 것이 서로 다르지 않다. 민주주의는 사람 사는 세상을 사람답게 살아보자는 정치제도이다. 인간이라면 누구나 독재자의 전제군주제나 소수지배자의 과두주의에서 그들 소수의 이익을 위해 대중 자신의 피와 땀과 눈물을 흘리기를 원하지 않는다.

그러나 자유와 평등을 누리는 민주주의 국가에서는 국가를 위한 일이 곧자신의 이익을 위한 일과 일치하는 것이다. 따라서 기꺼이 모든 국민이 자신의 피와 땀과 눈물을 국가를 위해 흘릴 수 있게 되는 것이다. 민주주의가 왜국민과 국가를 강하게 만드는가는 이처럼 분명하다. 헤로도토스가

> 아테네는 독재하에 있었을 때는 전력(戰力)면에서 어떤 나라도 능가하지 못했었지만, 일단 독재자로부터 해방되고부터는 다른 모든 나라를 누르고 최강국으로 발돋움했기 때문이다. (헤로도토스, 1986)

라고 하는 말은 과두주의나 전제주의가 대중을 폭력으로 억누르며 자신들이 외적으로부터 대중을 지켜주고 있다는 말이 얼마나 허구에 찬 거짓말인가를 잘 말해준다. 민주주의 국가야말로 가장 강한 군대를 가질 수밖에 없으며전쟁에서 가장 잘 싸우는 군대일 수밖에 없는 것이다.

헤로도토스는 심지어 페르시아의 왕 다레이오스 조차도 민주주의를 인정하였음을 그의 『역사』에 기록하고 있다. 다리에오스는 이오니아를 정복한 후그 나라들을 민주주의 체제로 만듦으로서 페르시아 역시 민주주의를 잘 알았고 또한 중요시한다는 사실을 증명했다.

마르도니오스는 아시아의 연 안을 따라 항해하여 이오니아에 도착하자, 오타네스가 페르시아 의 일곱 명의 공모자들 앞에서 페르시아는 민주제를 채택해야 한다고 역설했다는 이야기를 믿지 못하는 그리스인에게 있어서는 참으로 놀라운 행동을 했다─ 이 때 마르도니오스는 이오니아의 독재자들을 모두 추방하고, 각 도시에 민주제를 수립했던 것이다 (헤로도토스, 1986).

헤로도토스는 페르시아에서 다레이오스를 포함한 일곱 명이 왕위를 찬탈한 자를 죽이고 새로운 나라의 정치제도를 토론할 때 오타네스가 민주주의를 주장했다는 말을 하고 있다. 그리고 독재주의를 주장하여 왕이 된 다레이오스가 이오니아의 독재자들을 몰아내고 그 나라에 민주주의를 수립했음을 말하고 있다. 이 시대에 민주주의는 그리스와 페르시아에서 공통적으로 인정하던 정치제도였던 것이다.

고대전쟁에서 기병대와 중무장보병이 되려면 많은 돈이 든다. 따라서 평민들은 기병이나 중무장보병이 되지 못한다. 평민은 단지 경무장보병이 되어 귀족들을 따라다니는 정도라는 사실은 호메로스의 일리아스 시대만 해도 상식이었다.

그러나 민주주의의 아테네시대에는 평민이 경무장보병이 되어 마라톤 전투를 승리로 이끄는 놀라운 성과를 거둔다. 헤로도토스는 그리스 민주주의에 강력한 힘을 준 유명한 마라톤 전투의 모습을 생생하게 기록하고 있다.

수도. 적고 게다가 기병도 궁병도 없이 구보로 공격 해오는 아테네군을 보고는 멸망을 자초하는 미친 행위라고 생각했다. 페르시아군이 이렇게 생각했음에도 불구하고 대(對) 페르시아의 모든 전선에 걸쳐 침공한 아테네군은 실로 문자 그대로 눈부신 활약상을 보였다. 실제 우리가 아는 한 구보로 공격을 시도한 것은 아테네인이 그 효시였고., 또한 페르시아풍의 복장과 그. 복장을 한 인간을 보고 조금도 두려워하지 않은 것도 아테네인이 최초였다. 왜냐하면 이때까지 그리스인들은 페르시아라는 말만 들어도 공포에 사로잡혔었기 때문이다. 이 마라톤 전투에서의 전사자 수는 페르시아 쪽은 6,400명이었고, 아테네 쪽은 192명이었다 (헤로도토스, 1986).

만일 이 마라톤 전투가 소수 기병대의 승리였다면 아테네는 민주주의가 아니라 소수의 귀족이 지배하는 과두주의가 되었을 것이다.

헤로도토스와 쌍벽을 이루는 아이스퀼로스가 민주주의의 힘이 된 마라톤 전투를 보고 가만히 있을 리가 없다. 그는 아테네의 민주주의 군대가 역시 소수의 함대로 페르시아의 대함대를 격파한 살라미스 해전에 대해 『페르사이』에서 이렇게 묘사한다.

헬라스인들의 함선은 모두 합하여 열 척의 서른 배 밖에 안됐고, 그 외에 열 척의 별동대가 있었사옵니다. 그러나 크세르크세스 휘하에는, 제가 알기로, 일천 척의 함선이 있었고, 그 밖에 쾌속선이 이백하고도 다른 함선들은 일곱 척이었사옵니다. 셈을 하자면 그러하옵니다. (아이스퀼로스, 2008)

이제 페르시아의 왕 크세르크세스가 살라미스 해전에서 모든 것을 잃어버린 데 대해 그의 모후 아톳사가 『페르사이』에서 이렇게 탄식한다.

이제는 전아시아 땅이 텅 빈 채 탄식하는구나.
크세르크세스가 인솔해 가서,
크세르크세스가 도륙했고,
크세르크세스가 지각없이 모든 것을
함선들에 태워 보내 다 잃고 말았구나. (아이스퀼로스, 2008)

아테네 민주주의는 특히 살라미스 해전 이후 본격적으로 작동되기 시작했다.

이와 같은 민주주의에 대해 헤로도토스가 『역사』에서 페르시아의 일곱 가문이 왕위를 찬탈한 세력을 몰아낸 다음 민주주의와 과두주의와 독재주의의 중 하나를 선택하기 위한 토론에 대해 자세히 설명하고 있다.

이 토론으로 독재주의가 채택되고 유명한 다리우스가 왕이 된다. 이 논의가 중요한 이유는 페르시아에서 국가의 가장 중요한 시점에 가장 중요한 정치제도에 대한 토론이 벌어져 그 토론의 결과로 정치제도가 결정되었다는 사실이다. 그리고 그 토론의 내용이 민주주의와 , 과두주의와 , 독재주의의 장단점이 고스란히 설명하고 있다는 점이다.

여기서 헤로도토스가 소개하는 페르시아에서 세 명의 혁명가가 논의하는 민주주의와 과두주의 그리고 독재주의를 살펴볼 필요가 있다.

그 토론의 역사적 중요성 뿐 아니라 이 세 가지 정치제도에 대해 그만큼 정확하고 자세하게 비교하여 설명한 자료도 찾기 어렵기 때문이다.

① 민주주의(民主主義:democracy)

오타네스는 페르시아인 전체에게 국정의 처리를 맡겨야 한다고 주장했다. 그는 첫째 아무런 책임도 지지 않고 생각나는 대로 무슨 일이든 행할 수 있는 독재는 질서 있는 제도가 될 수 없다고 주장한다. 독재제하에서는 이 세상에서 가장 뛰어 난 인물이라 할지라도 일단 왕의 자리에 오르면 예전의 심성을 잃는다. 독재제의 전형적인 악덕은 질투심과 자만심이다. 질투심은 천성적인 인간의 약점이며, 자만심은 현재의 부귀영화가 그로 하여금 자신을 다른 사람보다 뛰어난 인간으로 착각케 하는 데서 생겨난다. 이 두 가지 악덕은 모든 악의 근원이다. 그리하여 야만적인 행위와 무자비한 폭력을 불러일으키기 마련이라는 것이다.

그리고 본래 독재자는 그가 원하는 것은 무엇이든 마음대로 할 수 있기 때문에 질투심이라는 것이 있을 수 없지만, 실제로 그의 국민에 대한 태도는 전혀 그렇지 않다.

요로(要路)에 있는 자들을 살아 있는 한 내내 질투하고, 시민들 중 가장 비천한 자들을 즐겨 총애하며, 또한 그 누구보다도 재빨리 참소에 귀를 기울이므로 이 세상에 독재자만큼 변덕스러운 자는 없다. 적당히 칭송하면 그것으로는 부족하다고 화를 내고, 지나치게 받들면 아첨꾼이라고 미워한다. 그러나 가장 중요한 것은 지금부터 말하는 것으로, 독재자는 조상 전래의 풍습을 파괴하고 자기 쾌락을 위해서 여자를 강제로 범하며 재판도 하지 않고 인명을 빼앗는다는 것이다.

이에 반해 대중에 의한 민주주의 정치는 첫째로 만민평등이라는 참으로 훌륭한 명분을 갖고 있고, 둘째로 이 체제하에서는 독재 체제하에서 일어나는 일이 행해지지 않는다. 관리들은 추첨에 의해 선출되고 책임감을 갖고. 직무를 수행하며, 모든 국가 정책은 여론에 의해서 결정된다. 그러므로 오타네스는 독재제는 단념하고 국민 주권을 확립해야 한다는 의견을 제의하고 있다. 국가의 만사는 다수의 의견에 의해 결정되어야 하기 때문이라는 것이다.

② 과두주의(寡頭主義: oligarchy)

메가비 조스는 국정은 소수 지도자의 통치(과두주의)에 맡겨져야 한다고 주장한다. 그는 오타네스가 독재제를 폐기해야 한다고 말한데 대해서는 전적으로 동의하지만, 주권을 민중에게 맡겨야 한다는 견해는 잘못이다.

대중은 쓸모없을 뿐만 아니라 무식하고 무책임하며 폭력적이다. 따라서 독재자의 악정을 피하기 위해서 폭도의 광포한 손에 빠지는 일이 있어서는 절대로 안 된다. 왕은 그래도 최소한 의식적으로 심사숙고해서 행동하지만,

군중은 그렇지 않다. 본래 무엇이 옳고 정당한지 배운 일도 없고 이것을 스스로 깨달을 능력도 없는 자들이 어떻게 그런 자각을 할 수 있겠는가?

대중은 마치 분류(奔流)하는 강물처럼 무턱 대고 국사를 밀고 나갈 뿐이다. 따라서 민주주의란 페르시아의 적들만이 생각할 수 있는 것이다. 우리는 가장 우수한 일단의 인재들을 선발하여 이 들에게 주권을 부여해야 한다.

그리고 물론 우리들 자신도 당연히 그 속에 포함되어야 한다. 가장 우수한 인간들에게서 최선의 정책이 나오는 것은 당연한 이치가 아니겠는가라고 메가비 조스는 묻는다.

③ 독재주의 (獨裁主義: autocracy)

세 번째로 다레이오스는 메가비 조스가 대중에 대해 말한 것은 옳다고 생각하지만, 과두정치에 대한 발언은 부당하다고 주장한다. 즉 여기에 제시된 세 가지 체제 - 민주제, 과두제, 독재제 - 가 각각 최선의 상태로 실행되고 있다고 가정할 경우, 그 마지막 제도가 다른 두 제도보다 훨씬 더 우수하다.

가장 뛰어난 한 사람에 의한 통치 체제보다 더 훌륭한 체제가 나타날 수는 없기 때문이다. 그러한 인물이라면 그 탁월한 식견을 발휘해 민중을 훌륭히 다스릴 것이며, 적에 대한 경보도 어떠한 체제하에서보다 비밀 유지가 잘 될 것이다.

그러나 과두제하에서는 공익을 위해 공적을 쌓으려 애쓰는 사람들 사이에서 격심한 개인적 적대관계가 생기기 쉽다. 누구나 자기가 우두머리가 되려 하고 자신의 의견을 관철시키려 하다 보면, 결국 서로 격렬히 대립하게 되어 거기에서 내분이 생기고 그 내분은 유혈을 불러 일으켜 유혈 속에서 독재제로 귀착되고 만다. 이것을 보아도 독재제가 최선의 제도임을 잘 알 수 있다.
(헤로도토스, 1986)

이 토론은 결국 다레이오스가 기지를 발휘하여 독재제도인 군주제로 결정되지만 이 세 가지 정치제도의 장단점은 분명하게 구분되어 있다.

이 세 가지 주장은 나름대로 일리가 있다. 그러나 독재주의는 한 사람이 모든 권력을 가지고 그 한 사람만이 최고로 존엄하다. 과두주의는 소수가 모든 권력을 가지고 그 소수만이 최고로 존귀하다. 그러나 민주주의는 모든 국민이 모든 권력을 가지며 모든 국민 모두가 모두 최고로 존엄하다.

그리스 비극과 디오니소스 그리고 과정적 민주주의

마라톤 전투와 살라미스 해전은 그 전투를 승리로 이끈 아테네 도시빈민층이 정치적 입지를 확보하는 결정적 계기가 되었다. 그리고 페리클레스가 이 도시빈민층을 이끌고 아테네 민주주의를 완성하게 된다.

> 기원전 472년 비극경연대회에서 아이스퀼로스는 『페르시아인들』이 포함된 비극 3부작으로 우승을 차지한다. 이때 코로스의 의상과 훈련비용을 대주는 후원자인 코레고스 (choregos)는 젊은 페리클레스였다.(아이스퀼로스, 2008)

비극경연대회에서 역사에 빛나는 아이스퀼로스의 비극 3부작이 발표되었다는 사실은 아테네 민주주의가 사실상 서양사 2500년간 이루어낸 문학과 예술의 근간을 모두 마련했다는 중요한 사실을 설명한다.

아테네 시민들이 민주주의를 받아드리고 그 민주주의의 군대가 되어 마라톤전투와 살라미스 해전에서 승리로 이끌고 또한 그 후 아테네가 유럽과 아시아의 강국이 된 바탕에는 이 같은 문화적 뒷받침이 있었다는 사실이다.

아테네 민주주의의 완성자라고 할 수 있는 페리클레스가 젊은 시절 이미 아테네 민주주의의 교육장이라고 할 수 있는 비극경연대회의 경제적 후원자였다는 사실을 아테네 민주주의의 중요한 단면을 보여준 것이다.

이처럼 부자가 민주주의의 적이 아니라 오히려 민주주의를 앞장서서 실현하는 핵심적인 지도자가 될 수도 있다는 사실을 아테네 민주주의의 페리클레스가 잘 보여주고 있다.

살라미스해전의 패배로 해서 힘을 잃은 페르시아육군을 그리스 본토에서 완전히 몰아낸 기원전 479년에서부터 그리스 전체를 몰락하게 만든 펠레폰네소스 전쟁이 일어난 기원전 431년 사이의 50년은 그리스의 문명과 문화의 최고 전성기였다. 그 전성기를 주도한 나라가 아테네였고 그 정치체제가 민주주의였다.

이 기간 동안 아테네의 민주주의자들은 디오니소스 축제를 열고 그리스 연극의 경언대회를 개최했다. 이 경연대회를 통해 아이스퀼로스를 비롯한 위대한 비극들과 희극들의 대부분이 공연되었다.

여기서 왜 민주주의자들은 그 많은 신들 중에서 디오니소스를 택해 축제를 벌였는가를 생각할 필요가 있다. 그리고 그 많은 비극들과 희극들에 담긴 민주주의의 자료들을 살펴볼 필요가 있다.

⑴ 그리스 비극은 왕의 죽음이 중요한 의미를 지닌다.

디오니소스 축제는 왕을 죽이는 비극을 통해 생명의 과정을 연극으로 멋지게 만들어낸다. 그리스 비극의 핵심은 오디이푸스왕, 아가멤논왕 그리고 그들의 가족들의 비극이다. 잘못된 운명으로 자신의 아버지를 죽이고 어머니와 결혼하고 또한 그 결과 자신의 눈을 찌르고 방랑을 떠나는 오디이푸스왕은 가장 상징적이다.

그의 아버지 라이오스왕과 어머니이자 아내 그리고 그의 두 아들 에테오클레스와 폴뤼네이케스와 딸 안티고네까지 모두 인간으로서 가장 비극적으로 죽는다.

뿐만 아니라 오디이푸스 왕의 어머니이자 아내의 동생인 크레온이 오디이푸스왕의 딸 안티고네를 죽게 만들자 크레온의 아들 하이몬이 크레온을 죽이려다 실패하지 자살한다. 그러자 크레온의 아내 에우리뒤케가 자살한다.

아가멤논은 일리아스와 오딧세이에서 그리스군의 통솔자인 왕이지만 그는 항해 중 그리스군이 위기를 당하자 자신의 딸을 제물로 살해한다. 그리고 그의 부인은 그 사실에 원한을 품고 그가 귀국하자 살해한다.

이는 기본적으로 왕이 상징하는 독재제도를 연극을 통해 살해함으로써 희생시키는 행사이다. 그럼으로써 민주주의에 대한 대중의 자부심을 마음껏 드러낸 것이다.

하지만 더 중요한 것이 그리스 비극에 있다. 모든 곡물들은 가을에 목이 잘리어 죽지만 그것은 씨앗이 되어 봄에 다시 태어나 생명의 과정을 진행한다. 그 생명의 과정을 그리스 비극은 극적으로 보여주고 있다.

즉 그리스 비극의 주인공들 특히 왕들은 가장 비참한 최후를 맞는다. 하지만 그리스의 시인들은 그들의 작품 속에서 필수적으로 보여주려고 한 주제가 있다. 그 주인공들은 비참한 최후를 주는 비극에 절대로 굴하지 않는다는 점이다. 그 비극에 굴하여 생명의 과정을 역행하고 파괴하는 것이 국가의 경우 독재주의이며 과두주의이다. 이들 정치체제는 자유인의 존엄성을 박탈하는 것이기 때문이다.

민주주의는 국민 모두가 자유인으로 존엄성을 지키고 있다. 따라서 비극의 작가들은 바로 이 자유인으로서의 비극을 경험하면서도 끝끝내 자유인으로서의 존엄성을 보여주는 생명의 과정에 주력하게 된다.

목이 잘린 곡물 즉 보리나 밀 또는 벼가 그 다음에 해 씨앗으로 봄에 다시 부활하여 생명의 과정을 진행하게 되는 것이다. 이것이 바로 아테네의 비극들이 보여주는 생명의 과정이며, 이론 철학에서는 한철학이고, 윤리학과 정치철학에서는 한사상이며, 미학에서는 한미학이다.

(2) 디오니소스축제와 생명의 과정

디오니소스 축제와 생명의 과정					
오르페우스	우주란, (에테르,카오스)	낮과 밤인 파네스와 뉙스 하늘과 땅인 우라노 스와 가이아 크로노스Kronos와 레아	제우스		
헤시오도스	카오스	에레보스(어둠)와 검은 뉙스(밤), 가이아와 우라노스, 타이폰	제우스 일당		
디오니소스	생명의 잉태	디오니소스 축제	민주주의 질서	민주주의 성취	왕의 죽음
식물	씨앗	움	꽃을피움	열매맺음	열매나눔
닭	달걀	달걀안의 병아리	닭	자연적응	새끼양육
인간 개인	태아	출산과정	성인	쌓음 사회적응	나눔 자식양육
민주주의	대중의 원형	균형과 통합	자율과 자치	복지국가	평등국가

표 5 디오니소스 축제와 생명의 과정에 대한 여러 가지 예의 표

그리스 신들은 죽지 않는 불사의 존재이다. 그러나 같은 불사의 존재라도 디오니소스는 다른 신들과는 전혀 다른 방식으로 불사의 존재이다.

즉 디오니소스는 인간과 마찬가지로 목숨을 잃고 죽는다. 그런데 죽는 것으로 끝나는 것이 아니라 다시 태어난다.

디오니소스 축제와 생명의 과정에 대한 여러 가지 예의 표에서와 같이 식물의 경우 씨앗이 움을 틔워 싹이 나고 꽃을 피우고 열매를 맺고 죽는다. 그 죽음위에 그 열매는 다시 씨앗이 되어 새로운 생명의 과정을 진행한다.

바로 이점이 바로 디오니소스가 가지는 특징이다. 디오니소스는 오리시스 등의 신과 함께 농경시대의 과정적 원리로 이해해야한다. 고대 그리스·로마의 대중들은 이 같은 신들을 섬겼다. 즉

"여러 신이 아니라 하나의 신을 믿었고, 그 신은 이루 형언할 수 없는 존재로 여겨졌다. 그 신의 화신인 신인神人의 이름이 고대 이집트에서는 오리시스, 고대 그리스에서는 디오니소스, 소아시아에서는 아티스, 시리아에서는 아도니스, 페르시아에서는 미트라스, 로마 시대에서는 바쿠스나 미트라스 등으로 불렸다." (티모시 프리크, 2002)

이 신들의 이름은 달라도 모두 같은 성격의 신으로 농경시대에 곡식이 가지는 과정적 원리를 상징하는 신들이다.

디오니소스는 죽지 않는 불사의 신이지만 곡식이 죽음을 맞이하고 다시 태어나 씨앗이 됨으로서 영생을 누리는 생명의 과정을 담고 있다.

디오니소스의 축제에서 이 비극들을 상연하는 연극 자체가 우주가 다시 깨어나는 것을 상징한다. 즉 자연과 동일한 민주주의의 역동성을 연극으로 공연한 것이다.

또 디오니소스 축제를 통해 특히 비극이 중요하게 다루어진 것은 죽어야 다시 살아나는 생명의 과정이 매우 비극적이기 때문이다. 인간이 곡식의 목을 잘라야 그 곡식은 다시 씨앗이 되어 과정을 순환시킨다. 즉 죽어야 다시 태어난다는 것은 순리임과 동시에 비극이 아닐 수 없는 것이다.

따라서 디오니소스의 축제는 오르페우스와 헤시오도스의 우주론을 비극이라는 연극을 통해 민주주의의 축제로 표현한 것이다.

이러한 디오니소스의 축제는 민주주의만이 가능한 것이다. 석상이나 청동상처럼 죽은 물건을 두고 형상과 질료를 따지는 아리스토텔레스의 이원론으로는 이 같은 생명의 과정을 담은 민주주의의 축제를 상상도 할 수 없는 것이다.

특히 국가에서 왕을 죽이고 생명의 과정을 진행할 수 있기 위해서는 반드시 대중이 권력을 가지는 민주주의 국가에서만 가능하다. 즉 민주주의 국가에서만이 디오니소스의 축제를 진행할 수 있었고, 위대한 아이스퀼로스와 소포클레스와 에우리피데스의 비극이 탄생할 수 있었다.

(3) 아테테 민주주의와 남녀평등

민주주의에서 남녀평등의 역할은 결정적으로 중요하다. 독재주의와 과두주의를 지탱하는 가장 핵심적인 요소가 가부장제도이기 때문이다.

민주주의에서 남녀평등의 예는 인디언 민주주의에서 씨족장을 여성이 맡는다는 점에서 극대화된다. 그러나 아테네 민주주의는 동북아를 지배해온 중화주의 유교의 남존여비男尊女卑의 사상과 동일하게 정치에서 여성을 제외하고 있다.

이에 대해 아테네 여성들은 강력하게 반발하고 있다. 그 반발의 예를 안티고네에서 분명히 볼 수 있다. 안티고네는 여성으로서 꺾이지 않는 자유의지를 보여주고 있다.

① 안티고네

소포클레스의 『안티고네』는 안티고네의 오라버니 폴뤼네이케스의 매장에 얽힌 사건을 중심으로 전개된다.

오이디푸스의 두 아들 에테오클레스와 폴뤼네이케스가 결투에서 서로를 죽이는 사건이 발생한다. 새로 테바이의 왕이 된 클레온은 다른 나라 군대를 앞세워 조국을 공격한 폴뤼네이케스의 시신의 매장을 금지한다.

그러나 안티고네는 왕의 명령을 어기고 오라비의 시신을 수습하여 장례를 치러준다. 크레온 앞에 잡혀온 안티고네는 혈족의 장례를 치러주는 것은 '신들의 불문율'로 천륜이라고 주장했지만 크레온은 그녀에게 사형을 선고하고 석굴에 가둔다.

이제 안티고네는 스스로 목을 매어 자살한다. 크레온은 아들 하이몬이 죽은 안티고네를 붙잡고 있는 모습을 본다. 하이몬은 아비 클레온을 죽이려다 실패하자 자결한다. 클레온은 거기에 더해 아내 에우뤼디케가 절망 끝에 자살했다는 소식을 듣는다는 내용이다.

다음은 안티고네가 자신이 한 일이 신들의 불문율로 천륜이라고 주장하는 내용이다.

내게 그런 포고령을 내린 것은 제우스가 아니었으며, 하계의 신들과 함께 사는 정의의 여신께서도 사람들 사이에 그런 법을 세우시지 않았으니까요. 나 또한 한낱 인간에 불과한 그대의 포고령이 신들의 변함없는 불문율들을 무시 할 수 있을 만큼 강력 하다고는 생각지 않았어요. 그 불문율들은 어제 오늘에 생긴게 아니라 나는 한 인간의 의지가 두려워 그 불문율들을 어김으로써 신들 앞에서 벌 받고 싶지 않았어요.

나는 언젠가는 죽을 것임을 잘 알고 있었어요. 어찌 모르겠어요? 그대의 포고령이 없었다해도 말예요. 하지만 때가 되기도 전에 죽는다면, 나는 그것을 이득이라고 생각해요. 나처럼 수많은 불행 속에서 살아가는 사람이 어찌 죽음을 이득이라 생각지 않겠어요? 이런 운명을 맞는다는 것은 내게 전혀 고통스럽지 않아요. 내 어머니의 아들이 묻히지 못한 시신으로 밖에 누워있도록 버려두었더라면 내게 고통이 되었을 거예요. 내게 이것은 전혀 고통스럽지 않아요. 지금 그대 눈에 내가 어리석어 보인다면, 나를 어리석다고 나무라는 자야말로 어리석은 자일 거예요.

코러스장 : 이 소녀는 자신이 성미 급한 아버지의 성미 급한 딸임을 보여 주

는구려. 불행 앞에 굽힐 줄 모르니 말이오. (소포클레스, 2010)

이 안티고네가 목숨을 버리며 주장하는 '신들의 불문율'에서 남녀평등은 당연한 천륜이 되는 것이다. 안티고네는 인간이 만든 법이 여전히 여성을 짓밟고 있다는 사실을 말하지 않는 가운데 말하고 있는 것이다.

즉 안티고네가 말하는 '신들의 불문율'이야말로 우주삼라만상이 함께 진행하는 생명의 과정이며 또한 민주주의라는 사실이라는 점이 안티고네를 영원한 고전으로 머무르게 하는 것이다.

② 메데이아

소포클레스의 『안티고네』가 인간과 만물의 보편적 법칙으로서의 민주주의를 '신들의 불문율'로 주장하고 있다면 에우리피데스의 『메데이아』는 보다 직접적으로 남녀평등을 주장한다.

메데이아는 여성의 속박에 대해 과감하게 저항하는 모습을 보여주고 있다. 이는 민주시민으로서의 여성의 자유의지를 잘 나타낸다.

남자는 집 안 생활에
싫증이 나면 밖에 나가 [친구나 같은 또래들과 어울려]
울적 한 마음을 풀곤 하지요.
하지만 우리는 한 사람만 쳐다보고 살아야 해요.
그들은 말하지요. 우리는 집에서 안전하게 살지만
자기들은 창을 들고 싸운다고.
바보 같으니라고! 나는 아이를 한 번 낳느니
차라리 세 번 싸움터로 뛰어들겠어요.

여자란 다른 일에는 겁이 많고, 싸울 용기가 없고,

칼을 보기를 무서워하지만,

일단 결혼의 권리를 침해당하게 되면,

그 어떤 마음도 더 탐욕스럽게 피를 갈망하지는 않을 거예요. (에우리피데스, 2010)

지난 3천년간 동서양에서 수직적 계급구조의 과두주의가 지배하며 공통적으로 나타나는 가부장제도의 현상을 가장 잘 설명하는 말이 중화주의 유교의 남존여비男尊女卑이다. 메데이아는 그 남존여비사상에 대하여 가장 통렬하게 저항한 여성 중 하나일 것이다.

메데이아가 "그들은 말하지요. 우리는 집에서 안전하게 살지만 자기들은 창을 들고 싸운다고.. 바보 같으니라고! 나는 아이를 한 번 낳느니 차라리 세 번 싸움터로 뛰어들겠어요."라고 하는 말은 지난 3천년 동안 억눌린 여성들의 마음을 잘 설명하고 있다.

그리고 메데이아는 동중서의 중화주의 유교의 남존여비男尊女卑와 동일하게 여성의 권리를 인정하지 않은 아테네민주주의를 정면으로 반대하고 있는 것이다.

그러나 동북아에서의 윤리가 원래 남존여비는 아니다. 우리의 고대국가 단군조선의 3세 단군 가륵님께서 전해주신 중일경中一經은 우리민족의 수평적인 도덕道德을 잘 보여준다. 다음의 예문은 삼일신고 초판에 포함된 다섯 경전 중 하나인 중일경의 일부이다.

먼저 부모 된 자가 자식에게 자애로워야 하며,

자식 된 자는 마땅히 부모에게 효성을 다해야 하는 것이다.

또한 군주 된 자는 의(義)로워야 하며,

신하된 자는 마땅히 충성스러워야 하는 것이다.

부부는 서로를 존중하고 형제는 서로를 사랑하고….

爲父當慈 爲子當孝 爲君當義 爲臣當忠 爲夫婦當相敬 爲兄弟當相愛...

위부당자 위자당효 위군당의 위신당충 위부부당상경 위형제당상애

(최동환, 1991-삼일신고 초판)

중일경은 부자와 군신과 부부와 형제가 모두 수평적 관계이며 특히 아버지와 군주가 먼저 자식과 신하에게 각각 자애롭고 의로워야 한다는 것을 강조한다. 또한 부부는 서로 존경해야하고 형제는 서로 사랑한다는 도덕을 가르치고 있다.

동중서의 중화주의 유교는 이와 같은 우리민족의 민주주의적인 도덕을 수직적 계급구조의 지배와 피지배의 속임수로 만든 것이다. 인디언 민주주의에서 여성이 씨족장을 맡는 것과 우리나라에서 곳간 열쇠가 시어머니에서 며느리로 전수되는 전통은 여성의 권력이 가모장제에 버금가게 큰 것이다. 여권의 보장은 민주주의의 중요한 요소인 것이다.

뿐만 아니라 남녀평등을 통한 여성의 경력유지와 일과 가정의 양립을 보장하여 여성 고용률을 높이는 일은 경제침체를 극복하는 일에도 중요하다.

여기서 부부는 마땅히 서로를 존경한다는 "위부부부당상경爲夫婦當相敬"에는 동중서의 중화주의 유교나 아리스토텔레스의 여성에 대한 가부장적인 요소가 전혀 없다는 점에서 매우 중요하다. 동중서의 중화주의 유교의 남존여비男尊女卑로는 상상도 할 수 없는 도덕인 것이다.

또한 아버지가 자애롭고 자식은 효도를 한다 "위부당자 위자당효爲父當慈爲子當孝"에서 아버지의 자애로움이 먼저이다. 부자간에도 가부장적인 요소가 없다.

116

독재주의나 과두주의가 성립하기 위해서는 무엇보다 먼저 가부장적인 지배구조가 필요하다. 그러나 민주주의는 무엇보다 가부장적인 요소가 없어도 가정의 도덕이 만들어진다. 그리고 그 민주주의적인 가정의 도덕이 더 강력한 결집력을 만들어낸다는 점이 중요하다.

바로 이러한 윤리가 우리민족의 고유한 민주주의적인 윤리이다. 고대 그리스 아테네의 안티고네와 메데이아가 그토록 원했던 남녀평등의 사회이자 사람이 사람답게 사는 민주주의 사회가 바로 우리민족의 고대사회였던 것이다.

고대 아테네 민주주의가 스스로 보여준 과정적 민주주의

아테네 민주주의는 테세우스에서 시작하여 솔론에서 자리 잡고 클레이스테네스에서 민주주의가 본격적으로 작동되고 페리클레스에서 확립되는 점진적인 과정을 보여준다.

민주주의는 플라톤이나 동중서의 이원론과 달리 기존의 제도를 악으로 몰고 자신이 주장하는 정치제도를 선으로 삼아 어느 날 갑자기 악이 사라지고 선이 만들어진다는 식으로 이루어지지 않는다. 민주주의는 국가가 스스로 생명체가 되어 모든 생명체가 겪는 동일한 과정을 겪는 것이다.

고대 아테네의 민주주의는 이 생명의 과정에 의해 과정적으로 발전했음을 잘 보여주고 있다.

아테네의 민주주의는 분명한 이론체계를 가지지는 못했지만 그 민주주의의 역사과정 자체가 민주주의의 분명한 이론체계가 되고 있다.

⑴ 테세우스 - 민주주의의 시작

플루타르크는 그의 영웅전을 테세우스에서부터 시작한다. 그는 "테세우스는 로마를 세운 로물루스에 비견할 만한 사람으로 아름답기로 이름난 아테네를 건설한 인물이다."라고 소개한다.

플루타르크는 테세우스라는 이름이 돌 밑에 감추었다는 뜻이었다고 전한다. 즉 테세우스는 아버지가 형제들의 시기를 피해 아테네로 떠나고 자신은 어머니의 고향 트로이젠에서 자랐다. 테세우스는 아버지가 돌 밑에 숨기고 간 칼과 신발을 찾아 아테네로 나섰다는 것이다.

돌 밑에 감추었다는 테세우스라는 이름은 그의 아버지가 돌 밑에 숨기고 간 칼과 신발이라는 의미인 것이다. 플루타르크는 테세우스가 아테네로 가서 아버지를 찾아 왕자가 되었다는 이야기를 전한다.

그런데 나는 이 플루타르크가 전하는 테세우스의 이야기를 보다가 어디서 많이 듣던 이야기가 아닌가라는 생각이 들었다. 책을 덮고 곰곰이 생각해보니까 이 이야기는 삼국사기에서 전하는 고구려의 주몽왕의 아들 유리왕자의 이야기와 똑 같은 이야기였다.

삼국사기에는 주몽이 부여의 왕자들을 피하여 달아나며 칠각형 주춧돌 밑에 부러진 칼 조각을 숨겨두었다. 훗날 유리가 성장해 그 부러진 칼을 칠각형 주춧돌 밑에서 찾아 아버지 주몽에게 찾아 가서 주몽이 그 부러진 칼과 자신의 칼을 맞추어 보고 왕자로 삼았다는 이야기이다.

테세우스와 유리의 이야기는 아테네와 고구려라는 전혀 다른 나라의 이야기지만 완전히 동일한 이야기를 전하고 있다. 우리는 그리스의 오르페우스와 헤시오도스, 그리고 피타고라스와 헤로도토스 그리고 아이스킬로스 등이 전한 비극, 디오니소스의 축제를 다루면서 그들이 남긴 신화와 역사와 문학작품과 축제가 하나의 원리인 생명의 과정을 설명하고 있음을 보았다. 그리고 그 모든 것은 우리의 고대국가에서 전하는 천부경과 삼일신고와 366사에 공통적으로 내장된 수식과 도형과 철학이론으로 설명하는 생명의 과정원리인 것이다.

결국 그리스 특히 민주주의를 실현한 아테네와 우리민족의 고대국가의 철학과 정치제도가 동일하다는 결론에 도달하게 된다.

그런데 그 아테네를 세운 설립자 테세우스의 이야기가 고구려의 주몽의 아들 유리왕자의 이야기와 판박이라는 사실이 또 하나 추가된 것이다.

이 같은 공통점은 결코 우연일 수 없다. 우리가 알지 못하지만 무언가 아테네와 우리의 고대국가 사이에 강한 연결고리가 있다는 점은 분명하다. 특히 민주주의를 통해 아테네민주주의와 인디언민주주의와 우리 한민족의 한민주주의가 하나로 만난다는 점에서 더욱 그러하다.

플루타르크는 테세우스 시대에는 크레타가 강국이어서 약소국 아테네가 젊은 남녀 각각 7명을 바쳐야 했음을 말한다. 그 때 당시 아테네의 왕자였던 테세우스가 이 남녀 7명 가운데 끼여 크레타 섬으로 건너갔다. 그리고 크레타 섬의 미궁 속에 사는 소머리의 괴물 미노타우로스를 죽인 유명한 이야기를 전한다.

여기서 테세우스 왕자의 행동은 수직적 계급구조로 이루어진 왕국의 왕자라면 절대로 할 수 없는 것임을 생각할 수 있다. 이 세상 어느 왕국의 왕자가 자신의 백성을 위해 이와 같은 목숨을 건 모험을 하겠는가?

테세우스는 분명 수평적 평등구조의 민주주의 국가의 지도자 중에서도 대단히 열정적인 지도자로서의 면모를 보여주고 있는 것이다.

더욱 놀라운 것은 자신이 왕이 된 다음 흩어진 주민들을 하나로 모으고 통일된 국가를 세운 다음 스스로 왕위에서 물러나 민주주의 정치를 구현했다는 것이다. 이 놀라운 사실을 플루타르크는 이렇게 전한다.

아이게우스 왕이 죽은 후 테세우스는 큰 사업을 구상했다. 그는 아티카에 사는 모든 주민들을 한 곳에 모아 놓고 흩어져 있던 사람들을 하나의 국가 하나의 민족으로 통일시키기 위한 사업을 시작했다.

테세우스는 여러 마을을 돌아다니며 자신의 뜻을 얘기했다. 평민과 가난한 사람들은 즉시 그의 뜻에 찬동했지만, 권세있는 사람들은 달갑게 여기지 않았다. 테세우스는 그들에게 새로운 제도는 왕을 두지 않는 민주 정치로 자기는 다만 전쟁과 법률에만 관여할 것이며 다른 분야는 모든 사람들이 평등하게 관여하도록 할 것이라고 약속을 하여 그들을 설득하였다. 테세우스는 각 마을이나 씨족의 공회당과 의사당, 행정청을 폐지하고 아크로폴리스에 공통된 하나의 공회당과 의사당을 세웠다. 그리고 도시의 이름을 아테네로 정하고 공통적인 제사를 정했다. 그리고 외부에서 이주해 온 사람들을 위해서는 헤카톰바이온 달 제16일을 명절로 정했는데 이 제사는 오늘날까지도 지켜지고 있다.

테세우스는 약속대로 왕의 정치를 폐지하고 새로운 정치 체계를 발표 한 뒤 델포이의 신탁을 받았다. (플루타르크, 2000)

테세우스는 스스로 왕의 자리를 내놓고 민주주의를 시작했다는 점에서 놀라움을 주고 있다. 세계사에 민주주의를 시작한 나라로 알려진 그 아테네의 민주주의는 이렇게 왕이 왕의 자리를 내놓고 민주주의를 시작하고 있다.

혁명으로 가진 자들의 것을 빼앗아서 민주주의가 이루어질 수 없음을 역사는 우리에게 가르쳐주었다. 이러한 상태에서 아테네 민주주의는 권력과 돈을 가진 자가 스스로 그것을 내놓음으로서 시작하고 있음을 우리는 눈여겨보아야 한다.

(2) 솔론 - 우리는 100%와 45도의 혁명 그리고 온힘

민주주의에서 가장 근본이 되는 원리는 누구도 배제하지 않는 "우리는 100%"라는 대중을 형성하는 일이다.

정치제도에 있어서 가장 중요한 요소는 부자와 빈자이다. 민주주의의 바탕인 "우리는 100%"가 되기 위해서는 먼저 부자와 빈자가 서로를 부정하지 않는 가운데 수평적 평등구조에서 커다란 하나가 되는 일이다.

디오게네스 라에르티오스는 『그리스 철학자 열전』에서 솔론에 대해 "그가 아테네 사람을 위해 맨 먼저 한 일은 무거운 짐 내리기 (부채탕감)였다."(디오게네스 라에르티오스, 2011)라고 말하고 있다. 솔론의 시대에 빈부간의 갈등은 극한에 달했었다.

> 대부분의 사람들은 부자들에게 진 빚 때문에 경작한 수확의 6분의 1을 바치고 있었고 자기 몸을 저당 잡힌 사람들은 노예가 되거나 팔려가기도 했다 그래서 많은 사람들이 외국으로 도망을 가거나 자식을 파는 일까지 벌어지게 되었다.(플루타르크, 2000)

가난한 사람들이 외국으로 도망가거나 자식을 팔기까지 해야하는 이 빈부간의 갈등 문제가 아테네를 파멸로 이끌 것임을 누구나 알 수 있었다. 이처럼 나라가 혼란스러울 때 어느 파벌에도 물들지 않고 있었던 사람은 솔론뿐이었다. 아테네인들은 이 문제의 해결을 솔론에 맡기고 그를 아르콘 즉 집정관으로 선출했다. 솔론은

> 솔론이 규정한 최초의 법은 부채의 잔액을 면제하고 사람의 몸을 저당으로 돈을 꾸어 주는 것을 금지시키는 내용이었다. 그래서 도량을 크게 하고 돈

의 가치를 높였다 그 전에는 드라크마가 1파운드였던 것을 100드라크마를 1 파운드로 고쳤기 때문에 화폐의 수는 같아도 가치가 적은 돈을 주게 되므로 빚을 갚는 데는 유리하게 되고 빚을 받는 쪽에서도 손해를 보지 않게 되었다.(플루타르크, 2000)

솔론은 부채를 탕감해주고 사람의 몸을 저당잡히는 것을 금지시켰다. 그리고 화폐를 가치를 떨어뜨려 사실상 갚아야 할 돈을 깎아주는 방법으로 빚을 쉽게 갚도록 했다. 이로써 부채노예가 될 채무자들을 자유시민이 되게 하여 아테네의 국력을 향상시켰다. 훗날 그 가난한 자유 시민들이 마라톤 전투와 살라미스 해전에서 페르시아의 대군을 격파한 일은 실로 솔론이 마련한 것이다.

디오게네스 라에르티오스는 『그리스 철학자 열전』에서 그의 상(像)에는 다음과 같은 문구가 새겨져 있었다. "페르시아 인의 부정한 야망을 좌절시킨 살라미스는, 성스런 입법자 솔론이 태어난 곳"(디오게네스 라에르티오스, 2011). 이 말에서 살라미스 해전이 승전을 솔론과 연결시키고 있는 것이다.

만일 솔론이 부채노예 문제를 해결하지 못해 자유 시민들이 노예가 되거나 외국으로 도망갔다면 그만큼 전쟁을 감당할 병사가 줄어드는 것이다. 따라서 살라미스 해전의 승전은 애당초 있을 수 없다는 말이 된다.

따라서 솔론의 부채탕감과 경감은 부자와 빈자 모두에게 크나큰 이익이 될 뿐 아니라 아테네의 더 큰 발전의 원동력을 만든 묘책이었다.

그리고 민주주의의 핵심은 국가의 공무원을 추첨으로 뽑는 추첨방식이라 할 것이다. 헤로도토스는 이 추첨방식이 이 솔론에 의해 창시되었음을 말하고 있다. (헤로도토스, 1986)[11]

부채탕감과 경감 그리고 추첨은 부자와 빈자를 '우리는 100%'로 만들었다.

---

11) 솔론이 창시한 추첨방식은 독재제에 의해 중단 되어 기원전 488까지는 행해지지 않았다.

또한 '45도의 혁명'을 일으켜 수평적 평등관계를 만들었다. 그리고 아테네를 균형과 통합으로 이끌었다.

솔론은 아테네의 대중을 자기 조직화하여 민주주의의 기본법칙과 민주주의의 제1법칙을 이룬 것이다.

⑶ 클레이스테네스 - 공적영역의 탄생

클레이스테네스는 아테네의 정치기반을 씨족과 친족에서 지역의 구인 데모스 demos로 옮김으로서 진정한 민주주의가 시작되게 했다.

민주주의라는 말인 Democracy가 곧 데모Demo+정치cracy로서 데모스가 기반이 되는 정치인 것이다. 이 데모스를 바탕으로 형성된 사람들이 곧 대중인 것이다.

즉 정치의 공적권리와 의무가 데모스라는 지역공동체에 소속된 시민들에게만 주어진 것이다. 이때부터 각 데모스 단위로 시민이 등록되고 공무원이 선출되는 것이다.

이제부터 아테네에서는 어떤 사람이 누구의 자손이라는 씨족이 아니라 누가 어느 데모스에 속하고 있는가를 묻게 된 것이다. 이 데모스는 우리나라의 '두레'와 정확히 일치하는 것이다.

그리고 산업시대에 파괴된 데모스 즉 두레가 초연결시대에 얼마나 빠르고 강력하게 다시 살아나는가가 이 시대 민주주의의 관건임을 알게 하는 것이다.

아테네에서 그 이전에는 씨족이 모여서 만들어진 4개의 부족 단위로 형성되었지만 클레이스테네스 이후부터는 10개의 데모스라는 지역공동체의 단위로 나뉘게 된 것이다. 클레이스테네스는 민회를 400인 회에서 500인회로 확대했다.

민회의 그리스 명칭은 불레 (boule). 처음에는 400인회로 시작되었으나 클레이스테네스 시대에 10부족에서 각각 50명을 뽑아 500인회로 확대 , 개편되었다. 임기는 1년이었고, 돌아가며 민회의 의장직을 맡았다. 민회에서 토론하고 승인할 심의 안을 마련하고, 재정을 관리하고, 새로운 함선을 계획대로 건조하는 일을 비롯하여 함대를 통제하는 것이 주요 임무였다. (존 R .헤일, 2011)

따라서 4개 부족의 실력자들에 의해 지배되던 아테네가 문자 그대로 아테네시민 모두가 이끄는 행정기구인 데모스에 의해 지배되기 시작한 것이다.

즉 대중 스스로가 대중 스스로를 다스리는 공적영역이 출현하여 대중 스스로 그 사적영역이 되어 그 다스림을 받게된 것이다.

이제 소수의 귀족들에 의해 움직이던 아테네는 데모스들 즉 아테네시민 전체에 의해 움직이기 시작한 것이다. 이것이야말로 클레이스테네스가 이루어낸 민주주의 혁명인 것이다. 즉 민주주의의 제2법칙 100=36+64이다.

이는 소수의 귀족들이 지배하는 수직적 계층구조가 10개의 데모스가 지배하는 수평적 평등구조로 바뀐 것이다. 나아가 아테네 시민 전체가 주인이 되어 자율적인 자치로서의 민주주의가 이루어진 것이다.

또한 그는 아테네에 다시는 참주가 나타나지 못하도록 도편추방제를 만들었다. 즉 국가에 해를 끼칠 만큼 강력한 힘을 가진 사람들을 견제하기 위해 그의 이름을 조개껍질이나 도자기파편에 적어 6천표가 넘으면 10년간 해외로 추방을 하는 제도이다.

이 제도로 해서 다시는 수직적 계층구조로 되돌아가는 일이 없게 된 것이다. 초연결시대에도 마찬가지이다. 데모스 즉 두레가 다시 국가의 정치에 전면에 나설 때 민주주의가 가능해지는 것이다.

그리고 테미스토클레스는 삼단노선 100척 만드는 일에 앞장섬으로서 살라미스 해전의 주역이 된다. 또한 이 삼단노선은 그 자체가 오늘날 스마트 폰과 같이 플랫폼 생태공동체의 중심이 된다. 이 삼단노선은 뒤에 다시 설명한다.

⑷ 에피알데스와 페리클레스 - 정확한 균형과 강력한 공적영역 출현

솔론과 클레이스테네스에 의해 민주주의는 과정적으로 하나하나 이루어졌다. 그리고 에피알데스와 페리클레스에 이르러 민주주의는 확고해졌다.

이제는 이렇게 형성된 대중이 어떻게 내적인 균형과 조화를 이루어 스스로가 스스로를 다스리고 스스로에게 다스림을 받는 자기실현을 이루는 가가 곧 민주주의의 실현과 맞닿아있다. 이 일은 에피알데스와 페리클레스에 의해 이루어졌다.

1) 에피알데스 - 균형과 공적영역의 공고화

에피알데스는 개혁모임을 주도했다. 이로써 대중법정은 판결권을 가지게 되었고, 의회는 1년 중 250일 정도 열렸으며 민회에서 다룰 내용을 심의하게 되었고 행정업무의 대부분을 다루었다.

이제 시민 누구나 정치지도자들을 고발할 수 있게 되었다. 대중법정은 아테네 10개 부족 중에서 추첨으로 6천명의 배심원단을 구성했다. 이제 돈 많은 부자가 돈을 써서 재판에 이기는 경우는 없게 된 것이다.

에피알데스는 아테네에서 유전무죄 무전유죄와 같이 돈이 곧 죄의 유무를 결정짓는 부정의를 타파하여 정의가 실현되는 길을 열었다.

이 시대의 민주주의도 마찬가지이다. 대중법정이 만들어지지 않는 한 소수의 법률전문가들이 법을 독점하게 된다. 그리고 그렇게 될 때 국가의 법체계는 반드시 부패하게 되는 것이다. 고드윈은 이렇게 말한다.

법철학을 올바로 이해하고 있다면 법의 정신과 역사를 이어온 과정이 인류의 행복을 증진하기 위해서가 아니라 독재자들이 피지배자들의 지지와 협조를 얻어 내기 위해 권력과 금력으로 매수한 협정에 지나지 않는다는 점을 알게 될 것이다.(윌리엄 고드윈, 2006)

이처럼 법이란 독재자들이 피지배자들을 권력과 금력으로 매수한 협정에 지나지 않는다고 한 말은 오늘날 힘없는 서민들의 입장에서는 결코 지나친 말이 아닐 것이다.

법체계가 부패할 때 법은 가난한 사람들에게는 호랑이와 같이 무서운 존재이되 부자에게는 잘 길들인 개가 되는 것이다.

또한 각각의 새로운 상황은 나름대로의 법칙을 가진다. 그러나 법은 새로운 사건을 대처할 아무런 융통성이 없다. 고드윈은

어떤 행동도 똑같은 행동은 없고 공리성이나 해악의 정도가 각기 다르기 때문에 "각각의 상황은 나름대로 법칙을 갖는다."라는 말보다 더 자명한 금언은 없다. 지금까지 그래왔던 것처럼 사람들을 혼란에 빠뜨리지 말고 각자가 지닌 가치를 구분하는 것이 정의가 수행해야 할 임무다. 하지만 법률과 관련해 그런 판단을 적용했을 때 과연 어떤 결과가 나타났는가? 새로운 사건이 일어나면 기존의 법률로는 그것을 심판할 수 없다. 그런 과정은 끊임없이 되풀이된다. 법률 제정자들은 무한한 선견지명을 지니고 있지 않다. 그들은 무한한 것을 규정지을 수 없다. (윌리엄 고드윈, 2006)

라고 말한다. 이러한 법의 문제는 민주주의 법정의 배심원단만이 해결할 수 있는 것이다.

아테네는 무려 6000명이 배심원단을 이루었다. 이는 어떤 경우에도 부자가

배심원단을 매수할 수 없게 만든 것이다. 이렇게 될 때 비로소 국가라는 공동체는 자연 생태공동체처럼 살아있는 생명체가 될 수 있다. 이는 또한 판사와 검사와 변호사 100명 정도면 충분할 일자리를 국가의 공직에서 무려 6000개를 새롭게 만든 결과도 된다.

2) 페리클레스 – 균형과 공적영역의 완성 – 개천

페리클레스의 제안으로 대중법정이나 의회에 참석했을 때 국가에서 보수를 받게 되었다. 이 보수는 당시 아테네인들의 일당의 반에 해당했지만 그 정도만으로도 생계에 쫓겨 정치에 참여하지 못한 가난한 사람들의 정치참여에 큰 도움을 주었다.

이로서 아테네는 가난한 시민들을 포함한 모든 시민들이 국정에 직접 참여하는 민주주의다운 민주주의를 실현하게 되었다. 이로서 대중은 스스로의 균형과 조화를 이루어 하나의 생명체로서 국가를 운영할 수 있게 된 것이다.

페리클레스는 델로스 동맹국의 금고를 델레스에서 아테네로 옮겨왔다. 이로써 아테네는 제국으로서의 위치를 갖게 되는 계기가 되었다. 말하자면 아테네 제국의 공적영역으로서의 아테네의 국제적 위상을 갖게 되었다.

이제 아테네 민주주의는 국가의 공무원 대부분을 추첨으로 선출하여 일자리를 주고 보수를 보장하게 된 것이다. 이로써 자유민들은 노예로 잃어버린 일자리를 국가의 공직에서 찾을 수 있게 된 것이다.

이는 오늘날 인공지능, 로봇 등으로 일자리를 잃어버린 초연결시대 국가의 대중이 어디에서 일자리를 확보할 수 있는가를 잘 설명하는 예이다. 인공지능과 로봇 등의 과학기술이 발전하면 할수록 사람이 사람답게 살아가는 민주주의는 더욱더 중요해진다.

대중이 국가의 공무원자리를 차지하고 정치를 하는 것이 민주주의의 핵심원리이기 때문이다.

또한 이 같은 민주주의 국가는 자본주의 국가처럼 돈으로 지위가 결정되는 수직적 계층구조가 아니라 모두가 평등한 수평적 평등구조이다.

그러므로 대중은 많은 보수까지 바라지 않는다. 최소한의 보수로도 충분하다. 왜냐하면 대중은 국가를 자신들이 운영한다는 사실만으로도 이미 충분히 만족하기 때문이다.

페리클레스가 설명한 아테네의 과정적 민주주의

고대 아테네의 민주주의에 대해서는 투키디데스Thucydides의 『펠레폰네소스 전쟁사』에 실려있는 유명한 페리클레스의 추도사 연설에서 그 실체를 살펴볼 수 있다.

그가 민주주의의 자부심을 가득 담고 세계사를 앞에 두고 자신 있게 하는 말을 살펴보자. 그는 먼저 자신의 연설의 내용에 대해 이렇게 말한다.

> 나는 먼저 지금의 우리를 있게 한 정신자세와, 우리를 위대하게 만들어준 정체(政體)와 생활 방식을 언급하고, 그런 다음 전사자들에게 찬사를 바칠까 합니다. (투퀴디데스, 2011)

여기서 그가 설명하는 '우리를 있게 한 정신자세'에서 아테네 민주주의의 바탕이 되는 철학의 이론체계를 살펴볼 수 있다. 그리고 그가 언급하는 '우리를 위대하게 만들어준 정체 (政體)'가 바로 민주주의의 이론체계이다. 또한 그가 말하는 아테네인의 생활 방식이 곧 민주주의가 만들어내는 문화이다.

이로써 그의 유명한 추도연설에서 민주주의의 철학과 민주주의의 운영방법과 문화까지를 살펴볼 수 있는 것이다. 이 모두는 한 가지인 생명의 과정으로 집약하여 이해할 수 있다.

페리클레스는 민주주의가 당대에 이루어진 것이 아니라 과정적으로 하나하나 이루어졌음을 말하고 있다.

나는 먼저 우리 선조에 관해 언급하려 합니다. 이런 기회에 그분들을 기억함으로써 그분들의 명예를 높여드리는 것이 정당하고 적절하기 때문입니다. 오늘날에 이르기까지 그분들이 대대로 이 나라를 차지하고 살지 않은 적은 한 번도 없었는데, 우리가 자유국가를 물려받은 것은 그분들의 용기 덕분입니다. (투퀴디데스, 2011)

이 글은 아테네 민주주의가 한 번에 이루어진 것이 아니라 테세우스에서부터 솔론과 테미스토클레스 등으로 대대로 점진적으로 이루어졌음을 말하고 있다.

이제 페리클레스의 추도사 연설을 생명의 과정 원리에 따라 재구성해보자. 그럼으로써 그의 연설이 우리가 지금까지 살펴본

1. 오르페우스와 헤시오도스, 그리고 피타고라스와 헤로토토스에게서 발견되는 과정적 민주주의
2. 그리스 비극과 디오니소스에게서 발견되는 과정적 민주주의
3. 고대 아테네 민주주의가 스스로 보여준 과정적 민주주의

이 세 가지의 자료가 동일한 생명의 과정원리라는 사실을 확인해보자. 이를 위해서 페리클레스의 연설을 생명의 과정원리로 재구성하면 아래와 같다.

(1) 우리는 100%

> 우리의 정체는 이웃나라들의 제도를 모방한 것이 아닙니다. 우리는 남을 모
> 방하기보다 남에게 본보기가 되고 있습니다. 소수자가 아니라 다수자의 이
> 익을 위해 나라가 통치되기에 우리 정체를 민주정치라고 부릅니다. 시민들
> 사이의 사적인 분쟁을 해결할 때는 법 앞에 만인이 평등합니다. 그러나 주요
> 공직 취임에는 개인의 탁월성이 우선시되며, 추첨이 아니라 개인적인 능력
> 이 중요합니다. 마찬가지로 누가 가난이라는 불리한 조건에도 불구하고 도
> 시를 위해 좋은 일을 할 능력이 있다면 가난 때문에 공직에서 배제되는 일
> 도 없습니다. (투퀴디데스, 2011)

페리클레스의 연설에서 주장한 민주주의의 핵심은 아테네의 권력이 소수
의 손에 있는 것이 아니라 부자와 빈자 모두를 합친 전체 인민의 손에 있다는
언명이다. 아테네는 이른바 "누구도 배제하지 않는 100%"의 대중에 의해서
지배되고 지배받는다는 것을 말하고 있다. 세계사를 통해 이렇게 자신 있게
민주주의를 말할 수 있는 사람들은 아테네인들뿐이었다.

페리클레스는 자신들의 민주주의가 남의 것을 모방하거나 흉내내지 않았
다는 사실을 주장하고 있다. 참으로 민주주의를 운영하고 있다는 사실에 대
해 대단한 자부심을 가지고 있는 것이다.

아테네의 공직 대부분이 추첨에 의해 선출된다. 그러나 장군이나 재무직
과 같이 전문성을 요하는 자리는 추첨이 아니라 투표로 선출된다.

아테네에서 누구나 법 앞에 평등한 것은 당연한 일이었다. 그러나 아테네
는 노예국가이며 가부장적 도덕을 가지고 있음으로 해서 여성이 시민권자에
서 빠져있다.

(2) 45도의 혁명

민주주의는 수직적 계층구조가 아니라 수평적 평등구조에서 만들어진다. 즉 45도의 혁명에서 이루어진다. 그리고 45도의 혁명은 무임승차로 이루어지는 것이 아니다. 다시 말해 자유와 평등은 모두가 지불해야 할 피와 땀과 눈물을 흘려야하는 용기로 얻어지는 것이다. 그렇지 않고 비굴하게 무임승차를 하겠다고 할 때 민주주의는 와해되는 것이다.

페리클레스는 자유와 평등이 이루어지는 45도의 혁명을 정확하게 읽고 설명하고 있다. 즉 자유와 평등를 얻는 민주주의는 전쟁에서 피를 흘리는 것을 두려워하지 않는 용기에서 얻어진다고 설파하고 있다.

> 행복은 자유에 있고 자유는 용기에 있음을 명심하고, 전쟁의 위험 앞에 너무 망설이지 마십시오. 죽음조차 불사할 이유가 있는 사람이란 더 나아질 가망이 전혀 없는 불운한 사람이 아니라, 살아 있을 경우 운명이 역전될 수 있고 실패할 경우 가장 잃을 게 많은 사람입니다. 자긍심을 가진 사람에게는 희망을 품고 용감하게 싸우다가 자신도 모르게 죽는 것보다, 자신의 비겁함으로 말미암아 굴욕을 당하는 것이 더 고통스러운 법입니다. (투퀴디데스, 2011)

자유와 평등을 위해 목숨을 버릴 용기가 있는 사람들이 민주주의를 만들어 유지하고 향유할 수 있다는 것이다. 민주주의에 무임승차하겠다는 비겁한 사람들은 결코 민주주의를 향유할 자격이 없다고 말하고 있다.

그의 이 연설내용은 수직적 계급구조에서 맞는 억압과 불평등을 수평적 평등구조로 바꾸는 45도의 혁명으로 자유와 평등을 이루는 설명으로 참으로 적절하다.

실제로 아테네 민주주의는 마라톤 전투와 살라미스 해전에서 페르시아의 대군을 격파한 승리로 굳어진 것이고, 이 전투와 해전의 주인공은 아테네의 평민들이었다. 민주주의가 결코 무임승차로 얻어지지 않는다는 사실을 잘 말해준다. 대중 스스로 목숨을 걸고 자유와 평등을 위해 싸울 때 45도의 혁명이 이루어져 수평적 평등구조가 만들어짐을 아테네인들은 보여주었다.

(3) 양극단의 통합

'우리는 100%'를 이루고 수평적 평등구조를 이루어낸 국가는 이제 그 내부에 늘 상존하는 양극단의 균형을 이루어 내부를 통합함으로서 민주주의의 바탕을 만들 수 있다. 모든 국가는 인간처럼 몸과 마음으로 이루어졌다고 볼 때, 몸은 상극의 원리가 지배하고 마음은 상생의 원리가 지배한다.

즉 상극원리는 정의를 이룸으로서 최적화되고, 상생원리는 도덕을 이룸으로서 최적화된다. 그리고 이 양극단은 중용의 원리로 균형을 이루어 통합되는 것이다.

① 상생의 영역 - 도덕의 확립

> 우리는 정치생활에서 자유롭고 개방적인데 일상생활에서도 그 점은 마찬가지 입니다. 우리는 서로 시기하고 감시하기는커녕 이웃이 하고 싶은 일을 해도 화내거나 못마땅하다는 표정을 짓지 않는데, 그런 표정은 실제로 해를 끼치지는 않지만 남의 감정을 상하게 하지요.(투퀴디데스, 2011)

아테네의 상생의 영역에서 도덕을 말하고 있다. 입법과 행정과 사법을 시민 모두가 직접 맡아서 하는 아테네인들은 모두가 드높은 자존심과 자부심을 가질 수밖에 없다. 국가를 직접 운영하는 이들 한 명 한 명은 모두가 존엄한 것이다.

그 존엄한 사람들끼리 서로를 존중하고 관용을 베푸는 것은 당연한 일이다. 평생 자신의 권력을 남에게 빼앗기고 남의 지배를 받는 노예들은 자기 자신을 존중할 수 없기 때문에 남을 무시하고 깔본다. 이들은 남을 존중할 수 없는 것이다.

> 게다가 우리는 일이 끝나고 나면 우리 마음을 위해 온갖 휴식을 취할 수 있습니다. 사시사철 여러 가지 경연대회와 축제가 정기적으로 열리고, 우리의 가정은 아름답게 꾸며져 있어 날마다 우리를 즐겁게 하고 근심을 쫓아주기 때문입니다. (투퀴디데스, 2011)

이는 상생의 영역을 설명한다. 즉 아테네인의 자유로운 여가생활과 문화를 말하고 있다. 민주주의의 특징 중 하나는 노동시간이 짧다는 것이다. 그럼으로써 남는 시간은 삶을 즐기는 일에 사용할 수 있다. 그럼으로써 국민의 삶은 윤택하고 행복해지며 인구는 당연히 증가한다.

② 상극의 영역 – 정의의 확립

> 사생활에서 우리는 자유롭고 참을성이 많지만, 공무에서는 법을 지킵니다. 그것은 법에 대한 경외심 때문입니다. 우리는 그때그때 당국자들과 법, 특히 억압받는 자를 보호하기 위해 제정된 법과, 그것을 어기는 것을 치욕으로 간주하는 불문율에 순순히 복종하기에 하는 말입니다. (투퀴디데스, 2011)

이는 상극의 영역에서 아테네인의 정의를 설명한다. 민주주의를 하는 아테네 시민들은 서로를 존중하고 또한 자신들의 그 고귀한 삶을 보장해주는 아테네의 법을 무엇보다도 소중히 생각하고 지키는 것이다.

법이야말로 자신들의 고귀한 삶을 보장하는 힘이므로 그 법을 어기는 것을 수치로 아는 것은 당연한 일이다.

바로 이와 같은 점이 독재국가나 대의민주주의의 경우와 근본적으로 다르다.

> 군사정책에서도 우리는 적들과 다릅니다. 몇 가지 예를 들어보겠습니다. 우리 도시는 온 세계에 개방되어 있으며, 적에게 유리할 수 있는 군사기밀을 사람들이 훔쳐보거나 알아내는 것을 방지하기 위해 외국인을 추방하곤 하지도 않습니다. 그것은 우리가 비밀 병기 따위보다는 우리 자신의 용기와 기백을 더 믿기 때문입니다. (투퀴디데스, 2011)

이는 상극의 영역을 설명한다. 민주주의를 하는 아테네는 군국주의적인 스파르타보다 더 강력한 군사력을 보여주었다. 페르시아를 그리스에서 몰아낸 마라톤전투와 살라미스해전은 모두 아테네의 민주주의 군대가 이루어낸 성과이다. 민주주의 군대가 겉으로는 약해보여도 실제 전투에서는 강한 힘을 나타낸다.

③ 중용의 영역 - 균형의 확립

> 말하자면 우리는 고상한 것을 사랑하면서도 비용을 많이 들이지 않으며, 지혜를 사랑하면서도 문약하지 않습니다. 우리에게 부富는 행동을 위한 수단이지 자랑거리가 아닙니다. 가난을 시인하는 것이 부끄러운 일이 아니라 가난을 면하기 위해 실천적인 조치를 취하지 않는 것이 진정으로 부끄러운 일입니다. (투퀴디데스, 2011)

이는 중용의 영역을 설명하고 있다. 즉 고상한 것은 도덕의 영역이다. 이 도덕의 영역은 비용을 많이 드린다고 이루어지는 것이 아니다. 즉 도덕을 위한 기념관이나 문화를 위한 건물에 거대한 돈을 쓴다고 도덕과 문화가 이루어지는 것이 아니다. 상극의 영역에서 정의를 이루는 것이 부를 축적한다고 되는 것도 아니다.

도덕을 이루되 문약하지 않고, 부를 이룬다고 자랑도 아니다. 이 양자를 최적화하여 균형을 이루는 중용이 중요한 것이다.

(5) 민주국가의 자기실현 - 공적영역의 조화

> 이곳에서 정치가들은 가사(家事)도 돌보고 공적인 업무도 처리하며, 주로 생업에 종사하는 사람들도 정치에 무식 하지 않습니다. 우리 아테나이인들만이 특이하게도 정치에 참여하지 않는 자들을 비정치가가 아니라 무용지물로 간주합니다. 그리고 우리만이 정책을 직접 비준하거나 토의하는데, 그것은 우리가 말과 행동을 양립할 수 없는 것으로 보지 않고, 결과를 따져보기도 전에 필요한 행동부터 취하는 것을 최악으로 보기 때문입니다. (투퀴디데스, 2011)

이는 국가의 자기실현에서 공적영역을 설명하고 있다. 민주주의의 특징은 대중 전체가 정치인이라는 사실이다. 정치가 제대로 이루어지지 않을 때 다른 모든 것이 모두 다 어긋나기 마련이다. 따라서 대의민주주의처럼 주권을 양도하고 소수에게 모든 것을 맡긴다는 것은 책임지지 않고 권한만 행사하는 야비하고 뻔뻔한 독재자나 귀족을 만들뿐이다.

아테네는 모든 국민이 직접 정치인이 되고 모두가 직접 공무원이 되어 정치를 운영한다. 따라서 정치에 신경쓰지 않고 자신의 일에만 신경쓰는 사람은 결국 아무 것도 하지 않는 무용지물이 되는 것이다.

아테네인들이 정책을 결정할 때 그 결정은 대중 스스로 내린다. 또한 그 결정을 내리기 전에 충분한 논의와 토의를 거친다.

물론 정책뿐 아니라 입법과 사법의 모든 문제를 대중 스스로 충분한 논의와 토의를 거쳐 대중이 스스로 결정한다.

오늘날 하버마스나 롤스의 토의민주주의나 심의민주주의와 아테네의 민주주의는 전혀 다른 것이다. 하버마스나 롤스의 심의민주주의는 대중이 정책을 결정하는 권한이 없다.

그러나 아테테의 민주주의는 말과 행동 사이에 아무런 모순이 없다. 즉 그들은 발언권이 있는 만큼 행동할 권리 즉 입법과 사법과 행정의 모든 사안을 직접 결정할 권리도 있는 것이다.

> 우리와 다른 백성 사이에는 또 다른 차이점이 있습니다. 우리는 모험심이 강하면서도 사전에 심사숙고할 능력이 있는 데 반해, 다른 백성은 무지하기에 용감하고, 그들에게 숙고한다는 것은 주저하는 것입니다.
> 그렇지만 인생에서 두려운 것과 즐거운 것의 의미를 명확히 알기에 어떤 위험도 피하지 않는 사람이야말로 진실로 정신력이 가장 강한 사람이라고 보아야 할 것입니다. (투퀴디데스, 2011)

대중 스스로가 공적영역이 되어 행동하는 강력한 지도력을 보여준다.

> 간단히 말해 우리 도시 전체가 헬라스의 학교입니다. 그리고 우리 시민 개개인은 인생 의 다양한 분야에서 유희하듯 우아하게 자신만의 특질을 개발할 능력이 있다고 생각됩니다. (투퀴디데스, 2011)

아테네가 그리스 전체의 공적영역이 되어 지도력을 실현하는 중심이라는 자부심이 가득한 주장을 하고 있다.

이분들 가운데 어느 누구도 모아놓은 재산을 더 오래 즐기고 싶어 겁쟁이가 되지 않았으며, 어느 누구도 살다 보면 언젠가는 가난에서 벗어나 부자가 되겠지 하는 희망에서 위험 앞에 몸을 사리지 않았습니다.(투퀴디데스, 2011)

공적영역이 만드는 자부심과 용기에 대해 설명하고 있다. 군인으로서 국가의 공적영역에 참여하는 일은 사적영역의 이해관계에서 벗어나 자부심과 용기를 가질 때 가능하다.

(6) 민주국가의 자기성취 - 복지국가

그리고 도시가 크다보니 온 세상에서 온갖 상품이 모여들어, 우리에게는 외국 물건을 사용하는 것이 자국 물건을 사용하는 것만큼이나 자연스럽습니다. (투퀴디데스, 2011)

민주주의는 자유가 보장되므로 공업과 상업이 발전하여 물자가 풍부해진다. 그리고 복지가 저절로 이루어진다.

(7) 민주국가의 자기완성 - 평등국가

우리는 선행의 개념에서도 대부분의 다른 백성과 현저하게 다릅니다. 우리는 남의 호의를 받아들임으로써가 아니라 남에게 호의를 베풂으로써 친구를 만들기 때문입니다. 그렇지만 둘 중 호의를 베푼 쪽이 더 신뢰받게 마련입니다. 그는 계속 호의를 베풀어 받은 쪽이 고마워하는 마음을 간직하기를 원하지 만, 받은 쪽이 호의를 되갚아도 자발적으로 베푸는 것이 아니라 빚을 갚는다는 생각 때문에 베푼 쪽만큼 열의를 보이지 않기 때문입니다.

남을 돕는 방법도 특이한데, 우리는 손익을 따져보고 남을 도와주는 것이 아니라 우리의 자유를 믿고 아무 두려움 없이 도와줍니다. 간단히 말해 우리 도시 전체가 헬라스의 학교입니다. (투퀴디데스, 2011)

인간이 자신을 완성하는 때는 자신의 삶이 다른 사람의 삶에 유익하게 될 때이다. 국가의 민주주의가 완성하는 때도 국민 각자의 삶이 국민 모두의 삶에 유익하게 될 때이다.

"우리는 남의 호의를 받아들임으로써가 아니라 남에게 호의를 베풂으로써 친구를 만들기 때문입니다."는 말이 그것이다. 또한 "우리는 손익을 따져보고 남을 도와주는 것이 아니라 우리의 자유를 믿고 아무 두려움 없이 도와줍니다."

우리가 살고 있는 자본주의 국가에서는 상상도 할 수 없는 삶의 방식이 아테네 민주주의에서는 당연하게 일어나고 있는 것이다.

오로지 민주주의만이 인간과 인간간의 유대관계를 파괴하는 자본주의의 적나라한 이기심과 무정한 현금계산을 완전히 인간중심적인 국가로 바꾸어 놓는 것이다.

즉 민주주의 국가의 완성은 그 국민이 서로에게 대가를 바라지 않고 남에게 호의를 베풀고 기꺼이 도와주는 국민이 될 때이다. 평등국가는 이렇게 대중이 자기완성을 이루기 위해 개개인이 누구의 강요 없이 스스로 자기 것을 베풀 때 이루어진다.

페리클레스는 아테네가 바로 이 같은 민주주의의 자기완성을 이루고 있다고 자신 있게 말하고 있는 것이다. 바로 이러한 상태를 우리의 조상들은 홍익인간이라고 부른 것이다.

이제 우리는 페리클레스의 연설이 우리가 이미 알아본 그리스의 3가지의 자료가 설명하는 생명의 과정과 일치하고 있음을 확인했다.

사실상 페리클레스의 연설은 생명의 과정을 설명하는 민주주의의 기본법칙과 7가지 민주주의의 법칙을 정확하고 세밀하게 설명하고 있었다.

고대 아테네의 플랫폼 생태공동체 삼단노선三段櫓船

"아테네 민주주의는 해군에 복무하고 살라미스 해전에서 승리를 거둔 민중들에 의해 강화되었다. 그렇게 말할 수 있는 것은 당시 아테네의 지도력이 해군력에 의존하고 있었기 때문이다"(존 R .헤일, 2011).

아테네는 유럽대륙과 아시아와 아프리카라는 3개 대륙을 연결하는 바다의 요충지 중심에 자리 잡고 있다. 아테네는 처음부터 해양세력으로 이름나 있었다.

> 아테네인들은 바다에 미친 사람들, 아니 허세가 심한 한 스파르타인의 거친 표현을 빌리면 '바다와 사통한' 인간들이었다. 아테네는 바다를 지속적으로 지배하는 것에 도시의 명운을 걸었다. 그리스 역사가들은 그 힘을 제해권 thalassokratia이라 불렀다.(존 R .헤일, 2011)

아테네는 테미스토클레스의 탁월한 식견으로 해군을 양성하여 살라미스 해전에서 페르시아 해군을 격파한 이래 제해권을 150년 넘게 가지고 있었고 그 기간 동안 아테네 민주주의는 절정에 달했다.

인구 20만 명을 보유한 그 도시국가는 150년 넘게 세계 최강의 해군을 보유하고 있었다. 아테네는 부침을 겪는 가운데서도, 정확히 158년하고도 하루 동안 제해권을 행사했다. 아테네의 지략으로 그리스 함대가 크세르크세스의 페르시아 함대를 격파한 기원전 480년 보에드로미온 달(대략 지금의 9월에 해당하는 달) 19일 살라미스 섬에서 시작되어, 알렉산드로스의 후계자들이 보낸 마케도니아 수비대가 해군기지를 점령하기 위해 들이닥친 기원전 322년 보에드로미옹 달 20일, 살라미스 섬이 바라다 보이는 피레우스에서 끝을 맺었다. 아테네는 이 두 기간 사이에 황금기를 구가했다.(존 R.헤일, 2011)

아테네 민주주의의 번영은 곧 아테네 해군이 제해권을 가졌던 시기와 일치한다. 아테네가 살라미스 해전에서 승리한 바로 그때부터 서양문명의 바탕이 되는 철학, 건축, 극작, 정치학, 역사 서술 등이 모두 이루어졌다. 그 이전에는 그리스 문화의 전통은 수립되어 있지 않았던 것이다.

아테네 해군이 없었다면 파르테논 선전 , 소포클레스와 에우리피데스의 비극, …도 존재하지 못했을 것이다.(존 R.헤일, 2011)

그리고 민주주의 아테네가 서양문명의 바탕이 되어준 해군의 중심은 다름 아닌 삼단노선三段櫓船이었다.

아테네의 황금기는 곧 삼단노선의 황금기였다. 아테네인들은 제해권을 확보하기 위해 삼단노선에 병력을 태워 페르시아, 페니키아, 스파르타, 마케도니아와 같은 수많은 경쟁국들은 물론, 해적 선단과도 싸움을 벌였다.(존 R.헤일, 2011)

아테네는 유럽과 아시아와 아프리카를 연결하는 바다의 요충지에서 여러 경쟁국가 들과 삼단노선으로 싸워 이김으로서 제국을 이루어 이 바다의 요충지의 이점을 100% 발휘한 것이다.

그 삼단노선의 선원들은 자유 시민으로 아테네 민주주의의 중심인 민회에서 해전을 앞두고 선발하고 또한 고정급여를 지급했다.

이처럼 아테네 해군의 삼단노선은 아테네 민주주의를 움직이는 중심에 서 있었다. 이는 마치 오늘날 스마트 폰의 생태공동체 원리나 허브공항, 허브항의 허브와 스포크 Hub & spoke 전략이 사라진 민주주의를 다시 살려내고 있는 것과 비슷한 양상을 보이고 있다.

삼단노선이 어떻게 스마트 폰의 생태공동체 원리나 허브공항, 허브항의 허브와 스포크 전략과 하나가 되는지는 민주주의의 핵심원리를 실험을 통해 증명한 다음 그 원리를 바탕으로 함께 동일한 수식과 도형과 철학이론으로 설명하는 것이 좋을 것 같다.

아직 이 이론체계가 설명되지 않은 상태에서 삼단노선의 원리를 설명하기에는 다소 이른 것 같다. 따라서 제3장에서 이 내용은 다시 자세하게 다루기로하자.

4. 인디언 민주주의와 한민주주의 과정론

인디언 민주주의는 다음과 같은 여섯 가지 의미에서 중요하다. 첫째 인디언 민주주의는 알려진 것 중 가장 완벽한 민주주의다. 무엇보다도 여성의 권리가 완벽하게 보장되었다. 그리고 노예제도도 없었다.

둘째 인디언 민주주의는 아테네민주주의와는 다른 방식으로 운영되었다. 추첨이 아니라 선거로 지도자를 뽑았고 왕도 있었다. 그러나 아테네민주주의

만큼 탁월한 민주주의로 운영되었다.

셋째 인디언 민주주의의 연방국가聯邦國家는 우리민족의 고대국가가 연방국가와 하나로 연결되면서 우리민족 고대국가의 정치제도가 민주주의였다는 사실을 결정적으로 밝혀준다. 또한 아테네 제국이 일종의 연방국가였다는 점에서 세 가지 민주주의가 모두 연방국가라는 정체를 가졌음을 말해준다.

넷째 인디언민주주의가 우리의 고대경전 천부경과 삼일신고와 366사에 내장된 생명의 과정원리를 설명할 뿐 아니라 왜 민주주의 국가에서 이와 같은 경전이 필요한가의 존재이유까지 설명해준다.

다섯째 인디언민주주의는 우리민족과 인디언이 원래 하나의 공동체에서 출발했다는 사실을 설명한다.

여섯째 인디언민주주의는 아테네민주주의와 우리민족의 한민주주의와 하나로 연결됨으로서 세계사에서 사라졌던 사람 사는 세상을 사람답게 살아보자는 정치제도인 민주주의를 다시 복원하는 일에 없어서는 안 될 결정적인 자료가 되어준다.

일곱째 인디언민주주의를 설명하는 여섯 가지 사실을 추적하는 과정에서 해양과학의 도움을 받아 전혀 새로운 사실을 알게 되었다. 그것은 저 서해바다 밑에 존재했던 민주주의의 고향 민주평원minjuland 이다.

뉴잉글랜드 해안의 새벽 땅과 조선, 신라

"매사추세츠 어로는 뉴잉글랜드 지방의 해안을 '새벽 땅'이라고 불렀다. 말 그대로 해가 뜨는 장소라는 뜻이었다. 그리고 새벽 땅의 주민들은 '첫 빛의 사람들'이었다"(찰스 만, 2005).

아메리카 인디언들은 작은 부락들이 부족공동체를 이루고 그것들은 다시 국가규모의 연맹 또는 연방을 이루고 있었다. 이들은 작은 부락에서부터 국가들의 연방에 이르기까지 자유와 평등을 바탕으로 결속되어 있었다.

여기서 놀라운 것은 3개 부족의 연방이 자리 잡은 뉴잉글랜드 지방의 해안을 '새벽 땅'이라고 불렀다는 것이다. 그리고 그 새벽 땅의 주민들은 '첫 빛의 사람들'이었다는 점이다.

이 새벽 땅이라는 개념은 우리민족의 국가개념과 그대로 일치하는 것이다. 즉 조선朝鮮은 아침 해가 떠오르는 땅을 상징한다. 신라는 조선과 같은 말이다. 즉 새新 벌羅로서 이는 새벌, 서라벌이며 나아가 새밝이라는 우리말이다. 이는 새벽과 같은 말로서 아침 해가 떠오르는 땅을 말한다. 우리민족이 세운 나라는 모두 아침에 떠오르는 태양의 땅을 상징한다. 그런데 그와 동일한 개념의 '아침 땅'의 국가가 아메리카 대륙에 존재했다는 사실이 밝혀진 것이다.

"워버너키는 '여명의 사람들' 혹은 '여명의 자녀들'이라는 뜻이다. '여명의 사람들'은 아메리카 대륙의 가장 동쪽에 살고 있는데, 옛날 그들의 선조는 매일 해를 맞이하는 의식을 거행하였다" (에반 티 프리처드, 2004).

그리고 인디언의 국가는 여러 부락이 모인 부족공동체들이 연합한 연맹내지는 연방의 형태를 하고 있었다. 그리고 그 부락과 부족공동체와 연방은 모두 자유와 평등을 기반으로 하는 민주주의 정치체제를 가지고 있었다는 사실이 밝혀진 것이다.

우리의 고대국가인 마한과 변한과 진한 모두 여러 나라들이 하나로 연결된 연방국가라는 점에서 그 이전의 단군조선과 배달국과 한국을 미루어 짐작할 수 있다.

우리의 고대국가의 형태가 우리에게서는 사라졌지만 우리의 고대국가의 그 모습을 인디언들은 고스란히 간직한 상태에서 유럽인들과 만난 것이다. 그리고 얼마안가 그 인디언 연방은 유럽인이 가져다 준 세균에 의해 거의 몰살당하다시피하며 사라져갔다.

그러나 우리는 그들 유럽인들이 남긴 생생한 자료들에서 우리의 고대국가의 모습을 알 수 있다. 그리고 최근 과학적 방법에 의해 그들이 남긴 문명이 우리가 알던 유목 채집하던 수준이 아니라 유라시아문명 못지않은 많은 인구가 살고 있었고 발달한 농경문명과 대륙 전체를 이어주는 상업이 존재했다는 사실을 확인할 수 있다.

농경시대에 접어들어 씨족은 부족과 종족을 이루었지만 여전히 씨족 중심의 민주적이었다. 모건은 『고대사회』를 통해 이 사실을 설명했다.

> 정치적인 사회가 수립되기 이전에 씨족제도가 실시되고 있던 곳이면 어디에서든지 우리는 씨족사회에 있어서의 인민 또는 민족을 찾아볼 수 있지마는 그 이상은 찾아볼 수 없다. 국가는 존재하지 않았다. 씨족·부족 및 종족을 조직하고 있는 원칙이 민주적이기 때문에 그들의 조직은 본질적으로 민주적이었다. (루이스 헨리 모건, 2000)

모건은 특히 아메리카 인디언이 철저하게 민주적이었음을 보고하고 있다. "이러쿼이족은 미개시대의 하급상태이었고. 이 상태에 속하는 생활기술에 있어서 상당한 진보를 하고 있었다. 그들은 5인, 10인이나 20인도 들어가 살 수 있는 긴 공동가옥을 지었고, 각 가족은 생활을 함에 있어서 공산주의 (共産主義)를 수행하였다"(루이스 헨리 모건, 2000).

인디언이 5인, 10인이나 20인이 들어가는 긴 공동가옥을 지어 공산주의를 수행했음은 인류가 수렵채집시절에 수행했던 공산주의와 마찬가지이다.

인디언은 이처럼 공동체의 최소단위인 씨족들의 공동가옥들이 또한 자유롭고 평등하게 통합하여 혈족단체와 부족과 그 부족들이 모인 연맹으로 발전하고 최종적으로는 연방국가를 만들어 운영했다.

아메리카 토인의 통치양식은 씨족과 함께 시작되었고 연합과 함께 끝났으며, 후자는 그 통치제도가 달성한 최고 정점이다. 그것은 조직적인 연속으로서 첫째로 씨족 즉 공통의 성을 가진 혈족단체, 둘째로 부족 즉 일정한 공동 목적을 위하여 한층 고도의 연합체로 결속되고 상호 관계되는 씨족의 집합체, 세째로 종족 즉 보통 부족으로 조직 되고 그 구성원이 모두 동일한 사투리를 사용하는 씨족의 집합체, 네째로 구성원이 각각 동일계통의 언어의 사투리를 사용하는 종족의 연합체를 발생시켰다.(루이스 헨리 모건, 2000)

인디언은 씨족에서 시작하여 부족 그리고 종족의 연합체 즉 연방국가를 만들었다는 보고이다. 우리민족의 고대국가에 존재했던 연방국가의 기본적인 구조가 바로 이와 같은 방식이었을 것으로 보인다.

(1) 인디언은 누구인가?

인디언이 아시아의 동북쪽에서 온 것은 사실이지만 정확하게 어디에서 왔는지는 유전학자들 사이에 의견이 분분하다. "인디언들이 몽고 지방에서 왔는지 시베리아 남부의 바이칼 호수 주변 지역에서 왔는지, 아니면 아시아의 동쪽 해안, 심지어는 일본에서 왔는지를 놓고 유전학자들마다 의견이 서로 달랐다" (찰스 만, 2005).

몽고와 시베리아 남부 지역 또는 아시아의 동쪽 해안은 모두 우리의 고대국가들과 연관이 있다. 그리고 최근에는 동북아에서 배를 타고 왔다는 주장도 있다.

이 문제는 빙하시대에 한중일 삼국과 대만과 오끼나와를 연결하는 바다가 살기 좋은 기후와 토지가 존재했던 육지였다는 사실에서 출발할 필요가 있다.

만일 기마민족인 부여와 고구려, 백제, 신라, 가야 등의 나라에서 건너갔다면 반드시 철기와 말과 수레를 가지고 건너갔을 것이다. 이들 국가가 일본에 건너갈 때 철기와 말을 가지고 건너간 것이 그 예이다.

그러나 아메리카 대륙에는 철기와 말과 수레가 유럽인이 오기 전에는 전혀 없었다. 따라서 아무리 빨라도 이들 고조선 이전 신석기 시대에 아메리카 대륙으로 건너간 것으로 보아야 하는 것이다.

우리는 신석기시대를 살던 한국과 배달국에서 천부경과 삼일신고와 366사에 담긴 한철학과 한사상이라는 놀라운 정신문명을 전해 받았다는 사실을 잊으면 안 될 것이다.

신석기인이 미개하다는 것은 서양식 진화론적 미신에 의한 것에 불과하다. 우리는 진화론이 아니라 진화론을 뛰어넘어 과정론을 말하고 있는 것이다.

(2) 인디언은 언제 어떻게 아메리카 대륙으로 왔는가?

인디언이 아메리카대륙으로 건너온 시기는 그동안 빙하기설이 주류였지만 이제는 과학의 발달로 새로운 증거가 계속 나타나 새로운 학설들과 경쟁하고 있다.

그러나 이 빙하기설이 여전히 힘을 가지는 이유는 아메리카 인디언이 유럽인들이 오기 전 까지는 사실상 석기시대를 살았기 때문이다. 잉카와 마야 문명도 철기와 수레와 말을 사용하지 않았다. 그들이 동북아와 단절된 시기가 바로 빙하기설과 상당히 일치한다.

과학자들은 고인디언들이 최소한 12,800년 전에 칠레의 몬테 베르데에 살았다고 결론지었다. 또한 그들은 32,000년보다 훨씬 이전에 그곳에 인간이 거주했음을 나타내는 흔적을 찾았다. 만일 몬테 베르데에 최소 12,800년 전부터 인디언들이 살았다면, 그들은 그보다 수천 년 전에 아메리카 대륙에 발을 들여 놓았어야 한다.

인디언의 이주에는 여러 가지 설들이 있다. ①빙하기설 ② 클로비스 창촉의 방사선 탄소측정 연대 - 13,500년 에서 12,900년 전 ③ 언어유전학 ④ 치아를 대상으로 한 연구 ⑤ 몬테 베르테 유적⑥ 선박을 통한 해양이동설 등이 있지만 아직 어느 것이 정설이라고 확정되지는 못했다.

그러나 해양과학은 마지막 빙하기에 한중일 삼국과 오끼나와와 대만까지가 육지였음을 보여주고 있다. 그리고 그 당시 유라시아대륙과 아메리카 대륙을 연결하는 베링해협도 육지였다.

따라서 이 평원을 통해 한반도의 동해안을 따라 연해주와 캄차카 반도 앞에 드러난 육지를 통해 베링해협을 통과해 아메리카 대륙으로 건너갈 수 있었을 것이다. 더 자세한 내용은 다음 절에서 다시 알아보기로 하자.

인디언 민주주의 호데노소니 연방과 한민주주의

인류가 수렵채집을 하던 시절에는 소규모의 씨족이 민주적인 자유와 평등을 누리는 강력한 공동체를 운영함으로써 같은 유인원들과 차별화하며 자연계를 정복할 수 있었다.

농경시대에 접어들어 씨족은 부족과 종족을 이루었지만 여전히 씨족 중심의 민주적이었다. 모건은『고대사회』를 통해 이 사실을 설명했다.

정치적인 사회가 수립되기 이전에 씨족제도가 실시되고 있던 곳이면 어디에서든지 우리는 씨족사회에 있어서의 인민 또는 민족을 찾아볼 수 있지마는 그 이상은 찾아볼 수 없다. 국가는 존재하지 않았다. 씨족·부족 및 종족을 조직 하고 있는 원칙이 민주적이기 때문에 그들의 조직은 본질적으로 민

주적 이었다. (루이스 헨리 모건, 2000)

(1) 호데노소니 연방

찰스 만은 『인디언』에서 인디언의 호데노소니 연방국가가 미국 문화의 원천이라고 소개한다.

> 세네카 족, 카유가 족, 오논다가 족, 오네이다 족, 모호크 족, 그리고 1720년 이후에는 투스카로라 족 인디언들의 느슨한 군사 동맹체인 호데노쇼니 인디언 연맹국은 콜럼버스 이전 4세기와 이후 2세기 동안 최대의 국가였다. (찰스 만, 2005)

미국이 연방국가를 만든 것은 순전히 인디언 민주주의 국가인 호데노소니 연방에서 영향을 받았다는 것은 분명해 보인다. 사실 미국이 채택한 연방국가는 플라톤 이후 이원론과 과두주의 이론으로는 설명하기가 불가능한 것이다.

미국이 헌법을 만드는데 13개 주를 어떻게 하나로 묶는가에 대해 연방국가로 만들라고 말한 사람은 인디언의 민주국가 호데노소니 연방의 지도자 카나사테고(Canassatego)였다.

"1744년 7월, 펜실베이니아에서 인디언과 영국인이 만난 자리에서 호데노소니의 민족장인 카나사테고는 자신들이 각각 독자적인 정책을 갖는 13개의 주 행정기관과 교섭하는 것이 불편하므로 인디언들처럼 하나의 연방을 만들면 편하게 된다고 권하며 다음과 같이 말했다." (박홍규, 2009)

우리의 현명한 선조들은 다섯 민족 사이에 단결과 우호를 수립했다.

그것이 그들을 강력하게 만들고 이웃 여러 민족에 무게와 권위를 부여했다. 우리는 강력한 연방이다. 그래서 여러분이 현명한 선조와 같은 방식에 따른다면 마찬가지로 강력한 힘을 얻을 수 있으리라. 그리하여 여러분에게 설령 무엇이 내려져도 서로에게 화를 초래하는 일은 결코 없다.(박홍규, 2009)

박홍규는 "이것이 영국인에게 프랑스 식민주의와 영국의 압제에 대항하고 마침내 연방헌법의 연방주의를 형성했으나, 당시 아메리카 백인 지도자들의 대부분은 연방제라는 공화주의 원리는 물론 영국의 관습법이나 애국심에 대해서도 잘 몰랐다."(박홍규, 2009)고 한다.

호데노소니 연방은 데가나위다라는 평화중재자가 5개의 부족인 세네카 족, 카유가 족, 오네이다 족, 모호크 족, 오논다가 족을 설득해 호데노쇼니 연맹의 헌법인 '위대한 평화의 법'으로 하나로 묶어 연방국가를 만든 것이다. 이들은 5개 부족을 대표하는 50명의 추장으로 이루어졌다. 각 나라의 추장 숫자는 달랐지만 어차피 모든 결정이 만장일치가 되어야 했기 때문에 이는 별로 중요하지 않았다. 5개 부족은 만장일치를 사회적 이상으로 여겼다. (찰스 만,2005)

호데노소니 연방의 5개 부족을 이루는 씨족들은 여성씨족장에 의해 다스려졌다. 이 연방에서 여성씨족장의 의견을 무시한다면 아무것도 이루어질 수 없음을 말하는 것이다. 이는 곧 페미니스트들의 이상향이 바로 인디언 민주주의였음을 말하는 것이다.(찰스 만,2005)

호데노쇼니 연맹 또는 연방을 성립시킨 평화 중재자 "데가나위다"라는 영웅적인 인물이 의미하는 바는 매우 크다. 이를 정리하면 다음과 같다.

① 데가나위다는 이 여러 나라의 연방국가의 지도자이지만 그 자신은 평화의 중재자이며 조화를 이룰 뿐 사실상 권력은 없다. 이 권력없는 지도자, 정

부야말로 한민주주의의 핵심이론이다.

② 데가나위다와 그의 후계자들은 호데노쇼니 연맹 또는 연방국가를 만들었고 이 연방은 모든 연방 구성국가와 그 주민들에게 크나큰 이익과 자부심을 준다. 그럼에도 이 연방국가는 그 국가를 만든 데가나위다와 그의 후계자들에게 물질적으로 아무런 이익을 주지 못했다. 그들은 단지 훌륭한 일을 했다는 명예를 자기 자신에게 주었을 뿐이다.

③ 데가나위다가 만든 연방정부는 모든 연방구성국가의 대중 그 자체이다. 이 연방정부는 데가나위다가 만들고 그와 그 후계자들이 이끌지만 사실상 그나 그의 후계자가 아니라 호데노쇼니 연방의 국민들이 이끌고 있는 것이다. 즉 호데노쇼니 연방의 국민들이 스스로 다스리고 다스림을 받는 것이다. 그 지도자 데가나위다는 이 같은 자치가 이루어질 수 있도록 조화와 균형을 만드는 역할을 할 뿐이다.

④ 이와 같이 지도자가 존재하지만 존재하지 않는 것과 다름이 없되 이 같은 훌륭한 지도자가 없으면 또한 안 되는 것이 바로 민주주의 국가이다. 이와 같은 민주주의 국가를 가능하게 하는 이론체계가 민주주의의 기본법칙과 7가지 민주주의의 법칙이다.

⑤ 데가나위다는 과두주의나 독재주의의 지도자와 같은 정치적 권력을 전혀 요구하지 않는다. 또한 유신론의 종교적 지도자와 같은 절대적 권력도 요구하지 않는다. 물론 데가나위다는 정치지도자이면서 종교지도자이기도 하다. 그러나 그 정치와 종교는 이원론과 유신론이 아닌 생명의 과정론에 의한 정치와 종교의 지도자일 뿐이다.

⑥ 이 책은 생명의 과정론이 우리의 경전들에 공통적으로 내장된 이론체계임을 설명했다. 우리의 고대국가들의 지도자들이 국가를 일으키는 원리와 데가나위다가 호데노쇼니 연방을 일으키는 원리는 놀라울 정도로 일치한다. 이는 우리민족과 아메리카 인디언이 국가를 세우는 원리가 하나라는 사실을

말해주는 것이다.

⑦ 아테네의 민주주의에서도 아테네의 창업자 테세우스 그리고 로마의 누마 아테네의 솔론과 페리클레스를 비롯한 여러 지도자들이 바로 이와같은 지도자의 역할을 했다.

박홍규는 이렇게 말한다.

> 우리는 미국 헌법이 영국과 프랑스를 중심으로 한 유럽 계몽주의에 바탕을 둔 시민민주주의 이론의 맥락을 잇는 것이라고 배웠지만, 이는 서양 중심의 견해에 불과한 것이고, 사실 당시 미국 헌법의 연방제를 비롯한 그 여러 민주적 원리는 인디언의 헌법에서 나온 것이었다. 왜냐하면 그런 연방제나 민주주의를 하는 나라가 인디언 외에 없었기 때문이다. (박홍규,2009)

이제 미국의 연방제가 인디언의 연방국가의 원리에서 나온 것임이 분명해졌다. 하지만 미국은 인디언의 민주주의의 극히 일부분만을 배운 것에 불과하다. 미국의 민주주의는 과두주의의 전형적인 예로서 인디언의 민주주의와 비슷하지도 않았다.

그리고 미국의 초창기에는 인디언 공동체와 백인공동체가 분리되어 있지 않고 대단히 친밀했다.

> 사실 어떤 역사학자들과 인디언 운동가들은 '위대한 평화의 법'이 미국 헌법에 직접적인 영향을 주었다고 주장하기도 한 헌법을 만든 사람들은 초창기 대부분의 미국 지식인들처럼 자유에 대한 인디언의 이상에 크게 심취해 있었기 때문이다. 식민지화가 진행된 초기 2세 기 동안, 원주민들과 유럽 인 이주자들 간의 경계는 느슨하여 거의 없는 것과 마찬가지였다. 두 사회는 지금으로선 상상하기 힘든 방식으로 섞여 있었다. (찰스 만, 2005)

밴자민 프랭클린을 비롯해 많은 사람들이 주목한 것처럼, 호데노소니 연맹뿐 아니라 북동부 지역의 모든 인디언들에게는 유럽에서는 전무하던 개인적 자치가 있었다. "벤저민 프랭클린 역시 토착인디언들의 삶과 친숙했고, 1744년 외교관으로서 5개 부족 연맹과 협상을 하기도 했다"(찰스 만, 2005).

수직적 계급구조인 과두주의를 지탱하는 가장 큰 원리는 가부장제도이다. 인디언 민주주의는 이 부분을 완벽하게 극복했다. 남성은 씨족장이 될 수 없었고 여성은 전쟁사령관이 될 수 없었다. 이것이야말로 남녀가 중용을 통해 권력의 균형을 이룬 대표적인 예이다.

"인디언 사회에서는 남녀가 완전히 동등한 대우를 받지는 않았다. 양성은 서로 별개의 사회적 영역을 이루었고, 어떤 하나가 다른 하나에 종속되지 않았을 뿐이다. 여자는 전쟁 사령관이 될 수 없었고, 남자는 씨족장이 될 수 없었다. 호데노소니 연맹은 정부의 권력을 제한하고 개인의 자유를 강조하는 길고 오래된 전통을 가지고 있었음을 알 수 있다" (찰스 만, 2005).

인디언 민주주의는 너무나 강력한 수평적 평등구조에서 자유를 누리고 있어 유럽인들의 수직적 계급구조와 같은 지배구조를 용납하지 않았다.

> 1749년 캐드월레이더 콜든은 호데노소니 연맹 사람들은 "너무나 절대적인 자유의 개념을 가지고 있어서, 누구에게 어떤 종류의 우월성도 허용하지 않았고, 그들의 터전에서 어떤 형태의 노예제든 인정하지 않았다."고 썼다. 콜든은 모효크 족 출신으로 백인 가정에 입양되어 나중에 뉴욕 부주지사가 되었다.(찰스 만, 2005)

인디언 공동체가 어떤 형태의 노예제든 인정하지 않다는 콜든의 말은 인디언 민주주의가 얼마나 탁월한 것인지를 보여준다.

인디언 민주주의와 한민주주의의 생명의 과정 비교

이제 인디언 민주주의가 우리민족의 고유한 경전 천부경과 삼일신고와 366사에 공통적으로 내장된 수식과 도형과 철학원리를 정리한 민주주의의 기본법칙과 7가지 민주주의의 법칙과 부합하는지를 살펴보자.

이 양자가 부합된다면 인디언 민주주의와 우리의 한민주주의는 동일한 것이라고 말할 수 있다.

⑴ 인디언민주주의와 우리는 100% 그리고 45도의 혁명

인디언민주주의가 아테네민주주의처럼 추첨방식이 아니라 선출방식을 택했음에도 민주주의가 될 수 있었던 이유 중 가장 큰 것은 '우리는 100%'와 '45도의 혁명'이라는 민주주의의 기본법칙에 충실했기 때문이다. 민주주의의 기본법칙이 존재하는 한 1인이 권력을 독점하는 전제주의나 소수가 권력을 독점하는 과두주의가 만들어질 수 없다. 따라서 인디언들은 유럽인들을 노예에 불과하다고 단정짓는 것이다.

> "인디언들은 우리 유럽인들을 노예에 불과하며, 비참한 영혼이고, 무언가를 소유하거나 의견을 말할 가치도 없는 인생이라고 한다. 그들은 우리가 모든 권력을 가진 왕에게 복종하면서 우리 자신의 가치를 떨어뜨린다고 말한다.(찰스 만, 2005)

모든 인간이 모두 각자의 주인이라는 명제는 민주주의의 필수불가결의 조건이다. 이를 위해 공동체의 누구도 배제해서는 안 된다. 모두가 빠짐없이 '우리는 100%'를 만드는 주인이기 때문이다.

또한 서로 간의 차별이나 우월성이 없어야한다. 이를 만드는 혁명이 '45도의 혁명'이다.

인간이 인간을 귀하게 여긴다면 이 민주주의의 기본법칙에 따라 생각하고 행동하는 것은 기본적인 일이다. 인디언들은 이와 반대로 수직적 계층구조에 자신을 맡기고 스스로 노예가 되는 서양인들을 비웃은 것이다.

인류학자 캐서 린 브랙든은 인디언 공동체에 대해 이렇게 썼다.

> 각 공동체는 자신들의 영역 안에서 마치 수은처럼 하나로 합쳤다가 떨어지기를 반복하며 살았다. 이런 정착 생활은 그 어떤 고고학이나 인류학 자료책에서도 찾아볼 수 없는 방식 이었다.(찰스 만, 2005)

이 같은 수은공동체는 인류가 수렵채집시대부터 가지고 있었던 민주주의의 특성을 말해준다. 즉 고릴라 공동체는 공동체를 떠날 자유가 없다. 그러나 인간 공동체는 자유롭게 공동체를 떠날 수 있다.

이 같이 인류가 자유롭게 이합집산이 가능한 수은공동체를 유지했다는 말은 모든 인간 공동체가 치열한 자유경쟁을 벌였다는 것을 말한다. 즉 경쟁력을 잃은 공동체는 그 구성원이 떠남으로써 자연스럽게 소멸하고 경쟁력을 가진 공동체는 그 구성원이 모여듦으로서 자연스럽게 번창하는 것이다.

그렇다면 인간 공동체에서 무엇이 경쟁력인가? 그 경쟁력은 자유와 평등이 보장되는 상태에서 풍요롭고, 인간을 둘러싼 모든 사건이 최적화되어 태평을 누리는 것이다.

> 인디언들은 개인의 자유뿐 아니라 사회적 동등성도 똑같이 주장했다. 북동부 인디언들은 유럽인들이 그들 자신을 사회적 계급으로 나누고, 계급이 낮은 사람들이 높은 사람들에게 복종하도록 강요하는 것을 끔찍하게 여겼

다.(찰스 만, 2005)

사회적 계급을 나누고 낮은 사람이 높은 사람에게 복종하게 만드는 수직적 계급구조의 철학이 플라톤과 동중서의 이원론이며 그 정치철학이 과두주의와 군주전제주의이다.

인디언은 수평적 계층구조를 이루는 '우리는 100%'는 물론 '45도의 혁명'으로 한 민주주의의 기본법칙이 생활화되어있었다. 따라서 인디언은 서양인들이 스스로를 노예로 만드는 것을 이해할 수 없었다.

인디언 사상의 핵심은 기도나 연설의 마지막에 하는 "모든 것이 나의 친족"이라는 말이다. 우리에게 친족이란 혈연으로 맺어진 것이지만 인디언의 친족은 모든 생명과 자연을 말한다.

또한 우리의 고대사회에서 부족회의의 운영법칙인 화백和白은 만장일치로서 평등한 구조였다. 인디언 사회는 이 부분역시 우리의 원형을 갖추고 있었다.

> 사실상 추장들은 일을 결정할 때 부족 사람들의 동의와 허락을 얻어야 했다. 사람들이 등을 돌리고 다른 공동체로 가버릴 수도 있는 일이기 때문이었다. 같은 이유로 대추장들도 서열이 낮은 추장들을 잘 다뤄야 했다.(찰스 만, 2005)

민주주의가 이루어지기 위해서는 공동체간의 경쟁이 치열해야한다. 민주주의에 조금이라도 벗어난 공동체는 반드시 멸망할 수밖에 없도록 사회전체가 자유로운 이동이 가능해야한다.

이처럼 민주주의가 경쟁하는 공동체에서 공동체의 지도자가 부족사람에게 동의와 허락 없이 일을 결정하는 독재는 허용될 수 없는 것이다. 몽테뉴의

설명에 따르면

> 프랑스를 방문한 인디언들은 어떤 사람들은 온갖 음식으로 배를 채우는 한
> 편 또 다른 절반은 가난과 굶주림으로 야윈 채 그들의 문가에서 구걸하는
> 것을 보고는 매우 놀랐다. 또한 인디언들은 사람들 절반이 가난으로 고통받
> 고, 또한 그것을 묵인하는 것을 이상하게 여겼다. 그토록 불공평한 상황에
> 서도 그들이 잘사는 사람들의 목을 조르거나 집에 불을 지르지도 않는 것은
> 더욱 이상한 일이었다.(찰스 만, 2005)

인디언들은 사회가 계급화되어 계층간의 빈부격차가 심화된 상태를 이해
할 수 없는 것이다. 인디언들이라면 그런 사회는 진작에 구성원이 모두 떠나
멸망해야만 했기 때문이다.

인디언사회라면 몽테뉴의 말처럼 그토록 불공평한 상황에서도 그들이 잘
사는 사람들의 목을 조르거나 집에 불을 지르기 전에 이미 모든 부족과 씨족
들이 떠나 텅 빈 나라가 되었을 것이다.

인디언의 씨족은 그 구성원에게 주어졌던 다음과 같은 권리·특권 및 의무
에 의하여 개별화되었고, 그것은 씨족권 (氏族權 jus gentilicium) 을 이루었다.

1. 세습추장과 일반 추장을 뽑는 권리

2. 세습추장과 일반추장을 파면하는 권리

3. 씨족 안에서 혼인하지 아니 할 의무

4. 사망한 구성원의 재산을 상속하는 서로의 권리

5. 원조 ·방어 및 상해배상을 할 서로의 의무

6. 씨족의 구성원에 대한 호칭 부여권

7. 족외인(族外人)을 씨족의 양자로 삼는 권리

8. 공동의 종교적 의식, 심판

9. 공동의 산소

10. 씨족회의

이러한 기능과 속성은 씨족조직에 개성 및 활력을 불어넣었고, 또한 구성원의 개인적인 권리를 보호하였다. (루이스 헨리 모건, 2000)

씨족이 가지는 이 10가지 권리·특권 및 의무야말로 민주주의가 이루어질 수 있는 기초일 것이다.

(2) 인디언 민주주의와 균형과 통합 - 음양오행 -민주주의의 제1법칙

어느 공동체이든 그 내부적으로 생존의 영역과 공감의 영역은 서로치열하게 싸운다. 그러므로 이 양극단의 균형을 이루어 어느 한쪽이 다른 한쪽을 누르거나 지배할 수 없도록 해야 한다. 만일 생존의 영역이 공감의 영역을 지배한다면 그 공동체는 짐승의 공동체와 다를 것이 없다.

반대로 공감의 영역이 생존의 영역을 지배한다면 그 공동체는 현실감각을 잃어버리고 신이나 이념이 공동체를 지배하는 비능률적이고 기이한 공동체가 되고 만다.

따라서 이 양극단이 평등한 상태에서 서로 대립할 수 있도록 균형을 맞추는 일이 무엇보다 중요하다. 인디언 사회는 그것이 이루어져있다.

① 상생의 영역의 최적화 - 도덕

어떤 공동체이든 공감의 영역을 최적화할 수 없다면 그 공동체는 존속이 불가능하다. 그 공감의 영역을 파괴하는 가장 큰 도둑이요 강도는 거짓말이

다. 그런데 플라톤이 말했듯 전제주의와 과두주의는 바로 그 거짓말을 바탕으로 이루어진다는 점에서 전제주의와 과두주의는 공동체를 파괴하는 도둑이요 강도로 국가를 만드는 것이다.

전제주의와 과두주의는 플라톤이 '훌륭한 거짓말'이라고 말한 거짓말 중에서 가장 큰 거짓말로 이루어진 것이다. 민주주의는 무엇보다 이 거짓말을 용납하지 않는다. 민주주의가 이루어지는 공동체는 정직이 생명이며 거짓말은 가장 큰 죄악이 된다.

> 거짓말은 사람들을 서로 멀어지게 한다. 마음에서 우러나오는 말을 해야 한다는 생각은 모든 존재와의 관계부터 영적인 힘에 이르기까지 모든 것을 지배하는 원리로 늘 사람들의 머릿속에 있다. (에반 티 프리처드, 2004)

지난 3천년간 동서양을 지배한 철학의 원리인 이원론이 무서운 것은 바로 이 같은 거짓말로 인간과 인간과의 관계를 만드는 공감의 영역 더 정확하게는 도덕을 파괴한 점에 있다. 그리고 그 도덕을 파괴하는 도둑이요 강도의 논리를 도덕이라고 믿고 따르게 만들었다는 점에 있다.

인디언 공동체의 지도자들은 올바른 도덕을 그들 공동체의 구성원에게 끊임없이 설교해야한다.

> 말솜씨는 정치권력 의 조건이자 수단이다. 많은 부족들에서 추장은 매일, 새벽이든 석양이 질 때든, 교훈적인 말로 자신이 속한 집단의 사람들을 즐겁게 해야만 한다. 예를 들어 필라가족, 쉐렌테족, 투피 남바족의 추장들은 매일 부족민들에게 전통에 따를 것을 훈계한다. 이는 추장들의 설교의 주제가 "평화의 중재자"라는 추장의 역할과 밀접히 관련되어 있기 때문이다. "이러한 장광설은 보통 평화, 조화 그리고 정직 이라는, 부족 전원에게 장려할 수

있는 미덕을 주제로 삼는다. (피에르 클라스트르, 2005)

인디언 공동체에서 지도자는 공감의 영역을 책임진다. 이 공감의 영역은 말하기를 통해서 유지되는 것이다. 이는 곧 도덕의 영역이기도 하다.

> 북아메리카의 어떤 부족에 대해 "추장은 말하는 사람이라기보다는 말하는 자가 곧 추장이라고 할 수 있다"고까지 기록되어 있다. 이것은 남아메리카 대륙 전체에도 들어맞는 표현이다. 추장이 말하기를 거의 독점 한다는 사실에 대해 인디언 부족민들은 불만을 느끼지 않는다.(피에르 클라스트르, 2005)

인디언 연방국가는 그 지도자가 거짓말과 폭력으로 다스리는 것이 아니라 진실한 말로 다스린다는 것이다. 인디언은 그 진리를 지도자가 독점하여 말하는 것을 당연하게 여긴다. 그것은 일종의 의무이기 때문이다.

② 상극의 영역의 최적화 – 정의

인간은 누구도 몸을 가지고 살아가는 생존의 영역을 무시할 수 없다. 생존의 영역은 존중되어야 하되 약육강식의 야만이 일어나지 않도록 하기 위해서는 공정한 경쟁이 보장되도록 정의正義를 세워야한다.

국내에서나 국제간에서나 경쟁을 필수적인 것이다. 그러나 그 경쟁을 폭력에 의지하지 않고 정의를 따르는 것은 공동체가 만인에 의한 만인의 투쟁에 빠지지 않고 질서를 유지하는 핵심적인 법칙이다.

> 1450년 경 파차쿠티는 의형제를 맺은 카폭 유판키의 지휘하에 친차국으로 전투 부대를 파견했다. 수천 명의 전사들을 이끌고 계곡으로 행진해 들어간

카폭 유판키는 겁에 질린 친차 국 지도자에게 자신은 그에게 원하는 것이 아무것도 없음을 전했다. (찰스 만, 2005)

유럽인들의 경우 약한 국가에 군사력을 파견했다면 그 국가를 정복하고 노예로 삼는 것이 상식일 것이다. 그러나 인디언은 그렇지 않았다.

1550년대 잉카계곡의 역사에 대해 연구한 두 명의 스페인 수도사는 이렇게 기록했다.

"그는 다만 자신을 태양의 아들이라고 말했다. 그리고 자신들이 좋은 의도를 갖고 모든 이들을 위해 왔으며, 금은이나 여자를 원하는 것이 아니라고 선언했다." 그들은 무력으로 땅을 빼앗으려는 것이 전혀 아니었다. 사실 그 잉카 장군은 가져온 모든 것을 그들에게 주었다. 그리고 그 선물 더미 속에 친차 왕의 지도력을 묻어 버렸다. 잉카의 장군이 보답으로 요구한 것은 그저 작은 성의 표시로 잉카국 지휘부가 머물 수 있는 커다란 집 한 채와 청소와 요리, 그리고 필요한 것들을 만들 수 있는 일꾼들 정도였다.(찰스 만, 2005)

우리가 알고 있는 잉카제국과 실제의 잉카제국은 이처럼 다른 정치체제였다. 잉카제국이라는 이름은 서양식 사고의 틀을 억지로 부친 것이었다. 실제로는 다른 인디언 연방들과 마찬가지로 잉카연방이라고 부르는 것이 더 실제와 가까운 표현일 것이다.

다른 나라를 지배할 수 있는 폭력이 있음에도 그것을 사용하지 않고 정의를 사용할 때 그 국가는 수평적으로 하나가 되어 그 국가의 국력은 훨씬 더 커진다. 이것이 폭력과 정의의 차이이다.

잉카연방의 민주주의적인 정의는 뒤에 설명할 우리민족의 고대국가의 연방국가의 것과 훈족의 연방의 성격과 동일하다.

③ 균형으로 양극단의 통합 – 중용

인디언 공동체에서 그 지도자는 내부에서 일어나는 갈등을 조정하는 균형자이다.

> 추장은 그가 지니고 있지 않고 또 인정되지도 않을 힘을 사용하는 것이 아니라, 자기 자신의 위신과 공평함, 말솜씨를 가지고 싸움을 달래고 불평을 가라앉혀야 한다. 추장은 형을 언도하는 재판관이라기보다는 타협점을 찾는 중재자이다. 따라서 추장제에서 판결 기능을 거의 찾아볼 수 없다는 사실은 놀라운 일이 아니다. 싸우는 당사자들을 조정하는 데 실패했을 때, 추장은 분쟁이 복수극으로 전개되는 것을 막을 수 없다. 여기에서도 권력과 강제력의 분리를 찾아볼 수 있다. (피에르 클라스트르, 2005)

추장이 형을 언도하는 재판관이라기보다는 타협점을 찾는 중재자라는 개념은 바로 공동체 내부에 존재하는 양극단의 충돌을 균형으로 하나로 통합하는 기능을 가져야 함을 의미하는 것이다.

⑶ 인디언민주주의와 자율과 자치 – 자기실현 – 민주주의의 제2법칙

국가는 대중이 자율과 자치를 통한 자기실현으로 이루어진다. 이것은 대중 스스로가 스스로를 다스리고 대중 스스로가 스스로에게 다스림을 받는 상태이다.

인디언 공동체에서는 평화시의 권력과 군사적 권력이 존재한다. 그리고 공동체의 지도자는 세습이 가능하지만 그 자식이 지도력이 부족하다면 세습이 불가능하다는 것이다. 이러한 인디언민주주의의 세습에 관한 제도는 우리

가 이해하지 못했던 단군조선의 역대 단군들의 승계기록과 정확하게 맞물리면서 단군조선의 기록인 『단군세기』에 새로운 가치를 부여한다.

인디언의 민주주의는 우리민족의 민주주의를 이해하는 일에 결정적인 도움이 된다. 즉 단군조선을 이끌었던 47분의 단군님들이 단군왕검님의 자손으로 이어진 것이 아니라는 점은 나에게 큰 의문이었다. 그러나 이 문제에 대해 아무도 의문을 제기하는 학자가 없었다.

바로 이 부분을 인디언 민주주의가 명쾌하게 설명하고 있는 것이다. 그리고 바로 이점이 단군조선이 인디언 민주주의와 동일한 민주주의를 운영했다는 사실을 잘 설명하는 것이다. 그리고 이 점은 단군조선 이전의 국가인 배달국과 한국에도 동일하게 적용되었을 것이다.

이렇게 볼 때 인디언 민주주의는 곧 우리민족의 고대국가인 한국, 배달국, 단군조선의 망각 속으로 사라진 민주주의를 설명하는 중요한 자료라는 점을 알 수 있다.

① 지도자회의로 이루어지는 최고통치

인디언의 지도자 회의는 씨족에 자연적인 기초를 두고 있었다. 그리고 씨족이 그 추장에 의하여 대표되었던 것처럼 종족도 씨족의 추장으로 구성 된 회의에 의하여 대표되었다.

전원에게 알려서 소집 되어 민중이 둘러서서 쳐다보는 가운데 개최되고 그들의 대변가에게 공개된 추장회의는 민중의 영향 아래에서 행동하였음에 틀림없다. 형태상으로는 과두(寡頭) 정치적 이었지만, 이 통치는 민주적 대의제이었고, 대표자는 파면되는 일이 있기는 하였지만, 종신관(終身官)으로서 선출되었다. 각 씨족원의 동족관계 및 관직 에 관한 선거제는 민주주의의 싹

이고 기초였다. (루이스 헨리 모건, 2000)

이 기록은 민주주의가 오직 추첨에 의해서만 이루어지는 것으로 생각하는 것이 편협한 것임을 알게 한다. 민주주의가 투표에 의해 이루어지고 그것이 대표자에 의해 이루어져도 민주주의의 기초가 튼튼하다면 추첨과 다르지 않은 민주주의를 이룰 수 있음을 설명한다.

인디언민주주의에서 국가지도자는 전시에만 뽑아 전쟁이 끝나면 권력을 회수한다. 또 국가지도자가 존재하는 경우에도 그 국가지도자가 죽었을 때 아들에게 권력이 이양되는 것도 아니다. 그 아들이 능력이 부족하다면 남성들이 집회를 통해 전사들 가운데에서 지도자를 선출한다. 바로 이 점이 우리 민족의 고대국가인 단군조선에서 단군지위가 세습으로 확정하지 않고 선출로도 승계되는 것과 같다.

추장이 의사 결정을 할 때 재가를 받아야 하는 "회의"의 구성원 중 일부는 높은 공을 세운 전사들이었고, 추장이 죽었을 때 그 아들이 변변하지 못한 경우에는 남성들의 집회를 통해 이들 전사들 중에서 새로운 추장을 뽑는 것이 보통이었기 때문이다. (피에르 클라스트르, 2005)

인디언 공동체에서는 평화시의 권력과 군사적 권력이 존재하며 그 공동체의 지도자는 세습이 가능하지만 그 자식이 지도력이 부족하다면 세습이 불가능하다는 것은 바로 우리 고대국가인 단군조선의 기록인 『단군세기』에 그대로 나타난다.

인디언 민주주의는 곧 우리민족의 고대국가인 한국, 배달국, 단군조선의 민주주의를 설명하는 중요한 자료라는 점을 알 수 있다.

인디언 사회에서 군사 원정 동안 지도자는 전사 전원에 대해 상당한 권력,

때로는 절대적 권력을 행사한다. 그런데 평화가 찾아오면 전쟁 추장은 일체의 권력을 상실한다.

> 투피남바족 추장의 권위는 군사 행동을 할 때는 도전받지 않지만 평화시에는 원로회의에 의해 엄중히 통제되었다. 비슷하게 히바로의 여러 부족들은 전시이외에는 추장을 두지 않았다고 한다. 강제가 아닌 전원 합의에 근거하는 정상적인 권력은 기본적으로 평화로운 성격을 지니고 있었고 그 기능은 '평화로움을 유지하는 것"이었다. 즉 추장의 책무는 집단 내부의 평화와 조화를 유지하는 것이다. (피에르 클라스트르, 2005)

인디언 공동체는 전시지도자와 평화시지도자가 다르다. 지도자는 전시에는 권력이 주어지지만 평화시에는 전원합의에 의한 조화調和를 유지하는 것이다.

여기서 인디언 공동체의 지도자의 책무는 집단내부의 평화와 조화를 유지하는 것이라는 내용은 실로 중요하다. 이 권력은 수직적 계급구조의 권력이 아니라 수평적 평등구조에서만 발생하는 권력이기 때문이다. 더구나 지도자의 덕목이 평화와 조화라는 것은 민주주의의 제2법칙의 공적영역이 가지고 있는 가장 중요한 능력이다.

그리고 인디언 공동체에서 지도자는 의사결정권을 전혀 가지지 못한다. 지도자의 권력은 집단의 의지에 따르는 것이며 공동체의 조화를 유지하는 것이다.

이는 부동의 원동자가 지니는 특성을 그대로 반영한 것이다. 즉 지도자는 스스로는 움직이지 않는 가운데 모든 움직임의 중심이 되는 것이다. 바로 이것이 자연이 만든 생태계의 원리이며 민주주의의 원리이다.

그리고 민주주의의 제2법칙 100=36+64에서 공적영역인 태극 36의 중심인

'한'이 가지는 특성이다.

> 추장의 역할은 비록 단정할 수는 없지만, 여론에 의해 영향을 받는다. 지도
> 자는 집단의 경제활동, 의례활동을 계획하고 이끌지만 의사 결정권을 전혀
> 가지고 있지 못하기 때문에 자신의 "명령"이 집행될 것이라고 확신 할 수 없
> 다. 끊임없이 도전받는 권력의 이러한 본질적 취약함으로 인해 권력 행사는
> 독특한 성격을 지니게 된다. 즉 추장의 권력은 그 집단의 의지에 따라 좌우
> 되는 것이다. (피에르 클라스트르, 2005)

세습추장과 일반추장의 구분은 우리의 고대국가에서도 생각해볼 수 있을
것이다. 즉 세습군주와 일반군주로 나뉠 때

세습추장의 직책은 평화적인 일에만 국한되었다. 그리하여 그는 세습추장
으로서는 전쟁에 출정 할 수가 없었다. 이에 반하여 개인적인 용감성, 사무적
인 재능 또는 회의에 있어서의 웅변으로 말미암아 당해 지위에 오른 일반추
장은 씨족에 대한 권위에 있어서는 그렇지 않았지만 능력에 있어서는 언제나
우위에 있었다.(루이스 헨리 모건, 2000)

단군조선의 단군들도 그 지위가 세습되는 경우도 있었지만 많은 경우 세
습이 아니라 선출되었다는 점에서 인디언의 세습추장과 일반추장의 구분은
우리민족에게도 큰 의미를 지닌다.

(3-1) 우주와 공동체의 중심 - 한韓

저 여름에 맹위를 떨치는 태풍의 중심에 존재하는 태풍의 눈은 스스로는
움직이지 않는 가운데 강력한 태풍의 움직임의 중심이 된다.

바로 이 부동의 원동자를 우리의 고유한 경전 천부경은 한一, 삼일신고는

하나님一神, 366사는 천신天神이라고 불렀다. 이름은 달라도 이 존재는 모두 북극성이나 태양 또는 태풍의 눈과 같은 존재이다.

인간 공동체에서 이 존재는 한韓, 칸, 간 등으로 상징된다. 한인, 한웅, 단군이 바로 이 존재이다. 스스로는 움직이지 않으면서 모든 움직임의 중심이 되는 존재이다.

인디언 공동체에도 똑같이 우주의 중심을 천부경은 한一, 삼일신고는 하나님一神, 366사는 천신天神이라고 불렀던 것과 동일한 개념의 신을 섬겼다. 그리고 인디언 공동체에서도 한韓으로 상징되는 한인, 한웅, 단군과 동일한 존재가 지도자였다.

이런 인디언 공동체를 관찰한 서양인들은 이 지도자를 거의 무력無力에 가까운 "권력", 권위 없는 추장권, 공허한 기능이라고 의아해했다.

서양인으로서는 이해할 수 없는 지도자이기 때문이다. 그러나 우리의 경우 우리의 경전과 역사에서는 부족했던 소중하기 이를 데 없는 자료를 인디언 민주주의에서 만난 것이다.

우리민족이 운영한 정치제도가 민주주의 였음을 알려주는 소중한 증거인 것이다. 인디언은 우리민족과 동일한 철학과 신학을 가지고 있었다.

> 정치권력이 실질적인 힘을 지닌 문화에 의해 형성된 입장에서 본다면 아메리카 추장제의 독특한 방식은 역설적인 성격을 지니고 있다는 것을 주목해야 한다. 권력을 행사할 수 있는 수단을 지니지 못한 권력이란 도대체 어떤 것인가? 추장이 권위를 지니고 있지 않다면 추장은 무엇으로 정의될 수 있는가? (피에르 클라스트르, 2005)

클라스트르는 수직적 계급구조로 움직이는 서양식 국가의 입장에서 볼 때 인디언 연방국가가 수평적 평등구조에서 아무런 권력을 가지지 못한 지도자가 어떻게 국가를 다스릴 수 있는가를 묻고 있다.

> 이러한 "실체" 없는 제도를 존속시키는 힘은 어디에서 나오는가를 묻지 않을 수 없다. 왜냐하면 거의 무력無力에 가까운 "권력", 권위 없는 추장권, 공허한 기능이 기묘하게 지속되는 것을 이해해야만 하기 때문이다.(피에르 클라스트르, 2005)

클라스트르는 어떻게 권력없는 권력이 국가를 다스릴 수 있는지를 이해해야만 한다고 말한다. 그러나 어떻게 이를 이해할 수 있단 말인가?

클라스트르는 남북 아메리카 모두에서 발견되는 이 이해할 수 없는 권력이 가지는 세 가지 특징을 다음과 같이 설명하고 있다.

> ① 추장은 "평화의 중재자"이다. 그는 집단의 조정자로서 그것은 때때로 평화로울 때와 전쟁할 때의 권력의 분화로 나타난다.
> ② 추장은 자기의 재화에 대해 집착해서는 안 된다. "피통치자들"의 끊임없는 요구를 거절할 수 없다. 거절하는 것은 곧 스스로를 부정하는 것과 같다.
> ③ 말을 잘하는 자만이 추장의 지위를 얻을 수 있다.(피에르 클라스트르, 2005)

한마디로 말하면 이 권력없는 권력은 스스로는 움직이지 않는 가운데 모든 움직임의 중심이 되는 부동의 원동자이다.

민주주의 국가가 지도자를 가질 때 그 지도자의 권력이 바로 이와 같은 부동의 원동자로서의 권력인 것이다. 우리민족의 고대국가의 지도자 한인, 한웅, 단군께서 전해주신 천부경과 삼일신고와 366사가 설명하는 권력이 바로 이와 같은 민주주의 지도자로서의 권력인 것이다.

재물에 집착하지 않는 것은 당연한 것이다. 그리고 말을 잘한다는 것은 곧 국가 공동체를 유지하고 발전시키는 진리를 표현하는 자라는 것이다.

즉 우리는 모두 사람이라는 진리. 그리고 사람은 생각하고 느끼는 것이 기본적으로 다를리가 없다는 것, 나아가 사람사는 세상을 사람답게 살아보자는 진리로서의 정치제도. 우리민족의 고대국가를 설립하신 한인, 한웅, 단군께서 천부경과 삼일신고와 366사와 단군팔조교를 세상에 전한 바로 그 기능이다.

말보다 글로 진리를 담아 책을 만들어 전한 말이야말로 가장 유창하고 가장 강력한 말이기 때문이다. 놀랍게도 인디언민주주의는 우리민족의 고대국가가 천부경, 삼일신고, 366사와 20여 권의 경전을 만들어 전한 원리를 설명하고 있다. 그리고 이 경전들이 왜 한국, 배달국, 단군조선, 고구려, 발해로 이어졌는가도 설명하고 있다.

(4) 인디언민주주의와 복지국가 - 자기성취 - 민주주의의 제4법칙

대중이 민주주의를 운영하여 스스로가 스스로를 다스리고 스스로에게 다스림을 받는 국가를 세웠다면 자연을 최적화하여 열심히 일함으로써 대중이 스스로 의식주를 해결하고 풍요로운 복지국가의 상태가 된다.

인디언 민주주의는 오랜 세월동안 이 상태를 향유해온 것으로 파악된다.

아메리카 대륙은 학자들이 전에 상상하던 것보다 말할 수 없을 정도로 분주하고, 훨씬 더 다양하고, 인구가 밀집한 지역이었다. 그리고 더 오래된 문명이었다. (찰스 만, 2005)

아메리카 대륙에 원시적인 야만인이 살았다는 식의 생각은 적어도 과학적으로는 틀린 말이 된 것이다.

인디언들은 야생의 숲을 원시 그대로 보존하지 않고 최적화했다는 점에서 민주주의의 제4법칙에 정확하게 부합한다. 소로를 계승한 환경보존론자들이 야생의 숲을 보존하자고 주장했지만 인디언들은 전혀 다른 방법으로 자연을 대한 것이다.

> 지금으로부터 3천 년 전에 시작된 이 오래된 사회는 지구상에서 가장 크고 특이하며, 생태적으로 가장 풍부한 인공 환경을 창조했다. 정기적으로 홍수가 닥치기 때문에 이 사람들은 넓은 흙 둔덕을 쌓아올려 집과 농장으로 이용했고, 운송과 교통수단으로 둑길과 수로를 만들었으며, 어살을 만들어 식량을 마련했고, 초원 지대에 불을 놓아 나무가 침범하는 일이 없도록 했다. 1천 년 전 이들의 사회는 정점에 이르렀다. 마을과 도시는 널찍하고 질서정연했으며 해자와 말뚝 울타리로 방어되고 있었다. 에릭슨의 가상 재현에 따르면, 백만 명에 이르는 사람들이 기다란 면 옷을 입고 목과 손목에는 무거운 장신구들을 짤랑거리면서 둑길을 걸어 다녔을 것이다. (찰스 만, 2005)

인디언 전통사회는 민주주의 공동체를 만들었을 뿐 아니라 자연의 생태공동체가 스스로를 운영하는 민주주의의 법칙에 따라 적극적으로 자연의 생태공동체와 하나가 된 것이다.

그럼으로 해서 인디언 공동체는 인간이 만든 거대한 숲을 비롯하여 생태적으로 가장 풍부한 인공 환경이 조성됐다. 의식주가 해결되고 풍요로운 삶을 영위하되 지속가능한 생태공동체로서의 복지국가가 만들어진 것이다.

뿐만 아니라 북아메리카 대륙의 여러 공동체들은 서로 네트워크를 만들어 소통하고 교역을 함으로써 의식주에 불편함이 없도록 만들었다.

북아메리카 대륙은 그보다는 훨씬 분주하고 시끄러운 곳이었다. 서기 1000

년 경에는 이미 대륙 전체를 아우르는 무역 관계가 이루어진 지 1천 년이 지났다. 멕시코 만의 조개가 매니토바(캐나다 중부의 도시)에서 발견되고, 슈피리어 호(북미 5대호 중 최북단의 호수)에서 채굴된 구리가 루이지애나(미국 남부의 주) 지역에서 발견된다.(찰스 만, 2005)

이렇게 해서 이루어진 아메리카 대륙의 인간 공동체들은 놀라울 정도로 풍요로웠고 인구도 수천만이 살고 있었다. 그러나 이 놀라운 대륙이 콜럼버스 이후 유럽인이 오면서 세균과 정복에 의해 급속하게 무너져 사라져버린 것이다. 그리고 그들이 존재했다는 사실을 인디언 자신은 물론 유럽인들도 알지 못하게 된 것이다. 찰스 만은 1492년 이전의 아메리카 대륙이 현재의 관점으로 보더라도 놀라울 정도로 다양한 풍요의 땅, 다른 모든 곳에서처럼 수천만 명의 사람들이 사랑하고 미워하고 숭배하는 온갖 언어, 무역, 문화, 종교의 용광로였다고 말한다. 그러나

> 이 세계의 대부분은 콜럼버스 이후에 사라졌고, 질병과 정복에 의해 무너졌다. 그 말살은 너무나도 철저해서 불과 몇 세대 지나지 않아 정복한 자도 정복당한 자도 그런 세계가 실제로 존재했다는 사실을 알지 못할 정도가 되었다 (찰스 만, 2005).

고 한다. 그 사라진 인디언 공동체는 농경을 위한 관개시설이 잘 갖추어진 문명의 대륙이었다고 한다.

콜럼버스 시대 이전까지의 아메리카 대륙은 철저히 인간의 붓으로 그려져 온 그림이나 다름없었다. 데네반에 따르면, 당시 농업이 현재 미대륙의 약 3분의 2에 해당하는 지역을 차지했다. 남서쪽에는 물 대기 시설을 갖춘 계단

식 밭들이 있었고, 중서부와 남동부의 옥수수밭 사이로는 수천 개의 인공 흙둔덕이 점점이 흩어져 있었다. 동부 해안 지대의 숲은 해안 쪽에서부터 꼬리에 꼬리를 물고 개간되어 농장으로 채워져 있었고, 바다로 흐르는 북서지방의 거의 모든 강에는 연어 잡는 어살이 드리워졌다. 그리고 거의 모든 지역에서 인디언들이 놓는 불길을 볼 수 있었다.(찰스 만, 2005)

인디언들의 화전농법은 지속가능한 자연의 생태공동체가 더욱더 강력한 힘을 가지게 만들었다는 것이다. 그리고 인디언의 농업은 의식주는 물론 풍요를 가져다 준 것이다.

이는 인디언 민주주의의 대중은 공동체 자신과 자연을 최적화하는 민주주의의 제4법칙으로 대중 스스로를 성취하여 복지국가를 만들었음을 설명하는 것이다. 이른바 우리의 조상들께서 제시한 재세이화在世理化의 상태에 도달한 것이다.

(5) 인디언 민주주의와 평등국가 - 자기완성 - 민주주의의 제5법칙

대중이 스스로가 스스로를 다스리고 다스림을 받는 자기실현을 하고 공동체와 자연을 최적화하는 대중의 자기성취에 성공했다면 그 다음은 대중이 스스로 이루어낸 것을 필요한 구성원에서 누구의 강제도 없이 자발적으로 나누는 평등국가의 상태이다. 이른바 홍익인간弘益人間의 상태이다.

인디언 민주주의는 이 상태에 훌륭하게 도달했다는 기록들이 있다.

모든 사람이 평등하다는 시각은 일과 사업에 있어서 자립정신의 원동력이 된다. 어쨌든 이런 정신은 미국 문화의 근본적인 부분이다. 그도 그럴 것이, 그 원천에는 아메리카 원주민들의 문화, 특히 호데노쇼니 족의 문화가 깔려

있기 때문이다.(찰스 만, 2005)

평등은 인간이 만드는 공동체에 있어서 최종적으로 얻어지는 가치이다. 인디언의 연방국가는 평등이 사회의 모든 바탕에 이미 자리 잡고 있었다는 말이다. 1753년 벤저민 프랭클린은 이렇게 썼다.

인디언 아이를 입양해 우리말과 풍습을 가르쳐 놓아도, 한번 친척들을 만나러 가 이야기를 나누게 되면 다시는 데려올 방법이 없었다. 하지만 남자든 여자든 백인이 어렸을 때 인디언들에게 포로로 잡혀 얼마간 함께 살게 되면, 친구들이 몸값을 치르고 영국인들과 함께 살자고 온갖 감언이설로 꼬드겨도 얼마 안 가 우리들 삶의 방식에 진저리를 내기 시작한다. 그리고 다시 기회를 보아 숲으로 도망치면, 그때는 교화할 방법이 없다(찰스 만, 2005).

홍익인간이 이루어지는 사회와 이원론으로 과두주의나 군주독재가 이루어지는 사회는 비교가 될 수 없다.
인디언 사회는 인간사의 모든 부분이 최적화되어 억울할 일이 없다. 즉 모두가 모두를 위해 유익한 민주주의의 자기완성이 이루어져있기 때문이다.

인디언들 각자는 우리가 상상할 수 있는 그 무엇보다도 자신을 귀하게 여긴다. 한 사람 한 사람이 각자의 주인이며, 인간은 모두 같은 재료로 만들어져 있으므로 서로 간의 차별이나 우월성은 없다고 그들은 믿는다."(찰스 만, 2005)

인디언 연방은 완전한 평등이 이루어지는 국가였다. 따라서 유럽인들이 한 번 인디언 사회에 발을 디디면 다시는 되돌아가지 않으려 한 것은 당연한 일이다. 인디언 사회에서 유럽인 사회를 볼 때 그것은 소수가 다수를 지배하고 착취하는 최악의 야만인 사회였기 때문이다.

만일 인디언 사회가 전염병으로 멸망하지 않았다면 아메리카 대륙은 결코 지금 같지 않았을 것이다.

아무리 총과 대포가 위력적이라 해도 모두가 자유롭고 평등하고 또한 풍요롭게 살아가는 인디언 사회를 멸망시킬 수는 없을 것이기 때문이다. 오히려 유럽인들이 인디언에 흡수되었을지도 모르는 일이다.

이제 인디언 민주주의가 우리의 고대경전 천부경과 삼일신고와 366사에서 설명하는 민주주의의 기본법칙과 7가지 민주주의의 법칙을 충실하게 따르고 있다는 사실을 확인했다.

이로써 아테네 민주주의와 인디언 민주주의는 동일한 생명의 과정원리로 운영되는 동일한 원리라는 사실이 확인되었다. 이들 아테네민주주의와 인디언민주주의가 우리의 고대경전의 원리로 설명됨으로서 사실상 우리민족의 한민주주의 역시 함께 설명된 것이다.

5. 한민족의 민주주의 - 한민주주의

이제 우리는 아테네민주주의와 인디언민주주의를 우리 한민족의 민주주의 한민주주의의 이론체계와 실행방법으로 설명하고 이들이 모두 하나로 연결된다는 사실을 증명했다. 이 아테네와 인디언 민주주의를 증명하는 과정은 그 자체가 우리의 한민주주의를 증명하는 과정이기도 했다.

물론 한민주주의의 수식과 도형과 철학이론과 실험데이터의 자세한 내용은 "제3장 초연결시대 민주주의와 생명의 과정"에서 자세하게 설명하게 될 것이다.

이 5절에서는 한민족의 고대문명과 민주주의 정보의 창고 민주평원

minjuland과 우리민족의 고대국가인 한국, 배달국, 단군조선 그리고 삼한의 민주주의 기록을 살펴볼 것이다.

한민족의 고대문명과 민주주의 정보의 창고 민주평원 minjuland에서는 인디언이 이 민주평원에서 우리민족과 함께 살았음을 설명하는 여러 자료들을 제시할 것이다.

그 이전에 인디언 민주주의가 우리의 민주주의와 같을 뿐 아니라 그들이 인류의 선조로 받드는 글루스캡과 우리의 한인, 한웅, 단군님과 그 성격도 같다는 점을 먼저 알아보자.

> 워버너키인의 생은 한 번으로 끝나지 않는다. 그들은 여러 번의 생을 살면서 그때마다 인생을 상징하는 주술 바퀴가 제시하는 길을 따라 더 나은 삶을 위해 한걸음씩 나아간다. …이런 삶을 살다가 죽으면, 인류의 선조인 글루스캡의 경우처럼 원주민의 처지를 도와주기 위해 자발적으로 이 세상에 돌아오지 않는 한 그것으로 윤회는 끝난다. (에반 티 프리처드, 2004)

워버너키인의 인류의 조상 글루스캡은 원주민의 처지를 도와주기 위해 자발적으로 이 세상으로 돌아왔다. 이 사실은 우리의 한웅님께서 재세이화와 홍익인간을 하기 위해 세상에 내려오신 것과 놀랍도록 동일한 이야기이다. 이 재세이화와 홍익인간이 바로 민주주의의 성취와 완성인 것이다.

그리고 인디언이 말하는 윤회는 생명의 과정으로서의 순환이다. 그러나 카스트제도가 존재하는 인도에서 힌두교나 불교 등이 윤회를 주장할 때 그것은 그 카스트제도의 계급구조를 정당화한다.

한민족의 고대문명과 민주주의 정보의 창고 민주평원 minjuland

한민족의 아메리카 대륙 이동 추정경로

경로: 민주평원(minjuland) -연해주 -캄차카 반도- 베링해협 - 아메리카 대륙
방법 : 당시 육지였던 부분을 통과하여 이주함

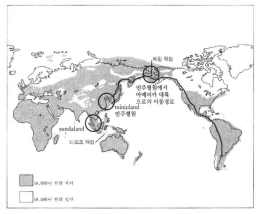

그림 9 한민족의 아메리카 대륙이동 추정경로(리차드 리키/로저 레윈, 1987)

플루타르크는 그의 영웅전에서 "솔론은 아틀란티스 섬의 역사에 대한 방대한 책을 쓰려고 했지만 끝까지 쓰지 못하고 도중에 그만두었다고 했다. 그래서 플라톤은 아틀란티스 섬에 대한 이야기를. 마치 상속인이 없어 자신이 저택을 물려받게 된 듯한 마음으로 쓰기 시작했다는 것이다. 그러나 너무 늦게 시작한 만큼 이 글의 완성을 보지 못한 채 그는 세상을 떠났고" (플루타르크, 2000) 라고 전한다.

아테네 민주주의를 시작한 현자인 솔론 Solon이 이집트의 신관에게 들었다는 아틀란티스 대륙의 이야기를 담은 플라톤의 『티마이오스』는 서양인들의 상상력을 극대화시켰다.

그런데 이 이집트신관이 솔론에게 한 말을 살펴보면 우리민족에게 그대로 해당되는 말이다. 즉 이집트 신관은

당신네나 다른 나라 사람들의 경우에는, 문자나 그 밖에 나라에 필요한 모든 것이 매번 이제 막 갖추어지는가 하면 다시금 주기적인 간격을 두고서, 마치 전염병처럼, 하늘에서 억수같은 비가 자신들한테 쏟아져 내려서는, 당신들 가운데서도 문맹자들과 교양 없는 사람들만 남겨놓게 되오. 그래서 당신들은, 이곳 일이건 당신네 고장의 일이건 간에, 옛날에 있었던 일들은 모르는 채, 처음부터 다시 아이들처럼 되오. (플라톤, 2000)

라고 말했다. 우리민족이야말로 우리민족의 고대국가를 세운 조상들의 철학과 역사에 대해 전혀 모르는 채 나라를 새로 세울 때 마다 어린아이처럼 처음부터 다시 시작하지 않으면 안 돼는 불쌍한 처지에 놓여있었다.

이집트 신관이 주기적 간격을 두고 홍수가 내렸다는 사실을 말하지만 우리는 우리의 역사에서 그 같은 사실이 있었다는 사실조차 잊어버린 것이다.

"마지막 빙하기가 끝날 무렵인 13,000년 전...극지방의 얼음판이 엄청난 양의 물을 잡아 두고 있었기 때문에 지구 전체의 해수면은 100미터 가량 낮아져 있었다." (찰스 만, 2005)

즉 이 시기에 한중일 삼국과 대만과 오끼나와 사이의 거대한 바다는 모두 육지였었다.

빙하시대의 극심한 추위 속에 북방지역이 얼음으로 뒤덮여 있을 때 이 거대한 평원은 그야말로 문명의 고향이며 자궁이자 낙원이었다.

우리가 살펴본 것처럼 인디언 공동체는 우리민족의 고유한 경전 천부경과 삼일신고와 366사에 공통적으로 내장된 수식과 도형과 철학이론과 동일한 철학과 신학과 정치학을 가지고 있었다.

거대한 민주평원 minjuland에서 함께 공동체를 만들어 운영했다고 본다면 그들과 언어를 비롯한 문화가 비슷한 것은 당연한 이치인 것이다.

그리고 이 민주평원 minjuland은 13,000년 전부터 8,000년 전까지 점진적으로 물이 차올라 지금과 같은 바다가 되었다.

따라서 이집트 신관이 솔론에게 한 아틀란티스에 대한 말은 전부 다 우리 민족에게 해당하는 말이라고 보아도 무방할 것이다. 이집트 신관은 아테네가 존재했던 시기가 그들 이집트의 사원에 보존된 기록으로는 9000년 전 이라고 말하고 있다. 『티마이오스』가 만들어진 시기가 대략 2천5백 년 전이라면 지금 으로부터 대략 11,500년이라는 말이 된다. 이 수치는 근거 없는 허풍이 아니라 적지 않은 신빙성을 갖는 것이다.

> 여기 이 나라의 확립 연대는 우리의 상스러운 기록으로는 8000년으로 기록
> 되어있소. 그러니까 9,000 년 전에 있었던 시민들과 관련해서 그들의 법률과
> 그들이 행한 행적들 중에서도 가장 훌륭한 것을 내가 간략하게 당신에게 밝
> 혀 주리다...(플라톤, 2000)

이집트의 신관은 솔론에게 인류는 불과 물 그리고 여러 이유로 몇 번이고 되풀이되며 파멸을 겪었고 겪을 것이라고 말한다. 그 과정에서 인류는 어린 아이처럼 문맹의 어리석은 자들만 남아 과거의 지식과 역사를 모두 잊어버리 고 거듭해서 처음부터 다시 시작하지 않으면 안 되었다는 것이다.

> 성직자들 중에서 매우 연로하신 한 분께서 '아, 솔론, 솔론! 당선들 헬라스인
> 들은 언제나 아이들이고, 연로한 헬라스인이라곤 없구려'라고 말씀하셨다
> 오. 솔론께서는 아무튼 그 말씀을 들으시고서 '무슨 뜻으로 그 말씀을 하십
> 니까?'라고 물으셨다오. 그 성직자께서는 이런 말씀을 하셨다. 오. '당신들은
> 모두가 마음이 어리다오. 당신들은 옛날의 전설로 인한 오래 된 소신도, 연
> 륜이 오랜 학식도 자신들의 마음속에 전혀 지니고 있지 못하기 때문이오. 한
> 데, 그 연유는 이러하오. 인간들의 사멸이 여러 면에서 여러 차례 일어났으

며 또 일어날 것인데, 그 중에서 최대의 것은 불과 물에 의한 것이고, 소규모의 다른 것은 수없이 다른 사연에 의한 것이오.(플라톤, 2000)

그런데 이 환란이 홍수로 인한 것일 때는 물이 아래서부터 위로 차오른다는 놀라운 말을 하고 있다. 그리고 홍수가 주기적으로 일어나 문맹자와 교양 없는 사람들만 남겨두므로 결국 과거의 모든 지식을 잃어버리고 어린아이와 같아진다는 것이다. 그야말로 우리민족의 아프고 쓰라린 이야기이다.

그러나 그 뒤에 몇 차례의 엄청난 지진과 홍수가 일어나고, 고난의 일주야(晝夜)가 지나는 사이 당신네 나라의 모든 전사가 한꺼번에 땅 밑으로 빨려들어가 버렸고 아틀란티스섬도 마찬가지로 바다 아래로 가라앉더니 사라져버렸다오.(플라톤, 2000)

지진과 홍수는 한 번이 아니라 몇 차례 일어나고 결정적인 시기에 아틀란티스가 바다에 가라앉아 사라졌다는 말이다.

이 이야기는 13,000년 전 실제로 존재한 거대한 민주평원 minjuland과 그곳에 살았던 공동체가 사라진 이야기와 동일한 것으로 볼 수 있다.

우리민족의 공동체는 인류가 농경을 시작한 신석기시대에 거대한 민주평원 minjuland에서 시작한 것이다. 그리고 민주주의가 그 공동체의 정치제도로 운영되어 우리의 고대국가에 전해진 것이며 한 편으로는 아메리카 대륙에 전해진 것으로 볼 수 있다.

따라서 인디언 민주주의가 우리의 고대 경전 천부경, 삼일신고, 366사와 역사서 한단고기와 규원사화에서 알 수 없었던 내용을 알게 해주는 것은 이상한 일이 아니다.

그리고 한 편으로는 그리스로 전해져 우리가 살펴본 바와 같이 플라톤과 아리스토텔레스 이전 그리스의 고대 서적들에 담긴 민주주의의 원리로 남아 있다고 추정할 수 있을 것이다.

우리는 이제부터 우리에게 완전히 잊혀진 우리 고대국가의 정치제도인 한 민주주의를 찾아나서는 여행을 시작하기로 하자.

(1) 한민족의 발상지 민주평원 minjuland

"한민족의 아메리카 대륙이동 추정경로"를 보여주는 지도는 빙원이 최대로 퍼진, 약 1만 8천년 전의 지구의 모습을 보여준다. 이 때 해수면은 상당히 낮아져서 북아메리카 대륙과 아시아 사이에 육교가 생성되었을 것(리차드 리키 외, 1987)이다.

이 그림 9의 회색부분은 마지막 빙하시대인 18,000년 전의 육지이며 흰 부분은 얼음으로 뒤 덮혔던 빙원이었던 곳이다.

그러니까 북유럽과 캐나다 지역과 바이칼 호수 부근이 모두 두꺼운 얼음으로 덥힌 빙원이었다.

해양과학에 의하면 구석기시대에서 신석기시대 초기까지도 우리나라의 서해안과 동지나해 전체가 육지였다는 사실이다. 당시에는 아직 빙하기라서 북쪽에는 인간이 살기가 거의 불가능한 때였다.

그리고 서서히 남쪽 동지나해에서부터 북쪽의 발해만까지 점진적으로 육지로 변한 것이다.

서해의 바다 밑에 가라앉은 거대한 들판이야말로 우리민족이 구석기시대 후기와 신석기시대 초기에 공동체를 이루며 살았던 민족적 고향인 셈이다.

이런 빙하기에 한중일과 대만과 오끼나와를 안고 있는 바다 아래의 민주평원 minjuland과 동남아 지역을 안고 있는 바다 아래의 순다랜드 sundaland 두 곳은 지구상에 존재하는 가장 살기 좋은 낙원이었다.

마지막 빙하기가 끝나는 13,000년은 구석기시대가 끝나고 신석기시대가 시작되는 중요한 시점에 이 두 지역은 인류가 수렵체집시대와 다른 농경 공동체를 만들고 새로운 문명의 싹을 틔울 수 있는 여건을 마련해주었다.

서구의 학자들 중 스티븐 오펜하이머는 "전 세계 모든 문명들이 동남아시아에서 출발했다고 주장한다."(맹성렬, 2015) 이른바 순다랜드 sundaland 이다.

그러나 정작 우리민족의 발상지라고 할 민주평원 minjuland에 대해서는 아직 관심을 가지는 학자가 별로 없는 것 같다.

서구의 학자들은 이 순다랜드에서 수메르문명이 유래했고, 아메리카 인디언이 유래했다고 주장하는 것은 지나친 것이 아닐까 생각된다.

수메르문명과 아메리카 인디언의 언어와 철학 등은 동남아인들의 것보다는 우리민족의 것과 유사성이 많기 때문이다.

하지만 순다랜드가 민주평원 minjuland과 함께 인류문명의 시원이 될 것이라는 점은 누가 보아도 알 수 있는 자명한 것이다.

아메리카 순다랜드에서 인디언이 배를 타고 갔다는 서양학자들의 주장이 가능성이 없다고 말할 수는 없다.

하지만 육지였던 민주평원 minjuland에서 시작하여 연해주와 캄차카반도와 베링해협을 지나 알래스카와 캐나다 서부해안을 거쳐 아메리카 내륙으로 진출했다고 보는 것이 더욱 가능성이 높다고 본다.

(2) 민주평원의 연도별 해안선의 변화

18,000년 전에 민주평원은 최대의 크기로 사할린과 일본열도와 오끼나와와 대만에 이르는 바다가 모두 육지였지만 아래의 민주평원의 연도별 해안선의 변화의 그림에서는 13,000년 전에 이미 대마도와 제주도와 오끼니와와 대만 부근이 바다로 변했음을 보여주고 있다. 그리고 그 후 9,000년 전까지의 해

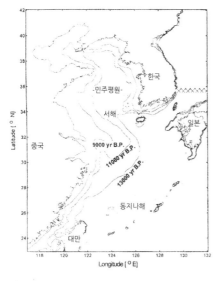

그림 10 민주평원의 연도별 해안선의 변화 (박용안 외, 2001)

안선이 축소되어가는 과정이 등고선等高線으로 표시되며 잘 나타나있다.이 그림10과 그림9를 비교하면 민주평원의 역사를 자세하게 알 수 있다.

그림의 등고선의 변화와 같이 우리의 조상들이 점차 높아져 가는 바닷물을 피해 점차 북쪽으로 향해 결국 요서지방까지 올라가 요하문명을 이루었음을 해양과학이 자세하게 설명하고 있는 것이다.

이 그림을 보면 우리가 살고 있는 한반도가 바로 엄혹한 빙하시대의 낙원 민주평원과 한 덩어리였음을 알 수 있다. 우리민족이 가지고 있는 언어와 철학과 관습은 바로 이 민주평원에서 만들어진 것이 틀림없는 것이다.

이렇게 본다면 우리가 지금까지 알고 있던 한반도와 한민족에 대한 개념은 근본적으로 다시 처음부터 재정립할 필요가 있다.

(3) 민주평원과 강물들의 형태추정

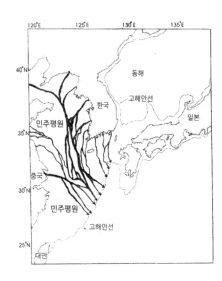

민주평원과 강물들의 형태 추정

민주평원은 한반도와 만주와 중국 동해안과 일본과 대만과 오끼나와를 하나로 통합하고 있다.

민주평원은 이 지역 전체의 중심이 되는 광활한 평야지대로써 많은 강들이 만나면서 수많은 비옥한 삼각주를 만들고 있다.

당시 이 지역이야말로 가장 온화한 기후와 비옥한 땅으로 농경을 이루기 가장 좋은 환경을 가지고 있었음을 알 수 있다.

그림 11 민주평원과 강물들의 형태추정 (박용안 외, 2001)

민주평원과 강물들의 형태추정 그림은 13,000년 전 민주평원의 모습과 강물들이 흘러가는 형태를 추정한 것이다. 이때가 구석기시대말에서 신석기시대 초로써 우리민족이 수렵채집시대에서 농경시대로 막 건너가는 시기이다.

그리고 9,000년 전 쯤이 민주평원에는 바닷물이 차올라 발해만까지 차올랐다. 그 때부터 우리의 요서문명이 시작한 것은 이 민주평원의 문명을 요서문명이 계승했음을 잘 말해준다.

이 그림은 민주평원에 수많은 강물이 모여 수많은 삼각주를 이루고 있음을 보여주고 있다.

그야말로 농경문명이 일어나기에 이상적인 환경을 가지고 있었음을 알 수 있는 것이다. 그리고 이 민주평원에서 일어난 문명이 요하문명과 직접 연결됨을 알 수 있는 것이다.

즉 요하문명은 서쪽이나 북쪽 바이칼지역이나 내려온 것이 아니라 남쪽 민주평원이라는 낙원으로부터 북쪽으로 북상한 것으로 볼 수밖에 없게 만들고 있다. 만주의 요하 지방에는 요하 문명이 있었으며, 그 요하 문명은 중국의 역사에서는 설명이 불가능한 오래된 문명이라는 것이 증명되었다.

중국 문명의 역사는 기껏해야 주나라와 은나라까지이며, 하나라도 전설의 나라이며 삼황오제의 나라는 더 까마득한 전설에 불과하다. 중국의 역사는 아무리 길게 잡아도 4천 년 정도이다.

그러나 요하 문명은 무려 9천 년 전의 신석기 시대에서부터 존재해 온 문명임이 고고학적으로 증명된 것이다. 그리고 이 문명이 삶을 살아온 역사가 한단고기라는 역사서에서 설명된다. 즉, 한단고기가 9천 년 전의 역사에서 시작하여 그 과정을 일목요연하게 설명하는 것과 정확하게 일치한다. 중국의 역사서에는 이렇게 오래된 문명을 설명하는 기록이 전혀 없다.

우실하는 "중국사회과학원 고고학연구소에 있으면서 흥륭와 문화 등 주요 유적을 직접 발굴한 유국상劉國祥이 2006년 발표한 '서요하 유역 신석기 시대에서 초기 청동기 시대까지의 고고학 문화 개론'에 의해 요하 지역의 주요 신석기 문화와 청동기 문화의 편년을 기준으로 시대 순으로 소개했다. 즉,

> 신석기 시대 소하서小河西 문화(기원전 7000~기원전 6500년)
> 신석기 시대 흥륭와興隆洼 문화(기원전 6200~기원전 5200년)
> 신석기 시대 사해査海 문화(기원전 5600년~)
> 동석 병용銅石竝用 시대 홍산 문화(기원전 4500~기원전 3000년)~
> 초기 청동기 시대 하가점하층夏家店下層 문화(기원전 2000~기원전 1500년)."
> (우실하, 2007)

를 소개했다. 유국상劉國祥의 고고학적 성과에 따르면 무려 9,000년 전 신석기 시대부터 3,500년 전 청동기 시대에 이르는 모든 과정이 이 요하 문명에 단절되지 않고 집적되어 있음을 말해 주는 것이다.

이 9000년 전이라는 숫자는 민주평원에 13,000년 전에서부터 9,000년 전까지 바닷물이 차오르는 그림에서 나타난 숫자와 정확하게 일치한다.

그리고 이 9,000년은 한단고기에서 우리민족 최초의 국가인 한국桓國

이 세워진 시기와 또한 정확하게 일치한다. 우리민족은 이 한국桓國에서 시작하여 배달국倍達國과 단군조선檀君朝鮮으로 이어지고 있는 것이다.

이렇게 본다면 민주평원은 우리민족 최초의 국가 한국桓國의 모태이자 아메리카 인디언의 모태이기도 하다.

그리고 한국은 아직 신석기시대였고 문자가 없었지만 우리민족 모든 경전의 모태인 천부경天符經을 말로 전했다. 문자가 없고 신석기시대였지만 고도의 문명이 존재했음을 말하는 것이다. 인디언도 문자가 없고 신석기 시대였지만 고도의 문명을 남겼다. 특히 민주주의라는 정치제도를 함께 공유한 것이다. 따라서 아메리카 대륙을 발견하고 운영한 사람들은 바로 이 민주평원에서 출발한 우리민족의 이웃 인디언이다.

한국 고대국가 한국, 배달국, 단군조선의 민주주의 기록

우리 모두는 의례 왕조국가라면 중화주의 유교처럼 수직적 계급구조로 이루어진 나라로 생각하는 것 이외에 다른 생각을 할 수 없도록 사고의 틀이 만들어져 있었다.

아무리 발상이 자유로운 사람이라도 우리의 고대국가가 민주주의를 운영했다고 생각하기는 불가능할 것이다. 그러나 알고 보면 우리의 고유한 경전의 원리가 곧 민주주의의 원리였고 또한 한단고기의 여러 곳에서 민주주의를 말하고 있었다.

또한 우리의 고대국가가 연방국가로 이루어진 것과 인디언 민주주의가 연방국가를 통해 이루어진 것이 놀랄만큼 같다는 점을 살펴보았다.

그리고 전작前作인 『우리는 99%에서 한사상으로』에서는 독일 ZDF 방송이 6년간 추적한 역사 다큐멘터리 시리즈 『스핑크스, 역사의 비밀』에서 한스 크리스찬 후프가 엮은 내용에서 그들은 "훈족이 한반도 출신이라는 두 가지 증거가 있다!"(한스 크리스찬 후프, 2000)는 주장을 설명했었다.

그리고 "아틸라는 451년 초 헝가리의 본거지에서 발진한 20만(훈 군대 8천~1만 명) 연합군을 이끌고 서정西征하여 6월 20일 카탈라우눔에서 역시 20만으로 응전해 온 서로마군과 24시간 대격전을 벌렸다. 그러나 대격전은 쌍방 모두가 16여 만 명의 전사자만을 내고 무승부로 끝나고 말았다." (정수일, 2001)는 내용을 설명했었다.

여기서 주의 깊게 보아야할 중요한 점은 아틸라의 군대 20만에서 훈족의 군대는 불과 8천~1만명에 지나지 않았다. 그런데 어떻게 20배가 넘는 유럽인 군대를 지휘할 수 있었는가? 그것은 아틸라는 정복한 국가를 노예처럼 지배하는 것이 아니라 연방국가로 만들어 거느리고 있었다. 반면에 로마는 지배한 국가를 철저하게 약탈하고 국민을 노예로 잡아갔다.

훈과 로마는 이처럼 정치제도가 수평적 평등구조와 수직적 계급구조로 달랐다. 따라서 훈이 지배한 유럽의 연방국가에서는 로마와 달리 자신들을 사람답게 대우하는 훈족의 아틸라에게 충성한 것이다. 반면 로마의 군대는 정복지의 주민들을 용병처럼 사용한 것이다.

로마가 망하는 데 큰 역할을 한 훈족의 아틸라는 사실상 민주주의적인 연방국가의 힘으로 로마의 수직적 계급구조를 격파한 것이다.

『우리는 99%에서 한사상으로』에서 충분히 설명했지만 훈족은 우리의 신라와 가야에서 출발했으며 그들의 정치제도는 단군조선의 것이었다.

그리고 그 단군조선은 그 이전의 한국과 배달국을 계승했고 또한 단군조선과 삼한은 하나였다.

(1) 한국桓國의 민주주의

한국은 9천 년 전의 나라로서 우리민족 최초의 국가이자 인류 최초의 국가이다. 이 나라의 정치제도는 인디언 민주주의와 정확하게 일치한다. 하지만 중화주의 유교이론에 물들어있는 우리로서는 이 한단고기의 기록에서 전하는 민주주의의 내용이 다른 어느 나라의 기록과도 다른 내용이라 이를 깊게 파헤쳐볼 생각도 하지 못하고 지나친바가 있다. 그러나 인디언 민주주의의 내용과 한단고기의 내용을 비교할 때 그 가치가 비로소 나타나는 것이다.

한단고기의 한국본기의 내용은 이 세상 어디에도 없는 생뚱맞은 기록이 아니라 민주주의가 발생한 최초의 사건에 대한 기록이 되는 것이다. 그리고 아테네민주주의와 인디언민주주의가 생명의 과정을 설명하는 민주주의의 기본법칙과 7가지 민주주의의 법칙을 설명하듯 동일한 설명을 하고 있다.

대중은 서로 원망하거나 거스르는 근심이 없었고 친하다 멀다하여 차별을 두지 않았다. 윗사람과 아랫사람이라 하여 차별을 두지도 않았으며, 남자와 여자의 권리를 따로 하지도 않았고, 늙은이와 젊은이의 일을 구별했으니, 이 세상에 법규가 없었다 하지만 계통은 저절로 성립되고 순리대로 잘 조화되었도다. 질병을 없게 하고 원한을 풀며 어려운자를 도와 일으키며 약자를 구제하니, 원망하고 일부러 어긋나는 자 하나도 없었다. 당시 사람들은 모두 스스로를 한이라 부르고 대중을 지도하는 자를 인이라 불렀는데 인이란 님을 이르는 말이다. 홍익으로 인간을 구제하고 밝음으로 세상을 다스림에 그 맡은 바를 반드시 어질게 하기 위함이다. (계연수, 1986)

이 내용은 플루타르크가 테세우스나 누마의 치세에 민주주의가 이루어졌다고 소개하는 내용들과 대단히 비슷하다. 우리가 그동안 한단고기를 보며 무슨 말인지를 몰라 무심코 지나쳤던 내용들이다. 동양의 역사서에서 이와 같은 내용이 존재한다는 자체가 기적이다. 이 내용을 한의 법칙에 따라 하나하나 살펴보자.

① 민주주의의 기본법칙

"대중은 서로 원망하거나 거스르지 않았고, 친하다 멀다하여 차별을 두지 않았다. 윗사람과 아랫사람이라하여 차별을 두지도 않았으며, 남자와 여자의 권리를 따로 하지도 않았고, 늙은이와 젊은이의 일을 구별했다[12]"는 내용은 민주주의의 기본법칙인 '우리는 100%'와 '45도의 혁명'을 설명한다.

② 민주주의의 제1법칙, 제2법칙

"이 세상에 법규가 없었다 하지만 계통은 저절로 성립되고 순리대로 잘 조화되었다[13]" 는 내용은 민주주의의 제1법칙으로 균형을 이루고, 민주주의의 제2법칙으로 조화를 이루었음을 말하는 것이다.

③ 민주주의의 제3법칙, 제4법칙

"질병을 없게 하고 원한을 풀며 어려운자를 도와 일으키며 약자를 구제하니, 원망하고 일부러 어긋나는 자 하나도 없었다[14]" 는 내용은 민주주의의 제3법칙으로 의식주를 해결하고 풍요를 이루고 민주주의의 제4법칙으로 억울하거나 병든 사람이 없도록 모든 사건을 최적화했음을 말하는 것이다.

---

12) 群行而無怨逆之患 親疎無別 上下無等 男女平權 老少分役 (계연수, 1986)

13) 雖無法規號令 自成和樂循理 (계연수, 1986)

14) 雖無法規號令 自成和樂循理 (계연수, 1986)

④ 민주주의의 제2법칙의 중심 한韓

"당시 사람들은 모두 스스로를 한이라 부르고 대중을 지도하는 자를 인이라 불렀는데 인이란 님을 이르는 말이다. 홍익으로 인간을 구제하고 밝음으로 세상을 다스림에 그 맡은 바를 반드시 어질게 하기 위함이다[15]"는 말은 민주주의를 운영하는 대중은 모두 강력한 자부심과 자존심이 있어 모두가 스스로를 우주의 중심인 한이라고 한 것이다. 이 모두가 한인 이 대중의 지도자를 님이라 불렀다했으니 이른바 '한인'을 이르는 말이다. 대중이 스스로 재세이화와 홍익인간을 이룸에 그 지도자 한인이 그 맡은 바를 반드시 어질게 하기 위함이라는 것이다.

⑤ 공직의 선출과 윤번제

대중 스스로가 지배하고 지배받는 민주주의와 그 지도자의 역할을 잘 설명하고 있다.

오가五加 와 무리가 서로 번갈아가며 대중 가운데에서 선출하는데 반드시 그가 이루어낸 공업을 따르므로 좋아함과 싫어함이 분명히 구별되고 각각 자신이 마음먹는 바에 따라 선택하였다. 그 구하는 바 핵심을 선택하기 때문이라. 여러 대중도 역시 감히 갑자기 한쪽으로 편향치 않으며 오직 지혜로운 방법으로 이에 대처했다. 대저 무리에 대처하는 법은 대비가 없으면 환란이 일어나고, 대비가 충분하면 환란이 없으니 반드시 대비하고 자급해야 한다. [16]

---

15)時人皆自號爲桓 以監群爲仁 仁者爲任也 弘益濟人 光明理世 使之任其必仁也 (계연수, 1986).

16) 五加象 交相選於大衆 以必求業故 愛憎有別 各以其所 心主辦之而自澤 其所求鵠在 惟在九桓爲公 大同歸一焉者 則亦當自較 得失無一人異然後 從之 諸衆亦不敢遽下獨術以處之 盖處衆之法 無備有患 有備無患 必備豫自給 (계연수, 1986)

"오가五加와 대중이 서로 바꿔가면서 대중에게서 뽑혔다[17]"는 것은 아테네 민주주의에서 공직을 번갈아가며 선출한 기본원리가 설명되고 있는 것이다.

"반드시 그가 이루어낸 공업을 따르므로 좋아함과 싫어함이 분명히 구별 되고 각각 자신이 마음먹는 바에 따라 선택하였다. 그 구하는 바 핵심을 선택 하기 때문이라.[18]"는 것은 대중이 공직자를 선택하여 뽑는 것은 그가 이루어 낸 공업에 따르는 것이지 세습되는 왕이나 귀족의 권위를 따르는 것이 아니 므로 대중이 좋아하고 싫어하는 것이 분명히 구별되므로 그 공직들은 대중 각자가 마음먹은 대로 선택할 수 있는 것이다. 대중들이 구하는 바의 핵심인 정곡正鵠을 찌르는 정치제도인 것이다.

⑥ 화백和白

"생각컨대 구한九桓에 사는 자들이 서로를 위하여 모두 함께 하나로 뭉쳤 던 것도 역시 마땅히 스스로 득실을 선택하매 한 사람도 딴 의견이 없었던 것 이니, 그런 후라야 이에 따르게 되었다[19]

"라는 말은 구한 즉 나라안의 모든 부족이 서로를 위해 크게 하나로 민주 주의를 통해 뭉친 이유는 서로 잃고 얻는 것을 따지고 선택함에 모두가 하나 가 되어 한 사람도 딴 생각이 없었던 것이다. 그런 후에야 대중이 대중을 다스 리고 대중이 대중의 민주주의를 따르게 되는 것이다.

선한 대중의 무리가 능히 다스리니 만리가 하나의 소리를 내며, 말없이 행 동으로 움직인다. 여기에 이르러 만방의 백성 들이 기약하지 않고서도 찾아 와 모이는 자 수만이었다.[20]

---

7) 五加衆 交相選於大衆 (계연수, 1986)

18) 以必求業故 愛憎有別 各以其所 心主辦之而自澤 其所求鵠在 (계연수, 1986)

19) 惟在九桓爲公 大同歸一焉者 則亦當自較 得失無一人異然後 從之 (계연수, 1986)

20) 善群能治 萬里同聲 不言化行 於是萬方之民 不期以來會者 數萬 (계연수, 1986)

"선한 대중의 무리가 능히 다스리니 善群能治"는 대중 스스로가 스스로를 다스리고 스스로 그 다스림을 받는 민주주의를 직접 설명하는 말이다. "만리가 하나의 소리를 내며, 말없이 행동으로 움직인다. 萬里同聲"은 민주주의라는 정치제도가 대중 모두의 뜻을 하나로 모아 움직이는 것 이므로 만리의 백성이 모두 하나의 목소리를 낸다는 것이다.

⑦ 연방국가

"만방의 백성들이 기약하지 않고서도 찾아와 모이는 자 수만이었다.[21]"이라는 말은 민주주의 국가는 자유롭게 오고 싶은 사람이 올 수 있으므로 만방의 백성들이 자유롭게 찾아와 스스로 모이는 자가 수만 명이었다는 말이다. .

> 대중은 스스로 둥그렇게 만들어 춤을 추며 스스로 한인을 추대하여 환화桓
> 花가 장식된 돌로 여러 층을 만들어 만든 구조물 위에 앉으시게 하더니, 그
> 에게 줄지어 절하고 환호소리 넘쳐흐르니 귀의하는 자가 성시를 이루었다.
> 이를 인간 최초의 우두머리라고 한다.[22]

"대중이 스스로 둥그렇게 만들어 춤을 추며 스스로 한인을 추대하는[23]" 모습은 대중이 민주주의 국가를 이루어 스스로 지도자를 선출하는 장면이다.
"환화桓花가 장식된 돌로 여러 층을 만들어 만든 구조물 위에 앉으시게 하더니 坐於桓花之下 積石之上"에서 환화桓花가 어떤 꽃인지는 설명하지 않았다. 아마도 무궁화가 아닐까한다. 그리고 적석지상積石之上이란 단순히 돌무지가 아니라 돌로 여러 층을 만들어 만든 구조물로써 만주의 장군총이나 남미의 피

---

21) 萬方之民 不期以來會者 數萬 (계연수, 1986)
22) 衆自相環舞 仍以推桓仁 坐於桓花之下 積石之上 羅拜之 山呼聲溢 歸者如市 是爲人間最初之頭祖
也 (계연수, 1986)
23) 衆自相環舞 仍以推桓仁 (계연수, 1986)

라밋과 같은 유형의 구조물로 보는 것이 옳을 것 같다.

"그에게 줄지어 절하고 환호소리 넘쳐흐르니 귀의하는 자가 성시를 이루었다. 이를 인간 최초의 우두머리라고 한다[24]"

인간 최초의 우두머리라는 말은 곧 최초의 국가지도자란 말과 같다. 이는 민주주의의 법칙을 적용한 공동체가 모두를 잘 살게하고 행복하게 함으로써 다른 공동체가 모여 연방국가를 이루게 되었다는 말과 같다.

말하자면 미국의 정치제도에 큰 영향력을 행사한 인디언 민주주의 국가인 호데노소니 연방의 원형이 바로 9,000년 전 만들어진 우리민족 최초의 국가이자 인류최초의 국가인 한국이라고 볼 수 있는 것이다.

⑧ 한국桓國 12연방

한국은 7분의 한인께서 나라를 다스리셨다고 한다. 즉 한인, 혁서한인, 고시리한인, 주우양한인, 석제임한인, 구을리한인, 지위리한인이다.

인디언 민주주의 연방국가의 원형이 바로 한국桓國 12연방이라고 할 수 있을 것이다.

> 한국을 다스린 한인은 모두 7대를 전한다. 역년은 3,301년 혹은 63,182년이라 한다. 파나류산 아래 한인씨의 나라가 있는데 천해(바이칼호)동쪽 땅이며 파나류의 나라라고도 한다. 그 땅의 넓이는 동서 2만리 남북 5만여리에 이른다. 이를 모두 합하여 한국桓國이라 하며, 나누어 말하면, 비리국, 양운국, 구막한국, 구다천국, 일군국, 우루국(또는 필나국), 객현한국, 구모액국, 매구여국(또는 직구다국), 사납아국, 선비이국(시위국. 통고사국), 밀이국으로 모두 12국이다. (계연수, 1986)

---

24) 羅拜之 山呼聲溢 歸者如市 是爲人間最初之頭祖也

우리가 무심코 지나쳤던 한단고기의 기록은 플루타르크나 헤로도토스 와 투퀴디데스가 남긴 민주주의의 기록을 능가하는 진지한 것임을 알 수 있다.

(2) 배달국

배달국의 한웅님께서는 천부경과 삼일신고와 366사를 바탕으로 나라를 다스리셨다고 했다.

한국에는 문자가 없어 천부경天符經을 말로 전했다고 한다. 배달국의 한웅님께서 사슴발자국문자 鹿圖文字를 만들어 천부경을 글로 바꾸시고 삼일신고와 366사를 전하셨다고 한다.

이 세 경전에 공통적인 수식과 도형과 철학이론이 담겨있는 것은 이 경전이 하나의 국가공동체에 의해 만들어졌기 때문이다.

이 경전들은 대단히 세련된 내용으로 전 세계에 유래가 없는 철학의 이론체계이다. 바로 여기서 생명의 과정을 설명하는 민주주의의 기본법칙과 7가지 민주주의의 법칙이 나온 것이다. 이로써 우리만의 고유한 논리학과 신학과 이론철학과 윤리학과 정치철학과 미학이 설명되는 것이다.

한웅께서는 모두 다른 무리들과 더불어 의논하고 하나로 뭉쳐 화백和白을 했다고 한다. 바로 이것이 민주주의의 기본원리다.

따라서 배달국에 대한 설명은 곧 천부경과 삼일신고와 366사에 대한 설명이 되므로 이 책은 물론 이 경전들의 해설 모두가 해당될 것이므로 여기서는 생략한다.

배달국은 18세 1565년을 지속했다고 한다. 이 한웅의 지위도 자식에게 전했다는 기록이 아예 없다. 배달국을 계승한 단군조선에서도 왕위가 부자상속제로 고정된 것이 아니었음으로 배달국과 그 이전의 한국도 왕위를 부자상속제가 고정된 것으로 보기는 어려울 것이다.

오히려 인디언민주주의가 보여주듯 자식이 능력이 부족하면 다른 지도자가 국가 최고지도자가 되었을 가능성이 크다.

(3) 단군조선의 민주주의

단군조선을 창업하신 단군왕검께서는 단군조선의 단군지위를 세습으로 제도화하지 않았음이 단군세기에서 드러난다.

단군왕검께서는 누구와도 비교할 수 없을 정도로 큰 덕과 큰 지혜와 큰 힘으로 단군조선을 창업하셨다. 그렇다 해도 그 직계자손이 똑같은 덕과 지혜와 힘을 가지리라는 보장은 어디에도 없다.

따라서 직계자손이 아니더라도 뛰어난 덕과 지혜와 힘을 가진 인물이 단군의 지위를 계승할 수있도록 설계했음이 단군세기에 드러난 것이다. 바로 이와같은 우리민족의 고대국가의 전통을 인디언 민주주의가 동일하게 가지고 있는 것이다.

단군조선이라는 국가는 오가라는 다섯 부족의 연방국가로서 단군의 자식이 능력이 없으면 이 다섯 부족에서 새롭게 단군을 선출했다. 그렇게 새롭게 선출한 단군도 자식이 능력이 없으면 다섯 부족이나 다른 세력에서 단군이 선출되었다. 또는 능력있는 외부세력이 단군이 되기도 했다. 물론 이 단군도 자식이 능력이 없으면 오가나 다른 세력이 단군을 계승했다.

이제 단군세기의 기록은 인디언 국가지도자가 그 지위를 계승하는 방법과 동일하다는 사실을 확인할 수 있는 것이다. 즉 단군조선은 인디언 민주주의 국가와 같이 민주주의 국가라고 보아야 하는 것이다.

이 사실은 단군세기에 명확하게 나타나있다. 다만 지금까지 우리는 이 단군세기의 기록이 의미하는 바를 비교 검토하여 이해할 수 있는 자료를 가지지 못한 것이다.

그리고 단군시대에 전한 천부경과 삼일신고와 366사에 공통적으로 내장된 민주주의의 정치철학을 이해할 수 없었던 것이다. 그리고 이 사실은 대단히 중요한 점을 설명해준다. 즉 단군조선이 이와 같았다면 그 이전의 배달국과 한국 또한 동일한 것으로 볼 수 있는 것이다.

단군조선의 47분의 단군이 어떻게 단군지위를 계승했나하는 것은 다음과 같다.

1세	단군왕검 - 창업주	2세	부루 - 태자
3세	가륵 - 태자	4세	오사구 태자
5세	구을 - 양가羊加	6세	달문 - 우가牛加
7세	한율 - 양가羊加	8세	우서한 -불명
9세	아술 - 태자	10세	노을 - 우가牛加
11세	도해 - 태자	12세	아한 - 우가牛加
13세	흘달 - 우가牛加	14세	고불 - 우가牛加
15세	대음 - 불명	16세	위나 - 우가牛加
17세	여을 - 태자	18세	동엄 - 태자
19세	구모소- 태자	20세	고홀 - 우가牛加
21세	소태 - 태자	22세	색불루 - 욕살[25]
23세	아홀 -태자	24세	연나 - 태자
25세	솔나 -태자	26세	추로 - 태자
27세	두밀 - 태자	28세	해모 -불명
29세	마휴 - 불명	30세	내휴 - 태자
31세	등올 - 태자	32세	추밀 - 아들 (子)[26]
33세	감물 - 태자	34세	오루문-태자
35세	사벌 - 태자	36세	매륵 - 태자
37세	마물 - 태자	38세	다물 - 태자
39세	두홀 - 태자	40세	달음 -태자
41세	음차 - 태자	42세	을우지-태자
43세	물리 - 태자	44세	구물 - 욕살
45세	여루 - 태자	46세	보을 - 태자
47세	고열가 단군 물리의 현손		
	단군 고열가의 시대에 해모수단군이 웅심산에서 내려와 군대를 일으켰다. 해모수가 백악산을 습격하고 점령하여 스스로를 천왕랑이라 칭했다. 이로서 단군조선은 47 세로 막을 내리고 북부여가 일어났다.		

표6 단군조선 47분의 단군지위 계승

단군조선에서 단군의 지위에 오른 분은 창업자 1분, 태자 29분 , 양가 2분, 우가 7분, 욕살 2분, 아들(子) 1분, 불명 4분, 현손 1분 총 47분의 단군이다.

이중에서 대중들의 추대로 단군이 된 분도 기록으로 밝혀진 것만으로도 제6세 단군달문은 우가牛加로서 뭇사람으로부터 뽑혀 대통을 계승했다. 47세 단군 고열가도 무리의 추대를 받아 단군을 계승했다. 물론 초대단군 왕검께서도 추대를 받아 단군조선을 창업하셨다.

그 외에 오가 중에서 단군이 된 분들도 대중의 지지를 받는 분들이 선출에 의해 계승했을 것이다.

세계의 그 어느 나라의 어느 왕조에도 이처럼 서로 다른 부족의 지도자 혈통의 왕으로 이어지되 대부분이 평화적으로 계승된 예는 다시 찾을 수 없을 것이다. 오로지 아메리카 대륙의 인디언 연방국가에서만 찾을 수 있는 예일 것이다.[27]

단군조선의 단군지위는 이처럼 역동적으로 계승되었다. 그 만큼 단군조선은 수평적 평등구조라는 사실을 잘 말해준다.

이 내용은 한단고기의 단군세기의 것이다. 그런데 규원사화에도 단군세기가 담겨있다.

그러나 규원사화는 대다수의 단군이 아들로 전해졌다고 기록되어있다. 이는 규원사회의 단군세기가 필사본으로 전해지는 과정에서 중화주의 유교이론에 물든 누군가가 기록을 삭제했을 가능성이 있다. 중화주의 유교이론으로 볼 때 단군의 지위가 오가에서 선출되거나, 대중에 의해 선출되거나 또는 힘 있는 제후들에 의해 차지되는 경우는 상상조차 할 수 없기 때문이다. 단 단군

---

25) 2세 단군 색불루는 억지로 우현왕이 된 욕살 고등의 손자이다. 고등은 군대를 일으켜 세력을 키운 지도자이다.

26) 32세 단군 추밀은 태자가 아니라 아들 (子)로 표시되어있다. 태자의 太자의 탈자인지 알 수 없다.

27) 한단고기를 위서라고 주장하는 사람들이 있어왔다. 그리고 위서僞書란 어떤 진짜 책에 대한 가짜 책이다. 그런데 한단고기에 담긴 민주주의의 내용은 어디에도 없는 우리만의 독특한 역사들이다. 비슷한 내용이 없는 이 한단고기를 어떻게 위서라고 말할 수 있겠는가?

의 아우가 단군직을 계승한다는 기록이 있다.

25세 솔나단군이 24세 연나단군의 아우로 기록되어있다. (弟, 率那立.), 38세 다물단군은 아우인 진번후가 단군이 되었다고 기록했다. (眞番侯立, (王)[壬]俭 弟多勿.)

① 단군조선 9한 통국九桓統國

단군조선은 삼조선三朝鮮인 진조선, 번조선, 막조선의 삼조선으로 이루어 진 연방국가였다. 그리고 그 삼조선은 다시 9한九桓으로 이루어진 것으로 알 려져 있다.

한족들이 구이로 불렀던 아홉 개의 민족공동체를 우리민족은 구한九桓으 로 불렀다. 단군조선의 단군왕검께서 구한을 통합[28]했다는 것은 이같은 구한 을 하나로 묶는 연방국가를 만들었음을 말한다.

구이九夷는 흔히 아홉가지 이족夷族을 의미하는 말로 알려져 있다.『후한서 後漢書』동이전東夷傳에 구이의 구체적 명칭으로 견이畎夷·우이于夷·방이方夷· 황이黃夷·백이白夷·적이赤夷·현이玄夷·풍이風夷·양이陽夷가 나온다.

이 구이九夷를 구한九桓 또는 구한九韓으로 볼 수 있을 것이다.

삼한三韓의 민주주의 기록

삼한三韓으로 알려진 마한, 진한, 변한은 모두 많은 수의 나라들이 모인 국 가라는 점이 기록에 남아있다. 동이전은 마한이 무려 54개국이 모여 만들어 졌고, 진한과 변한이 각각 12개 국가가 모여 만들어진 국가라는 사실을 기록 하고 있으며 그 국가들의 이름들까지 전하고 있다.

---

28) 統合九桓三韓管境 계연수, 『한단고기』, 삼신제오본기

이 기록이 실로 중요한 기록이라는 사실은 인디언 민주주의가 연방국가로 이루어져있다는 사실이 밝혀졌기 때문이다. 이는 아메리카 인디언의 민주주의가 이루어진 연방국가의 방식이 우리민족의 고대국가에도 동일하게 이루어졌었다는 중요한 근거가 된다.

중화주의 유교처럼 중앙집권적인 국가만을 생각해온 우리에게 이 삼한이 많은 국가들이 모여 만들어진 연방국가라는 사실은 놀라움을 준다. 삼한이 많은 나라가 모여 연합한 연방국가라는 사실은 그 이전에 존재했던 단군조선과 배달국과 한국이 또한 같은 모습이었음을 쉽게 짐작할 수 있다.

그리고 우리민족이 민주평원의 존재사실이 밝혀짐으로서 삼한의 역사는 처음부터 다시 재정립할 필요가 있을 것이다. 즉 삼한은 민주평원의 문명과 하나였으리라는 것이다.

(1) 마한 54국

동이전에 따르면, 마한 54소국은 큰 나라는 1만여 가, 작은 나라는 수천 가로서 모두 합하면 10여 만 호가 된다고 한다. (大國萬餘家 小國數千家 總十餘萬戶)

후한서後漢書에 의하면 각 소국에는 거솔이라는 우두머리를 두는데, 세력의 대소에 따라 신지, 검측, 번지, 살해, 읍차邑借라 불렀다. 땅은 비옥하고 오곡을 가꾸기에 알맞다. 누에를 칠 줄 알고, 비단과 베를 짠다. 소와 말을 타고 다닌다. 시집, 장가가는 데는 예의로써 한다. 길을 다닐 때는 서로 양보한다 (김재송 외, 1999). 마한 54국의 이름은 다음과 같다.

원양국爰襄國, 모수국牟水國, 상외국桑外國, 소석삭국小石索國, 대석삭국大石索國, 우휴모탁국優休牟涿國, 신분고국臣濆沽國, 백제국伯濟國, 속로불사국速盧不斯國, 일화국日華國, 고탄자국古誕者國, 고리국古離國, 노람국怒藍國, 월지국月支國, 자리모로국咨離牟盧國, 소위건국素謂乾國, 고원국古爰國, 막로국莫盧國, 비

197

리국卑離國, 점리비국占離卑國, 신흔국臣釁國, 지침국支侵國, 구로국狗盧國, 비미국卑彌國, 감해비리국監奚卑離國, 고포국古蒲國, 치리국국致利鞠國, 염로국冉路國, 아림국兒林國. 사로국駟盧國, 내비리국內卑離國, 감해국感奚國, 만로국萬盧國, 벽비리국辟卑離國, 구사오단국臼斯烏旦國, 일리국一離國, 불미국不彌國, 지반국支半國, 구소국狗素國, 첩로국捷盧國, 모로비리국牟盧卑離國, 신소도국臣蘇塗國, 막로국莫盧國, 고랍국古臘國, 임소반국臨素半國, 신운신국臣雲新國, 여래비리국如來卑離國, 초산도비리국楚山塗卑離國, 일난국一難國, 구해국狗奚國, 불운국不雲國, 불사분사국不斯濆邪國, 원지국爰池國, 건마국乾馬國, 초리국楚離國, 범오십여국凡五十餘國, 대국만여가大國萬餘家, 소국수천가小國數千家, 총십만여호總十餘萬戶2[29]

(2) 변한, 진한 24국

후한서에 "변진과 진한은 서로 섞여 살며 성곽과 의복은 모두 같고 언어와 풍습 다른 데가 있다. 그 나라 사람들의 모습은 모두 장대하고 아름다운 머리카락을 가지고 있으며 의복은 청결하다. 형벌은 엄하고 까다롭다." (김재송 외, 1999)

변한과 진한의 24국의 이름은 다음과 같다.

이저국已柢國, 불사국不斯國, 변진미리미동국弁辰彌離彌凍國, 변진접도국弁辰接塗國, 근기국勤耆國, 난미리미동국難彌離彌凍國, 변진고자미동국弁辰古資彌凍國, 변진고순시국弁辰古淳是國, 염해국冉奚國, 변진반로국弁辰半路國, 변[진]락

---

29) 三國志 魏書 烏丸鮮卑東夷傳 第三十 韓
원문에는 총 55국인데 막로국莫盧國이 겹치므로 54국으로 말해지는 것 같다. 겹치는 막로국莫盧國이 중복되는 같은 나라인지 아니면 다른 나라로서 오자인지는 알 수 없다. 위의 예문은 동이전 내용을 그대로 옮긴 것이다. (맹구송, 2000. 김재선 외, 1999)

노국弁[辰] 樂奴國, 군미국(변군미국)軍彌國(弁軍彌國), 변진미오야마국弁辰彌烏邪馬國, 여감국如湛國, 변진감로국弁辰甘路國, 호로국戶路國, 주선국(마연국)州鮮國(馬延國), 변진구야국弁辰狗邪國, 변진주조마국弁辰走漕馬國, 변진안야국(마연국)弁辰安邪國(馬延國), 변진독로국弁辰瀆盧國, 사로국斯盧國, 우유국優由國, 변진한합이십사국弁辰韓合二十四國, 대국사오천가, 소국육칠천가小國六七百家, 총사오만호總四五萬戶[30]

우리는 이제 단군조선이 인디언민주주의와 동일한 방법으로 지도자를 선출했음을 확인했고 또한 연방국가였음을 확인했다. 이는 그 이전의 한국역시 연방국가였고 또한 그 이후인 삼한 역시 연방국가였음을 확인했다.

이 사실들은 인디언 민주주의와 맞물리며 우리의 고대국가가 인디언 민주주의와 동일한 형태의 민주주의를 했음을 알 수 있게 한다.

그리고 『우리는 99%에서 한사상으로』에서 살펴본 훈족이 곧 민주주의적인 연방국가임과도 맞물린다. 다시 말해 서양문명의 상징인 로마를 파괴한 서양문명의 채찍은 다름 아닌 훈족의 민주주의적인 연방이라는 정치제도였다는 사실이다. 즉 로마 군주정의 독재주의 정치제도를 훈족의 민주주의적인 연방이 격파한 것이다. 그리고 그 훈족의 정치제도는 단군조선의 것이었다는 사실이다.

특히 『우리는 99%에서 한사상으로』 설명한 훈족의 연방은 이미 살펴본 인디언 민주주의의 잉카연방의 것과 놀랍도록 비슷하다. 그리고 훈족이 신라와 가야에서 출발했음은 독일의 학자들이 분명히 증명했다. 따라서 우리는 우리의 삼국사기나 삼국유사에서 알지 못했던 신라와 가야가 또한 훈족의 정치제도와 같은 것이며 이들 모든 국가의 모체가 바로 우리민족의 고대국가의 연방국가임을 알 수 있게 되는 것이다.

---

30) 三國志 魏書 烏丸鮮卑東夷傳 弁辰 (빵구송, 2000. 김재선 외, 1999)

천부경과 삼일신고와 366사는 민주주의의 이론체계를 분명하게 전한다. 이 경전들이 환국桓國과 배달국에서 전한 경전이다. 이 경전들의 민주주의 원리가 인디언 민주주의와 훈족의 민주주의적 연방을 설명한다는 점과 함께 맞물리면서 우리민족 고대국가의 민주주의를 설명해주고 있다.

제3장 초연결시대 민주주의와 생명의 과정

제3장은 민주주의의 과정인 민주주의의 기본법칙과 7가지 민주주의의 법칙을 수식과 도형과 부호와 철학이론과 실험데이터로 설명하는 장이다.

아래의 세 가지는 민주주의 전반과 우리나라의 민주주의를 이해하는 일에 꼭 필요하다. 이 세 가지를 살펴보고 나서 민주주의의 전체 과정을 다루는 것이 순서일 것이다.

○ 군중의 시대에서 대중의 시대로
○ 대중의 시대
○ 한국혁명과 미국혁명, 프랑스혁명, 러시아혁명의 차이

먼저 우리는 독재주의와 과두주의 시대의 군중과 민주주의 시대의 대중을 구분할 필요가 있다.

또한 무엇보다도 인류를 이끌 민주주의 혁명은 우리나라에서 이미 오래 전부터 일어나고 있으며 그것이 곧 한국혁명이다. 이 한국혁명은 산업시대에 일어난 미국혁명과 프랑스혁명과 러시아혁명과는 근본적으로 다른 민주주의 혁명이다.

우리가 맞고 있는 이 초연결시대는 인공지능과 로봇을 비롯한 여러 과학 기술들이 현실을 지배하는 격변의 시대이다. 그러나 인공지능과 로봇을 비롯한 과학기술이 아무리 우수해도 그것은 생명이 없는 기계로서 인간이 가지고

있는 자율과 자치의 능력을 가질 수는 없다. 그러므로 가장 중요한 정치의 영역에서 인공지능과 로봇이 인간을 능가할 수 없다.

산업시대의 기계가 인간의 육체의 능력을 연장하는 도구였다면 4차 산업혁명/초연결시대의 인공지능은 인간의 지적인 능력을 연장하는 도구이다.

하지만 인간이 자율과 자치의 능력을 가지지 못하고 인간이 타율과 지배에 구속되는 독재주의나 과두주의의 경우에 인간은 생명과 지적능력을 가지고 있다 해도 기계로 움직이는 인공지능과 로봇의 지적능력보다 우월하다고 말할 근거가 없어진다. 인공지능과 과학기술이 극도로 발달한 초연결시대의 진정한 문제는 이것이다.

즉 독재주의나 과두주의는 본질적으로 정치제도가 전체 대중을 무시하고 한명이나 소수의 지배자의 부와 권력을 유지하기 위해 전력을 다하기 마련이다.

4차 산업혁명/초연결시대에 인공지능이나 로봇 등의 최첨단 과학기술이 그들 한 명 또는 소수의 지배자들을 위해 사용된다면 인간의 자율과 자치의 본성 그 자체가 파괴될 것이며 그것은 인류전체의 악몽으로 다가올 것이다.

이러한 국가는 과학기술 발달로 인한 대량실업의 위기를 극복할 수 없고 또한 타율과 억압은 극심한 혼란의 참담한 미래를 만들 것이다.

버나드 쇼는 『페이비언 사회주의』에서 마르크스가 유명한 『고타강령』[31]에서 정면으로 비판한 사회주의자 페르디난트 라살레[32]가 "사회는 96명의 프롤레타리아와 4명의 자본가로 구성되어 있다. 그것이 당신의 국가이다." (조지 버나드 쇼 외, 2006)라고 말한 주장을 소개한다.

---

31) 마르크스는 그의 유명한 『고타강령 비판』에서 "라살레는 공산주의당 선언이나 이전의 모든 사회주의와는 반대로 노동자 운동을 가장 편협한 민족적 관점에서 파악하였다. 사람들은 이런 관점에서 라살레는 따르고 있다."고 비판했다. (칼 마르크스, 1990)

32) (조지프A. 아마토, 2006) . 페르디난트 라살레(Ferdinand Lassalle, 1825년~1864년)는 독일의 사회주의자 및 혁명 사상가로 독일 사회민주당의 전신인 전 독일 노동자협회의 창설자이다. 위키 백과.

즉 자본주의 국가를 100%으로 볼 때 지배계급인 자본가 4%와 피지배계급인 프롤레타리아 96%로 조직된다는 것이다.

그러나 사회주의자 라살레가 비판하는 이 자본주의 국가의 정치구조는 사회주의 국가의 정치구조에도 똑같이 적용되는 것이다. 즉 사회주의 국가는 지배계급인 당 간부 4%와 피지배계급인 인민 96%로 구성된다고 할 수 있다. 이 양자는 모두 과두주의에 불과한 것이다.

이와 같은 자본주의와 사회주의 국가들의 속성은 지금도 크게 달라진 것이 없다. 그리고 이 정치제도들에게 산업사회를 넘어선 초연결시대의 과학기술이 발달한 미래의 국가를 운영할 능력이 있을 리가 없다.

따라서 오로지 민주주의만이 대중 전체의 권력과 부를 위해 자율과 자치의 능력으로 작동되는 정치제도이다. 민주주의는 과학기술이 발달하면 할수록 대중 전체의 집단지혜는 물론 뛰어난 재능을 가진 인재들과 부자들의 능력을 최대한 발휘하도록 보장한다.

민주주의는 주권자인 국민 스스로 국가를 다스리는 공적영역 36%와 국민 스스로 지배받는 사적영역 64%를 이룬다. 여기서 공적영역인 국가의 공직은 추첨을 통해 국민이 번갈아가며 가지는 것이다. 그리고 중요한 공직은 선거로 선출하는 것이다. 이러한 국가는 국가가 공직에서 대량으로 일자리를 만들므로 과학기술로 인한 대량실업은 문제가 되지 않는다.

이것이 민주주의의 제2법칙 100=36+64이다. 이 법칙은 우리민족의 고유한 경전들에 내장된 원리를 우리나라의 LG전자 연구소의 실험실에서 엄밀하고 구체적이며 객관적인 과학적 실험을 통해 증명한 것이다. 그리고 민주주의는 제 3,4,5 법칙으로 이어지는 과정을 통해 점진적으로 완성된다. 따라서 민주주의 국가는 과학이 발전하면 할수록 더욱더 사람이 사람답게 사는 평등하고 행복한 세상을 만들어나갈 수 있게 되는 것이다.

우리는 이 문제를 다루기 위해 군중과 전혀 다른 인간 공동체인 대중이 무엇인지를 살펴볼 필요가 있다. 나아가 자연의 생태공동체와 동일한 생명의 과정을 진행하는 민주주의의 과정이 무엇인지를 그 전체 과정을 통해 자세하게 알 필요가 있다.

군중의 시대에서 대중의 시대로

군중群衆은 자기조직화를 할 수 있는 자율과 자치의 능력이 없다. 어느 면에서 군중은 자기 파괴적이기도 하다. 따라서 군중은 과두주의와 독재주의의 정치제도에서 억압받을 수밖에 없다.

반면에 대중大衆은 자율과 자치의 능력을 가지고 있다. 뿐만 아니라 자기조직화를 통해 민주주의의 과정을 진행할 능력이 있다는 점에서 군중과 확연하게 구분된다.

자율과 자치를 모르는 군중群衆이 아니라 민주주의를 운영할 대중大衆이 등장하는 대중의 시대와 그 무대는 다른 곳이 아니라 우리나라이다. 그리고 그 혁명은 미국혁명, 프랑스혁명, 러시아혁명과 근본적으로 다른 것이다. 나는 이 민주주의 혁명을 한국혁명이라고 부르고자한다.

한국혁명의 대중은 갑오농민전쟁에서부터 3.1 운동과 임시정부, 해방후 농지개혁, 한국전쟁 그리고 산업화시대와 민주화시대에 이어 복지화시대를 거쳐 초연결시대에 이루어지는 민주주의 시대로 향하고 있다.

우리는 민주주의를 창조할 대중을 알기 위해 먼저 그 대중과 전혀 다른 독재주의와 과두주의 시대의 군중을 이해할 필요가 있다.

르봉 (1841~1931)은 고전이 된 『군중심리』에서 군중들이 새로운 산업시대의 지배자가 됨으로서 미래는 명실상부한 군중의 시대가 될 것으로 내다보았다.

이전에는 논란의 여지조차 없는 것으로 여기다가 오늘날 운명을 다했거나 사멸하고 있는 수많은 사상들의 잔해, 그리고 연발하는 혁명이 파괴한 권위 원천들의 잔해로 가득한 폐허에서 그것을 대신하여 유일하게 성장한 이 군중세력은 다른 모든 세력을 급속히 흡수해버릴 듯이 보인다. 우리가 오랫동안 품어온 모든 신념이 비틀대며 사멸해가고 사회를 버텨온 낡은 기둥들도 하나씩 무너져가는 이 시대에 군중세력은 아무도 대적할 수 없는 유일한 세력일 뿐 아니라 그 세력의 특권도 꾸준히 증대하고 있다. 이제 막 우리가 진입한 시대는 명실상부한 군중의 시대가 될 것이다. (Gustave Le Bon, 2008)

르봉의 말처럼 르봉의 시대에 막 진입한 산업시대는 명실상부한 군중의 시대였다. 군중은 폭동을 넘어 혁명을 일으키며 미국혁명, 프랑스혁명, 러시아혁명 등을 주도했다. 그러나 그 군중은 아직 스스로 권력을 가지고 스스로 국가를 지배하고 스스로 지배받는 대중은 아니다.

노벨 문학상을 수상한 엘리아스 카네티는 그의 주저 『군중과 권력』에서 군중의 성격을 이렇게 말한다.

인간은 함께 모임으로서만 간격의 질곡으로부터 해방될 수 있는데, 바로 이것이 군중 속에서 일어난다. 방전을 통하여 온갖 괴리가 사라지고 모든 구성원이 평등감을 느끼게 된다. 몸이 밀고 밀리는, 틈이라고는 거의 없는 밀집상태 속에서 각 구성원은 상대를 자기만큼이나 가깝게 느끼게 되며 결국 커다란 안도감을 느끼게 된다. 아무도 나보다 위대한 것도 나을 것도 없는, 이 축복의 순간을 맛보기 위해 인간은 군중을 형성하는 것이다. 그러나 그토록 염원하였고 그토록 행복스러운 이 방전의 순간은 그 자체가 위험성을 가지고 있다. 방전의 순간은 근본적으로 환상에서 비롯된 것이다. (엘리아스 카네티, 1993)

카네티는 인간은 밀집된 대형으로 군중을 이룰 때 평등감을 느끼지만 그 군중은 단지 환상에 불과하다는 것이다. 과연 산업시대에 출현한 수많은 군중은 그 평등감을 느끼며 이룰 수 없는 환상을 좇아 마치 불나비처럼 불을 향해 달려든 것이다.

하지만 그 군중이 행동한 결과 얻어진 과실은 언제나 군중이 아니라 군중을 억압하고 짓밟는 소수의 지배자들에게 돌아갔다. 미국혁명, 프랑스혁명, 러시아혁명 모두 마찬가지이다. 군중은 단지 자본주의나 사회주의라는 과두주의의 소수 지배자들에게 이용당하고 조종당한 것에 불과하다.

현대산업사회에서 개인의 소외를 대변한 데이비드 리스먼은 역시 고전이 된 『고독한 군중』에서 현대인을 또래집단 또는 친구집단의 영향에 따라 행동하는 타자(외부)지향형으로 구분했다.[33] 현대인은 자기 자신보다는 늘 타자에게 관심을 가지고 그들로부터 격리되지 않고 적응하려고 한다는 것이다.

그런데 이 또래집단, 친구집단은 또한 매스컴의 영향을 받는다. 그런데 그 매스컴은 권력과 돈의 영향을 받는다는 것이 현대를 사는 군중들의 진정한 문제가 된다. 따라서 군중에 대한 정보조작과 선전선동이 현대의 중요한 문제로 등장한다.

따라서 '정보조작의 아버지', '선전의 교황', '민주주의의 암살자'라고 불리는 에드워드 버네이스가 그의 유명한 『프로파간다』에서

세상이 점점 복잡해지고 지식수준이 높아질수록 점점 힘을 잃게 되는 선전은 거짓되거나 비사회적인 선전밖에 없다. (에드워드 버네이스, 2011)

라고 당당하고 뻔뻔스럽게 주장한다. 바로 이와 같은 정보조작과 선전이

---

33) 원시적 전통사회에서의 인간형을 과거를 행위모형의 주요 기준으로 삼는 전통지향형(tradition directed type)과 19세기의 초기 공업시대의 인간형을 가족에 의하여 일찍부터 학습된 어떤 내면화된 도덕과 가치관이 인간행위 주요 기준이 되는 내부지향형(inner directed type)으로 구분했다.

가지는 거짓과 속임수, 비사회적인 선전을 히틀러와 괴벨스가 국가철학으로 사용한 것은 조금도 이상한 일이 아니다.

그리고 이 시대의 국가와 기업이 이 정보조작과 속임수를 폭넓게 사용하는 것 또한 이상한 일이 아니다.

이 모두는 소수가 다수를 지배하는 과두주의를 철학이론으로 플라톤이 『국가』에서 말한 이른바 '훌륭한 거짓말'[34]에서 비롯되었음 또한 조금도 놀라운 일이 아니다.

다만 이 시대의 군중은 과거의 군중보다 훨씬 더 대규모로 밀집된 도시에 살기 때문에 고도의 정보조작과 선전이 정치와 경제 등 모든 분야에 필요한 것이다.

버네이스는 이렇게 말하며 그의 『프로파간다』를 끝낸다.

> 선전은 결코 사라지지 않는다. 현명한 사람일수록 선전은 생산적인 목표를 달성하고 무질서를 바로잡는 데 필요한 현대적 도구라는 점을 직시한다. (에드워드 버네이스, 2011)

산업사회의 군중은 스스로 자율성을 갖지 못했다. 그리고 구차하게 타인의 인정을 받는 것으로부터 고독을 벗어나려고 했다. 현대의 정보조작과 선전의 기술자들은 자본주의와 사회주의를 막론하고 이와 같이 어리석은 군중을 마음껏 이용하고 부려먹고 노예로 삼는 것이다.

이제 독재주의와 과두주의에서 스스로 국가의 주인이 되어 자율과 자치를 이루지 못하고 단지 이용당하고 조종당하면서 끝없는 저항만을 일삼던 군중의 시대는 지나갔다. 그리고 스스로 자율과 자치를 통해 스스로 국가의 주인이 되는 위대한 대중의 시대가 열린 것이다.

---

34) 플라톤, 1997

대중의 시대

대중은 용기와 결단력을 가지고 자기 조직화하여 민주주의의 과정을 운영하며 당당하게 국가의 주인이 된다. 반면 군중은 스스로는 자율과 자치의 능력이 없어 선거나 국가고시로 소수의 대표를 뽑아 그들의 지배를 받는다. 그 소수의 대표들은 다수 군중의 눈치를 보며 책임회피에 급급하며 자기 파괴적인 과두주의를 운영한다.

어느 문명이든 처음 시작할 때는 지배와 피지배의 수직적 계층구조가 아니라 수평적 평등구조로 시작하는 경우가 많다. 세계를 재패한 마케도니아의 알렉산더의 군대는 철저하게 민주적이었다. 그리고 알렉산더가 동방원정에 나설 때 기병 5천에 보명 3만명이었다. 이 3만5천의 군대는 아테네 민주주의 전성기의 시민권자의 숫자보다 많은 것이었다.

> 알렉산드로스 대왕은 말한다. 『이 모든 역경을 통해 내게 남은 것은 무엇인가? 이 보라색 옷과 왕관뿐이지 않는가? 나는 나 자신을 위해서는 아무것도 소유하지 않았다 …… 너희와 똑같이 먹고 똑같이 잤다. 너희 중 미식가들만큼이나 잘 먹지도 않았다고 생각한다. 또한 내가 알기로는 , 너희가 편히 잘 수 있도록 친히 보초를 서기도 했다.』(볼프 슈나이더, 2015)

이처럼 왕인 알렉산더는 부하들과 똑같이 먹고 자고 심지어는 부하들을 위해 불침번을 설 정도로 완벽한 민주주의로 행동했다. 알렉산더의 군대는 하나의 국가였고 그 국가는 자기조직화로 움직이는 민주주의적이었다.

로마 역시 처음에는 민주적인 동맹을 이루어 그들에게 시민권을 공평하게 나누어줄 정도로 개방적인 국가였다. 이는 그 이전 그리스문명의 폐쇄성과는 근본적으로 달랐다.

그러나 마케도니아는 군주주의를 택하고 있었고 알렉산더 사후 분열되며 또한 왕조가 되었다. 로마도 민주주의가 아니라 과두주의를 택하여 국가의 권력을 소수의 지배자가 차지했었다. 왕정이 된 로마가 멸망하기 직전에는 불과 2000명이 로마제국의 땅을 나누어 소유한 극심한 불평등의 국가가 되었다. 에드워드 기번은 『로마 제국 쇠망사』에서 이렇게 말한다.

> "이탈리아 각 지역은 본디 그 지방의 자유민들이 토지를 소유하고 있었다. 그 후 탐욕스러운 귀족들에게 매수되거나 빼앗기게 되어, 공화제 말기에 이르러 사유재산을 가진 시민은 불과 2,000명에 지나지 않는 상황이 된다." (에드워드 기번, 1988)

국가 내에서 군중이 모일 때도 처음에는 대개 민주적이다. 군중의 내부는 계급이 없이 시작한다. 우리가 스포츠경기가 열리는 운동장을 찾는 이유 중 하나는 적어도 그 운동장 안에 모든 군중들은 계급 없이 평등하기 때문이 아니겠는가?

그러나 그 군중이 정권을 전복하여 새로운 정권을 만들 때는 어김없이 중앙집권적인 수직적 계층구조가 나타났다.

인간이 공동체를 만들 때 그 시작이 민주적인 것은 수렵채집시대에 확정된 인간의 본성에 가까운 것이다. 그러나 농경시대와 산업시대에는 이 때 만들어진 군중들이 스스로가 국가의 주인이 되어 스스로가 자율적으로 국가를 다스리고 스스로에게 다스림을 받는 대중이 되지는 못한 것이다.

구텐베르크의 인쇄혁명은 단지 봉건시대에 극소수의 성직자와 귀족만이 알던 문자를 소수의 평민계층도 알 수 있게 만들어 부르주아 혁명을 가능하게 하고 그 반대편에서 당 간부가 지배하는 일당독재의 공산주의 혁명도 가능하게 해주었다.

그러나 그럼에도 불구하고 이들 산업시대의 혁명들은 모두 소수의 지배자들이 대수를 지배하는 과두주의에 불과했다.

하지만 인간과 인간 사물과 사물이 연결되는 초연결시대의 혁명은 누구도 배제하지 않고 대중 전체가 정보를 다룰 수 있을 뿐 아니라 거의 완전히 단절되었던 인간과 인간이 다시 서로 밀접하게 연결하고 만물과 함께 연결하며 세상을 바꾸고 있다. 물론 아직은 시작단계에 불과하다.

이와 같은 초연결시대에는 소수가 다수를 지배하기 위해 반드시 필요한 속임수와 폭력이 더 이상 유효하지 않다.

지난 3천 년간 민주주의는 전문학자들 이외에는 알려지지 않았다. 대신 과두주의가 민주주의의 이름을 달고 민주주의인 것처럼 행세했다. 그러나 그러한 철학적 사기와 속임수는 초연결시대에는 더 이상 통하지 않는다.

초연결혁명은 부르주아나 프롤레타리아의 혁명이 아니라 누구도 배제하지 않는 '우리는 100%'를 형성하며 수평적 평등구조의 네트워크 위에서 일어나는 대중의 혁명을 가능하게 한다. 이른바 민주주의 혁명이다.

이른바 군중의 시대에서 대중의 시대로의 대혁명은 어떤 영웅이나 천재가 만드는 것이 아니다. 대중을 이루는 개개인이 민주주의를 이해하고 학습하고 연대하는 그 자체가 이미 민주주의 혁명의 시작이다.

한국혁명과 미국혁명, 프랑스혁명, 러시아혁명의 차이

한국혁명은 갑오농민전쟁에서 시작하여 5.18 광주민주화운동에 이르는 120년간 우리민족이 전개해온 운동은 민주주의의 과정적 실행 그것이었다.

우리 한민족이 나라를 세운이래 지속된 우리의 사고와 행동의 틀이 지난 120년간 쉬지 않고 발현된 이 한국혁명은 따로 한 권의 책으로 설명한다고 해도 부족할 정도로 많은 내용을 담고 있으며 또한 세계사적으로도 중요하다.

프랑스혁명은 산업혁명과 부르주아지의 발흥 그리고 봉건주의를 비판하는 계몽사상의 출현 등이 원인이 되었다.

즉 구체적인 영역에서는 상업화와 산업혁명이 밀려오고, 추상적인 영역에서는 봉건주의를 무너뜨리는 계몽사상이 출현했다. 이 양자가 서로 통합되며 미국혁명과 프랑스혁명과 러시아혁명이 일어났다.

우리나라도 상업화와 산업혁명 그리고 계몽사상이 세계를 휩쓸며 혁명을 일으킬 때 그 변화에 적응하기 시작했다.

한국혁명은 이때부터 발동되기 시작한 것이다. 그리고 3·1운동과 독립운동, 해방 후 농지개혁, 한국전쟁, 4·19혁명, 부마항쟁, 5·18 광주민주화운동, 6·10항쟁, 그리고 산업화에 이은 민주화와 정보화혁명에 이어 현재의 초연결시대의 민주주의 혁명에 이르도록 한국혁명은 여전히 진행 중이다.

한국혁명은 갑오농민전쟁에서 시작하여 3·1운동과 임시정부의 독립투쟁을 그 바탕으로 한다. 그리고 직접적으로는 대한민국 정부수립 후 농지혁명에서 밑바탕이 마련되고 경제건설과 민주화 그리고 현재의 복지국가와 초연결시대로 이어지고 있다. 여기까지는 다른 나라에서도 이루어진 것이다.

그러나 민주주의는 이제부터가 시작이다. 이 민주주의는 한국혁명을 피와 땀과 눈물로 끈질기게 과정적으로 진행하고 있는 우리 한민족에게서 그 모습을 드러내고 있다.

6. '우리는 100%'와 '45도의 혁명'-민주주의의 기본법칙
- 과두주의에서 민주주의로의 혁명 -

구글, 삼성, 페이스 북, 애플 등이 사용하는 플랫폼 생태공동체를 간단히 살펴보자. 이 생태공동체는 무엇보다 먼저 기업들이 사용자들에게 유용한 서비스를 누구에게도 배제하지 않고 평등하게 무료로 제공함으로서 '우리는 100%'를 이룬다. 그리고 이 사용자들을 필요로 하는 광고주에게 광고를 팔아 이윤을 남긴다.

이 플랫폼 생태공동체에는 자유롭고 평등한 가운데 운영된다. 어떤 폭력도 프로파간다도 사용하지 못한다. 그럼으로써 수평적 평등구조인 '45도의 혁명'이 이루어진다.

이 플랫폼 생태공동체에는 어디에도 한 사람 또는 소수의 지배자가 속임수와 폭력과 프로파간다로 다수의 군중을 억압하지 않는다. 오히려 기업은 이메일, 동영상서비스, 지도, 사람과 사람을 연결하는 서비스 등의 긴요하고 편리한 서비스를 무료로 사용자들에게 제공한다.

구글, 삼성, 페이스 북, 애플 등이 만드는 이와 같은 생태공동체에는 플라톤과 동중서가 주장하는 지배와 피지배의 이원론철학이 만들어내는 수직적 계급구조는 아예 발을 붙일 여지조차 없다.

이들의 생태공동체는 지난 3천 년간 동서양의 그 어떤 철학도 설명할 수 없었던 '우리는 100%'와 '45도의 혁명'으로 시작하는 민주주의의 생명의 과정이 그 작동원리로 작용하고 있는 것이다.

이들 기업과 사용자와 광고주들은 생태공동체를 스스로를 자기 조직화하여 과정을 진행한다. 초연결시대에는 이와 같은 플랫폼 생태공동체가 기업뿐아니라 국가에도 적용되는 것이다.

민주주의는 이와 같은 플랫폼 생태공동체를 정치제도로 전환하여 운영하는 것이다. 민주주의는 수평적 평등구조를 만듦으로서 시작된다. 그럼으로써 대중의 집단적인 지혜와 집단적인 능력을 확보한다. 그것은 추첨이라는 실행방법으로 확보된다.

인간의 일을 100가지로 분류한다면 그 100가지 일 중에 100가지를 다 잘하는 사람은 없다. 인간은 그 중 단 한 가지 일만 잘 할 뿐이다. 나머지 99가지 일

212

은 다른 사람들이 자신을 위해 대신 해주어야 삶을 꾸려갈 수 있다. 물론 자신이 잘 하는 그 한 가지 일은 다른 99 사람을 위해 해주어야 한다. 그래서 인간은 누구도 배제하지 않고 '우리는 100%'로 하나로 뭉쳐 대중이 될 때 비로소 인간이 된다.

만일 자신이 잘 하는 그 한 가지를 가지고 다른 사람보다 우월하다고 생각하여 다른 사람위에 군림하려 든다면 그는 무지몽매한 사람이다. 왜냐하면 다른 모든 사람들도 한 가지 일에 대해서는 남보다 우월하기 때문이다. 그리고 그 100가지 일은 모두 소중하여 어느 하나가 다른 하나보다 우월하지 않다.

따라서 소수가 다른 민중들보다 우월하다는 가정으로 만들어진 수직적 계급구조는 그 자체가 이미 속임수이며 폭력인 것이다.

이와 같은 수직적 계급구조는 비자연적이고 비인간적이므로 자기 파괴적인 모순을 견디지 못한다. 따라서 언제나 계급구조는 스스로 자기조직화하여 수평적인 평등으로 만들어가려는 압력을 받기 마련이다.

'45도의 혁명'은 민중을 벗어난 대중이 스스로 수직적 계급구조를 수평적인 평등구조로 만드는 혁명이다.

이 '우리는 100%'와 '45도의 혁명'은 민주주의의 기본법칙이다. 이 민주주의의 기본법칙을 만드는 실행방법이 곧 추첨抽籤이다.

국가의 입법부와 사법부와 행정부와 지방정부의 공무원을 가장 과학적이고 철학적인 방법인 추첨抽籤으로 선출하는 것이다. 물론 중요한 공직은 선거로도 뽑는다.

하지만 민주주의가 반드시 추첨으로 뒷받침된다는 아리스토텔레스 식의 생각은 위험하다. 우리가 알아본 바와같이 인디언 민주주의는 선거로 뒷받침되었기 때문이다.

'우리는 100%'와 '45도의 혁명'

인간의 철학적 시선을 어디에 두는 가에 따라 독재주의·과두주의와 민주주의가 결정된다.

인간이 철학적 시선을 우주의 중심에 두고 우리가 사는 지구를 바라본다면 민주주의가 된다. 그러나 그 철학적 시선을 지구에 두고 우주를 바라본다면 독재주의·과두주의가 되지 않을 수 없다.

우리가 지구 위에서 하늘을 본다면 위에는 하늘이고 아래는 땅이다. 따라서 밤이 지나야 낮이 나타나고 낮이 지나야 밤이 나타난다. 이 경우 하늘이 위이고 땅이 아래라는 식의 수직적 계급구조의 사고방식이 나타난다. 또한 밤과 낮을 하나로 묶어 생각하지 못하고 둘로 분리하여 생각하게 된다.

이렇게 지구 위에서 발을 붙이고 하늘을 본다면 수직적 계급구조와 전체를 둘로 나누는 이원론적 사고의 틀이 자연스럽게 생겨날 수밖에 없다. 여기서 독재주의·과두주의가 만들어진다.

그러나 우주의 중심 즉 북극성이나 태양에서 지구를 본다면 어떻게 보이는가? 전혀 다른 모습이 보인다. 새로운 철학과 민주주의는 여기서 출발한다.

태양에서 지구를 본다면 눈에 보이는 쪽은 낮이고 보이지 않는 쪽은 밤이 될 것이다. 낮과 밤이 번갈아 나타나는 것이 아니라 동시에 나타나는 것이다. 그리고 지구와 대기층과 우주가 구분된다.

이 경우 하늘과 땅은 수직적 계급구조가 아니라 수평적 평등구조가 된다. 그리고 밤과 낮은 둘로 나누는 것이 아니라 하나의 틀 안에서 한꺼번에 생각하게 된다.

여기서 민주주의의 기본법칙인 '우리는 100%'와 '45도의 혁명'이 자연스럽게 만들어지는 것이다.

바로 이 구분이 플라톤과 동중서의 이원론이 설명하는 과두주의와 우리민

수직적 계급이론에서 45도의 혁명으로

수직적 계급이론의 모든 양극단은 곧 하늘과 땅과 같이 수직적이다. 그러나 생명
의 과정이론은 모든 양극단은 수평적이다. 따라서 기존의 계급이론의 수직적인
양극단의 아래와 위를 45도 기우려 수평적으로 배치하면 생명의 과정을 설명하
는 천부도天符圖가 만들어진다.

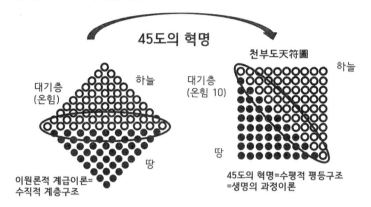

그림 12 수직적 계급이론에서 45도의 혁명으로

족 고유의 경전에 담긴 한사상이 설명하는 민주주의 생명의 과정의 근본적인
차이이다.

　'우리는 100%'와 '45도의 혁명'은 그림 12와 같이 수직적 계급구조를 나타
내는 그림을 45도로 기우릴 때 만들어진다. 이 때 나타난 그림이 곧 민주주의
의 법칙 모두를 설명하게 될 천부도天符圖이다.

　즉 우리민족의 고대경전 천부경과 삼일신고와 366사에 공통적으로 내장된
수식과 도형과 철학이론이 이 그림 천부도天符圖 한 장에서 모두 설명된다.

　이 경전들만이 인간의 철학적 시선을 지구에서 하늘을 보는 것이 아니라
하늘의 중심인 태양과 북극성에서 지구와 인간을 보도록 만들어준다.

　'우리는 100%'와 '45도의 혁명'은 이 같은 철학적 시선의 전환에서 시작되
는 것이다. 즉 이 우리민족 고유의 경전들에 담긴 진리가 지난 3천년간 인간
의 사고와 행동의 틀을 독재주의와 과두주의에서 민주주의로 바꾸어주는 것
이다. 그리고 바로 이 '우리는 100%'와 '45도의 혁명'이 오늘날 흔히 말해지는

지배자들의 갑질과 그 수직적 갑을 구조를 타파하고 대중이 스스로를 자기조직화하여 평등을 만들어내는 수평적 평등관계의 갑을구조를 이루게 해주는 것이다.

(1) 백성百姓과 '우리는 100%'

백성百姓은 백 가지의 성씨들이 하나의 전체가 된다는 말이다. 이는 우리말 '온'과 같다. 12세기 고려시대의 계림유사鷄林類事에는 '백왈온百曰⊠'(孫穆, 1991)이라는 기록이 있다. 다시 말해 '100=온'이라는 말에서 우리는 고려시대만 해도 100을 '온'이라고 불렀다는 것을 알 수 있다. 우리말 온에 대한 내용은 월인석보月印釋譜 (강규선,1998)[35]와 용비어천가龍飛御天歌[36]에서도 확인된다.

온은 100이다. 100은 전체라는 말이다. 즉 백성은 누구도 배제하지 않은 전체로서의 대중大衆과 같은 말이다.

이는 누구도 배제하지 않고 하나가 되는 '우리는 100%'를 의미하는 것이다. 민주주의의 기본이 되는 개념이 곧 백성百姓과 '우리는 100%'를 이룬 대중이다.

(2) 45도의 혁명

사람위에 사람 없고, 사람아래 사람 없다는 것은 철학에 있어서 가장 근본이 되는 원칙이며 동시에 민주주의의 기본법칙인 '45도의 혁명'으로 이루어지는 법칙이다. 누구도 배제하지 않는 '우리는 100%'가 이루어진 다음 '45도의 혁명'이 이루어진다.

---

35) "오는 다섯이요 백은 온이라."라는 내용으로 쓰인 五옹ᄂ다ᄉ시오百빅은오니라.

36) 52장에 "請청으로 온 예와 싸우샤 투구 아니 벗기시면 나라 소민을 살리시리잇가."라는 내용에서 '온 예'는 '모든 왜倭'를 말하는 것이다. 즉 온은 전체라고 설명하는 것이다.

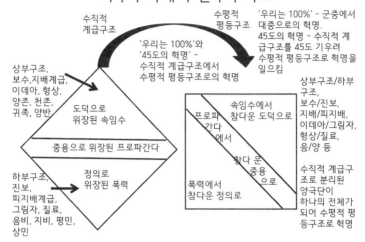

그림 13 '우리는 100%'와 '45도의 혁명'

　　지금까지의 혁명은 180도의 혁명이다. 즉 수직적 계급구조의 상부를 차지하는 "상부구조, 지배계급, 보수, 이데아, 형상, 양존, 천존, 귀족, 양반"이 하부를 차지하는 "하부구조, 피지배계급, 진보, 그림자, 질료, 음비, 지비, 평민, 상민"을 속임수로 위장된 도덕과 정의로 위장된 폭력으로 지배하는 것이다.

　　그리고 주기적으로 이 수직적 계급구조를 180도로 뒤집어 하부를 차지하던 계급이 상부를 차지하는 계급을 몰아내고 대신 지배하는 것이다.

　　이처럼 180도의 혁명은 수직적 계급구조라는 근본적인 정치적, 경제적, 철학적 바탕을 바꾸지 못하고 "위에서 아래로 그리고 아래에서 위로"의 방향만 다람쥐 쳇바퀴 돌듯 끊임없이 바꾸는 것에 지나지 않았다.

　　45도의 혁명은 과두주의의 수직적 계급구조를 45도 기우림으로서 민주주의의 수평적 평등구조로의 혁명을 이루어내는 것이다. 즉 이원론을 바탕으로 하는 과두주의를 생명의 과정을 바탕으로 하는 민주주의로 가는 혁명을 일으키는 것이다.

그럼으로써 상부구조/하부구조, 지배/피지배, 이데아/그림자, 형상/질료, 음/양 등 모든 양극단의 통합으로 과두주의의 계급사회를 민주주의의 평등사회로 혁명이 이루어지는 것이다.

초연결시대의 이루어지는 인간과 인간, 인간과 만물을 연결하는 네트워크는 정보조작과 선전선동으로 만들어지던 프로파간다의 영역을 참다운 소통을 통해 양극단의 균형과 통합을 만들어내는 중용의 영역을 확보해낸다.

그럼으로써 폭력으로 위장된 정의는 공정한 경쟁을 보장하는 정의의 영역이 되고, 속임수로 위장된 도덕은 참다운 사회통합을 보장하는 도덕의 영역이 된다.

그럼으로써 과거 봉건시대와 산업시대의 수직적 계급구조의 과두주의를 수평적 평등구조의 민주주의로 혁신한다. 즉 군중은 이제 더 이상 군중이 아니라 대중이 되는 것이며 민주주의의 플랫폼 생태공동체가 이루어지는 것이다. 이것이 바로 45도의 혁명이다.

(3) 민주주의의 기본법칙

민주주의의 과정은 민주주의의 기본법칙과 7가지 민주주의의 법칙으로 설명된다. 민주주의의 기본법칙은 과두주의의 수직적 계급구조를 수평적 평등구조로의 혁명을 설명한다. 이는 먼저 '우리는 100%'를 이룸으로서 계급으로 분리된 군중을 하나로 통합된 대중을 만들어낸다.

그다음 '45도의 혁명'을 이룸으로서 모든 수직적 계급구조가 만들어낸 양극단을 하나의 전체로 통합하는 수평적 평등구조를 만들어낸다.

이와 같은 민주주의의 기본법칙을 통해 과두주의에서 생명의 과정이 만들어내는 7가지 민주주의의 법칙과 자연스럽게 하나가 될 수 있다.

민주주의의 기본법칙이 중요하다. 왜냐하면 자연의 생태공동체는 7가지 민주주의의 법칙을 통해 생명의 과정을 진행하지만, 인간 공동체는 자연생태계에는 없는 과두주의를 만들었기 때문에 민주주의의 기본법칙을 통해 과두주의에서 벗어나 자연의 생태공동체와 동일한 민주주의의 과정을 진행할 수 있기 때문이다.

민주주의의 기본법칙과 추첨제도抽籤制度

민주주의는 고대 아테네에서 솔론에 의해 바탕이 마련되었다. 헤로도토스의 『역사』에 의하면 바로 그 솔론에 의해 추첨방식이 창시되었다.(헤로도토스, 1986)[37]고 기록하고 있다.

아테네 민주주의의 가장 큰 특징은 추첨으로 공직자를 선출한 것이다. 오늘날 추첨으로 공직자를 선출한다는 이 제도는 대단히 낯설고 이질적인 것이 되어버렸다. 공무원을 추첨으로 선출한다는 것은 민주주의가 대중의 무질서한 중구난방식의 의사결정방법으로 이루어지지 않을까하는 의구심을 가질 수도 있을 것이다.

그러나 민주주의가 전체 대중 스스로가 스스로를 지배하고, 대중 스스로가 지배받는 정치제도라면 그 국가의 공직자를 추첨으로 선출할 때 비로소 민주주의가 된다.

왜냐하면 그 공무원집단은 반드시 전체 대중의 의사와 집단적 지혜에 따라 국가의 공무를 집행해야한다. 그리고 그것을 가장 정확하게 반영하는 방법이 추첨이기 때문이다.

추첨은 전체 대중에서 필요한 공무원을 무작위 추출방법으로 선출하는 것이다. 추첨은 공무원을 선출하는 데 어느 누구의 권력이나 돈 또는 말도 영향을 미치지 못한다. 단지 가장 공정하게 전체 대중을 축소한 집단을 만들게 된

---

37) 솔론이 창시한 추첨방식은 독재제에 의해 중단 되어 기원전 488까지는 행해지지 않았다.

다. 따라서 이들 공무원집단은 가장 정확하게 대중의 의사를 국정에 반영하게 된다.

그리고 이들 공무원 집단은 다수가 되므로 소수의 권력집단이 로비를 통해 이들에게 영향을 미칠 수도 없다. 가령 소크라테스의 재판에 동원된 재판관의 수는 501명이다. 아무리 권력이 크고 돈이 많아도 이들 501명을 매수하여 재판의 결과에 영향을 미치게 할 수 없다.

입법, 행정, 사법 전체에 다수의 공무원들이 자리를 차지하여 국정을 운영할 때 이들은 반드시 전체 대중의 의사를 국정에 반영하며 또한 부정부패는 최소화되는 것이다.

또한 공무원직은 순환제로 하므로 누구도 국가의 권력을 독점할 수 없는 것이다. 그리고 한명이 소수의 생각과 독단으로 움직이는 독재주의나 과두주의보다 민주주의는 집단지성이 최대한 발휘될 수 있는 정치제도이다. 추첨은 우리는 100%와 45도의 혁명을 직접 현실에서 만들 수 있는 대단히 과학적이고 철학적이며 또한 유용한 제도인 것이다.

오늘날 추첨이 가진 과학성은 여론조사의 창시자 조지 갤럽을 통해 확인할 수 있다. 그리고 추첨이 가진 철학성은 롤스의 무지의 베일을 통해 확인할 수 있다. 물론 가장 중요한 철학성은 '우리는 100%'와 '45도의 혁명'이다.

(1) 갤럽의 여론조사와 민주주의의 추첨

세계적인 여론조사 기관 갤럽의 편집장인 프랭크 뉴포트는 여론조사의 기본개념을 이렇게 설명한다.

> 개인 각자의 경험과 지식을 합친 총량은 진리의 근원이며, 그것은 소수의 경험과 지식에서 나온 대안보다 더 심오하다.(프랭크 뉴포트, 2007)

이것은 다름 아닌 아테네 민주주의 아니 모든 민주주의의 기본원리이다. 민주주의는 집단적 지혜의 힘으로 움직인다. 조지 갤럽은 "시민들이 정치적 과정에 참여하도록 하는 것이 민주주의의 근본 원리라는 이상에 중점을 두었다"(프랭크 뉴포트, 2007). 여론조사와 민주주의의 연관성은 이처럼 뚜렷하다.

조지 갤럽이 만든 갤럽연구소 이래 오늘날 세계의 정치인들은 민의를 묻는다고 하면서 시도 때도 없이 여론조사를 한다. 이 현대의 여론조사 방법을 만든 조지 갤럽이 사용한 무작위 표본추출 방식이야말로 고대 아테네의 민주주의에서 사용한 추첨과 동일한 것이다.

> 1936년 아이오와 주 출신의 젊은 조지 갤럽은 프랭클린 루스벨트가 미합중국 대통령에 재선될 것이라고 선언하면서 세상을 깜짝 놀라게 하였다…갤럽의 표본 추출 이론은 선거 결과로 입증되었다. 루스벨트는 선거에서 이겼고, 이후로도 두 번 더 당선되었다.(프랭크 뉴포트, 2007)

"갤럽은 단지 수천 명의 작은 표본 집단을 근거로 이를 예측하였다. …갤럽은 비책을 가지고 있었다. 그가 말한 것처럼, 그의 여론조사는 '전국적인 선거에서 과학적 표본 추출을 실제 적용한 최초의 시험이었다.'[38]

갤럽이 여론조사에 사용한 무작위 추출법에 대한 알기 쉬운 예는 복권추첨이다. 프랭크 뉴포트는 이렇게 설명한다.

> 복권을 사는 거의 모든 사람들은 비록 확률은 희박하지만 다른 사람들과 동등하게 복권에 당첨될 확률이 있다는 것을 안다. 그럼 복권 추첨은 어떻게 이루어지는가? 이 경우 무작위 추출 방식을 사용한다.(프랭크 뉴포트, 2007)

---

38) 프랭크 뉴포트, 『여론조사』, 정기남 역, 휴먼비즈니스, 2007년, 200쪽

이제 조지 갤럽이 여론조사에서 사용하여 세계를 놀라게 한 무작위추출법이 곧 추첨이라는 방법론과 직접 연결된다는 사실을 우리는 확인할 수 있다. 추첨은 곧 무작위로 추출로 이루어지며 대상자들 모두에게 평등한 기회를 주는 민주주의적인 방법인 것이다. 갤럽의 말을 빌린다면 다음과 같다.

표본을 정확하게 추출하고 조사한다면 소수의 표본 집단만으로 실제 수백만명의 생각과 행동을 정확하게 나타낼 수 있다.(프랭크 뉴포트, 2007)

그러니까 어느 시민 100만의 도시에서 공직자를 추첨으로 10,000명을 선출한다고 하자. 이렇게 무작위 추출법으로 선출된 공직자들은 그 도시 시민 100만 명의 생각과 행동을 과학적으로 가장 정확하게 나타낼 수 있는 것이다.

즉 그 도시의 시민 100만 명이 모두 동원되어 광장에 모여 토론을 하지 않아도 추첨으로 선발된 10,000명이 정확하게 100만 명의 시민의 생각과 행동 그대로 나타낼 수 있는 것이다.

그러나 과두주의에서 선거로 국회의원을 선출했다면 이런 일은 일어나지 않는다. 왜냐하면 그들 국회의원들은 시민이 선출했지만 그들은 당의 지도자와 간부의 방침에 따라 움직여야하기 때문이다. 물론 그 당의 지도자와 간부는 재벌과 특수이익집단들의 압력에 맞서기 어려운 것이 현실인 것이다. 바로 이것이 민주주의와 과두주의의 차이이다.

따라서 갤럽이 민주주의의 원리로 여론조사의 방법을 만들었지만 역설적으로 민주주의 국가에서는 여론조사를 하지 않는다. 아니 보다 정확하게 말해 여론조사를 하는 나라는 전혀 민주주의 국가가 아니다.

민주주의 국가는 여론조사 대신 여론조사와 동일한 무작위 표본추출 방법 즉 추첨으로 국민이 직접 입법부와 행정부와 사법부의 공무원을 임기를 정해 번갈아가며 선출한다. 그리고 국민이 직접 권력을 장악하고 국민이 직접 민의를 정치영역에서 행동으로 직접 표현하는 것이다.

따라서 민주주의가 광장에 시민 전체가 모여서 하는 정치라고 왜곡하는 독재주의자, 과두주의자들의 주장은 민주주의의 기초도 모르는 무지몽매한 자들이다. 나라가 아무리 크고 인구가 아무리 많아도 민주주의를 하는 일에는 아무런 장애가 되지 않는다. 더구나 지금과 같이 모든 것이 연결되는 초연결시대에는 더 말할 나위가 없다. 갤럽은 이 이치를 이렇게 말한다.

> 갤럽은 거대한 모집단을 일반화하기 위해 작은 표본을 사용하는 개념이 여론조사에만 국한되는 것이 아니라는 사실을 알리고 싶어 했다. 그가 설명한 내용 중 유명한 사례로 '혈액'샘플을 들 수 있다. 그는 의사가 환자의 혈액형이나 백혈구 수를 확인하기 위하여 환자 몸에 있는 혈액을 모두 채취할 필요가 없다고 지적하였다. 손가락이나 팔에서 채취한 혈액 샘플은 환자의 몸에 흐르는 혈액의 상태를 나타내기에 충분하다는 것이다.(프랭크 뉴포트, 2007)

갤럽이 말하는 혈액샘플과 마찬가지로 추첨은 대중 전체의 의사를 그대로 행동으로 실행하기 위한 가장 과학적인 방법인 것이다. 고대 아테네가 운영한 민주국가에서 정치는 곧 모든 국민의 직업이다. 국민은 누구나 국가의 입법부, 사법부, 행정부의 관직을 가지고 정치를 할 기회를 얻는다.

따라서 민주국가 국민의 직업인 정치에 신경쓰지 않고 자신의 일에만 신경쓰는 사람들은 결국 그가 자신의 일을 한다고 해도 실업자나 마찬가지로 간주되는 것이다.

바로 이 같은 사실을 고대 아테네 민주주의에서 가장 중요한 인물 중 하나인 페리클레스(Pericles)는 유명한 전사자들을 위한 장송연설에서 다음과 같이 주장하였다

여기 있는 각각의 개인들은 자기 자신들의 일에만 관심을 가지고 있는 것이 아니라 국가의 일에도 관심을 가지고 있다 … 정치에 관심을 갖지 않는 사람은 자기 자신의 일에만 신경 쓰는 사람이라고 우리는 말하지 않는다. 그러한 사람은 아무런 일도 가지고 있지 않은 사람이라고 우리는 말한다.(투퀴디데스, 2011)

예를 들면 고대 아테네의 민주주의에서는 국민이 배심원이 되어 판결했다. 소크라테스를 재판할 때 배심원의 숫자가 501명이었다. 그 외에 더 중요한 판결에는 1001명의 배심원이 동원되기도 했다.

이렇게 배심원의 숫자가 많은 것은 부자가 배심원들을 매수할 수 없도록 만들어 판결에 공정을 기하기 위해서이다. 민주주의에서는 돈 많은 자가 무죄이며 돈 없는 자가 유죄라는 유전무죄 무전유죄가 처음부터 있을 수 없는 것이다.

그리고 아테네 민주주의는 그들 배심원들에게 모두 급료를 지불함으로서 국가의 부를 국민에게 골고루 나누어주었다. 물론 급료는 노동자에게 지불하는 일당의 반에 해당하는 것이다. 그러나 국가를 직접 다스리는 공직을 가지고 국가를 직접 운영하는 것은 급료의 높고 낮음으로 따질 수 없는 만족감을 준다. 그리고 노동자 일당의 반은 민주주의 국가에서 존엄성을 유지하며 살아가기에 불편하지 않은 경제적 안정감을 주기에 부족한 금액은 아니라는 사실은 이미 아테네민주주의가 증명했다.

부정부패가 있을 수 없고, 국가의 공직을 국민 모두가 나누어 가짐으로써 국가의 부와 권력이 국민 모두에게 골고루 나누어지는 제도가 민주주의이다.

(2) 존 롤스의 『정의론』이 말하는 무지의 베일과 민주주의의 추첨

현실적으로 대중 모두가 실제로 정치에 참여하기는 불가능하다. 그러나 추첨은 가능하다. 무작위 추첨으로 포집한 집단이 '우리는 100%'를 이루어낸다.

이 추첨은 민주주의의 대원칙을 대중이 정치적 행동으로 실행함으로서 현실화된다. 그러나 20세기의 학자들은 정치적 행동으로 현실에서 직접 실행되어야 할 이 민주주의의 대원칙을 관념화하고 있다.

그 대표적인 학자가 하버드에서 철학을 가르쳤던 존 롤스이다. 그는 『정의론』에서 추첨으로 발현되는 민주주의의 대원칙을 '무지의 베일'이라는 말로 다음과 같이 관념화하고 있다.

> 우리는 사람들을 불화하게 하고 편견에 의해 인도되게 하는 이러한 우연적인 여건들에 대한 지식을 배제한다. 이리하여 무지의 베일이라는 것에 자연적으로 도달하게 된다. (존 롤스, 2013)

그렇다면 무엇이 무지의 베일인가에 대해 이렇게 설명한다.

> 그 누구도 원칙들을 선택함에 있어 타고난 운수나 사회적 여건 때문에 유리하거나 불리해서는 안된다는 사실은 타당하고 일반적으로 인정되리라 생각한다. 또한 원칙들이 한 개인의 특수한 처지에 맞추어서 만들어질 수 없다는데에도 대부분 동의할 것이다. 나아가서 특정한 성향이나 야망 그리고 개인적인 가치관이 채택될 원칙들에 영향을 주지 않아야 한다는 것도 확실히 해두어야 한다. 정의의 관점에서 보아 부당한 어떤 것을 알 경우에만 합리적으로 받아드리게끔 제시될 가능성이 조금이라도 있을 그러한 원칙들을 배제

하는 것이 원칙이다. (존 롤스, 2013)

롤스는 아무도 알 수 없는 무지의 베일이 쳐져 있는 상태에서는 개개인의 능력과 신분과 재산과 성性 등을 알 수 없기 때문에 누구에게도 특별하게 유리하거나 불리하지 않은 사회계약을 만들 수 있다고 말하고 있다.

그러한 원초적 입장에서 정의의 원칙이 만들어질 수 있다고 주장하는 것이다.

그런데 그 무지의 베일이라는 것, 원초적 입장이라는 것은 관념적인 것이 아니라 민주주의의 실행방법으로서의 추첨 바로 그것에 의해 현실화하는 것이다.

다시 말하면 그가 말하는 무지의 베일, 원초적입장이라는 대원칙을 대중이 직접 정치적 행동으로 나타나지 않는 한 공허한 말장난에 불과하다.

롤스의 『정의론』이 정작 현실에서 민주주의를 실행시키는 원리가 될 수 없는 이유가 바로 이것이다.

롤스는 과두주의의 문제를 해결하는 핵심부분을 누구보다도 정확하고 자세하게 말함으로서 대중의 환심을 사는 대신 그것이 현실정치에서 실행되지는 못하게 막음으로서 자본주의 국가의 소수 권력자들과 부자들에게 조금도 미움을 받지 않을 수 있었던 것이다.

그러나 우리는 롤스가 『정의론』에서 한 것처럼 구구절절 옳은 민주주의의 대원칙을 어렵게 이리저리 돌려서 말할 필요가 없다. 그 대신 민주주의의 기본법칙은 대중이 추첨抽籤이라는 정치적 행동을 통해서 현실에서 발현된다고 민주주의의 실행방법을 간단하게 정리하면 그것으로 충분하다.

민주주의라는 정치제도의 추첨을 통해서만이 과두주의에서 반드시 발생할 수밖에 없는 불화의 싹을 자르고 '우리는 100%'를 이룰 수 있는 것이다.

우리는 조지 갤럽과 존 롤스를 통해 추첨이 과학적이며 철학적임을 알았다. 그리고 무엇보다 추첨을 통해 '우리는 100%'와 '45도의 혁명'을 현실의 국가에서 실현할 수 있음을 알았다.

구글, 삼성, 페이스 북, 애플이 아무리 우수한 플랫폼 생태공동체를 만든다 해도 그 기업은 지도부를 추첨으로 선출하지는 않는다. 따라서 이들 기업은 민주주의를 운영한다고는 말할 수 없는 것이다.

민주주의는 국가가 우수한 생태공동체를 만들어 운영하되 추첨을 사용하여 입법부와 행정부와 사법부와 지방정부의 공무원을 선출할 때 비로소 이루어지고 있다고 말할 수 있는 것이다.

여기서 기업논리로 움직이는 민주주의적인 생태 공동체와 정치제도로서의 민주주의 생태공동체의 차이가 있다.

7. 대중의 원형 - 민주주의의 제0법칙
- 대중의 자기 원형 민주주의 -

아무리 사막이라도 일 년에 한 두 번은 비가 내린다. 그리고 비가 내리면 그 황량했던 사막에도 비를 기다리고 있었던 씨앗들이 다투어 싹을 틔워 초원을 이루고 또한 빠르게 꽃을 피워내고 열매를 맺는다.

인간 공동체에게도 민주주의는 마치 씨앗과 같아서 언제든 조건이 주어지면 민주주의가 싹을 틔우고 꽃을 피우고 열매를 맺는 과정이 진행되는 것이다.

인류는 무려 200만년동안 무리를 이루어 민주주의 방식으로 살아왔다. 따라서 민주주의는 모든 인간에게 태아시절과 같이 무의식에 잠재되어 있어 배우지 않아도 때가 되면 나타난다.

인간 개인이나 공동체에는 민주주의가 개인과 공동체의 본성이며 원형으로 자리잡고 있기 때문이다.

일인 또는 소수가 다수를 지배하는 독재주의나 과두주의가 인류에게 자리 잡은 것은 불과 3천 년 전부터이다. 따라서 이 독재주의와 과두주의가 얼마나 인간에게 낯선 것이며 부자연스러운 것인지를 쉽게 알 수 있는 것이다.

대중의 자기원형 민주주의

씨앗이 열매가 되고, 열매가 다시 씨앗이 되는 것이 자연생태 공동체의 순환원리이다.

이제 지난 3천 년간의 인간을 억누르던 과두주의 문명은 자연스럽게 물러나고 과거에 뿌려진 민주주의 문명의 씨앗이 초연결시대를 맞아 다시 움이 되고 싹을 틔우는 시기가 오고 있는 것이다.

민주주의는 인간의 본성이자 인간 공동체의 원형이다. 인간은 공동체를 이룰 때면 민주주의로 시작한다. 그러나 권력과 재물에 대한 탐욕이 인간을 독재주의나 과두주의를 만들게 한다.

그러나 이제 정보화시대를 넘어 초연결혁명이 시작된 이 시대는 다시금 인간의 본성이자 인간 공동체의 원형으로 돌아가는 것은 당연한 귀결이다.

이 시대는 이미 소수가 다수를 지배하기 위해 사용하는 속임수와 폭력과 정보조작, 선전이 더 이상 불가능한 시대가 되었기 때문이다. 무엇보다도 모든 정보가 실시간으로 유통됨으로서 선전과 선동의 프로파간다가 불가능해지고 있는 것이다. 또한 독재주의와 과두주의를 지속시키려면 외국과의 전쟁이 필수적이다. 외국과의 전쟁은 내부의 국민을 억압하는 일에 매우 중요한 요소이기 때문이다. 그러나 우리가 사는 이 시대에는 과거처럼 국가 간의 정면적인 전쟁이 과거처럼 쉽지 않다. 이 점도 민주주의를 활성화시키는 중요한 요인이다.

소수가 다수를 지배하기 위해 가장 필요한 것은 그 다수를 둘로 편 가르기 하여 그 둘이 서로 싸우게 만드는 것이다. 그리고 그 다수가 하나로 뭉치지 못 하도록 원자화하는 것이다.

민주주의의 제0법칙과 초연결시대의 민주주의

인간은 한 번 태어난 이상 다시는 어머니의 자궁이라는 낙원 또는 이상향 으로 되돌아갈 수 없다. 이 현실에서 이루어질 수 없는 일들을 종교나 문학을 통해 대리만족할 수는 있다. 그러나 그것은 어디까지나 대리만족일 뿐 낙원 이나 이상향과는 조금도 비슷하지 않다.

각종 신비주의나 현실도피의 종교들이나 자연을 신으로 생각하는 종교들 은 모두 어머니의 자궁 속으로 되돌아가는 함정에 빠지는 것이다. 이들은 생 명의 과정이 진행되는 방향을 역행하는 결정적인 잘못을 저지르고 있다는 사 실을 조금도 알지 못하고 있다.

민주주의를 이루려는 대중이 자신의 원형을 찾는 이유는 이들과 완전히 반대방향에서 생각하고 움직이는 것이다. 즉 자신의 근원을 알고 그것에서부 터 민주주의를 시작하려는 것이다. 이 민주주의의 대중은 생명의 과정을 시 작하기 위해 자신의 근본을 알려고 하는 것이다.

즉 인류의 근원이 바로 민주주의라는 사실을 알려고 하는 것이다. 민주주 의는 인간의 역사에서 99%이상의 역사동안 사고와 행동을 지배하던 틀이다. 민주주의는 두말이 필요 없는 인간의 본성인 것이다. 인간 공동체 모두에는 이러한 본성이 자리 잡고 있다.

초연결시대는 그 인간의 민주주의적인 본성이 인간과 인간 그리고 만물과 만물이 연결되며 자연스럽게 정치적으로 표출되는 시대이다.

민주주의의 제0법칙 81= (36+45) 는 대중의 자기원형을 설명한다. 즉 생명의 과정 전체를 만들어가는 원형을 가능상태는 이미 담고 있는 것이다. 인간이 태아시절 이미 삶의 원형을 담고 있는 것과 마찬가지이다.

이 대중의 자기원형은 민주주의의 제4법칙 대중의 자기 성취의 상태에서 현실화된다. 하지만 자기원형 상태에서는 이를 내부적으로 품고 있을 뿐이다.

이것은 씨앗이 열매의 모든 것을 품고 있는 것과 같다. 따라서 대중의 자기 원형은 대중이 생명의 과정을 진행하는 과정에서 그것이 무엇인지 현실화되어 드러날 뿐 원형 그 자체를 설명할 방법은 없다.

8. 균형과 통합 - 민주주의의 제1법칙

민주주의의 제1법칙 100	45	55	
천부경	一積而陰立	十鉅以陽作	
음양	음	양	
하도낙서	낙서洛書	하도河圖	
철학	구체적인 사물-생존	추상적인 관념 - 문화	
우주	땅	대기층	하늘
오행	상극오행45	온힘10	상생오행 45
균형과 통합	정의	중용	도덕
플랫폼의 바탕	하드웨어와 디바이스	인터페이스	컨텐츠, 소프트웨어
양면시장이론	무료이용자	그룹간 네트워크	광고주
공유의 비극을 넘어	규칙	규범	
XY이론	X이론	Y이론	

표 7 대중의 자기균형과 통합으로 민주주의의 진입을 설명하는 동서고금의 여러 이론들

- 대중의 자기균형과 통합으로 민주주의 진입 -

플라톤과 아리스토텔레스 그리고 동중서의 중화주의 유교에서는 대중이 스스로 국가의 내부적인 양극단의 균형을 이루어 통합한다는 것은 상상도 할

수 없었다. 대중을 지배와 피지배 나누어 서로 싸우는 자기 파괴의 이원론 철학과 정치철학에서 벗어날 수 없었기 때문이다.

그러나 민주주의는 '우리는 100%'와 '45도의 혁명'으로 수평적 평등상태로 하나가 된 대중이 국가의 내부적인 양극단의 균형을 이루고 나아가 양극단을 통합하여 크고 강력한 국가를 이룬다.

지금까지 왜곡된 민주주의의 이론을 원래대로 복원하고 또한 새로운 플랫폼 이론을 함께 비교하면 위와 같은 표를 만들 수 있다. 이것이 정의와 도덕과 중용의 원리이다. 그리고 천부경의 일적이음립 십거이양작, 하도낙서와 음양오행 등의 원리로서 민주주의 제1법칙 100=45+55이다.

위의 표 안의 내용들은 모두 민주주의의 제1법칙 100=45+55가 설명하는 대중의 자기균형과 통합으로 민주주의의 진입을 설명한다.

그러니까 오늘날 우리가 도덕과 정의와 중용이라고 알고 있는 것은 사실상 플라톤과 동중서가 소수의 지배자가 다수의 민중을 억누르고 다스리기 위한 전제주의와 과두주의의 도구로서의 폭력과 속임수와 프로파간다에 지나지 않는 것들이다. 동양에서는 왜곡된 하도낙서와 음양오행의 내용이 바로 그것이다.

그러나 대중이 민주주의 국가를 만들기 위해서는 플라톤과 동중서가 왜곡한 도덕과 정의와 중용 그리고 하도낙서와 음양오행의 이론을 원래대로의 민주주의 이론으로 되돌려야만 한다.

그래서 소수의 지배논리로서의 폭력과 속임수와 프로파간다를 민주주의의 바탕이 되는 제도로서의 정의와 도덕과 중용 그리고 하도낙서와 음양오행을 원래대로 회복해야한다. 흔히 서양과 동양이 서로 반대되는 가치를 가지고 있다고 생각하여 서양의 과학과 동양의 지혜를 대비하는 사람들이 있어왔다. 그러나 철학의 기본을 안다면 서양과 동양은 그 바탕이 똑같은 이원론이며 또한 정치에서는 동일한 독재주의와 과두주의임을 이해할 수 있을 것이다. 하지만 우리 한민족의 경우 인도나 중국의 동양철학의 테두리에 머문 것이 전혀 아니었다. 우리민족은 서양과 동양과 근본적으로 다른 생명의 과정철학으로 살아왔고 정치에서는 민주주의가 바탕을 이루는 것이다.

그런데 민주주의의 제1법칙의 원리를 이 시대에 세계를 선도하는 구글, 삼성, 페이스 북, 애플 등의 기업들과 노벨상을 수상한 경제학자들은 이러한 동서고금의 이론에 대한 배경 없이 그들 스스로 현실에서 전제주의와 과두주의를 극복하는 시행착오를 거쳐 민주주의 이론을 만들어내고 또한 그것으로 행동하고 있다.

따라서 오늘날 대중은 스마트 대중으로 이러한 최첨단의 기업들과 학자들의 이론을 통해 민주주의의 제1법칙을 이해할 수 있다. 특히 기업들은 그 이론들을 기업논리로 사용하지만 우리는 이들 기업들과 학자들의 이론을 정치제도로서의 민주주의를 이해하는 자료임을 확인하고 그것을 적극 활용할 필요가 있다.

그것이 '양면시장이론'과 '공유의 비극을 넘어'이며 또한 플랫폼 생태공동체의 바탕이 되는 이론으로 스마트폰, 스마트홈, 스마트시티, 스마트 국가를 형성하는 하드웨어와 디바이스, 컨텐츠, 인터페이스의 이론이다.

또한 이제는 고전이 된 경영학의 X이론과 Y이론도 이를 하나로 통합하는 XY이론이 됨으로써 고전이론이 아니라 미래의 경영이론이 될 수 있는 것이며 또한 민주주의의 진입을 위한 균형과 통합이론이 될 수 있다.

대중이 이 시대에 민주주의의 바탕이 되는 자기균형과 통합을 이해하기 위해서는 이처럼 인류가 초창기에 만든 민주주의 이론과 지난 3천년 동안 전제주의와 과두주의이론 그리고 미래의 초연결시대의 이론을 '민주주의의 제1법칙 100=45+55'로 하나로 꿰어 동일한 수식과 도형과 철학이론으로 이해할 때 비로소 전체적인 흐름을 통찰할 수 있을 것이다.

이 흐름만 보아도 자본주의와 사회주의 또는 사회민주주의라는 과두주의의 시대를 지배하던 이원론의 수직적 계급구조는 이미 사라지고 있음을 알 수 있다. 그리고 공동체가 스스로 자기 조직화하여 생명의 과정을 진행하는 민주주의의 시대가 와있음을 알 수 있을 것이다.

우리 한민족의 특징은 살아있는 생명체를 죽여 여럿으로 나누어 생각하는 분석分析이 아니라, 하나를 여럿으로 나누어 죽어가는 생명체를 다시 하나로 통합하여 살아있는 생명체 전체의 흐름을 한눈에 파악하는 통찰력洞察力이다.

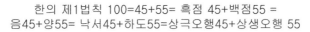

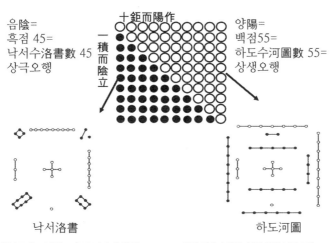

그림 14 천부도가 보여주는 민주주의의 제1법칙 100=45+55와 하도낙서, 음양, 상극오행, 상생오행

동서양의 고대 철학으로 설명하는 균형과 통합의 민주주의 이론

다음의 그림 14에서 보이는 검은 점 45개와 흰점 55개로 이루어진 천부도는 그 자체가 민주주의의 제1법칙 100=45+55이다.

여기서 흑점 45개는 그림에서 보이듯 하나─를 쌓아 음陰을 세움으로써 천부경의 일적이음립—積而陰立이다. 그 흑점 45는 음陰이자 낙서洛書이며 상극오행을 설명한다. 그리고 여기서 정의正義가 설명된다.

또한 백점 55개는 그림에서 보이듯 열十을 크게 하여 양陽을 만듦으로써 천부경의 십거이양작十鉅以陽作이다. 그 백점 55는 양陽이자 하도河圖이며 상생오행을 설명한다. 그리고 여기서 도덕道德과 중용中庸이 설명된다.

이처럼 대중이 생명의 과정을 시작하는 첫 걸음인 균형과 통합에 대한 빈틈없는 철학이론은 우리민족의 고대국가에서 전한 천부경과 삼일신고와 366사에 공통적으로 내장된 하도낙서와 음양론과 상극오행과 상생오행의 이론이다.

인간에게 구체적인 사물의 영역은 생존을 결정하는 영역이다. 따라서 의식주를 두고 치열한 경쟁이 일어나는 영역이다. 경쟁은 필요하지만 인간이 합의한 규칙에 따라 이루어져야한다. 이 규칙 즉 법에 따라 행동할 때 정의正義가 만들어진다.

하도河圖와 상생오행 그리고 온힘 10

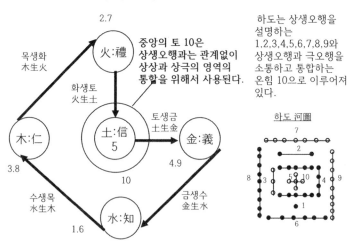

그림 15 하도河圖와 상생오행 그리고 온힘 10

234

인간에게 추상적인 관념의 영역은 문화가 만들어지는 영역이다. 문화는 도덕을 바탕으로 만들어진다. 도덕은 인간 공동체의 구성원들이 서로간에 넘어서는 안 되는 보이지 않는 선 즉 규범을 만들어줌으로서 공동체의 결속을 만들어준다. 규범을 지키지 않는다고 처벌하지는 않지만 그는 공동체에서 외면을 당하게 되는 것이다.

그림 15는 '하도河圖와 상생오행 그리고 온힘 10'은 하늘/땅, 음/양, 하도/낙서, 정의/도덕이라는 양극단의 경계영역 온힘 10을 보여준다. 우리는 하늘과 땅의 경계영역에 대기권이 존재하여 하늘과 땅의 균형과 통합을 이루는 소통과 연결을 담당함을 보았다.

이것을 상극오행과 상생오행의 경계영역에서 온힘이 담당한다. 즉 흑점 45와 백점 55의 경계영역의 백점 10이 곧 온힘이다. 이것이 바로 하도河圖의 수 55에서 10이 의미하는 바이다.

이는 민주주의의 제1법칙 100=45+55=낙서45+하도55=상극오행 45+온힘 10+상생오행 45 = 정의 45+중용 10+ 도덕 45가 된다.

하도 55는 상생오행 45와 온힘 10으로 이루어져 있다. 이 온힘 10이 곧 중용의 영역으로 균형과 통합의 영역이 되어 정의와 도덕의 균형과 통합을 이루는 역할을 하는 것이다.[39]

여기까지가 플라톤과 동중서가 왜곡한 수직적 계급구조를 위한 도구로서의 정의와 도덕과 중용 그리고 하도낙서와 음양오행을 민주주의의 수평적 평등구조에서 올바르게 복원한 균형과 통합이론으로서의 정의와 도덕과 중용 그리고 하도낙서와 음양오행의 이론이다.

그리고 이 이론이 바로 대중의 자기조직화의 시작인 균형과 통합을 이루는 정의와 도덕과 중용을 최적화하는 것이다.

---

39) 하도낙서와 음양오행과 상극오행과 상생오행에 대한 자세한 내용은 "최동환. 2000. 『천부경』 2차. 개정판. 지혜의 나무"를 참고 바란다.

초연결시대 기업과 학자들이 설명하는 균형과 통합의 민주주의 이론

민주주의의 제1법칙이 고대의 동서양 철학이론을 설명하며 민주주의의 진입을 위한 대중의 균형과 통합을 설명함을 살펴보았다.

이제부터는 이렇게 이해한 민주주의의 제1법칙 100=45+55이 초연결시대를 선도하는 구글, 삼성, 애플, 아마존 등이 사용하는 플랫폼의 바탕이 되는 이론임을 살펴보자. 그리고 노벨경제학상을 수상한 티롤의 양면시장이론과 오스트롬의 '공유지의 비극을 넘어'에 담긴 이론이 또한 민주주의의 제1법칙임을 알아보자.

그럼으로써 우리는 자본주의와 사회주의라는 과두주의를 극복하는 민주주의를 극복하는 고대세계의 이론과 현대의 이론을 함께 이해할 수 있을 것이다. 또한 우리는 민주주의의 제1법칙 100=45+55가 설명하는 민주주의에 진입하는 균형과 통합이론이 고대의 민주주의와 미래의 민주주의를 하나로 통합하여 설명한다는 사실을 알 수 있을 것이다.

양극단을 자기균형과 자기통합으로 극복하는 이 상태는 이미 우리의 조상들이 발견한 음양오행의 원리이다. 그리고 음양오행은 상극의 영역과 상생의 영역과 그 양극단의 균형과 통합을 이루는 온힘의 영역으로 이루어져 있다.

땅의 영역이자 사물의 영역인 상극의 영역을 최적화하는 것이 곧 정의正義이며 이를 도형화한 것이 낙서洛書이다. 하늘의 영역이자 추상의 영역인 상생의 영역을 최적화하는 것이 곧 도덕道德이며 이를 도형화한 것이 하도河圖이다. 이 양극단의 균형과 통합을 이루는 양극단의 경계면의 온힘의 영역이 곧 중용中庸이다.

이 자기균형과 자기통합은 곧 민주주의의 제1법칙으로 이를 수식으로 표현하면 100=45+55 이다. 그리고 이 민주주의의 제1법칙을 도형으로 표현하면 하도와 낙서이며 이것이 곧 음양오행이다. 바로 이 그림이 천부도의 기본도

균형과 통합으로 민주주의 진입

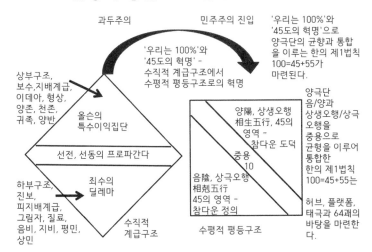

그림 16 수직적 계급구조에서 수평적 평등구조의 융합, 통합과 음양오행

형이다.

그리고 오늘날 경영학에서 이 균형과 통합의 영역을 잘 설명하고 있다. 이 상극의 영역이자 낙서의 영역이며 이 영역을 최적화하는 것이 정의일 때 이 것이 곧 X이론이며, 상생의 영역이자 하도의 영역이며 이 영역을 최적화하는 것이 도덕일 때 이것이 곧 Y이론이다. 이를 통합한 것이 XY이론이다.

이 상생/상극, 정의/도덕, 낙서/하도로 표현된 양극단의 균형과 통합을 이루는 온힘 10의 영역이 곧 중용이다.

양면지장이론을 쉽게 설명하는 나이트클럽이론의 예를 들어보자. 양극단인 남자손님과 여자손님의 균형을 이루어 남자손님과 여자손님이 통합을 잘이룰 때 나이트클럽은 돈을 번다. 바로 이것이 양극단의 균형과 통합을 이루는 음양오행의 온힘 10이며 중용의 역할을 현대 경제학이 재발견한 것이다.

민주주의의 딜레마는 비용을 들이지 않고 공짜로 무임승차하려는 사람들을 어떻게 막는가 하는 것이 있다. 그리고 어떻게 하는 것이 자신의 비용을 쓰면서도 이익을 얻지 못하는 바보가 발생하지 않도록 하는가이다.

이 문제는 올슨의『집합행동의 원리』에서 나타난 집단의 이기심을 오스트롬의『공유의 비극을 넘어』에서 설명한 공유재산 관리를 위한 조건으로 극복하는 과정에 있다.

인간 공동체가 최적화되지 못하는 가장 중요한 문제는 무임승차의 문제이다. 가장 중요한 일에 모두가 무임승차를 하려고 한다면 공동체는 유지가 불가능한 것이다. 이는 군중이 가지는 속성이다.

오스트롬은 죄수의 딜레마와 올슨의 특수이익집단의 문제를 공유의 비극을 넘어서』에서 극복했다. 그 내용은 잘되는 공동체는 자체적인 규율과 법칙이 있다는 것이다. 바로 이것이 음양오행이 설명하는 정의와 도덕과 중용으로 균형과 통합을 이룬 공동체이다.

오늘날 경영학은 바로 이 음양오행이론 하나에서 X,Y이론과 죄수의 딜레마, 특수이익집단이론, 공유의 비극을 넘어서, 양면시장이론을 재발견하고 있다. 특히 공유의 비극을 넘어와 양면이론은 최근에 노벨상을 받은 중요한 이론이 되고 있다. 그리고 플랫폼이론의 바탕을 마련한다.

⑴ 미워하며 닮는 과두주의와 한국병 그리고 죄수의 딜레마

올슨은 『집단행동의 논리』에서 소규모 집단과 대규모의 집단을 구분하여 설명한다. 그리고 소규모의 집단 또는 특권적인 집단은 처음부터 유리한 입장에 있다고 주장한다.

즉 "소규모 집단 혹은 "특권적" 집단은 처음부터 더 유리한 처지에 있다고 할 수 있다. 왜냐하면, 이들 소규모 집단 혹은 특권적 집단은 구성원의 일부 혹은 전부가 그 집단이 붕괴되지 않도록 노력하려는 유인이 있기 때문이다. 대규모 집단은 이런 사실이 적용되지 않는다" (멘슈어 올슨, 2013).

올슨은 또한 소규모 집단과 달리 대규모 집단은 자발적이고 합리적인 행동을 통해 그 목적을 달성하려고 조직화할 가능성이 전혀 없다고 단정한다.

결국 올슨의 주장은 소수가 다수를 지배하는 기존의 과두주의는 가능하지만 다수가 자발적으로 자기조직을 이루어 민주주의를 실행할 가능성은 전혀 없다는 말과 같다.

그렇다면 산업시대의 자본주의와 사회주의의 정치제도인 과두주의 안에서 군중을 위해 투쟁하는 세력이 민주주의의 형태를 가지는 일이 가능할까?

즉 지금 우리의 주변에서 민주주의를 외치는 사람들의 조직이 과연 민주주의적인 조직이며 과연 그들을 통해서 민주주의를 실현할 수 있는 것일까라는 의문을 가질 수 있을 것이다. 그것이 가능하다면 그들로부터 민주주의로의 혁명이 가능해질 것이다. 그렇지 못하다면 민주주의의 혁명은 전혀 다른 방법으로 이루어져야 한다.

이 중요한 문제를 알아보기 위해 산업사회의 중요한 요소가 되는 노동조합을 예로 살펴보자. 우리는 산업시대의 노동조합은 민주주의를 위해 앞장서서 투쟁한다고 생각해왔기 때문이다.

그러나 올슨은 『집단행동의 논리』에서 냉정하게 잘라 말한다.

> 노동조합과 국가 간에 유사성이 있다는 것을 이야기하는 것이 이상하게 들릴 수 있다.(멘슈어 올슨, 2013)

그러니까 산업시대의 과두주의 국가안에서 국가와 투쟁하는 노동조합은 그 투쟁대상인 국가와 동일한 구조를 가지고 있다는 것이다. 즉 "일반적으로 노동조합과 국가 모두 대규모 집단에 공공적인 common 또는 집합적인 collective 혜택을 주로 제공한다."(멘슈어 올슨, 2013)고 말한다.

다음과 같은 내용은 산업시대의 과두주의 국가와 노동조합이 동일한 원리로 작동함을 알 수 있을 것이다. 올슨은 이렇게 말한다.

> 노동조합들은 노조에서 흩어진 회원(조합원)들을 강제해야만 한다. 노동조합
> 들은 그들이 지배하려는 모든 노동 분야를 그들의 수중에 넣고 나서 다른(비
> 조합원) 노동자들을 노조에 가입시키거나 아니면 굶주리도록 하는 데 최선을
> 다해야만 한다. 만약 어떤 사람들이 강제가 아닌 도덕적 권고만으로 임금을
> 인상하는 데 굴복한 노동조합들이 있다고 말한다면 이는 '고기가 아닌 오렌
> 지를 먹고 사는 호랑이가 있다'고 말하는 것과 다를 바 없을 것이다.(멘슈어
> 올슨, 2013)

올슨이 말하는 노동조합의 운영방법은 과두주의 국가에서 국가가 민간부
문에게 행하는 방법과 조금도 다르지 않다.

즉 산업시대에는 국가나 그 국가와 투쟁하는 노동조합이나 동일하게 소수
가 다수를 지배하는 과두주의의 조직원리에 의해 움직이고 있음을 알 수 있
는 것이다.

자본주의에서는 소수의 자본가, 사회주의에서는 일당독재를 하는 당의 간
부를 위해 존재한다. 어떤 경우에도 국가가 국민 전체를 위해 존재하는 것은
아니다.

마찬가지로 노동조합이 존재하는 목적은 단지 소수의 노동조합원을 위해
서라는 말이다. 어떤 경우에도 노동조합은 다수의 비노동조합원이나 비정규
직 노동자를 포함한 노동자 전체를 위해서가 아니라는 것이다. 아니 오히려
올슨은 노동조합은 비노동조합원과 비정규직노동자위에 군림하며 억압하고
있음을 밝히고 있다. 바로 이와 같은 노동조합의 모습이이 과두주의의 전형
이다.

이제 우리는 과두주의 국가 안에서 국가와 투쟁하는 많은 정당과 사회단

체들이 국민 전체를 위한 민주주의 방식의 조직이 아니라 그들 소수의 조직원의 이익을 위한 조직이라는 사실을 알 수 있다. 그리고 그들의 조직은 민주주의 방식이 아니라 과두주의 방식이라는 점을 이해할 수 있는 것이다.

바로 이점이 과두주의가 민주주의로 발전하지 못하고 계속 과두주의로 다람쥐 체 바퀴 돌 듯 반복되는 이유 중 하나이다. 똑같은 것들이 똑같은 것들과 투쟁하면서 과두주의를 민주주의로 바꾸겠다는 것이 말이 되는가? 물에 물을 타고, 술에 술을 타면 그것은 영원히 물이며 술일 따름이지 바뀌는 것은 아무 것도 없다.

아무도 대중의 권력을 대변하거나 대리할 수 없는 것이다. 대중의 권력을 대중 스스로 행사할 때 민주주의가 이루어지는 것이다. 민주주의에 무임승차는 없다.

(2) 영국병, 미국병, 일본병과 한국병의 원인 특수이익집단

과두주의의 특징을 서두에서 설명했지만 한 번 더 생각해보자. 소수가 다수를 지배하는 경우 그 소수가 카르텔을 이루어 국가의 성장을 막는다는 것은 올슨이 『집단행동의 논리』에서 영국병을 예로 들어 잘 설명했다.

올슨은 인간공동체의 구성원들이 협조를 할 가능성을 통렬히 비판했다. 국가의 세금을 예로들면 개개인의 입장에서는 가능한 한 세금을 안내고 국가에서 제공하는 서비스는 최대한 누리는 무임승차가 훨씬 더 합리적이다.

그러나 국민 모두가 무임승차를 한다면 국가가 국민에게 서비스할 수 있는 공공재는 사라질 것이다. 바로 이 점을 올슨은 집요하게 파고들었다.

즉 국가의 공공재에 대해 다수의 군중은 무임승차를 하기를 원하며 그 공공재를 획득하려고 그 어떤 노력도 하지 않을 것이다. 그러나 탐욕스러운 소수의 특수이익집단이 카르텔을 이루어 국가의 공공재를 독점한다면 그들은

국민 모두에게 제공될 공공재를 간단하게 독점할 수 있는 것이다.

즉 소수가 다수를 지배하는 과두주의가 소수의 특수이익집단에 의해 실현되는 것이다.

올슨은 영국이 산업혁명의 선두주자였음에도 오늘날 경제 열등국으로 전락한 것은 각종 특수이익집단의 축적으로 외부여건의 변화에 신속히 대응하는 유연성을 잃었기 때문이라고 주장한다.

즉 일본과 독일은 군국주의자와 나치스의 독재를 거치는 동안 권력이 최상위에서 독점되는 전제주의를 만들었다. 이들 최상위 권력자들은 그 아래 사회 각 분야에서 권력을 분점하는 것을 허용하지 않았다. 그러므로 독일과 일본은 영국과 미국과 같이 사회 각 분야에서 특수이익집단들이 국가의 권력을 나누어가질 수 없었다.

따라서 올슨은 독일과 일본이 2차 대전 후에 특수이익집단의 방해 없이 비약적인 경제발전을 이룰 수 있었다고 주장하는 것이다.

올슨의 말은 곧 전후 일본과 전제주의의 독재가 무너지고 과두주의가 들어서기 전 공백기에 특수이익집단들이 아직 국가의 권력과 부를 자기들의 영향권으로 만들지 못하는 동안 비약적인 경제발전이 이루어졌다는 말과 같다.

반대로 영국은 전승국이지만 이미 특수이익집단이 국가의 공공재를 독점함으로서 국가의 힘이 소수 특수이익집단에게만 유리하게 치중되어 국가의 발전이 침체될 수밖에 없었다는 말과 같다. 바로 이것이 영국병이라는 것이다.

이는 결국 독재국가가 과두주의 국가로 변혁할 때 그 국가는 비약적인 발전을 이룰 수 있다는 것이다. 일본과 독일은 영국과 비교할 수 없는 독재국가였지만 과두주의 국가로 변혁하면서 큰 발전을 할 수 있었다는 말이다. 영국은 이미 특수이익집단이 지배하는 과두주의 국가이므로 전승국이라도 그 이익이 소수의 지배계급에게로만 돌아갔다는 말이다.

이 예는 우리나라에도 적용될 수 있을 것이다. 일제의 독재를 거치는 동안 우리나라에는 특수이익집단이 거의 없었다. 이 상태에서 박정희의 산업화가 성공할 수 있었다. 그리고 군부독재를 거치는 동안 우리나라에 특수이익집단은 그 독재자들이 지원하는 극소수의 세력만 강력한 통제 하에서 존재할 수 있었다. 그러나 이 군부 독재시대가 끝나고 과두주의가 되는 순간 다시 한 번 비약적인 발전을 할 수 있었다. 하지만 이제 1980년 대 이후 그 군부독재 시대에 독점되었던 권력과 이익은 과두주의로 넘어가면서 국내의 모든 분야의 특수이익집단들의 치열한 권력투쟁을 통해 재분배되었다. 그리고 이제는 우리나라도 영국처럼 과두주의화 되어 영국병이 아니라 한국병을 앓게 된 것이다.

사실 오늘날 세계는 모두 똑같은 고질병을 앓고 있는 것이다. 미국과 일본, 유럽도 마찬가지로 미국병, 일본병, 유럽병을 앓고 있다. 모두 특수이익집단이 권력과 부를 독점하면서 국가의 발전을 저해하고 있는 것이다.

우리나라는 미국과 일본과 유럽보다 늦게 이 한국병에 걸린 것이며 또한 중국병과 인도병은 우리보다 더 늦게 나타날 것이다.

이 고질병의 근본적인 원인은 무엇인가? 특수이익집단이 독점하는 권력과 부 그리고 부정부패인 것이다. 그러면 이 고질병을 근본적으로 고칠 방법은 무엇인가? 그것은 과두주의를 넘어 민주주의로 가는 방법밖에 없는 것이다. 대중이 자신의 권력을 누구에게도 빼앗기지 않고 스스로 행사할 때 이 모든 고질병은 사라질 수 있다. 민주주의 혁명은 이같은 점에서도 필연적으로 요구된다.

(3) 죄수의 딜레마

과두주의가 만들어내는 대표적인 인간상은 국가의 법테두리 안에서 어떡하든 해야 할 일을 회피하되, 하지 말아야 할 일은 악착같이 하는 사람들이다.

똑같은 조건이 주어졌다면 개인이든 기업이든 국가이든 주어진 의무를 회피하는 일에서 돈과 권력을 얻을 기회를 획득하고, 하지 말아야 할 일을 해서 돈과 권력을 얻을 기회를 획득하는 것에서 승패가 갈리는 것이다.

그러므로 법에 걸리지 않는 범위 내에서 어떡하든 주어진 의무를 회피하는 것이며 할 수만 있다면 조금도 거리낌 없이 상대방에게 배신하는 것이다. 또 법에 걸린다 해도 그 이익이 범법을 해서 생기는 손해보다 크다면 기꺼이 범죄를 저지르는 것이다.

과두주의 안에서 성공한 국가나 유명한 정치가나 경제인들이 수없이 배신과 범법을 통해 성장하고 또한 법정에 서고 감옥에 가는 이유 중 하나가 바로 이런 것이다. 자본주의는 이러한 인간들이 잘 살 수 있고 그 부와 권력을 세습할 수 있는 환경을 만들어준다.

과두주의는 결국 모든 개인과 기업과 국가가 이같이 변하여 모두가 해야 할 일을 뻔뻔스럽게 회피하고 해서는 안 될 일을 당당하게 하는 지긋지긋한 환경을 만들 수밖에 없는 것이다.

과두주의 중에서 자본주의 사회에서 법관을 매수하려하고 비싼 변호사를 사서 자신의 범법을 방어하려는 일은 일상사가 된다. 사회주의 사회에서는 당 간부의 권력이면 웬만한 범법은 쉽게 무마될 것이다.

그러나 돈 없고 힘없고 착하게 사는 자들은 자본주의이든 사회주의이든 이와 같은 경쟁에서 계속 뒤쳐져 대대로 빈곤을 세습하게 되는 것이다. 죄수의 딜레마란 바로 이런 것을 말하고 있다.

인간 공동체를 소수의 지배자가 다수의 민중을 지배할 때 그 인간 공동체의 구성원들은 끊임없이 서로 배신하고 갈등하고 싸움으로써 분리되어야한다.

그렇지 않고 다수의 민중이 서로를 신뢰하여 하나로 뭉친다면 소수는 처음부터 다수를 지배하기가 불가능한 것이다. 따라서 과두주의가 성공하기 위해서는 인간 공동체의 구성원들이 반드시 서로 배신하고 갈등하고 싸우도록 치밀하게 설계되어있어야 한다.

죄수의 딜레마는 과두주의에서 국가가 같은 문제에 빠질 수밖에 없다는 사실을 잘 설명하고 있다. 즉 죄수의 딜레마는 개인이 공동체를 이루었을 때 공익보다는 사익을 위해 행동할 가능성이 많다는 사실을 증명해낸 것이다.

죄수의 딜레마 모델에는 범죄혐의를 받고 있는 두 사람의 공범자와 그들을 심문하는 경찰관이 등장한다. 이 두 용의자는 서로의 범죄사실을 증언하지 않음으로써 협동을 할 수도 있고, 각자 이기적으로 행동해 상대편의 범죄를 증언할 수도 있다.

경찰관은 상대편에 대한 고발을 유도하기 위해 각각의 용의자에게 개별적으로 고발의 대가로 석방을 약속한다. 독자적인 행동을 하고픈 유혹이 점점 강해질 경우에 이기적인 사람은 석방될 것이고, 그의 공범자는 무거운 형을 선고받게 될 것이다.

그렇다면 이제 이 공범자들은 바보가 되지 않기 위해서는 상대방을 먼저 배신하지 않으면 안 된다. 먼저 배신하지 않으면 먼저 배신당하는 바보가 될 것이기 때문이다. 이 불행한 결론을 받아드릴 수밖에 없는 것이 바로 죄수의 딜레마이다.

이기심을 추구하며 자본주의를 살아가는 사람들이 어쩔 수 없이 빠질 수밖에 없는 불신과 배신이라는 함정을 죄수의 딜레마는 잘 설명하고 있는 것이다. 마찬가지로 일당독재의 당 간부가 지배하는 사회주의에서 권력이 입을 열 때 폭력과 불신과 배신은 정의가 되고 도덕이 되는 것이다.

민주주의의 제1법칙 100=45+55는 인간의 본성을 부정하게 만드는 이 죄수의 딜레마를 벗어나 민주주의를 이루어내는 유일하고도 체계적인 방법을 제시하고 있는 것이다.

(4) 그람시의 헤게모니 투쟁과 자기균형

일반적으로 사회주의 혁명이라면 마르크스와 레닌과 모택동처럼 노동자와 농민들이 단결하여 폭력혁명을 통해 국가를 전복하는 것으로 알기 쉽다. 그러나 언제부터인가 우리는 전에는 상상도 하지 못한 종교계나 교육계 심지어는 공무원이나 예술가, 문필가들 중에서도 여러 가지 경로를 통해 사회주의 사상을 주장하는 사람들이 보이기 시작했다.

도대체 이게 무슨 일일까? 누가 세상을 이렇게 바꾸었을까? 세상을 이렇게 낯설게 바꾼 사람이 바로 안토니오 그람시이다.

그람시는 대학중퇴자로서 신체불구를 가지고 있었다. 하지만 그는 어떤 공산주의자들 보다 더 총명했고 또한 현실의 혁명가였다. 그람시는 "1924년 8월 이래로 이탈리아 공산당의 총서기 였으며"(안토니오 그람시, 2005) 또한 사회

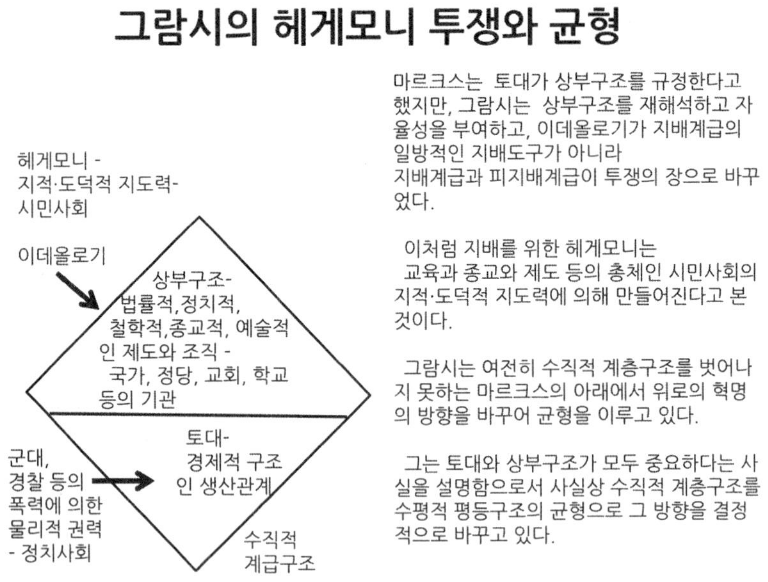

그람시의 헤게모니 투쟁와 균형

헤게모니 -
지적·도덕적 지도력-
시민사회

이데올로기

상부구조-
법률적,정치적,
철학적,종교적, 예술적
인 제도와 조직 -
국가, 정당, 교회, 학교
등의 기관

군대,
경찰 등의
폭력에 의한
물리적 권력
- 정치사회

토대-
경제적 구조
인 생산관계

수직적
계급구조

마르크스는 토대가 상부구조를 규정한다고 했지만, 그람시는 상부구조를 재해석하고 자율성을 부여하고, 이데올로기가 지배계급의 일방적인 지배도구가 아니라 지배계급과 피지배계급이 투쟁의 장으로 바꾸었다.

이처럼 지배를 위한 헤게모니는 교육과 종교와 제도 등의 총체인 시민사회의 지적·도덕적 지도력에 의해 만들어진다고 본 것이다.

그람시는 여전히 수직적 계층구조를 벗어나지 못하는 마르크스의 아래에서 위로의 혁명의 방향을 바꾸어 균형을 이루고 있다.

그는 토대와 상부구조가 모두 중요하다는 사실을 설명함으로서 사실상 수직적 계층구조를 수평적 평등구조의 균형으로 그 방향을 결정적으로 바꾸고 있다.

그림 17 그람시의 헤게모니 투쟁과 균형

주의 이론에서 마르크스를 극복하는 중요한 이론을 제시하여 그 후 철학자들에게 중요한 영향력을 행사했다.

그는 무솔리니에 의해 투옥되어 감옥 생활을 하게 된다. 그는 수감생활 중 왜 이탈리아의 민중이 무솔리니와 같은 파시스트를 지지하고 자신이 신봉하는 공산주의를 받아드리지 않는지에 대한 의문에 대해 연구하여 전후 서구세계에 큰 영향을 미친『옥중수고』를 집필하게 된다.

각고의 연구 끝에 그가 알게 된 것은 결국 플라톤 이래 2천5백년간 서구를 지배해온 지배논리로서의 이데올로기였다. 토대를 이루는 노동자·농민들을 아무리 설득한다 해도 상부구조를 이루는 국가, 정당, 종교, 학교들이 지적·도덕적 지도력을 가지고 헤게모니를 행사하는 한 사회주의 혁명은 불가능하다는 사실을 깨달은 것이다. 따라서 그람시는 마르크스와 레닌, 모택동과 달리 시민사회가 만들어내는 종교계와 교육계와 공무원 등을 사회주의 이념으로 무장시켜야 한다는 결론에 도달했다.

그러기 위해서는 자본주의자들의 것보다 우월한 지적·도덕적 지도력을 사회주의자가 만들어야 함을 알게 된 것이다. 그럼으로써 사회주의가 시민사회의 헤게모니를 장악하여 사회주의 혁명을 일으킬 수 있다는 것이다.

이는 노동자·농민들이 폭력혁명을 일으키는 것과는 차원이 다른 사회주의 혁명인 것이다. 물론 사회주의자들 중에는 아직도 마르크스와 레닌, 모택동의 폭력혁명을 주장하는 사람들도 있겠지만 그람시 이후 사회주의자들은 이처럼 헤게모니 장악을 위한 투쟁으로 변모하고 있는 것도 사실이다. 그람시 이후 루카치나 아도르노 등이 네오 마르크시즘을 형성하게 되는 것이다.

오늘날 에르네스토 라클라우와 샹탈 무페는『헤게모니와 사회주의 전략 : 급진 민주주의 정치를 향하여』에는 그람시가 주창한 헤게모니 이론을 직접 책 제목에서 사용하며 그람시를 이렇게 소개하고 있다.

무솔리니 치하의 감옥에서 집필 활동을 했던 그람시만이 예외적으로 '진지
전'war of position, '역사적 블록', '집합의지', '헤게모니', '지적·도덕적 지도
력'과 같은 개념들을 갖춘 새로운 무기고를 생산하는 새로운 시작점이라
할 수 있으며, 그의 이런 개념들이 바로 이 책에 담긴 우리 성찰의 출발점이
다.(에르네스토 라클라우 외, 2012)

그람시가 오늘날 새로운 마르크스주의자들에게 얼마나 큰 영향력을 가졌
나를 알게 해주는 것이다. 그람시는 『옥중수고』에서

헤게모니적'이라는 말은, 어떠한 집단이 조합적 존재로서의 위치와 자신의
경제적 입장의 방어라는 선을 넘어, 정치·사회적 영역에서의 영도적 위치
를 향해 나아가고자 하는 역사적 국면을 가리킨다.(안토니오 그람시, 2005)

라고 주장했다. 그람시는 마르크스의 토대를 중요하게 생각하면서도 그에
못지않게 상부구조를 중요하게 생각했다. 그러나 그람시는 토대로부터 상부
구조로의 혁명을 주장한 마르크스와 레닌, 모택동과는 전혀 다른 방향을 택
하고 있다.

그람시는 토대와 상부구조를 함께 중시한 것이다. 나는 이러한 그람시의
새로운 정치철학이 양극단의 영역을 수평적으로 보기 시작한 것이 아닌가 생
각하고 있다.

물론 그람시가 우리가 지금 자세하게 다루고 있는 민주주의의 제1법칙
100=45+55에 해당하는 정치철학에 도달한 것은 아니다. 그러나 그의 시도는
분명히 민주주의의 제1법칙을 향하고 있는 것으로 보인다.

이는 결국 수직적 계층구조를 위에서 아래로 그리고 아래에서 위로 생각
한 헤겔과 마르크스 이후 사고의 틀 자체가 방향이 양극단의 균형을 이룸으

로써 수평적으로 바뀌기 시작했다는 중요한 의미를 지닌다.

(5) 티롤의 양면시장이론

헤겔이 『법철학』에서 설명한 위에서 아래로의 국가이론과 그것을 뒤집은 마르크스의 토대에서 상부구조로의 아래에서 위로의 혁명은 모두 수직적 계급구조라는 점에서 동일하므로 사실상 플라톤의 이원론 이후 지금까지 서양철학은 변한 것이 아무 것도 없었다.

그러나 그람시가 헤게모니 투쟁을 통해 토대와 상부구조가 만드는 수직적 계급구조를 수평적 평등구조의 균형을 이루어내려고 시도한 것은 정치철학의 발전이었다. 그렇다면 어떤 철학자가 그람시가 발전시킨 이론을 더 향상시켰을까? 그것은 의외로 경제학자들이었다. 『양면시장이론』과 『공유의 비극을 넘어』가 그것인데, 이 이론을 만든 학자들은 둘 다 노벨경제학상을 받았다. 이 두 이론은 철학에 있어서 큰 발전을 이루었음과 동시에 민주주의의 이론에도 중요한 진전을 이룬 것이다.

그리고 그 진전이 곧 민주주의의 제1법칙 100=45+55이 설명하는 민주주의로의 진입을 위한 균형과 통합이론과 연결되는 것이다.

① 양면시장이론

2014년 노벨 경제학상을 수상한 인물은 미시경제학자인 장 티롤(Jean Tirole) 프랑스 툴루즈 1대학 교수이다….규제이론 분야에서는 세계적으로 영향력 있는 경제학자로 손꼽히는 티롤 교수가 규제 이론을 연구하면서 주장한 것 중 하나가 기존 경제학에서 논의되어 왔던 완전 경쟁시장의 구조(단면시장, One-Sided Market)와 전혀 다른 시장, 즉 양면 시장(Two Sided Market)이 존재한다는

것을 이론적으로 증명한 것이다. (김도훈, 2010)

기존의 단면시장은 생산자와 소비자가 수직적 계층구조를 이루고 있다. 그러나 이와는 전혀 다른 차원의 양면시장이 존재한다는 사실을 이론적으로 증명한 사람이 곧 2014년 노벨경제학상을 수상한 티롤이다.

이 양면시장이론을 쉽게 이해할 수 있는 예로 나이트클럽을 들 수 있다. "나이트클럽은 서로 다른 두 종류의 이용자인 남성이용자와 여성이용자가 균형을 이룰 수 있도록 여성이용자는 무료로 입장을 하게하도록 하여 남성이용자로부터 여성이용자에게 본 손해를 만회하도록 하는 방식이다" (김도훈, 2010).

사업자가 자신의 서비스를 무료로 제공하여 그것을 사용하는 다수의 소비자를 만든 다음 그 소비자를 필요로 하는 영역의 사람을 받아들여 이익을 창출할 수 있도록 그룹간의 네트워크를 만들어 이 두 그룹이 서로 균형을 이루어 통합하는 생태계로서의 플랫폼을 만드는 것이다.

이 같은 양면시장은 구글, 알리바바, 페이스 북, 애플, 아마존 등에서 볼 수 있다. 이들 기업은 무료로 사용자에게 많은 서비스를 제공하고 대신 그 다수의 사용자들을 필요로 하는 사업체들에게 광고를 제공함으로서 플랫폼을 만들어 수익을 남기는 방식이다.

"양면시장이란 두 종류의 이용자(또는 사업자)가 특정한 플랫폼을 통해 상호작용함으로써 가치가 창출되는 시장이다. 플랫폼을 제공하는 사업자는 양측의 거래 또는 상호작용이 발생할 수 있는 환경을 제공하고 그 이용료를 양측 또는 어느 한쪽으로부터 받음으로써 수익을 얻는다."(김성환 외, 2008)

이같이 플랫폼을 만들어 양면시장을 운영하는 사업자들이 단면시장의 사업자들과는 다른 방식의 가격을 적용하는 것은 규제의 대상이 될 수 없다. 예를 들면 인터넷 미디어 플랫폼이 신문을 무료로 볼 수 있게 하는 반면 그로 인한 손해를 광고주들에게 높은 요금을 받아 충당하는 것과 같은 것이다.

즉 "단면시장에서는 이윤극대화의 일환으로 가격차별을 하지만 양면시장에서는 양측에 대한 가격차별이 기업생존 또는 비즈니스 성립의 기본 전략이 되는 경우가 많다. 즉 양측을 모두 플랫폼에 참여하도록 유도하면서 일정수준의 이용자(critical mass)를 형성하기 위한 전략으로 양측에 대해 서로 다른 가격을 책정하는 것이다." (이상규, 2010)

> 티롤 교수는 이러한 양면 시장을 콘트롤 하는 사업자를 '플랫폼' 사업자로 명명했다. 다시 말하면 플랫폼 사업자 = 양면시장을 획득한 사업자로 규정할 수 있는 것이다. 양면 시장을 획득한 플랫폼 사업자의 경우, 시장지배력에 대한 정의, 독과점에 대한 규제 방식이 기존과는 완전히 달라야 한다는 점이 그가 노벨상 수상을 하게 된 원동력이 된 셈이다.(김도훈. 2010)

그동안 경제학은 단면시장을 대상으로 했지만 양면시장이 존재한다는 사실이 밝혀지면서 기존의 규제방식을 바꿔야하게 된 것이다.

이 양면시장과 그람시의 헤게모니 이론은 양극단이 균형을 이룬다는 점에서 비슷하다. 그람시는 마르크스처럼 토대가 참이고 상부구조가 거짓이라는 식의 아래에서 위로의 혁명을 벗어났었다. 동시에 헤겔식의 위에서 아래로의 지배형식에서도 벗어났다.

그람시는 상부구조가 거짓이 아니라 상부구조는 토대와 마찬가지로 존중해야 할 중요한 영역이라는 사실을 주장한 것이다. 그럼으로써 마르크스의 토대와 상부구조가 그람시에 와서는 동등한 균형을 이루게 된 것이다.

그러나 그람시는 양극단의 균형과 통합을 이루는 온힘 10의 영역을 생각

양면시장이론과 토대/상부구조

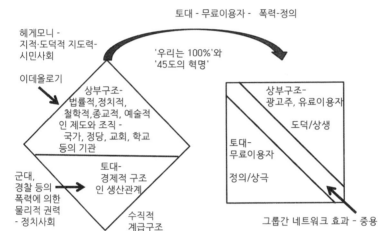

상부구조- 광고주, 유료이용자- 속임수 -도덕

토대 - 무료이용자 - 폭력-정의

헤게모니 -
지적·도덕적 지도력-
시민사회

이데올로기

'우리는 100%'와
'45도의 혁명'

상부구조-
법률적,정치적,
철학적,종교적, 예술적
인 제도와 조직 -
국가, 정당, 교회, 학교
등의 기관

상부구조-
광고주, 유료이용자

도덕/상생

토대-
무료이용자

정의/상극

군대,
경찰 등의
폭력에 의한
물리적 권력
- 정치사회

토대-
경제적 구조
인 생산관계

수직적
계급구조

그룹간 네트워크 효과 - 중용

그림 18 양면시장 이론과 토대와 상부구조

하지 못했다. 하지만 티롤의 양면시장이론에서는 온힘 10의 영역이 그룹간 네트워트 효과로 분명히 나타나있다. 이것은 대단한 발전이다.

장 티롤의 양면시장이론은 서로 반대편에 존재하는 영역을 플랫폼을 사용하여 균형을 이루어냄으로서 하나로 통합할 수 있다는 것이다. 티롤의 양면시장이론은 민주주의의 제1법칙 100=45+55와 뚜렷하게 부합하고 있다. 티롤의 양면시장이론은 노벨 경제학상을 받았지만 정치철학 이론으로 더 중요한 내용을 설명한 것이다.

산업시대의 토대는 공장 노동자들이었다. 산업시대의 국민국가는 이들을 군대와 경찰의 폭력으로 지배했다. 그리고 시민사회는 국가, 종교, 정당, 교회, 학교 등을 통해 지적·도덕적 영역을 지배함으로서 헤게모니를 장악했다. 하지만 초연결시대에는 이 같은 지배와 피지배가 더 이상 통용되지 않는다. 그 대표적인 예가 양면시장이다.

가령 구글, 삼성, 페이스 북, 애플 등을 보자. 이들 세계적인 기업의 토대는 그들 기업의 서비스의 무료이용자들이다. 이들을 군대와 경찰이 폭력으로 지배하는가? 어림도 없는 일이다.

이들 기업은 이들 무료이용자들이 실생활에서 삶을 위해 필요한 도구들을 무료로 제공하지 않으면 토대를 마련할 수 없다. 초연결시대를 선도하는 세계적인 거대기업들은 사회의 토대를 군대와 경찰을 통해서 만드는 것이 아니라 그 반대로 무료로 모든 삶에 필요한 모든 서비스를 마련해주고 있는 것이다. 그리고 기업의 상부구조인 광고주나 유료이용자들은 더 이상 산업시대의 부르주아가 아니다. 이들은 광고를 통해 무료이용자들에게 자신들이 만든 상품과 서비스를 판매할 뿐이다. 이들이 과거처럼 그들의 권력을 장악하기 위해 속임수를 사용한다는 것은 초연결시대에는 상상도 할 수 없는 일이다.

이 토대와 상부구조는 그룹 간 네트워크를 통해 연결된다. 이 네트워크가 과거 프로파간다와 선전선동의 영역이다. 이제 초연결시대에 이런 것은 통용되지 않는다. 정직하게 무료이용자와 광고주들이 사업자들의 플랫폼 안에서 최대한 쉽고 빠르게 연결되는 역할에 충실할 뿐이다.

이처럼 양면시장은 초연결시대를 대표하는 세계적인 거대기업의 일반적인 바탕이며 또한 초연결시대 국가의 일반적인 바탕이다. 그리고 바로 이와 같은 변화가 수직적 계층구조의 과두주의에서 수평적 평등구조의 민주주의로의 결정적인 혁명을 의미하는 것이다.

플랫폼의 바탕원리인 하드웨어와 디바이스, 콘텐츠, 인터페이스의 원리는 다음 절에서 스마트폰과 스마트홈, 스마트시티, 스마트국가를 설명할 때 전체적으로 다시 자세히 설명하도록 하겠다.

(6) 노벨상 수상자 오스트롬의 공유지의 비극을 넘어.

우리는 양면시장이론이 초연결시대의 민주주의의 최적화된 형태인 플랫폼의 바탕을 설명하고 있음을 알았다. 이제 지난 2천5백년간 전혀 전해지지 않던 민주주의의 이론체계가 초연결시대의 기업들과 현대 경제학자들에 의해 새롭게 만들어지고 있음을 알았다.

나는 오스트롬이 현대의 학자들 중 민주주의에 대해 가장 진지하게 접근한 학자라고 생각한다. 그녀는 2009년 노벨 경제학상을 수상했지만 그녀는 경제학자가 아니라 원래는 유명한 정치학자였다.

그녀가 노벨상을 수상하게 만든 이론은 『공유의 비극을 넘어』에 주로 담겨 있다. 즉 나는 이 책을 경제학 서적이 아니라 사실상 민주주의를 위한 기초이론을 만든 정치학 서적으로 생각한다.

그녀는 이 책에서 현대의 자본주의는 대중이 가진 엄청난 민주주의적인 능력을 무시하고 국가와 시장이라는 이원론에 매몰되어 있다고 보고 있다. 그리고 외부적인 권위 즉 과두주의만이 해결방법의 전부라는 고정관념에서 벗어나지 못한다고 사실상 비판하고 그 대안을 제시하고 있기 때문이다.

오스트롬은 정부나 민간기업이 아니라 대중이 자치를 통해 훨씬 더 성공적인 공동체를 운영할 수 있다는 사실을 실제적으로 전 세계의 삼림, 어장, 유전, 방목지 등 자연자원들의 관리를 현지주민들이 성공적으로 운영한 실례들로 분명히 증명했다.

그녀가 찾아낸 방법은 인류가 수렵시대와 농경시대를 살아오며 간직해온 인간의 본성으로서의 민주주의 이론체계인 것이다.

이 같은 오스트롬의 성과는 우리가 이미 살펴본 올슨이 『집합행동의 원리』에서 밝힌 집단의 이기심을 극복할 수 없으므로 소수의 집단이 다수의 집단을 지배하는 과두주의가 당연한 정치제도라는 식의 주장을 완전히 극복할 수 있는 중요한 의미를 지닌다.

"1968년에 개릿 하딘(Garrett Hardin)이 사이언스(Science)지에 『공유 재의 비극』이라는 도전적 논문을 발표한 후, '공유재의 비극'이라는 표현은 다수의 사람들이 희소 자원을 공동으로 이용할 때 예측되는 환경의 악화를 상징하게 되었다.

하딘은 "모두에게 열려 있는 목초지를 예로 든다. 하딘은 합리적인 목동의 관점에서 이 목초지의 상황을 검토한다. 목동 각자는 자신이 목초지에 풀어놓은 가축들로부터 직접적인 이익을 얻지만 과잉 방목으로 인한 손실을 당장 겪지는 않는다. 자신의 가축들로부터는 바로 이익을 얻지만, 과잉 방목으로 인한 손실은 그 일부만 부담하므로, 각 목동은 될 수 있는 한 많은 가축들을 초지에 내보내려 한다. 이러한 상황에 대하여 하딘은 다음과 같이 결론을 내린다"(엘리너 오스트롬, 2010).

오스트롬은 바로 여기에 비극이 있다고 주장한다. 즉

> 목동들은 제한된 목초지에 가축을 무제한으로 증대시키지 않을 수 없는 시스템 속에 갇혀 있다. 공유지는 누구나 자유롭게 사용할 수 있다고 믿고 각자 자신의 이익만 추구하여 모두가 파국을 향해 달린다.(엘리너 오스트롬, 2010)

따라서 강력한 정부의 규제나 목초지의 사유화가 필요하다는 결론에 도달하는 것이다. 하딘의 『공유재의 비극』은 자본주의의 이기심이 만들어내는 『죄수의 딜레마』와 『집합행동의 원리』와 동일한 결론이 얻어지는 것이다.

오스트롬은 『공유의 비극을 넘어서』에서 이 같은 『공유재의 비극』과 『죄수의 딜레마』와 『집합행동의 원리』를 대중들이 가지고 있는 자발적이고 자율적인 자치의 능력으로 극복할 수 있다는 사실을 증명한 것이다.

즉 오스트롬은 정부와 기업이 보여주는 수직적 계층구조의 중앙집권적인 과두주의보다 사람이 사람이기 시작한 이래 사람답게 살 수 있는 공동체를 만들어 사용한 수평적 평등구조의 네트워크로 대중 스스로가 스스로를 다스리고 대중 스스로가 다스림을 받는 민주주의가 더 강력한 능력이 있음을 보여준 것이다.

오스트롬은 『공유의 비극을 넘어서』가 더욱 더 의미가 있는 것은 그녀가 국가와 시장의 이원론을 비판하면서 강조한 것이 제도라는 사실이다. 오스트롬은 이렇게 말한다.

> 한 집단의 행위 주체들이 장기적인 안목에서 집합적 이익을 얻기 위하여 어떻게 스스로를 조직화할 수 있는가를 설명하기 위해 풀어야 할 두 번째 퍼즐은 이행 약속의 문제다.
> '이행 약속' 문제의 핵심을 이해하기 위해, 공유재 상황에서 사용자들에게 가용한 선택 대안을 아주 단순화시켜 생각해 보자. 사람들이 공유 자원 문제를 해결하기 위해스스로 조직화한 경우를 보면 사용자들 자신이 규칙 체계를 만들고, 사용자들은 그 속에서 각자가 택할 수 있는 행위의 대안을 크게 제약하고 있음을 알 수 있다.(엘리너 오스트롬, 2010)

달리 말하자면 스스로 자기조직화에 성공한 공동체들은 스스로 규칙 체계를 만들어 스스로를 그 규칙 체제로 다스리고 스스로 다스림을 받는다는 것이다. 이는 곧 민주주의를 운영하기 시작했다는 말과 같다.

그런데 스스로를 다스리는 규칙체계는 지켜지지 않을 수 있다. 어느 누구도 다른 사람은 다 규칙을 위반하는데 자신만 약속을 지키는 '순진한 바보'가 되길 원치는 않는다는 것이다.

제도를 만드는 초기 단계에서 공유자원 사용자는 다른 대부분의 행위자들이 모두 규칙을 준수한다는 전제하에서 자신에게 귀속될 미래의 이득을 추산한다. 미래의 이득이 충분히 크다고 생각하면 사용자는 규칙을 준수하기로 동의하고, 다른 사용자들 역시 규칙을 준수하도록 유도한다. 일단 규칙에 대한 원칙적인 합의가 이루어지고 그 규칙들이 집행되기 시작하면 때때로 규칙위반 유혹이 큰 상황이 생길 수 있다(엘리너 오스트롬, 2010)

따라서 " 자발적으로 조직화된 집단은 외부의 집행자 없이 이행약속의 문제를 해결해야 한다는 것이다...즉 외부의 권위에 의존하지 않고 자발적으로 규칙위반자를 제제하여야한다."(엘리너 오스트롬, 2010)

외부의 집행자, 외부의 권위에 의존하는 순간 그 공동체는 수직적 계급구조를 받아드리는 것이 된다. 그러나 공동체가 자발적으로 규칙을 지키고 규칙위반자를 제재하는 순간 그 공동체는 수평적 평등구조에서 균형을 이루고 있게 되는 것이다.

그렇다면 어떻게 규칙위반자를 제거하는가? 오스트롬은

성공적으로 제도를 만들고, 규칙을 따르리라는 이행 약속을 하고, 합의의 준수여부를 자체적으로 감시해 온 사람들도 있다. 그들이 어떻게 이처럼 할 수 있었는가를 이해하는 것이 본 연구가 도전하는 바다.(엘리너 오스트롬, 2010)

라고 말한다. 조직화에 성공한 공동체는 규칙을 스스로 만들고 그 준수여부를 공동체 구성원들이 스스로 감시하고 처벌한다는 것이다.

오스트롬이 주장하는 제도는 규칙과 그 반대편 영역에 존재하는 규범이 균형을 이루고 있다.

예상되는 결과가 행동을 선택하는 데 얼마나 큰 영향을 미치는가에 대해서는 앞에서 강조한 바 있다. 무엇을 옳고 적절한 것으로 규정하고, 이에 부여하는 중요도에 따라 행위규범은 어떤 행동 또는 전략이 직접적으로 초래하는 결과에 대한 평가가 아니라, 행동이나 전략 그 자체에 대한 가치 판단을 반영한다. 예컨대 사람들이 약속준수와 같은 규범을 깊숙이 내면화하면 약속을 어길 때 수치심을 느끼거나 죄의식을 가지게 되어 괴로울 것이다. 만일 이러한 규범을 타인들과 공유하고 있다면 규범을 어긴 사람은 내적인 수치심과 죄의식에 더하여 올바르지 못한 행동을 했다는 사회적 비난에 직면하게 된다.(엘리너 오스트롬, 2010)

즉 규칙을 위반했을 때는 외부의 권위에 의존하지 않고 제제와 처벌이 주어지지만 규범을 위반했을 때는 내적 수치심과 죄의식을 느끼며 사회적 비난을 받는다는 것이다. 오스트롬이 말하는 제도는 이 두 가지 영역을 모두 다루고 있다. 바로 여기서 오스트롬의 제도 즉 규범과 규칙은 우리가 이미 다루었던 그람시의 헤게모니 투쟁과 티롤의 양면이론과 만나게 된다.

오스트롬의 규범은 마르크스가 말하는 상부구조의 영역을 설명하며, 그람시가 말하는 시민사회의 지적·도덕적 지도력이며, 티롤의 양면시장의 플랫폼의 유료이용자다. 오스트롬의 규칙은 마르크스가 말하는 토대의 영역을 설명하며, 그람시가 말하는 군대·경찰에 의한 물리적 권력인 정치사회이며, 티롤의 양면시장에서 무료이용자이다.

오스트롬은 이 규범과 규칙이 제도로서 균형을 이루고 통합될 때 성공적인 공동체가 만들어진다고 본 것이다. 즉 오스트롬은 민주주의의 제1법칙 100=45+55에 접근한 것이다. 하지만 오스트롬은 양극단의 균형과 통합을 이루는 중용의 영역을 분명하게 확정지어 그것의 중요성을 뚜렷하게 부각시키려고 하지는 않은 것 같다.

⑺ 민주주의 혁명은 올바른 도덕과 정의와 중용이 만든다.
- 하도낙서와 상생상극 그리고 도덕과 정의와 중용 -

지금까지 서양의 철학을 알아보았다면 이번에는 동양 특히 중국과 우리나라와 일본에 지난 2천년 동안 심대한 영향을 미쳐온 동중서의 중화주의 유교가 보여준 음양오행을 서양철학과 비교해보자.

이 동서양의 철학은 모두 이원론에 바탕한 수직적 계층구조로서 소수가 다수를 지배하는 과두주의나 독재를 뒷받침하는 것이다.

그러나 우리민족의 고유한 철학은 수평적 평등구조인 균형과 통합을 설명함을 보여줄 것이다. 그리고 이 우리민족의 고유한 철학이 보여주는 균형과 통합이 음양오행과 하도낙서의 원래의 원리로서 민주주의의 바탕원리이지만 이를 동중서의 중화주의 유교가 소수가 다수를 지배하는 과두주의내지는 독재주의로 왜곡했음을 설명할 것이다.

동중서는 한 무제의 강력한 폭력을 빌려 그가 주장한 중화주의 유교를 제외한 백가百家의 이론 모두를 짓밟고 유일한 학문인 경학이 되었다.

> 한 무제가 동중서의 대책을 채용하여 '육예의 과목, 혹은 공자의 학설에 해당하지 않는 것들은 전부 다 그 이념을 단절하고 나란히 행세하지 못하게 하자. 마침내 중국 사상의 대부분은 유가儒家로 통일되었고, 또 유가의 학은 경학經學으로 확정되었다.(풍우란, 2007)

한나라의 동중서에서부터 청나라의 강유위에 이르는 2천년동안 중국에서는 오로지 중화주의 유교를 따르는 경학을 앞세우지 않고는 아무것도 주장할 수 없었다. 풍우란이 "유가의 독존獨存이란 사실상 '사상 대결 상의 승리'가 아니라 '유학의 관학화' 또는 '사상의 고착화'의 의미가 컸다."(풍우란, 2007)라고

중화주의 유교의 수직적 계급구조 역이론과
플라톤의 계급국가와 인도의 카스트제도

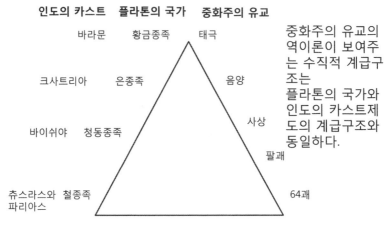

그림 19 중화주의 유교이론과 플라톤의 계급국가와 카스트제도

말하는 것은 바로 이와 같은 이유를 말하는 것이라 하겠다.

> "이후로 동중서에서 강유위康有爲에 이르기까지 책을 지어 주장을 수립한(著
> 書立說) 인물은 거의 모두 그 학설의 독창성 여하를 막론하고 경학 속에서 그
> 근거를 찾아야 비로소 일반 사람의 신뢰를 얻을 수 있었다.……따라서 동중
> 서에서 강유위까지는 경학 시대이다." (풍우란, 2007)

① 동중서와 중화주의 유교

동중서는 경학을 바탕으로 태학(太學)을 세워 인재를 관리로 추천하여 임
명하도록 제안하여 봉건사회 관리등용제도인 과거제도의 토대를 만들었다.

동중서가 주장한 중화주의 유교의 핵심은 그의 저서 『춘추번로春秋繁露』의

동중서의 중화주의 유교

1% 천자와 왕이 지배자로서 극히 존귀하며 관리와 남성과 부모는
그 다음으로 존귀하여 지배계급이다.
민중과 여성과 자식은 비천하여 피지배계급이다.
천민과 노예와 죄수는 극히 비천하여 격리시키는 계급이다.

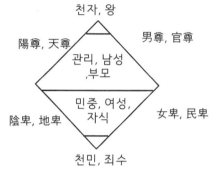

천자, 왕

男尊, 官尊

陽尊, 天尊

관리, 남성
,부모

양존음비陽尊陰卑
천존지비天尊地卑
남존여비男尊女卑
관존민비官尊民卑

민중, 여성,
자식

女卑, 民卑

陰卑, 地卑

천민, 죄수

그림 20 동중서의 중화주의 유교

제43편의 제목인 '양존음비陽尊陰卑'(동중서, 2005)에서 찾을 수 있다. 그는 '양존
음비陽尊陰卑'를 주장하며 그 이유에 대해,

"날을 세는 것은 낮에 의지하지 밤을 의지하지 않으며, 한 해를 세는 것은
양에 의지하지 음에 의지하지 않는 것이다. 음陰은 의義에 달통하지 못하기 때
문이다."(동중서, 2005) 참으로 괴상한 말이다.

이 같은 동중서의 양존음비 사상은 주역의 해설서로 받아드려진 계사전繫
辭傳의 시작문구인 천존지비天尊地卑와 동일한 내용을 담는다.

이는 곧 지난 2천 년간 동북아에 영향을 준 수직적 계급구조 원리인 남존
여비男尊女卑, 관존민비官尊民卑의 바탕이 됨을 알 수 있다.

또한 동중서董仲舒는 춘추번로春秋繁露에서 오행을 계층구조로 설명한다.

하늘에는 오행이 있으니 첫째는 목이고, 둘째는 화며, 셋째는 토이고, 넷째
는 금이고, 다섯째는 수이다. 목은 오행의 시작이며, 수는 오행의 마지막이

고, 토는 오행의 중앙이다. 이것이 천연적인 질서이다. 목은 화를 낳고, 화는 토를 낳으며, 토는 금을 낳고, 금은 수를 낳고, 수는 목을 낳는다. 이것이 그 사이에 존재하는 부자관계이다.(동중서, 2005)

동중서는 그러므로 오행은 효자와 충신의 행위라고 말한다. 즉 오행은 국가에서 왕과 신하나 가정에서 부자관계처럼 수직적 계층구조를 설명한다는 것이다.

이 같은 동중서의 수직적 계급구조가 잘 나타난 것은 역시 계사전繫辭傳의 다음 문구이다.

역에는 태극이 있으니, 이것에서 양의가 생겨나고, 양의에서 사상이 생겨나고, 사상에서 팔괘가 생겨난다. 팔괘는 길흉을 정하고, 길흉에서 대업이 생겨난다.[40]

이는 만물과 만사의 질서가 태극-양의-사상-팔괘의 순서로 수직적 계급구조를 이룬다고 주장하는 것이다. 그런데 이 주장은 역의 원리와는 반대라는 점에서 문제가 된다.

고형高亨은 "주역의 괘효 풀이 글은 경經이고, 십익은 전傳이다. 역전易傳을 지은 사람들은 자주 경문을 빌려 그들의 세계관을 발휘"(高亨, 1995)했다고 한다. 그리고 가공된 역경易經은 원래의 역경易經이 아니라고 말한다. 즉 역경의 저자들의 세계관과 계사전 등의 역전의 저자들의 세계관은 일치하지 않는다는 것이다. 옳은 말이다. 역경의 원리는 결코 수직적인 계층원리가 아니다. 그러나 계사전의 원리에는 수직적인 계층원리가 나타나는 것이다.

---

40) 易有大極 是生兩儀 兩儀生四象 四象生八卦.
　　八卦定吉凶 吉凶生大業. (易經: 繫辭上傳)

이 같은 계급이론은 주자학의 주희朱熹에게서 더욱더 잘 나타난다. 즉 그는 역학계몽易學啓蒙에서 다음과 같이 말한다.

그러므로 하나가 나누어져 둘이 되고, 둘이 나누어져 넷이 되며, 넷이 나누어져 여덟이 되며, 여덟이 나누어져 열여섯이 되며, 열여섯이 나누어져 서른 둘이 되고, 서른둘이 나누어져 예순넷이 된다.(주희, 1996)[41]

주희, 즉 주자가 말하는 이 문장은 1-2-4-8-32-64가 된다고 말하고 있다. 이는 1인 태극이 2인 양의가 되고, 2인 양의가 4인 사상이 되고, 4인 사상이 8인 팔괘가 되고, 64인 64괘가 된다는 주장을 하고 있다.

결국 동중서의 중화주의 유교의 핵심을 음양론인 양존음비陽尊陰卑와 천존 지비天尊地卑로 보여주었다.

이 음양론의 계급구조를 주희는 역학 전체로 확대하여 1-2-4-8-32-64로 설명함으로서 이제 태극-음양-사상-팔괘-64괘라는 역학의 전체이론을 동원하여 설명한 것이다.

이 같은 이원론에 바탕한 수직적 계급이론은 서양철학에서도 동일하게 나타난다. 플라톤이 이데아와 그림자의 세계를 양분한 것을 비롯하여 "황금족과 은족, 청동족, 그리고 철의 종족.(플라톤, 1992)"으로 공동체를 계급화한 것이 그것이다. 그리고 아리스토텔레스가 세계를 "무생물, 식물, 동물, 생명, 정신, 신으로 구분한다."(소광희, 1983) 고 한 것과 다를 것이 없다. 동양과 서양은 놀랍도록 동일한 이원론을 바탕으로 한 정치제도를 만든 것이다.

---

41) 시고일분위이 이분위사 사분위팔 팔분위십육 십육분위삼십이
　　是故一分爲二 二分爲四 四分爲八 八分爲十六 十六分爲三十二
　　삼십이분위 육십사 유근지유간 간지유지 유대즉유소 유세즉유번
　　三十二分爲 六十四 猶根之有幹 幹之猶枝 愈大則愈小 愈細則愈繁

② 민주주의의 수평적 평등이론 태극, 음양, 사상, 오행, 64괘

동중서와 사마천에 의해 지난 2,000년 간 왜곡된 우리의 철학과 역사를 원래대로 복원하고 그것을 이 시대에 맞게 설명하는 일은 이 시대 우리민족의 중요한 의무일 것이다. 우리는 이 중화주의 유교의 수직적 계급구조에 너무나 깊게 물들어 있다. 즉 오늘날 이 시대의 민중들은 누구나 권력투쟁을 통해 조선시대의 양반이 되려고 기를 쓰고 있으며 그 권력투쟁에서 밀려난 사람들은 곧 조선시대의 상민(쌍놈) 취급하려고 하는 경향이 너무나 크다. 바로 이것이 오늘날 이 시대의 '흙 수저 계급론'이 아니겠는가? 이를 극복하는 것은 곧 동중서와 사마천의 중화주의 유교이론의 바탕을 원래대로 회복하는 것이다.

중화주의 유교의 역이론인 태극, 음양, 사상, 오행, 64괘는 플라톤의 국가에서 말한 계급이론과 인도의 카스트제도의 계급이론과 동일한 수직적 계급구조이다. 이는 곧 한명의 왕이나 소수의 지배자가 다수의 백성을 지배하는 군주주의나 과두주의를 위해 만들어낸 제도였다. 이들은 모두 수평적 계급구조인 민주주의와는 정반대의 수직적 계급구조를 이루고 있었다.

이 수직적 계급구조의 이상적인 모습은 마름모꼴이다. 이라스토텔레스가 중산층이 두터울 때 이상적이라고 말한 구조이다.

그 마름모꼴의 수직적 계층구조에서 분리된 대중이 다시 '우리는 100%'를 이루고 '45도의 혁명'을 일으킬 때 수평적 평등구조가 이루어진다.

바로 여기서 민주주의적인 수평적 평등의 구조에서 참다운 음양론과 오행론 그리고 태극과 팔괘와 64괘가 만들어진다. 바로 이것이 동중서가 왜곡시키기 전의 참다운 태극과 음양과 사상과 팔괘와 64괘의 이론이다.

그리고 이 이론이 바로 우리민족의 고유한 경전 천부경과 삼일신고와 366사에 공통적으로 내장된 수식과 도형과 철학이론이 설명하는 하나의 상태이다.

이는 우리의 고대국가에서 전해준 우리의 고유한 경전에 공통적으로 내장된 수식과 도형과 철학이론이다.

즉 그 수식은 민주주의의 제1법칙으로 100=45+55로서 45는 흑점 45개이며 55는 백점 55개이다. 바로 이것이 우리의 고유한 경전 중 대표격인 천부경 81자 중에서 10글자인 "일적이음립 一積而陰立 십거이양작十鉅而陽作"이 의미하는 도형이며 수식이다. 그리고 그 철학원리가 바로 민주주의적인 수평적 평등구조인 음양오행의 원리인 것이다.

이 음양오행의 음양은 양존음비陽尊陰卑와 천존지비天尊地卑가 아니라 음양평등陰陽平等이며 천지평등天地平等이다. 그리고 오행은 국가에서 왕과 신하나 가정에서의 부자관계처럼 수직적 계층구조를 나타내는 것이 아니라 평등관계를 나타내는 가운데 순환한다.

그리고 태극, 양의, 사상, 팔괘, 64괘가 1-2-4-8-32-64로 수직적 계층구조가 되는 것이 아니다. 대신 음양이 곧 오행상극상생이며 그 가운데에서 태극이 출현하며 태극을 여덟방향으로 본 것이 팔괘이다. 그리고 그 태극의 외부가 곧 64괘이다. 나아가 64괘를 최적화할 때 45훈이 되며 384효를 최적화할 때 366사가 된다.

바로 이 내용을 생명의 과정을 설명하는 우리의 고대경전 천부경과 삼일신고와 366사에서 수식과 도형과 부호와 철학이론으로 설명하는 것이다.

이 내용은 뒤에 다시 자세하게 설명한다.

플랫폼platform 생태공동체의 원리가 민주주의의 원리이다.

플랫폼platform이란 기차역이다. 산업혁명은 주로 기차역을 중심으로 일어났다. 그만큼 기차역이라는 플랫폼이 만든 생태공동체는 산업시대를 상징한다. 초연결혁명은 스마트 폰, 스마트 홈, 스마트 시티, 스마트 국가라는 새로운

기차역 플랫폼 생태 공동체

한의 제1법칙인 100=45+55를 설명하는 음양오행은 곧 정의와 도덕과 중용을 설명한다. 기차역 정의는 선로와 열차 도덕은 요금체계, 배차시간,법규이며 중용은 기차역의 영역이 된다.

한의 제2법칙인 100=36+64가 설명하는 공적영역과 사적영역에서 공적영역인 태극은 철도청, 사적영역은 각종 기차역 주변 사업자와 승객, 화주이다.

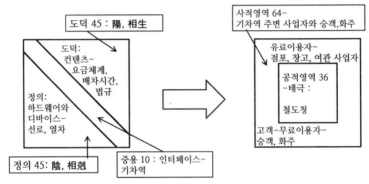

그림 21 기차역 플랫폼 생태공동체

플랫폼을 중심으로 일어난다. 이 새로운 플랫폼이 만드는 생태공동체는 초연결시대를 상징한다.

플랫폼은 문자 그대로 기차역이다. 우리나라의 대전과 같이 허허벌판이지만 경부선과 호남선이 만나는 기차역이 생기는 순간 그 역을 중심으로 많은 사람들과 물건이 움직이며 많은 점포와 물류창고 그리고 숙박업소 등이 생겨나면서 산업시대를 상징하는 하나의 도시가 만들어지는 것이다.

즉 기차역이 기차역과 승객과 상점들과 창고와 숙박업들과 함께 이루어진 하나의 거대한 플랫폼 생태공동체를 만드는 것이며 그 플랫폼 생태공동체가 대전과 같은 산업시대의 거대도시를 만들 수도 있는 것이다.

이 플랫폼의 원형인 기차역은 한의 제1법칙 100=45+55를 그대로 담고 있다. 그림에서 보듯 구체적인 사물의 영역으로 음陰이자 낙서洛書이자 상극의 영역인 하드웨어와 디바이스는 선로와 열차이다. 이 물건들은 치열한 경쟁을 통해 만들어지지만 그 경쟁은 반드시 정의正義를 바탕으로 이루어져야 한다. 그렇지 않으면 수많은 생명의 목숨을 잃는다.

추상적인 관념의 영역으로 양陽이자 하도河圖이자 상생의 영역인 콘텐츠는 요금체계, 배차시간, 법규와 같은 것이다. 이 제도들은 보이지 않는 선이지만 모두가 넘어서는 안 되는 도덕道德인 것이다.

그리고 구체적인 사물의 영역의 정의와 추상적인 관념의 영역의 도덕을 통합하는 인터페이스는 기차역이다. 이 기차역이 만들어내는 중용이 플랫폼을 형성하여 전체의 균형과 통합을 이루게 된다. 즉 민주주의의 제1법칙 100=45+55가 이루어지는 것이다.

그리고 이는 다시 민주주의의 제2법칙 100=36+64로 혁신한다. 즉 정의와 도덕과 중용을 최적화하여 하나의 전체가 되어 균형과 통합을 이루었다면 그 다음은 자율과 자치를 이루는 것이다. 즉 균형과 통합을 이룬 그 중심에 스스로를 다스리는 공적영역이 발생하고 그 외부에 스스로의 다스림을 받는 사적영역이 발생하여 자율과 자치가 이루어지게 된다.

여기서 공적영역은 곧 태극이며 이를 여덟방향에서 보면 팔괘이다. 그리고 사적영역은 64괘이다. 기차역 플랫폼의 경우 태극인 공적영역은 그 기차역을 관할하는 철도청이 될 것이며 사적영역은 기차역을 이용하는 승객과 화물주와 이들에게 서비스를 제공하는 점포, 창고, 여관 등이 될 것이다. 이것이 플랫폼 생태공동체이다.

이들이 공적영역인 철도청이 관할하는 기차역을 중심으로 사적영역의 점포와 창고와 숙박시설들이 점차 확장하면 그 생태공동체는 하나의 도시가 이루게 되는 것이다. 산업시대에는 이 같은 플랫폼 생태공동체가 자치와 자율을 통해 자연스럽게 도시를 이루었다.

플랫폼 생태공동체는 자동차산업분야에서 먼저 사용되었다. 플랫폼이라는 기차역이 생기면 여러가지 사업이 연결되듯 자동차의 핵심부품들인 엔진,

자동차 플랫폼 생태 공동체

한의 제1법칙인 100=45+55를 설명하는 음양오행은 곧 정의와 도덕과 중용을 설명한다. 자동차 플랫폼 정의는 각종 부품 도덕은 각종 자동차 모델 중용은 플랫폼 모듈

한의 제2법칙인 100=36+64가 설명하는 공적영역과 사적영역에서 공적영역인 태극은 자동차 회사 , 사적영역은 각종 부품 생산사업자, 자동차 소유자.

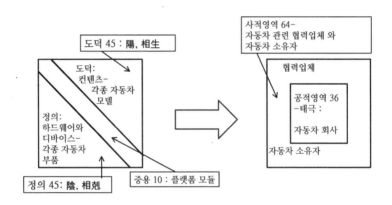

그림 22 자동차 플랫폼 생태공동체

트랜스미션, 브레이크 등을 하나의 플랫폼 모듈로 삼아 여러가지 차종의 모델에 공통적으로 적용시킨다면 자동차 부품의 개발비와 생산비를 획기적으로 줄일 수 있다.

예를 들면 자동차의 핵심부품 브레이크를 플랫폼 모듈로 삼았다면 그것을 중심으로 여러가지 종류의 자동차에 이 브레이크를 적용할 수 있을 것이다. 이 때 그 브레이크라는 플랫폼은 여러 가지 종류의 자동차 모두에게 장착됨으로서 수많은 자동차가 플랫폼 생태공동체를 형성하게 되는 것이다. 즉 민주주의의 제1법칙 100=45+55가 이루어진다.

그리고 이는 자동차 회사라는 공적영역과 자동차를 구입한 자동차 사용자와 각종협력업체라는 사적영역을 이루어 민주주의의 제2법칙 100=36+64가 이루어지며 플랫폼 생태공동체는 자치와 자율로 움직이게 되는 것이다. 플랫

폼 생태공동체는 이처럼 산업시대의 기차역에서 생겨나 자동차산업에서 응용되었다. 그리고 오늘 날 초연결시대에는 수많은 플랫폼이 생겨나 활용되고 있다.

하버드대학의 아이젠만(Thomas R. Eisenmann) 교수가 분석한 바에 따르면, 시가총액 기준 세계 100대 기업의 60%가량이 플랫폼을 활용한 비즈니스를 하고 있다. 그런데 아이젠만 교수는 양면 또는 다면 플랫폼(two sided or multi - sided platform), 즉 둘 이상의 그룹이 사용하는 플랫폼만을 다루었으므로, 만일 여기에 플랫폼을 내부적으로 활용하는 기업까지 포함시킨다면 이 비율은 한층 더 높아질 것이다. 요컨대 정도의 차이만 있을 뿐 플랫폼을 활용하지 않는 기업은 거의 없다고 봐도 좋을 것이다.(최병삼 외, 2014)

그러나 새로운 초연결시대에 아무리 많은 기업에서 플랫폼을 사용한다 해도 그 원리는 우리가 기차역과 자동차회사에서 사용한 플랫폼 생태공동체의 원리 그대로이다. 기본적으로 민주주의의 제1법칙 100=45+55와 민주주의의 제2법칙 100=36+64가 설명하는 하도낙서와 음양오행과 태극과 64괘의 수식과 도형과 부호와 철학원리에서 벗어나지 않는 것이다.

9. 자율과 자치 - 민주주의의 제2법칙
 - 대중의 자기실현으로 민주주의 국가 설립 -

대중이 스스로가 스스로를 다스리고 다스림을 받는 민주주의 국가를 설립하는 것은 곧 대중의 자기실현이다. 7가지 민주주의의 법칙에서 100=36+64가 바로 이 대중이 자기실현으로 국가를 세우는 상태이다. 이 상태도 아래의 표에서 보이는 것처럼 민주주의의 제1법칙만큼 동서고금의 많은 이론체계가 있다.

민주주의의 제2법칙	36	64	
한단고기	개천開天	64민 六十四民	
천부경	무궤이충생無匱而衷生		
역경	태극, 팔괘,	상경 30괘	하경 34괘
정치	공적영역	사적영역	
국가	정부- 입법,행정. 사법	민간부문. 시장, 시민사회, 가정	
개인	머리	몸	마음
허브와스포크	허브	스포크	
플랫폼	사업자	사용자	앱제작자
삼단노선	키잡이와 하급장교	노잡이	

표 8 대중의 자기실현으로 민주주의 국가 설립을 설명하는 동서고금의 여러 이론들

이 동서고금의 여러 이론들은 모두 대중이 자율과 자치를 통해 국가를 운영하는 상태로서 플라톤과 동중서의 이원론이 설명하는 수직적 계급구조의 사고와 행동의 틀로서는 도저히 상상조차 할 수 없는 차원의 내용들이다. 그러나 초연결시대를 선도하는 세계의 거대기업들이 만들어 운영하는 플랫폼의 생태공동체와 또한 세계의 거대 공항과 항만이 사용하는 허브와 스포크 이론으로 만들어내는 생태공동체가 바로 이 민주주의의 제2법칙이 설명하는 민주주의 원리로 움직이고 있는 것이다.

아직도 대학에서는 플라톤과 아리스토텔레스와 중화주의 유교의 이원론과 수직적 계급구조를 구태의연하게 금과옥조로 삼고 있다.

하지만 실제로 현대를 움직이는 세계의 거대기업들인 구글, 삼성, 페이스북, 애플 등은 이들 대학이 아직 감히 접근도 못하는 민주주의의 제2법칙이

설명하는 민주주의 생태 공동체의 법칙으로 이미 행동하고 있다. 아니 이 법칙으로 행동하지 못했던 모토롤라나 노키아 같은 거대기업들은 이미 세계의 무대에서 사라져버렸다. 그리고 허브와 스포크가 설명하는 민주주의의 제2법칙을 외면한 우리나라의 여러 공항과 항만들은 엄청난 돈을 부어넣고도 투자금을 회수하기는커녕 제대로 작동조차 못하고 시설을 놀리고 있는 것이다.

우리는 기업논리로 움직이는 이들 플랫폼 생태공동체의 원리를 민주주의의 정치제도로 바꾸어 이해해야한다. 기업논리 자체는 정치제도로서의 민주주의 원리가 되지 못하기 때문이다. 자율과 자치로 움직이는 민주주의의 제2법칙이 바로 태극과 팔괘와 64괘의 원리이다. 이 세상 어디에도 기록이 없지만 우리의 역사서 한단고기가 기록하는 개천開天과 64민六十四民(계연수, 1986)이 그것이다. 그리고 이것이 곧 우리의 고유한 경전 천부경의 5글자 무궤이충생無⊠而衷生이 의미하는 것이다.

우리나라의 고대국가에서 전한 이 민주주의의 제2법칙이 곧 초연결시대를 잘 설명하는 스마트폰, 스마트홈, 스마트시티, 스마트국가, 스마트세계를 형성하는 플랫폼의 원리이다.

이들 중에서 현재 삼성과 애플이 플랫폼 생태공동체를 만들어 세계를 이끄는 스마트폰을 표본으로 삼아 설명할 것이다. 결국 스마트 폰에 적용된 플랫폼의 원리가 스마트홈, 스마트시티, 스마트국가, 스마트세계에 적용되는 플랫폼의 원리와 동일한 것이기 때문이다. 그리고 이 원리가 곧 대중이 자기실현을 통해 설립하는 민주주의 국가의 원리이다.

그리고 여러 이론을 설명하기 이전에 과학적 실험을 통해 민주주의의 제1법칙과 민주주의의 제2법칙을 증명한 데이터와 그 내용을 제시할 것이다. 이 실험을 통해 증명된 민주주의의 제1,2법칙의 수식과 도형과 철학이론과 실험데이터로 스마트폰, 스마트홈, 스마트시티, 스마트국가, 스마트 세계를 형성하는 플랫폼의 원리를 설명할 것이다. 그리고 허브와 스포크 이론도 함께 설명할 것이다.

이로써 우리의 고대국가의 정치와 종교원리를 담은 천부경, 삼일신고, 366 사에 내장된 민주주의의 제1,2 법칙이 곧 태극과 팔괘와 64괘의 이론이며 이 이론체계를 우리나라 대기업의 연구소 실험실에서 실험을 통해 증명된 것이다. 그리고 그 민주주의의 제1,2법칙이 초연결시대의 스마트 폰, 스마트홈, 스마트시티, 스마트국가, 스마트세계를 형성하는 플랫폼의 원리와 허브항만과 허브공항의 원리를 설명할 수 있게 된 것이다.

이로써 우리는 우리의 고대국가의 정치와 종교의 이론과 태극과 팔괘와 64괘 이론을 복원하고 그것으로 미래의 스마트대중이 스마트시티와 스마트 국가와 허브항만과 허브공항을 운영하는 원리를 모두 하나의 수식과 도형과 철학원리로 이해하고 설명할 수 있게 된 것이다. 그리고 이 내용이 고대 아테네민주주의와 아메리카 인디언민주주의와도 하나로 통합하여 이해하고 설명할 수 있게 된 것이다.

즉 이제 우리는 과두주의를 완전히 극복하고 민주주의 국가를 운영하는 설계도와 실행방법을 갖게 된 것이다.

대중이 스스로 다스리고 스스로 다스림을 받는 민주주의 국가

과두주의는 자율과 자치대신 속임수와 폭력을 사용하기 위해 우민화정책 愚民化政策을 사용하지 않을 수 없다. 과거 로마는 빵과 서커스정책을 통해 군중을 지배했다.

자본주의 국가에서는 폭력과 속임수와 프로파간다를 사용하되 사회주의 국가처럼 우악스럽지 않도록 가능한 한 부드럽고 표시가 나지 않도록 해야 했다. 따라서 3S정책 즉 영화(screen), 스포츠(sport), 섹스(sex)를 통한 지배정책이 필요했다. 최근에는 여기에 먹거리가 하나 더 포함되는 것 같다.

민주주의는 대중이 주인이므로 대중이 대중 스스로를 바보로 만들어 우민화愚民化하는 정책政策은 있을 수 없다. 대신 민주주의는 자율과 자치가 정치와 경제와 사회와 문화예술 등 모든 분야에서 전반적으로 자연스럽게 일어난다. 왜냐하면 과두주의 국가의 모든 분야를 지배하는 특수이익집단의 카르텔이 완전히 사라질 것이기 때문이다.

이제 구글, 삼성, 페이스 북, 애플과 같은 기업이 만드는 플랫폼 생태공동체가 아니라 국가로서의 플랫폼 생태공동체가 어떻게 이루어지는가를 생각해보자.

기업 플랫폼과 국가 플랫폼은 그 원리는 같지만 실행방법은 전혀 다르다. 플랫폼 생태공동체로서의 민주주의 국가는 대중이 스스로 입법부와 사법부와 행정부와 지방정부의 공직을 차지한다. 그리고 그 정부가 민간부문을 지배한다. 이렇게 대중 스스로가 스스로를 지배하고 지배받는 상태 자체가 과두주의의 가장 치명적인 문제인 부정부패와 특수이익집단의 부와 권력 독점을 철저하게 막아주는 것이다.

입법부와 사법부와 행정부와 지방정부의 공직은 가능한 한 많이 만들되 그 비용은 가능한 한 최소의 것으로 만드는 것이 원칙이다. 아테네 민주주의의 법정에서 한 사건을 담당하는 재판관은 501명 또는 1001명이기도 했지만 그 급료는 노동자 일당의 반에 불과했다. 하지만 아테네인들은 그것을 작다고 여기지 않았다. 대중이 대중 자신을 위해 입법관이 되어 법을 만드는 입법부에게 어느 특수이익집단이 자신들의 이익을 위해 로비를 할 수 있겠는가? 대중이 대중 자신을 위해 재판관이 되어 판결을 하는 사법부에게 어느 특수이익집단이 재판관을 매수하여 자신들에게 유리한 판결을 이끌 수 있겠는가? 아무리 돈이 많아도 501명을 매수하기는 불가능할 것이다.

대중이 대중 자신을 위해 행정관이 되어 행정을 하는 행정부에 어느 특수이익집단이 국가의 돈과 힘을 자신들을 위해 쓰도록 공무원을 매수할 수 있겠는가? 완전히 공개된 행정을 어떤 세력이 자신들의 권력과 부를 위해 멋대로 쓸 수 있겠는가? 대중이 지배하는 대중의 삶의 터전을 이끄는 지방정부에서 어떤 소수의 지방세력가가 지방정부의 힘을 멋대로 자기 것처럼 쓸 수 있겠는가?

대중이 주인이 되는 민주주의의 입법부와 사법부와 행정부와 지방정부에서 특수이익집단의 독점으로 인한 부정부패와 권력남용으로 인해 손해보는 재정낭비와 민심이반만 막아도 국가의 재정은 튼튼해질 것이며 민심은 안정될 것이다. 왜냐하면 과두주의 국가의 모든 분야를 지배하는 특수이익집단의 카르텔이 완전히 사라질 것이기 때문이다.

플랫폼 생태공동체로서의 민주주의 국가의 대중은 추첨에 의하여 누구나 원한다면 평생 한 번은 공직을 맡을 수 있다. 계급이 사라진 수평적 평등사회에서 권력을 대중이 행사하는 민주주의 제도 자체만으로도 대중이 가지고 있던 기본적인 불만은 해소되어 만족할 수 있다. 이처럼 민주주의 국가에서 공직을 많이 만든다 해도 그 비용은 많지 않다. 그리고 과두주의 국가에서 깨진 독에 물이 새는 것처럼 부정부패와 공무원의 무사안일과 무능으로 인한 재정의 낭비를 생각한다면 민주주의 국가에서 아무리 공직이 많이 늘어난다 해도 그로인한 재정의 부담은 훨씬 적은 것이다.

무엇보다도 민주주의 국가는 소수의 지배자들이 입법부와 행정부와 사법부를 지배하며 부와 권력을 축적하는 동안 대중이 소외되며 일어나는 민심이반을 완전히 막을 수 있다. 그럼으로써 공동체의 균형과 통합을 이루어 행동할 수 있다는 점은 다른 무엇과도 바꿀 수 없는 큰 가치이다.

민주주의 국가는 마르크스와 레닌이 주장하던 사회주의와는 완전히 다른 국가이다. 민주주의 국가는 누구도 배제하지 않는다. 부자들은 극빈자들과 마찬가지로 국가가 보호한다. 부자들은 합법적이고 정당한 세금을 내는 한 그들은 마음껏 창의성과 재능을 발휘하여 기업활동을 할 수 있다.

민주주의 국가에서 부자들이 마음껏 활동해서 국가의 부를 만들어내는 것은 과거 고대아테네 뿐 아니라 현재와 미래의 모든 민주주의 국가에서 반드시 필요한 일이다. 민주주의 국가는 전체주의 국가와는 다르다. 모든 개개인이 대중 스스로 정한 법을 지키되 누구에게도 간섭받지 않고 자유롭게 자기 방식대로 살아간다. 고대 아테네 민주주의는 현존하는 비극과 희극 대부분을 창조했고 저 유명한 파르테논 신전을 비롯한 대부분의 건축물을 창조했다. 오직 아테네의 민주주의만이 이 같은 문학과 예술을 창조한 것이다. 고대 아테네의 이 모든 창작물들은 소수의 지배자가 아니라 대중 자체를 위해 대중 자신이 만든 것이라는 점에서 민주주의의 위대함을 잘 보여준다.

어찌 과두주의처럼 소수의 지배자들이 국가의 부와 권력을 독점하여 부귀영화를 누리는 동안 군중들이 한심한 삼류건달이 되어 영화(screen), 스포츠(sport), 섹스(sex) 그리고 먹거리 등으로 시간과 노력과 삶 자체를 낭비할 수 있겠는가? 플랫폼 생태공동체로서의 민주주의 국가를 운영하는 대중은 자신의 의식주와 교육과 문화와 예술을 위해 해야 할 일이 산처럼 쌓여있는 것이다. 이 모든 일이 소수의 지배자들이 아니라 자신들의 것이니 어찌 신바람이 나지 않을 수가 있겠는가? 바로 이점이 아테네 민주주의가 서양문명의 건축과 예술의 바탕은 만든 원동력이 된 것이다.

민주주의를 운영하는 대중들은 때로는 국가의 공직을 맡아 공적영역인 입법부, 행정부, 사법부와 지방정부에서 일을 한다. 그리고 때로는 민간부문인 사적영역의 시장이나 기업, 각종 시민단체나 또는 개인자격으로 하고 싶은 일을 하는 것이다. 이도저도 싫으면 아무 것도 하지 않을 자유를 즐기면 된다. 기본적으로 의식주는 제공되기 때문이다.

민주주의 국가가 대중의 자율과 자치로 운영된다는 그 사실 하나만으로도 대중은 설혹 의식주가 부족한 상태가 된다 해도 충분히 감내할 수 있다.

이를테면 세계적인 경제위기가 닥친다 해도 민주주의 국가의 대중은 모두가 한마음 한뜻으로 한 덩어리가 되어 이겨낼 수 있다. 심지어 전쟁상태가 된다 해도 민주주의 국가는 과두주의 국가보다 훨씬 더 강한 군대를 만들 수 있다. 민주주의 국가의 군대가 과두주의 국가의 군대보다 더 강하다는 것은 이미 민주주의 아테네가 마라톤 전투와 살라미스해전에서 당시 세계최강의 페르시아제국의 군대를 격파한 것으로 잘 알려져 있다.

그렇다면 플랫폼 생태공동체로서의 민주주의 국가는 어떻게 설립하고 운영할 수 있는가? 아무도 말해주지 않은 이 문제에 대해 생각해보자.

민주주의의 제2법칙과 태극과 팔괘와 64괘와 민주주의

민주주의의 제1법칙은 민주주의 국가를 이루기 위한 제도가 정의와 도덕과 중용을 바탕으로 이루어져야 한다는 사실과 그 방법을 설명하는 것이었다. 민주주의의 제2법칙은 민주주의의 제1법칙이 마련한 제도위에 대중이 국가의 공적영역인 입법부와 사법부와 행정부와 지방정부를 운영하고 또한 대중이 국가의 사적영역인 민간부분인 시장과 기업과 각종시민단체와 가정을 운영하는 제도와 방법을 설명한다.

그리고 국가의 공적영역과 사적영역이 어떻게 나뉘며 또한 나뉜 상태에서 하나가 되는가하는 것은 민주주의의 제2법칙이 설명하는 민주주의의 핵심영역이다. 민주주의의 제1법칙은 천부경의 일적이음립 십거이양작이 만들어낸 음양오행을 바탕으로 정의와 도덕과 중용의 제도를 만들었다.

민주주의의 제2법칙은 그림 23 천부도에서 직접적으로 보이는 것처럼 천부경의 일적이음립 십거이양작의 바탕위에 천부경의 다섯글자 무궤이충생無匱而衷生이 만들어낸다.

무궤이충생無匱而衷生의 무궤無匱는 천부도의 그림처럼 가운데에 사각형의 궤짝이다. 이 궤짝이 무를 둘러싼 궤짝인 이유는 그 외부를 유有로 보기 때문

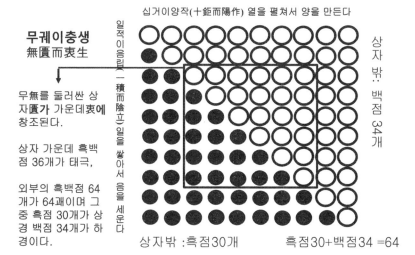

그림 23 태극과 64괘의 근거 천부경의 무궤이충생 無匱而衷生

이다. 이 궤짝안의 36개의 흑백점이 무이며 태극이다.

외부의 흑백점 64개가 곧 64괘이다. 이 64괘의 흑점 30개가 곧 역경의 상경 上經 30괘이며 백점 34개가 곧 역경의 하경 下經 34괘이다.

바로 이 천부경의 무궤이충생이 태극과 팔괘와 역경의 64괘의 상경 30괘와 하경 34괘의 설계원리임은 누가 보아도 자명한 것이다. 바로 이것이 민주주의의 제2법칙=36+64가 말하는 것이다.

동중서 이래 중화주의 유교는 주역을 최상위 경전으로 삼았지만 지난 2천년간 태극과 64괘의 근거를 이처럼 설명한 학자가 단 한 명도 없었다. 그리고 태극과 64괘를 엉뚱하게도 이원론의 수직적 계급구조로 왜곡시켜 독재주의와 과두주의 정치학의 바탕으로 만든 것이다. 이는 과두주의는 정치학 이전에 진리에 대한 폭력과 속임수가 먼저 이루어짐을 잘 보여준다.

그림 23에서 무를 둘러싼 무궤無匱안의 36개 흑백점 태극과 팔괘를 무無로

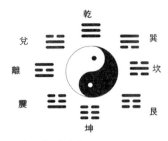

그림 24 태극과 팔괘

규정한 것은 이유가 있다. 예를 들면 인간의 뇌를 둘러싼 두개골이 곧 무를 둘러싼 상자이다. 그리고 두개골안의 뇌가 곧 무이다. 그리고 몸과 마음이 유有이다. 무슨 말인가 하면 인간의 뇌는 그 자체는 움직임이 무이다. 그 움직임이 없는 무가 시시각각 쉬지 않고 움직이는 유인 몸과 마음을 지배하고 통제하는 것이다. 바로 이 두개골과 뇌의 합체인 머리가 곧 태극인 것이며 몸과 마음의 합체가 곧 64괘인 것이다.

민주주의의 제2법칙의 이 수식은 또한 부호로 표현된다. 인간 공동체인 대중이 국가를 만들었을 때도 이와 마찬가지이다. 국가의 공적영역인 입법부, 사법부, 행정부, 지방정부가 곧 머리로서 태극이다. 이 태극을 네 방향에서 보면 사상四象이며 여덟방향에서 보면 팔괘라는 부호가 만들어진다.

국가의 사적영역인 시장과 기업, 학교 등의 민간부문은 64괘인 것이다. 이 64괘는 상경 30괘와 하경 34괘로 만들어진 것이다. 또한 이 64괘를 이루는 효는 모두 384개로써 이는 384효가 된다. 이는 동중서의 수직적 계급구조와는 정반대인 민주주의의 수평적 평등구조에서 이루어지는 질서이다. 바로 이것이 중화주의 유교 이전에 우리의 조상들의 고대국가에서 창조하고 운영한 자율과 자치의 정치제도인 민주주의를 설명한다. 그리고 바로 이것이 고대 아테네민주주의와 아메리카 인디언 민주주의를 설명하는 것이다. 또한 오늘날 초연결시대를 선도하는 구글과 페이스북, 애플, 아마존이 만들어 운영하는 플랫폼의 원리이다.

⑴ 플랫폼 생태공동체로서의 민주주의 국가의 공적영역 태극 36

공적 영역인 태극을 여덟방향에서 보면 팔괘가 그려진다. 공적영역 36은 또한 1에서 8까지의 합이다. 즉 36=1+2+3+4+5+6+7+8 이다.

왜 36인 태극을 7방향이나 9방향에서 보지 않고 꼭 8방향에서 관찰하여 8 괘를 만들었는지를 이로써 알 수 있는 것이다.

무궤인 태극은 공적영역으로 직접행동하지 않는 무無이다. 따라서 대중이 직접 운영하는 국가의 공적영역인 입법부, 사법부, 행정부와 지방정부는 스스로는 대중의 삶의 바탕인 의식주나 문화와 예술 등을 만들지 않는다. 그러나 국가를 이룬 대중이 민간부문에서 행동하는 모든 일에 대해 설계하고, 행동 방법을 만들어 감독하고 또한 잘못 행동하는 부분들을 처벌하여 바로잡는다.

태극인 36인 민주주의 국가의 공적영역은 개인이나 소수의 지혜가 아니라 집단적인 지혜에 의지한다. 이는 과두주의 국가가 소수의 전문가들이 입법부, 사법부, 행정부를 장악하고 지배하는 것과는 전혀 다른 방식이다.

그리고 이 공적영역인 태극을 이해함에 있어 주의할 것이 있다. 이 공적영역은 인디언 민주주의처럼 1명이 대표할 수도 있고 아테네 민주주의처럼 다수가 대표할 수도 있다. 또는 소수가 대표할 수도 있을 것이다. 그러나 중요한 것은 공적영역의 대표가 1명이나 소수 또는 다수냐가 아니다. 그보다는 전체적인 과정에서 민주주의의 제2법칙 100=36+64가 이루어졌느냐의 여부이다.

민주주의의 제2법칙이 제대로 이루어졌다면 그 대표가 1명이든 소수이든 다수이든 중요하지 않다. 민주주의의 제2법칙이 이루어진다면 어떤 경우이든 국민 스스로가 스스로를 다스리고 다스림을 받는 자치와 자율이 이루어지는 것이기 때문이다. 바로 이 점이 민주주의와 과두주의 또는 독재주의와의 차이이다.

(2) 플랫폼 생태공동체로서의 민주주의 국가의 사적영역 64괘

우리는 100%에서 100은 전체이다. 민주주의의 제2법칙에서 사적영역이 64
인 이유는 공적영역인 태극이 36이라야 조화가 이루어지기 때문이다.

사적영역 64를 이루는 흑점 30개는 역경의 상경 30괘이며 백점 34개는 역
경의 하경 34괘이다. 역경의 상경이 왜 반드시 30괘이고 왜 하경이 반드시 34
괘가 되는지의 이유이다.

(3) 공적영역 태극 36과 사적영역 64괘의 조화

공적영역은 움직이지 않는 가운데 사적영역을 움직인다. 인간의 공적영역
인 머리가 사적영역인 몸과 마음을 움직이듯 국가도 공적영역인 정부가 사적
영역인 민간부문을 움직인다.

하지만 중화주의 유교에서 양존음비나 관존민비처럼 공적영역과 사적영
역이 수직적 계층구조를 이루는 것은 아니다. 인간에게 머리와 몸과 마음 모
두가 중요하지만 각각의 역할이 다르듯 국가에서도 공적영역과 사적영역은
역할이 다를 뿐 이 양자는 평등하게 서로가 각각 주어진 자기의 역할을 하며
서로의 조화를 이룬다.

과학적 실험으로 증명된 민주주의의 제1법칙, 민주주의의 제2법칙

미국 실용주의實用主義의 근간을 세운 철학자 제임스는

철학의 여러 논쟁도, 그 구체적인 결과를 검토해본다는 이 간단한 테스트에
걸어 볼 때 얼마나 많은 논쟁들이 즉시에 무의미한 것이 되어버리는가에 아

니 놀랄 수 없다 (제임스, 1985)

라고 주장했다. 과연 실험을 통해 구체적인 결과를 검토하는 것은 철학의 무수한 논쟁을 간단하게 무의미한 것으로 만드는 것이다.

이 책에서 설명하는 민주주의의 기본법칙과 7가지 민주주의의 법칙은 세 가지의 서로 다른 실험과 우리의 고유의 경전을 통해 얻어진 것이다. 즉 첫 번째가 사우디아라비아 건설현장에서의 실험의 성공이며 두 번째가 2001년 시작한 LG전자에서의 에어컨의 Han-fan의 설계와 실험의 성공이다. 그리고 세 번째가 2010년 시작한 LG전자에서의 복잡하기 이를 데 없는 대형 에어컨의 중요한 핵심 부품의 설계와 실험의 성공이다.

그리고 우리의 고유한 경전 천부경과 삼일신고와 366사에 공통적으로 내장된 수식과 도형과 철학이론의 발견이 그것이다.

⑴ 사우디아라비아 건설현장에서의 실험의 성공

그 첫 번째는 사우디아라비아 사막의 건설현장에서 1981년부터 1985년까지 일하면서 300명의 노동공동체를 대상으로 실험을 할 기회를 얻었다. 이 실험에는 진시황이 중국을 통일하는 데 핵심이 되었던 상앙商鞅의 법가이론法家理論과 손자와 함께 쌍벽을 이루는 병법의 대가 오기吳起의 병가이론兵家理論이 동시에 사용되었다.

이 방법은 나도 모르게 현실에서 300명의 노동자를 대상으로 민주주의의 제1법칙을 사용한 것이다. 그런데 그 결과 전혀 예상치 못한 현상이 일어난 것이다. 그것이 바로 민주주의의 제2법칙이었다. 이 실험을 통해 300명의 노동공동체는 어려운 공사를 성공적으로 마무리할 수 있었다.[42]

---

42) 최동환. 2000. 천부경 2차 개정판. 지혜의 나무

(2) 우리의 고유한 경전 천부경과 삼일신고와 366사에 공통적으로 내장된 수식과 도형과 철학이론의 발견

그런데 당시에는 이 민주주의의 제1법칙과 제2법칙을 다른 사람에게 말로 설명할 수도 없었을 뿐 아니라 머릿속에 떠올릴 수조차 없었다.

말로 설명하려면 먼저 이 상태의 내용에 해당하는 각 부분을 개념화하여 언어로 만들어놓아야 한다. 그러나 당시에는 그 각각의 상황을 설명한 용어조차 없었다. 그 상황에서 어떻게 말로 설명할 수 있겠는가? 또한 그 상황에 대해 누군가 설명한 것이 있으면 그것을 빌려서 말할 수 있겠지만 그 당시에는 이 세상 어느 누구도 이 법칙에 대해 설명한 사람이 없었다.

내가 300명의 노동자와 함께 직접 그 상태를 만들어 운영하고도 그 상태의 각 부분들을 설명할 말이 없어 설명을 못한 것이다. 심지어는 그 상태를 머릿속에 떠올려 생각하기도 불가능했다. 인간이 생각한다는 것도 그 생각의 재료들 하나하나에 이름을 지어 사용할 수 있을 때 가능한 것이기 때문이다. 따라서 이 문제가 해결되기 위해서는 누군가 이 상황에 대해 미리 설명을 한 자료가 있거나 아니면 처음부터 내가 모든 것을 만들거나 둘 중의 하나였다. 다행이 이 문제에 대해서는 완벽한 해결방법을 만들어 설명하고 있는 책이 세 권이나 있었다. 그 책이 바로 우리의 고대국가에서 전해지는 천부경과 삼일신고와 366사였다. 이 경전들은 동일한 수식과 도형과 철학원리를 책안에 숨기고 있었다.

나는 이 경전들을 통해 사우디아라비아에서 300명의 노동공동체와 함께 찾아낸 민주주의의 제1법칙을 수식과 도형과 철학원리로 설명할 수 있게 된 것이다.

(3) Han-fan 실험의 성공

그리고 2001년 LG전자의 연구소에서 에어컨의 신제품을 설계하는 프로젝트에 산학협동작업으로 컨설턴트로 참여해달라는 요청을 받고 수락했다. 그런데 그 프로젝트의 핵심부품인 fan의 설계에 바로 이 민주주의의 제1법칙과 제2법칙을 적용하여 fan의 성능을 극대화하는 실험에 성공한 것이다. 이것이 두 번째 실험의 성공이었다.

세 번째 성공은 역시 2010년 LG전자의 연구소에서 이번에는 대형 에어컨의 심장에 해당하는 핵심부품의 설계에 산학협동작업으로 컨설턴트로 참여해달라는 요청을 받고 수락했다. 그리고 그 복잡다단한 대형에어컨의 심장에 해당하는 부품을 역시 민주주의의 제1법칙과 제2법칙을 적용하여 성능을 극대화하는 실험에 성공했다. 이로써 민주주의의 법칙의 핵심원리를 세 번의 실험을 통해 증명된 것이다. 이는 곧 민주주의의 법칙이 보편적인 진리임이 드러난 것이라고 볼 수 있다.

여기서는 두 번째 실험인 Han-fan을 증명하는 과정을 통해 민주주의의 핵심원리인 대중의 자기균형과 통합 그리고 대중의 자기실현을 이해해보기로 하자.

① 라살레의 과두주의 국가 4:96과 민주주의 국가 36:64

어떤 사상이든 수량화하여 숫자로 표현할 때 비로소 그 철학적 의미가 분명하게 드러난다. 피타고라스가 "가장 이지적인 것을 수數"[43]라고 한 것은 이와 같은 예를 말하는 것이리라.

---

43) 가장 이지적인 것은 무엇인가? 수이다. 가장 아름다운 것은 무엇인가? 조화이다. 가장 강한 것은 무엇인가? 앎이다. 가장 좋은 것은 무엇인가? 행복이다. 가장 참된 것은 무엇이라고 이야기되는가? 인간들이 사악하다는 것이다. (DK58C4)

우리는 사회주의자 라살레가 자본주의 국가가 자본가 4%와 프롤레타리아 96%로 이루어졌다는 주장을 했음을 살펴보았다. 그리고 나는 일당독재의 사회주의 국가에도 자본주의의 구조와 마찬가지로 당 간부 4%와 인민 96%로 이루어진다고 말했다.

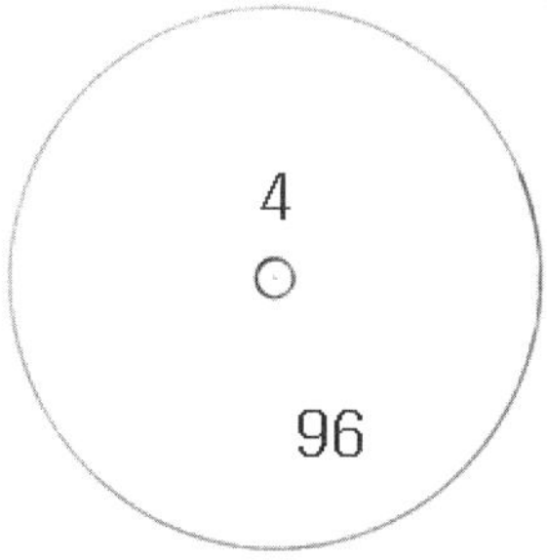

이들 자본주의나 사회주의는 모두 플라톤이 국가를 황금족, 은족, 청동족, 철족으로 수직적 계급구조로 만들자는 국가철학의 한 가닥에서 유래한 것이기 때문이다.

그런데 이와같은 플라톤의 과두주의 철학은 국가철학뿐 아니라 공학에도 그대로 적용되고 있었다. 즉 LG전자의 에어컨 설계의 컨설팅 대상인 Fan은 중앙영역이 4%이고 외부영역이 96%였다. 라살레가 말한 자본주의 국가의 구조 바로 그것이 에어컨의 핵심부품의 설계원리로 적용되

그림 25 라살레의 국가와 기존의 fan의 구조 4:96

기존 fan과 한의 제2법칙의 도형과 Han-fan의 비교

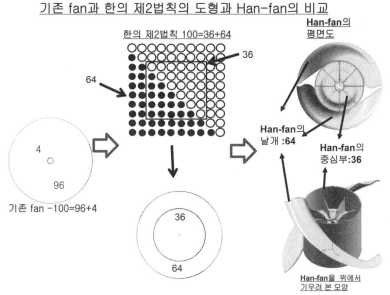

그림 26 민주주의의 제2법칙을 적용한 fan과 기존 fan의 비교

어 있었던 것이다. 이것이 과연 놀라야 할 우연의 일치일까?

그림 25는은 기존의 에어컨에 장착된 fan의 평면도이다. 그림과 같이 기존의 fan은 그 중심 부분과 날개 부분의 비율이 4:96이었다.

여기서 4는 자본주의에서는 자본가이며 사회주의에서는 당 간부인 것이다. 그리고 나머지 96은 자본주의에서는 프롤레타리아이고 사회주의에서는 인민인 것이다. 에어컨의 기존 fan의 구조가 곧 과두주의의 지배영역과 피지배영역을 그대로 반영하고 있었다.

나는 이를 대중이 지배하는 민주주의의 구조로 디자인을 바꾸었다. 즉 민주주의의 제2법칙인 100=36+64를 그대로 적용한 것이다.

그림 26과 같이 라살레의 국가인 100=96+4를 천부경과 삼일신고와 366사에서 찾아낸 천부도에 의한 100=36+65의 도형을 Fan에 적용한 도형으로 바꾸어 적용하여 다시 설계한 결과이다. 이 새로운 Fan을 Han-fan이라고 이름을 지었다. 우리의 고대경전에서 유도된 한철학을 바탕으로 한 이론이기 때문이다.

이제 소수 지배자 4%가 다수의 피지배자 96%를 지배하는 자본주의와 사회주의 국가 구조를 상징하는 기존의 fan이 민주주의 대중이 스스로 지배하는 공적영역 36%와 대중 스스로 지배받는 64%의 사적영역으로 만들어진 Han-fan으로 디자인 된 것이다.

② 과두주의 이론의 표본과 민주주의 이론의 표본의 비교

이제 우리는 이 100=4+96이 설명하는 과두주의 국가를 표본으로 만든 기존 fan과 100=36+64가 설명하는 민주주의 국가를 표본으로 만든 Han-fan의 성능은 어떤 차이가 있는가를 화인해 볼 차례이다.

이제 과두주의 국가 원리인 100=4+96 의 효율성과 민주주의 국가의 원리

기존 fan과 Han-fan의 소음비교

실험 결과 아래의 데이터와 같이
기존 fan의 소음은 48.6 데시벨이었고
Han-fan의 소음은 불과 34.7 데시벨에 불과했다.

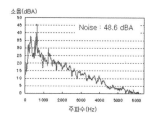

기존 fan 100=96+4

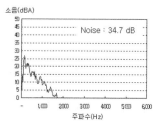

Han-fan 100=36+64

그림 27 기존 fan과 Han-fan의 소음비교

인 100=36+64의 효율성이 과학적 실험 데이터로 수량화되어 나타난 것이다.

과두주의 국가원리인 100=4+94으로 만든 에어컨의 fan은 50데시벨 정도의 소음(김용근, 1999)[44]에서 낮출 수 없었다. 그동안 미국과 유럽과 일본의 엔지니어들이 만든 기존 fan의 그 50데시벨 정도의 소음은 마음의 안정을 잃을 수 있고 집중력이 떨어질 수 있는 소음에 근접한 것으로 가정용으로는 적당치 못한 것이다. 그러나 민주주의 국가원리인 100=36+45로 만든 에어컨의 소음은 주택가의 밤이나 도서관에서 떠드는 소리 정도인 30~40데시벨(dBA) 정도에 불과했다. 더구나 이 Han-fan이 만들어내는 공기는 조용할 뿐 아니라 자연의 공기처럼 부드럽고 자연스러운 것이었다. 따라서 공기순환문제와 소음문제가 획기적으로 개선된 것이다. 나아가 에어컨의 체적도 획기적으로 줄일 수 있게 된 것이다.

이제 '민주주의의 제2법칙 100=36+64'는 단순한 추상적인 철학이론이 아

---

44) 소음의 구분: 시끄러운 소리가 50데시벨을 넘는 경우 마음의 안정을 잃고 집중력이 떨어진다. 60 데시벨 정도면 음식을 먹을 마음이 없어진다. 20데시벨: 나뭇잎이 흔들리는 소리, 30데시벨: 주택지의 밤, 40데시벨: 도서관에서 떠드는 소리, 50~60데시벨: 친구와 마주 이야기를 나누는 소리, 60~70데시벨: 전화소리, 80데시벨: 지하철역.

니라 현실세계에서 역학적 조직체의 공적영역과 사적영역의 역동적인 상태를 최적화할 수 있는 실제적인 이론임이 검증되었다.[45]

그리고 이 실험은 민주주의 국가의 원리가 과두주의 국가의 원리보다 월등하게 효율적이라는 사실이 과학적 실험에 의해 증명되었다는 의의가 있는 것이다.

라살레의 주장처럼 과두주의는 지배계급 4%가 공적영역을 차지하고 나머지 96%가 사적영역을 차지한다. 과두주의는 부르주아가 지배하는 자본주의이든 일당독재의 당간부가 지배하는 사회주의이든 기본원리는 같다.

그러나 민주주의는 전체 시민의 36%가 입법부와 사법부와 행정부의 공적영역을 차지하고 64%가 사적영역을 차지한다.

Han-fan의 실험결과 전체 시민의 36%가 공적영역을 차지할 때는 전체 시민의 4%가 공적영역일 때와 비교해 믿을 수 없을 만큼 강력한 능력을 발휘한다는 사실이 증명되었다.

LG전자 연구소의 실험에서 내가 엔지니어들에게 4:96의 기존 설계를 처음으로 36:64 비율로 바꾸어 설계원리를 제시했을 때 그들은 상상도 해보지 못한 설계개념이라 당황해했다. 그러나 실험결과를 보고서는 과학적 사고가 몸에 밴 연구소의 과학자들은 내가 제시한 새로운 설계개념을 아무 거리낌 없이 받아드렸다.

마찬가지로 지금 내가 공적영역 4%와 사적영역 96%의 과두주의 정치제도의 기존 설계를 바꾸어 공적영역36%와 사적영역 64%의 민주주의 정치제도를 제시한다면 아마도 모두가 당황해 할 것이다.

그러나 우리가 단순히 생각과 관습만으로 판단하는 것이 아무리 옳아보여도 그것이 단지 고정관념에 지나지 않는다는 사실을 이처럼 엄밀하고 구체적

---

45) 이 실험의 실험장소는 LG전자 DAC연구소의 소음진단센터 무향실(Noise Evaluation Center, an echoic room), 실험장비는 Brüel & Kjær - PULSE LabShop. 실험일시는 2003년 12월 18일이다.

이고 객관적인 실험의 결과가 잘 보여주고 있는 것이다.

이 실험은 우리가 지난 3천 년간 굳게 믿고 있었던 기존의 정치제도에 대한 고정관념이 완전히 틀렸음을 과학적으로 보여준 것이기 때문이다.

따라서 4차산업혁명/초연결시대에 필연적으로 나타날 대량실업의 위기를 민주주의는 그 정치제도만으로도 일자리를 국가의 공직에서 전체 시민의 36%로 대량으로 만들어 냄으로써 충분히 극복할 수 있음이 증명되었다.

또한 그렇게 대량으로 받아드린 공직자들이 운영하는 민주주의 국가의 능력은 소수의 공직자들이 운영하는 과두주의 국가의 능력과 비교할 수 없을 정도로 강력해진다는 사실 또한 이 실험의 데이터가 과학적으로 증명해준 것이다.

이 실험은 또한 중화주의 유교에서 지난 2천 년간 생명의 과정원리를 이원론으로 왜곡시킨 태극과 64괘와 음양과 오행의 원리를 실험으로 증명했다는 의미가 있다.

이 실험을 통해 증명된 민주주의의 제1법칙과 제2법칙에 대한 설명을 여기서 하는 것은 중복이 되므로 자세한 설명은 『천부경 2차 개정판』을 참고하기 바란다.

이제 우리는 피타고라스가 '만물은 수'라고 한 내용을 '정치철학은 수'라는 말로 바꾸어 말할 수 있는 것이며 궁극적으로 '민주주의는 수'라고 말할 수 있게 된 것이다.

허브와 스포크 Hub-and-Spoke이론과 민주주의

그림 28을 본다면 우리는 설명을 하지 않아도 직관적으로 이미 Hub & Spoke = Han-fan이라는 제목과 두 개의 그림이 무엇을 설명하는 것인지를 알 수 있을 것이다.

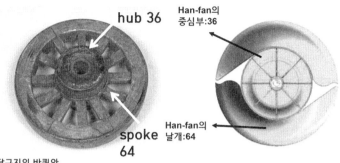

Hub & Spoke = Han-fan

hub 36

Han-fan의 중심부:36

spoke 64

Han-fan의 날개:64

소달구지의 바퀴와
hub & spoke

소달구지의 바퀴축인 hub와 han-fan의 중심부는 동일한 원리로 공적영역이며 36이며 태극이다. 소달구지의 바퀴살과 han-fan의 날개는 동일한 원리로 사적영역이며 64이며 64괘이다.

그림 28 Hub & spoke 이론의 소달구지와 Han-fan의 비교

무엇보다 소달구지의 바퀴축[46]이 의미하는 Hub가 Han-fan의 중앙 36이며 그것이 공적영역이며 태극이라는 사실을 우리는 이미 알고 있다. 그리고 소달구지의 바퀴살이 의미하는 Spoke가 Han-fan의 외부 64이며 그것이 사적영역이며 64괘임을 우리는 이미 알고 있다.

공항이나 항만의 경우 "항공기나 선박이 어느 특정 공항과 항만에 모이면 환승과 환적을 통해 많은 사람이나 물건을 세계 방방곡곡으로 보낼 수 있다. 이때 항공기나 선박이 모이는 곳이 허브 공항, 허브 항만이다. 이들 허브가 역량을 발휘하려면 허브를 연결하는 도로, 철도, 해상로, 항공로 등 스포크(spoke) 시스템이 제대로 갖추어져야 한다." (홍순만, 2015)

즉 허브공항과 허브항만은 공적영역 36으로 태극이며 도로, 철도, 해상로, 항공로 등 스포크(spoke) 시스템은 사적영역 64라는 말과 같다.

결국 우리는 Han-fan의 실험을 통해 Hub & Spoke에서 설명하려는 국제적인 허브 공항과 항만의 설계원리인 수식과 도형과 철학원리와 실험데이터를

---

46) 소달구지 바퀴, 소장처 전쟁기념관, 유물번호 1994(1994) 044002-000

이미 충분하게 마련하고 있는 것이다.

(1) 민주주의의 제1법칙과 Hub & Spoke 이론

Hub의 사전적 의미는 차량의 바퀴통이나 선풍기 또는 프로펠러 등의 중심축을 말한다. 이는 어떤 활동이나 상업의 중심이나 중추의 영역을 의미한다. Spoke는 수레바퀴의 살, 선박의 타륜舵輪 둘레의 손잡이 등을 말한다. 그러니까 소달구지 바퀴나 자전거 바퀴의 중심축을 Hub, 소달구자 바퀴나 자전거 바퀴의 바퀴살이 Spoke이다.

이를 인간 공동체의 활동이나 상업으로 본다면 그 중심축이 Hub이고 그 중심축 외부가 Spoke인 것이다. 소달구지 위에 놓인 화물들은 바퀴를 통해 그 무게가 땅에 전달된다. 그 바퀴의 중심에는 바퀴축이 있어 화물의 무게를 바퀴살을 통해 땅으로 전달된다. 이는 마치 선풍기의 중심축에 전기의 힘이 작용하여 선풍기의 날개로 바람을 보내는 것과 같은 원리이다. 그리고 이는 곧 우리가 이미 다룬 Han-fan의 작동원리와 동일한 것이다.

공항이나 항만이 국제적인 허브로서 중심축이 되려면 그 이전에 민주주의의 제1법칙인 100=45+55를 만족시켜야한다. 즉 물질적인 영역와 추상적인 영역을 최적화하여 그 양극단의 균형을 이루고 통합을 해야 한다.

여기서 물질적인 영역은 하드웨어와 디바이스로서 공항과 항만의 시설이 항공기와 선박에게 최적화되어있는가이다. 그리고 사물인터넷의 센서와 인터넷의 하드웨어 등이다. 또한 안전과 보안이 뒷받침되는 가이다. 이는 낙서洛書의 영역으로 상극의 영역이며 정의로 뒷받침된다.

추상적인 영역은 제도로서 뒷받침이 되어있는가이다. 이는 공항과 항만에 항공기와 선박들이 국제간의 협약에 의해 자유롭게 드나들 수 있도록 최적화된 협정으로 뒷받침이 되고 있는가이다. 이는 하도河圖의 영역이며 상생의 영

역으로 도덕으로 뒷받침된다. 그리고 이 양극단을 소통하고 연결하는 인터페이스의 영역인 중용의 영역이 있다. 이는 통신과 인터넷망과 사물인터넷의 센서 등으로 만드는 네트워크 운영이다.

(2) 민주주의의 제2법칙과 Hub & Spoke 이론

이처럼 공항과 항만이 허브가 되기 위해서는 먼저 민주주의의 제1법칙을 통해 정의와 도덕과 중용이 바탕에 마련되어 있어야한다. 이는 민주주의 국가가 설립되기 전에 대중이 자기균형과 자기통합을 이루어야 하는 것과 동일한 이치이다.

어떤 공항과 항만이 국제적인 허브가 되기 위해서는 이와 같이 민주주의의 제1법칙이 마련된 바탕위에 민주주의의 제2법칙이 실행되어야 한다.

Han-fan에서 우리는 기존의 fan은 라살레가 말한 것처럼 100=4+96 이 보여주는 과두주의 국가처럼 소수가 중심의 영역을 차지하여 다수를 다스림으로

한의 법칙과 Hub & Spoke 이론

허브공항과 항만이 되기 위해서는 하드웨어와 디바이스로서의 공항시설과 국제적인 협정들을 완비하고인터페이스의 영역에서 통신과 인터넷과 사물인터넷을 운영하여 양극단의 균형과 통합을 이루어야한다. 즉 한의 제1법칙 100=45+55를 만족시켜야한다.

그 바탕위에서 여러 국가의 중심이 되는 영역에 허브공항과 항만을 만들어야하며 또한 여러 국가들의 국제적인 항공사와 선박사들의 항공기와 선박이 충분히 오가며 생태계를 만들 수 있도록 충분히 커야한다.
즉 한의 제2법칙 100=36+64를 만족시켜야한다.

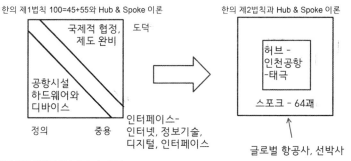

그림 29 한의 법칙과 Hub & Spoke 이론

국가의 효율을 떨어뜨리는 것을 보았다.

이는 Hub-and-Spoke이론과 동일한 것이다. 아무리 하드웨어가 잘 만들어졌고 국제협약을 잘 만들어도 Hub의 영역이 그 국제적인 영역의 중심이 되는 지리적 이점을 얻지 못하면 소용이 없는 것이다. 즉 전체 국가들의 합이 100이라면 공항이나 항만이 위치한 장소가 중심의 Hub가 될 수 있도록 36%가 되어야 외부의 Spoke 64%를 감당할 수 있다는 말이다.

즉 Hub 공항이나 항만은 높은 수준의 발전하는 국가들이 모인 지역의 중앙 36에 태극을 이루는 지역에 자리를 잡아야하는 것이 필수불가결의 조건이다. 또한 아무리 좋은 지역에 자리를 잡아도 그 공항과 항만이 위치한 국가들의 항공기와 선박들을 충분히 감당할 만큼 공항과 항만이 커야한다. 이러한 허브 공항이나 항만은 라살레가 말하는 100=4+96의 과두주의적인 설계로는 실패할 수밖에 없다.

공항이나 항만이 국제적인 허브가 되어 스포크를 거느리려면 민주주의의 운영원리인 100=36+64가 반드시 필요한 것이다. 생각해보면 플랫폼과 공항과 항만은 그것이 도시를 형성하는 교통의 중심이라는 점에서 동일하다. 플랫폼은 기차, 공항은 비행기, 항만은 배가 움직이는 시작과 끝이 되기 때문이다. 따라서 이 셋에 동일한 민주주의의 법칙이 적용되는 것은 당연한 일이 된다.

(3) 인천공항과 부산항만

과거 산업시대에는 국제적인 공항과 항만은 그것을 만드는 국가의 국력에 달려있었다. 즉 소수의 강력한 국가들이 세계의 공항과 항만을 지배하는 과두주의적인 지배체제였다. 그러나 이제 초연결시대에 국제적인 공항과 항만을 허브공항과 허브항만으로 결정하는 자는 국가가 아니라 글로벌 항공사와 글로벌 선사들이다. 그리고 글로벌 항공사와 글로벌 선사를 지배하는 자는 항공기 승객들과 선박의 화주들이다.

다수의 항공사들과 선사들은 물류를 최적화하기 위해 가장 좋은 위치의 공항과 항만을 찾아 그곳에 자신들의 항공기와 선박을 집중시킨 다음 그 허브공항과 허브항구를 중심으로 하여 세계의 공항과 항구를 스포크로 삼아 운영한다.

> 글로벌 항공사와 선사들은 허브 전략을 구사함으로써 몇 대 되지 않는 항공기와 선박으로 글로벌 노선을 구성할 수 있다. 특정 공항 또는 항만에 자신들의 항공기와 선박을 집중시켜 승객이나 화물들을 자전거 바퀴살과 같은 네트워크를 통해 세계 구석구석까지 서비스할 수 있는 글로벌 노선망을 만든다. 이 허브 앤드 스포크 시스템을 얼마나 효율적으로 구축하느냐에 따라 글로벌 항공사나 선사들의 사활이 결정된다.(홍순만, 2015)

이 시대의 국가가 자신들의 공항과 항만을 국제적인 허브공항과 허브항만으로 만들기 위해서는 그들 다수의 항공사와 선사들이 그들 스스로 그 국가의 공항과 선박을 허브로 삼고 다른 공항과 항구를 스포크로 삼아 운영할 수 있어야 한다. 허브공항과 허브항만은 과거 산업시대와는 전혀 다르게 소수의 국가가 아니라 다수의 항공사와 선사들이 스스로 주인 되어 스스로를 운영하는 민주주의적인 운영을 하고 있는 것이다.

"인천공항에는 매일 800편 가까운 항공기가 드니들고 있다. 또 연간 1600만 명의 내국인과 1400만 명의 외국인 등 3000만 명이 들락거린다. 이들 대부분이 항공기를 이용하는데 우리나라 15개 공항에서 연간 1억 명이 하늘 길을 통해 국내외로 나가고 있다. 우리나라 주력 수출 및 수입 상품인 LED, 반도체, 스마트폰, 카메라, 책자, 서류 등 고가상품들은 주로항공기를 이용한다. 우리나라 총 무역액의 30~40퍼센트에 해당되는 물량이다."(홍순만, 2015)

인천공항은 동북아 항공의 허브를 차지하려는 일본과 중국의 치열한 경쟁을 이겨내고 세계적인 허브공항의 위상을 갖추기 시작했다.

"인천공항은 세계공항협회(ACI)가 주관하는 서비스 평가에서 2006년부터 연이어 세계 1위를 했다. 아울러 수요 부족으로 어려움을 겪고 있던 지방 공항들에도 중국, 일본, 동남아 등지에서 많은 항공기가 몰려들었다…이후 인천공항은 한 번도 세계 1위 서비스 공항의 영예를 빼앗기지 않았다."(홍순만, 2015)

공항 하나가 국제적인 허브공항이 될 때 그 막대한 투자금을 단시간에 회수하는 것은 물론 막대한 직접적인 이익과 부수적인 이익을 챙길 수 있다. 그런 점에서 인천공항이 일본과 중국을 따돌리고 세계적인 허브공항이 될 수 있었던 것은 허브공항으로서 갖추어야 할 모든 것을 갖추었기 때문일 것이다.

그런데 부산항만은 세계적인 허브항구의 위치를 중국의 상하이에게 빼앗기고 있는 것 같다.

> 우리나라는 지역 균형 개발이라는 명목으로 부산 이외로 광양에 또 다른 컨테이너항만을 만들었다. 허브를 지원하기보다는 그 부족한 힘마저 분산시킨 것이다. 상하이항이 허브항만으로서의 입지를 굳히면 굳힐수록 부산항의 입지는 좁아졌다. 정치적 논리에 빠져 구호로만 그친 허브전략의 실상을 그대로 보여준 사례다.(홍순만, 2015)

부산항이 상하이항보다 수심도 깊고 조건도 좋지만 세계적인 허브항만이 되기 위해서는 부산항만 한 곳에 동북아로 집중되는 물동량을 충분히 소화할 수 있어야했는데 두 군데로 분산이 되었다는 말이다.

허브는 한 곳이 거대한 중심이 되어야한다. 두 곳이 되거나 크기가 작으면 허브가 될 수 없다.

우리는 이미 Han-fan의 실험을 통해 100=4+96의 기존 fan은 그 중앙의 공적영역이 지나치게 좁아 제 역할을 할 수 없음을 보았다. 그러나 민주주의의 제2법칙 100=36+64는 그 중앙의 공적영역이 지나치다고 생각할 만큼 충분히 넓었고 믿기 어려운 효율을 발휘함을 보았다. 기존의 fan이 4일 때 무려 9배에 달하는 36이었던 것이다.

허브 공항이나 허브항구는 이처럼 하나의 공항과 항구가 터무니없을 정도로 커야하는 것이다. 그리고 다른 수많은 공항과 항구를 스포크로 만들 수 있어야한다. 즉 허브는 스스로 공적영역인 태극이 되어 사적영역인 스포크를 64괘의 영역으로 만들 수 있어야하는 것이다.

하지만 부산항만은 수심이 깊고 동북아의 중심이 되는 좋은 조건임에도 그 중심이 두 군데로 분산됨으로서 그곳을 허브항만으로 선택하려는 선사들에게 외면 받고 있다는 말이다. 참으로 안타까운 일이라 할 수 있다.

초연결시대가 민주주의의 시대인 것은 디지털이 만들어내는 ICT의 영역에서만 나타나는 현상이 아니다. 전형적인 아날로그 영역으로 생각해온 공항과 항만도 세계적인 허브공항과 허브항만이 되기 위해서는 민주주의의 원리인 민주주의의 제1법칙 100=45+55와 민주주의의 제2법칙 100=36+64으로 스스로를 준비하고 행동해야하는 것이다.

더 나아가 팔강령의 원리로 공적영역인 허브와 사적영역이 스포크가 완전히 하나로 통일되어야한다. 그것이 민주주의의 제3법칙이다. 또한 공적영역인 허브를 중심으로 항공사와 선사들이 스스로 주인이 되어 이익을 극대화할 수 있어야한다. 그것이 민주주의의 제4법칙이다.

나아가 항공사와 선사들은 물론 모든 승객과 화주들이 스스로 자신들에게 일어나는 모든 사건들을 스스로 해결할 수 있어야한다. 이것이 곧 민주주의의 제5법칙이다.

295

어느 국가의 공항과 항만이 허브가 된다는 것은 이처럼 생명의 과정을 그 공항을 만드는 국가와 글로벌 항공사와 선사 그리고 글로벌 승객과 화주들이 모두 자발적으로 하나가 되어 민주주의를 운영하여 모두가 원하는 이익과 보람을 얻을 수 있도록 만든다는 말과 같은 것이다.

이것이 우리의 고대국가의 정치가들이 말한 개천과 재세이화와 홍익인간이며 오늘날 초연결시대 민주주의의 생명의 과정 원리이다.

스마트폰 플랫폼 생태공동체와 민주주의

초연결시대인 이 시대에 스마트폰은 과거 농경시대의 짚신이나 산업시대 초기의 고무신만큼 일반적으로 보급되었다고 할 것이다. 스마트폰은 전화와 인터넷, MP3를 비롯하여 온갖 편리한 기기를 모두 앱으로 이용할 수 있다. 이

스마트폰과 플랫폼 생태계

한의 제1법칙인 100=45+55를 설명하는 음양오행은 곧 정의와 도덕과 중용을 설명한다. 스마트폰에서 정의는 하드웨어 도덕은 컨텐츠.중용은 인터페이스의 영역이 된다.

여기서 인터페이스는 삼성은 안드로이드, 아이폰은 IOS, 하드웨어와 디바이스 - 삼성은 갤럭시, 애플은 아이폰,컨텐츠 - 음악과 동영상을 비롯한 각종 앱이다.

한의 제2법칙인 100=36+64가 설명하는 공적영역과 사적영역에서 공적영역인 태극은 삼성과 애플, 사적영역은 각종 앱 제작자와 갤럭시와 아이폰 사용자이다.

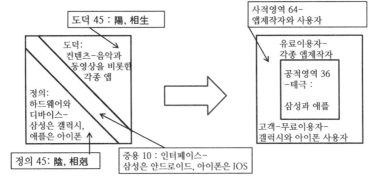

그림 30 스마트폰과 플랫폼 생태계

는 가히 지금까지의 플랫폼 생태공동체를 전혀 새로운 차원으로 끌어 올렸다고 할 수 있을 것이다.

우리가 늘 먹는 찌개를 만들 때 찌개를 모두 다 먹어보아야 찌개 맛을 아는 것이 아니다. 단지 한 숟가락으로 간을 보아도 찌개 전체의 맛을 알 수 있다. 마찬가지로 초연결시대의 모든 플랫폼을 다 뒤져서 모두 알아볼 필요는 없을 것이다. 단지 초연결시대를 대표하는 플랫폼인 스마트폰의 구조만 알아도 플랫폼 전체를 알 수 있는 것이다. 따라서 플랫폼인 스마트폰의 구조를 알수 있다면 초연결시대의 스마트 홈과 스마트 공장, 스마트 시티와 스마트 국가를 설계하는 일도 어려운 일은 아닐 것이다.

스마트폰은 초연결시대를 상징하는 플랫폼인 만큼 스마트폰의 구조를 통찰해봄으로서 초연결시대에 음양오행인 정의와 도덕과 중용 그리고 공적영역 태극과 사적영역 64괘가 어떻게 적용되는지를 알아보자.

⑴ 스마트폰과 음양오행 그리고 플랫폼

민주주의의 제1법칙 100=45+55은 곧 음양과 상극오행과 상생오행의 원리를 설명하는 원리였다. 그리고 음과 상극오행은 곧 정의의 영역이며, 양과 상생오행은 곧 도덕의 영역이었다. 또한 이 양극단을 연결하는 온힘 10은 중용의 영역이었다.

스마트폰은 정확하게 이 음양오행의 정의와 도덕과 중용으로 그 바탕을 이룬다.

① 스마트폰에서 정의는 곧 하드웨어와 디바이스의 영역으로 삼성은 갤럭시, 애플은 아이폰이다. 이 하드웨어와 디바이스는 사물로 만들어지는 영역으로 세계적으로 불꽃튀는 치열한경쟁이 이루어진다. 이른바 서로가 상극을 이

루는 상극오행의 영역인 것이다.

그리고 서로가 상극을 이루는 문명사회의 치열한 경쟁은 만인에 의한 만인의 투쟁이 아니라 정의로운 경쟁을 위한 규칙이라는 제도가 만들어지기 마련이다. 이 규칙이라는 제도를 지키며 경쟁을 하는 것이 곧 정의이다.

하드웨어와 디바이스는 생존의 영역인 사물의 영역에서 공정한 경쟁이 필요한 정의의 영역이기 때문이다.

② 스마트폰에서 도덕은 곧 보이지 않는 추상적인 컨텐츠의 영역을 지배한다. 즉 이른바 소프트웨어, 정보, 음악, 동영상 등이 그것이다. 이들 컨텐츠는 규범이라는 제도를 통해 발전한다. 즉 이들 컨텐츠는 도덕의 영역에서 공동체의 구성원들이 서로를 위해 지켜야 할 선을 넘지 않고 지킬 때 공동체가 분열되지 않고 통합을 이룰 수 있는 것이다.

하지만 사회가 극히 복잡해진 지금 이 컨텐츠가 도덕의 영역의 벗어나 잔인하고 비윤리적인 것들이 범람한다면 공동체는 분열되고 그 힘이 분산될 것이다. 또한 힘들게 제작한 컨텐츠를 불법으로 복제하거나 그 저작권을 침해한다면 도덕의 영역을 발전할 수 없을 것이다.

따라서 법을 통해 컨텐츠를 보호하지 않으면 이 도덕의 영역마저 만인에 의한 만인의 투쟁이 일어날 수 있는 것이다.

③ 스마트폰의 중용은 인터페이스로서 삼성은 안드로이드와 타이젠, 애플은 IOS에 해당한다. 이 인터페이스의 영역은 하드웨어와 디바이스의 영역과 컨텐츠의 영역을 서로 연결하여 균형을 이루어 통합이 될 수 있게 만들어준다.

이처럼 초연결시대를 대표하는 플랫폼인 스마트폰은 민주주의의 제1법칙 100=45+55가 설명하는 천부경과 하도낙서, 음양오행과 정의와 도덕과 중용의 원리를 정확하게 발휘하고 있음을 알 수 있다.

이로서 우리는 이제 스마트폰의 바탕을 수식과 도형과 철학이론으로 분명하게 이해하고 설명할 수 있게 된 것이다.

(2) 스마트폰과 태극과 64괘 그리고 플랫폼

민주주의의 제1법칙의 음양오행을 혁신하면 민주주의의 제2법칙의 태극과 64괘가 된다. 즉 정의와 도덕과 중용의 영역이 최적화되면 공적영역과 사적영역이 하나가 되어 공동체가 자율과 자치로 국가를 운영할 수 있는 것이다. 스마트폰도 국가의 운영원리인 태극과 64괘의 원리가 정확하게 적용되고 있다.

다만 스마트 폰의 생태공동체의 공적영역을 대중이 직접 운영하지 못하고 제조회사가 맡는다는 점이 민주주의의 정치제도와는 맞지 않는다. 이와 같은 스마트 폰 생태공동체의 한계는 스마트 시티와 스마트 국가에서는 민주주의의 원칙대로 적용되어야 할 것이다.

① 스마트폰에서 공적영역인 태극은 스마트 폰 제작회사가 운영하고 있다. 이들 회사들은 플랫폼이 만들어내는 전체 생태계를 설계하고 조직하고 운영하고 총괄하는 중심이 된다.

즉 삼성과 애플은 각각 갤럭시와 아이폰이 만드는 생태계의 공적영역인 태극으로서 플랫폼에 담을 하드웨어와 디바이스를 설계하고 생산함은 물론 그 위에서 어떤 종류의 콘텐츠들을 작동시킬지의 한계를 결정해야한다. 또한 이 양자를 연결시킬 인터페이스를 어떤 것으로 사용할지도 결정해야한다.

그리고 사적영역의 앱제작자들과 스마트폰 사용자들이 어떻게 끌어들여 살아서 움직이며 스스로 발전하는 민주주의 생태공동체를 만들 것인지를 결정해야한다.

② 스마트폰에서 사적영역인 앱을 개발하는 제작자들은 기존의 플랫폼을 보완하는 서비스나 제품을 개발하여 판매함으로서 이익을 얻는다. 이들이 좋은 제품과 서비스를 통해 이익을 많이 얻을수록 더 다양하고 유익한 생태공동체가 이루어진다.

(3) 스마트폰의 공적영역 태극과 사적영역 64괘의 조화와 플랫폼

스마트 폰 제작회사라는 태극이 보다 정의로운 경쟁을 통해 보다 유용한 하드웨어와 디바이스를 만들고 또한 도덕에 기반한 콘텐츠들이 풍부해지고 또한 이 정의의 영역과 도덕의 영역이 적합하게 연결되어 서로의 균형과 통합을 이룬다면 스마트폰이 만드는 플랫폼 생태공체는 확실한 바탕을 갖추게 되는 것이다. 즉 스마트폰의 음양오행이 균형과 통합을 이루게 되는 것이다.

이를 기반으로 스마트 폰 제작회사가 공적영역이 되어 사적영역인 앱 개발자들과 스마트폰 사용자들이 마음껏 서로를 위해 활동할 수 있는 플랫폼 생태공동체를 만든다면 모두가 유익하고 행복한 민주주의 생태공동체가 이루어지는 것이다.

여기서 태극인 스마트 폰 제작회사는 이 생태공동체의 지배자가 아니라 하드웨어와 디바이스를 만들고 컨텐츠를 사용할 수 있도록 만들며 또한 앱개발자들과 스마트폰이용자들이 모두 함께 모두를 위해 생태공동체를 만들어 나갈 수 있도록 균형과 조화를 이루는 태극의 영역을 담당한다.

이는 마치 오케스트라의 지휘자와 같고, 피아노를 연주하는 피아니스트와 같은 것이며 궁극적으로는 민주주의의 정부와 같은 것이다. 그러나 공적영역이 수직적 계급구조의 왕이나 귀족, 양반, 부르주아, 당 간부와 같이 군림하려든다면 그 생태공동체는 오래가지 못하고 해체될 것이다.

이 플랫폼 생태공동체의 공적영역은 대중 스스로가 맡는 것이 가장 효율적이 된다는 점에서 아직 스마트 폰의 플랫폼 생태공동체는 시작에 불과한 것이다. 스마트 시티와 스마트 국가에서는 도시와 국가 자체가 플랫폼 생태공동체가 되어 시민과 국민이 스스로 공적영역을 이루고 시민과 국민이 스스로 사적영역이 될 때 세계의 모든 돈과 인재와 기업들이 몰려와 세계를 움직이는 중심이 될 수 있을 것이다.

삼단노선三段櫓船과 플랫폼 그리고 Hub-and-Spoke이론

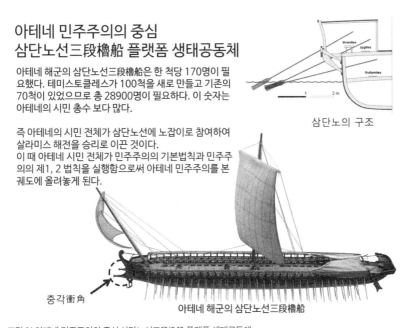

아테네 민주주의의 중심
삼단노선三段櫓船 플랫폼 생태공동체

아테네 해군의 삼단노선三段櫓船은 한 척당 170명이 필요했다. 테미스토클레스가 100척을 새로 만들고 기존의 70척이 있었으므로 총 28900명이 필요하다. 이 숫자는 아테네의 시민 총수 보다 많다.

즉 아테네의 시민 전체가 삼단노선에 노잡이로 참여하여 살라미스 해전을 승리로 이끈 것이다.
이 때 아테네 시민 전체가 민주주의의 기본법칙과 민주주의의 제1, 2 법칙을 실행함으로써 아테네 민주주의를 본 궤도에 올려놓게 된다.

삼단노의 구조

충각衝角

아테네 해군의 삼단노선三段櫓船

그림 31 아테네 민주주의의 중심 삼단노선三段櫓船 플랫폼 생태공동체.
　[삼단노선 (SwissChocolateSC, 2015)과 삼단노의 구조(Own work , 2005)]

삼단노선三段櫓船은 오늘날 스마트 폰과 마찬가지로 단순한 전투함이 아니었다. 아테네 시민전체와 아테네 연방국 시민전체가 삼단노선을 통해 하나로 연결되어 생태공동체를 이루어 번영할 수 있도록 만들 수 있었다.

무엇보다도 삼단노선은 민주주의의 주축이 될 하급시민들이 다수를 차지한 노잡이가 되어 살라미스 해전의 주역이 됨으로서 아테네의 민주주의를 본궤도에 올려놓게 된다.

> 테미스토클레스는 육군으로는 다른 나라와 대항할 수 없지만, 해군이라면 페르시아 군을 물리치고 전 그리스를 장악할 수 있을 것이라고 생각했다…크세르크세스는 육지에서는 승리했지만 바다에서 아테네에게 승리를 빼앗기고 결국 자신의 군사들은 후퇴했다고 말했다.(프루타르크, 2000)

테미스토클레스는 페르시아의 침략에 대비해 삼단노선 100척을 만들 것을 주장하고 부자 100명에게 각각 은 1탈렌트 씩을 주어 삼단노선 한 척씩을 건조하게 했다.

이로써 한 척당 노잡이 170명이 필요하므로 17,000명의 노잡이가 필요해진다. 그리고 이미 70척이 있으므로 노잡이는 28,900명 정도가 요구되는 것이다.[47] 프리드리히 엥겔스는 아테네의 시민과 노예의 숫자에 대해 이렇게 밝힌다.

> 아테네 전성기에 자유 시민의 숫자는 여자와 아이를 포함하여 대략 6만이었고, 남녀 노예는 36만 5천 명, 그리고 피보호민—외국인과 해방된 노예—은 4만 5천명이었다. 이리하여 성인 남자 1명당 적어도 18명의 노예와 2명 이상의 피보호민이 있게 되었다"(프리드리히 엥겔스, 1985)

---

47)삼단노선100척이 건조되면 노잡이도 1만 7,000명이 필요해지는데 그것을 언급하지 않은 것이다. 아테네는 이미 70척의 함선을 보유하고 있었다. (존 R.헤일, 2011)

시민들의 숫자는 시대에 따라 바뀌지만 여자와 아이를 빼면 대략 2~3만 정도였을 것이다. 그러니까 170척의 삼단노선을 움직이려면 아테네의 모든 시민이 모두 참여하고 피보호민과 해방노예까지도 노잡이에 참여시켜서 살라미스 해전을 치른 것으로 볼 수 있다.

> 아테네 민주주의는 해군에 복무하고 살라미스 해전에서 승리를 거둔 민중들에 의해 강화되었다. 그렇게 말할 수 있는 것은 당시 아테네의 지도력이 해군력에 의존하고 있었기 때문이다." 이렇듯 해군은 극단적 형태를 띤 아테네 민주주의의 기원이 되었다 .(존 R.헤일, 2011)

아테네 시민 모두가 노잡이가 되어 살라미스 해전에 참가한 경험이야 말로 아테네 민주주의가 세계사에 이름을 남기게 된 계기가 된 것이다.

그 시대에 전쟁에서 지면 귀족, 부자, 하층계급 할 것 없이 모두가 노예가 되는 것이다. 따라서 모든 계급이 노예가 되지 않기 위해 하나가 되어 싸운 것이다.

그리고 아테네의 모든 시민 가운데에서 가장 많은 수를 차지하는 계층이 하층민이다. 따라서 아테네 민주주의는 이 살라미스 해전의 승전이후 하층민들의 힘이 강화되며 본궤도에 오른 것이다.

존 헤일은 삼단노선의 구조와 노잡이의 숫자 그리고 속도에 대해 이렇게 설명한다.

> 순풍이 불면 대형 사각 돛을 이용하기도 했지만, 삼단노선의 주 추진력은 어디까지나 노였다. 삼단노선의 그리스 명칭 트리에레스trieres도, 노잡이 170명이 앉는 노열이 3단으로 배열된, 다시 말해 '세 명의 노잡이'를 뜻하는 말이었다. 노잡이들은 하루 종일 노를 젓고도 10노트의 속도를 꾸준히 유지

했다. 그것은 당대의 다른 어느 배 들도 따라올 수 없는 놀라운 속도였다.(존 R.헤일, 2011)

삼단노선은 한 줄에 30명 정도의 노잡이가 양쪽 60명 정도 그리고 3단이므로 170명이 필요하다는 것이다. 그 속도가 10노트로 당대 최고의 속도였다는 것이다.

(1) 삼단노선과 민주주의의 기본법칙 - '우리는 100%'와 '45도의 혁명'

아테네인들은 지배와 피지배의 수직적 계급구조를 삼단노선을 통해 '우리는 100%'와 '45도의 혁명'을 이루어냈다.

우선 아테네의 귀족과 부자들 그리고 육군까지도 모두 노잡이가 되어 '우리는 100%'를 이룬 것이다. 또한 삼단노선은 170명이 모두 수평적 평등구조를 이루어 한사람처럼 움직여야 했다. 그 과정이 자연스럽게 '45도의 혁명'을 이루어냈다.

아테네 시민 모두가 페르시아의 침략을 맞아 해군이 되어 동일하게 노잡이가 되면서 아테네 시민은 계급이 없어지고 한 덩어리가 된 것이다.

삼단노선이 아테네를 진정한 민주주의 국가로 만든 것이다. 모두가 하나가 되어 살라미스 해전을 승리로 이끄는 동안 민주주의의 기본법칙이 삼단노선 안에서 이루어진 것이다.

수천 명의 일반시민들도 난생 처음 기병 및 중장보병과 진정으로 동등해진 느낌을 받았다. 노가 만인을 평등하게 만든 것이다. 노 젓기는 완전한 행동의 일치를 요구했으며, 훈련은 불가피하게 강렬한 단결심을 촉발시켰다.(존 R.헤일, 2011)

아테네 시민들의 계급을 타파한 것은 노櫓였다. 삼단노선의 노가 아테네라는 국가를 평등하게 한 것이다. 그리고 평등해진 아테네 시민을 강력하게 단결시킨 것이다.

> 부자와 빈자의 손에는 똑같이 굳은살이 박혔고, 엉덩이에 물집이 생겼으며, 근육이 뭉쳤고, 미래에 대해 동일한 희망과 두려움을 느꼈다. 삼단노선의 갑판과 노열이 아테네를 새롭게 통합시키고 있었다.(존 R.헤일, 2011)

삼단노선이 아테네 시민을 '우리는 100%'라고 말할 수 있게 하고, '45도의 혁명'을 일으킨 것이다. 삼단노선이 아테네의 민주주의의 기본법칙을 만들어낸 것이다.

⑵ 삼단노선과 민주주의의 제1법칙 100=45+55

삼단노선은 상생의 영역에서 아테네가 활동하기에 필요한 콘텐츠를 제공하고, 상극의 영역에서 아테네의 생존에 필요한 하드웨어를 제공한다. 그리고 중용의 영역에서 이 양극단의 균형과 통합을 이룬다.

① 상극의 영역

삼단노선은 먼저 상극의 영역에서 생존을 위한 치열한 경쟁을 이길 수 있어야 했다. 그러기 위해서는 삼단노선 자체가 하드웨어로서 다른 나라의 선박보다 빠르고, 강력한 충각을 사용할 수 있어야했다.

> 해병이 창으로 찌르면 적병 한 명밖에 죽이지 못했지만, 충각으로 한번 들

이받으면 함선 전체를 파괴하여 배에 탄 병력을 단번에 몰살시킬 수 있었다.(존 R.헤일, 2011)

아테네는 삼단노선과 충각이라는 하드웨어를 갖추고 이를 활용함으로써 200년간 해전을 주도하고 제해권을 가지게 된다.

그러다 테미스토클레스가 태어날 무렵 그리스 세계 반대편에서 일어난 두 차례의 결정적인 전투로 해전에는 커다란 지각변동이 일어났다. 코르시카 섬의 알랄리아 부근에서 일어난 첫 해전에서 그리스 갤리선 60척이, 그들 함대보다 규모가 두 배나 큰 에트루리아와 카르타고의 연합함대를 격파한 것이다. 어떻게 그런 기적이 일어날 수 있었을까? 그 비밀은 그리스 함대가 백병전이 아닌, 함선의 충각과 키잡이의 기술에 전투의 사활을 건데 있었다. 그후 얼마 안가 에게 해 동쪽 사모스 섬에서도 삼단노선 40척으로 구성된 수송선단이 그곳의 참주에 대항하는 반란을 일으켜 100척 규모의 50노선 함대를 분쇄했다. 이 두 해전 모두 수적으로는 턱없이 열세였지만 함대사령관이 혁신적 전술과 장비를 이용하여 승리를 거두었다. 이처럼 충각 기술과 삼단노선은 해전에서 거의 같은 시기에 역사적 데뷔를 했다. 이 둘이 앞으로 200년간 그리스 해전을 주도하게 된다.(존 R.헤일, 2011)

② 상생의 영역

삼단노선은 상생의 영역에서 다양한 콘텐츠를 갖추어야했다. 전투함의 용도는 물론 자체적으로 병력수송과 화물수송도 가능해야했다.

그리고 아테네 시민 전체가 기꺼이 노잡이를 할 수 있고 또한 시민이 모자라면 해방노예와 노예까지도 기꺼이 노잡이를 할 수 있도록 만드는 제도가 필요했다. 보다 중요한 일은 제해권을 장악하여 아테네와 아테네연방의 상선을 보호할 수 있어야했다. 또한 삼단노선을 중심으로 만들어진 아테네 연방이 하나로 통합될 수 있는 제도를 만들어야 했다.

③ 중용의 영역

삼단노선은 중용의 영역에서 자체적으로 선내의 노잡이들이 한사람처럼 앞뒤좌우로 움직일 수 있는 통신수단이 완비되고, 해전에서 100~400척의 삼단노선이 일사분란하게 작전을 할 수 있는 통신수단도 갖추어야했다.

나아가 노잡이들은 아테네의 민회民會 500인회에서 급료를 지급함으로서 생계를 유지할 수 있어야 했다.

그들은 강제로 징집된 선원들이 아니었으며, 따라서 폭동도 거의 일어나지 않았다. 아테네 민회가 해전을 앞두고 뽑은 노잡이들은 자유민이었다. 그리고 그들은 거의가 시민이었다. 그래서 그들도 해군에 자부심을 갖고, 해군에서 나오는 고정 급여와 정치적 평등을 기쁘게 받아들였다.(존 R.헤일, 2011)

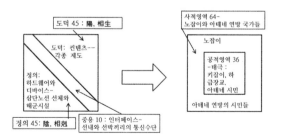

삼단노선과 플랫폼 생태공동체

민주주의의 제1법칙인 100=45+55를 설명하는 음양오행은 곧 정의와 도덕과 중용을 설명한다. 하드웨어와 디바이스는 해군시설과 삼단노선 컨텐츠는 각종 제도, 인터페이스는 통신수단이 된다.
민주주의의 제2법칙인 100=36+64가 설명하는 공적영역과 사적영역에서 공적영역인 태극은 선내에서는 키잡이와 하급장교이고 사적영역은 노잡이이다. 아테네 연방 전체에서 공적영역은 아테네 시민이며 사적영역은 아테네 연방의 시민들이다.

그림 32 삼단노선과 플랫폼 생태공동체

삼단노선은 이처럼 상극의 영역과 상생의 영역을 중용의 영역이 균형을 이루고 통합을 이룸으로서 강력한 아테네 해군의 주력이 되어 아테네가 페르시아를 격파하고 제해권을 가질 수 있었다.

(3) 삼단노선과 민주주의의 제2법칙 100=36+64

삼단노선의 자율과 자치의 민주주의 제2법칙은 두 가지로 볼 필요가 있다. 첫 번째는 삼단노선 자체적인 자율과 자치이다. 두 번째는 삼단노선을 통해 아테네가 에게 해의 제해권을 차지함으로써 이루어진 아테네 연방의 자율과 자치이다.

① 삼단노선 자체적인 자율과 자치

삼단노선이 하드웨어와 콘텐츠를 인터페이스를 통해 균형과 통합을 이루었다면 이제는 자율과 자치를 이루어 자유자재로 행동을 해야 한다.

그러기 위해서는 공적영역에서 올바른 통찰력과 판단력과 상상력을 발휘하고 그것에 따라 사적영역이 따라주어야 한다. 따라서 아테네인들에게 삼단노선은 그 자체가 국가였고 그 국가의 지도자가 키잡이였다.

아테네인들은 그들 정부를 '국선', 지도자들을 키잡이로 묘사했다.(존 R.헤일, 2011)

삼단노선의 공적영역은 키잡이와 하급장교들이었다. 특히 키잡이는 충각으로 적선을 파괴하는 일에 결정적으로 중요했다.

308

새로운 해전에서 승리를 결정짓는 요인은 용맹스런 병력이 아닌, 훈련과 극기로 철저히 무장된 인력이었다. 키잡이의 숙련된 조종, 결정적인 순간의 포착, 길고 고된 훈련으로서만 습득할 수 있는 노젓기 기술이 성공의 새로운 열쇠였던 것이다. 충각으로 적선을 공격하는 요령은, 하류층 키잡이, 하급장교, 노잡이들을, 유산자인 중장보병보다 한층 중요한 존재로 만듦으로서 세상을 변화시켰다.(존 R.헤일, 2011)

그러니까 키잡이와 하급장교가 공적영역이 되어 나머지 노잡이들이 사적영역이 되어 삼단노선을 자유자재로 움직여 행동함으로서 아테네의 해군은 페르시아의 해군을 격파하고 승리를 거둔 것이다.

삼단노선 함대들 간의 전투에서는 키잡이의 기술이 승패의 주요 변수로 작용했다. 아테네인들은 키잡이를 쿠베르네테스kubernetes로 불렀다. 이것 이 로마 시대에는 라틴어 구베르나토르gubernator(영어의 governor와 동의어)로 변형되고, 현대에 들어서는 영어 gubernatorial (지사 또는 지사 또는 지방장관의 뜻으로 쓰이는)와 governor(지사의 뜻으로 쓰이는)의 어원이 된 것이다.(존 R.헤일, 2011)

② 삼단노선을 통해 이루어진 아테네 연방의 자율과 자치

아테네의 삼단노선이 중심이 된 아테네 해군이 살라미스 해전에서 페르시아의 함대를 격파한 이후 아테네는 아테네 연방을 이루어 그 맹주노릇을 했다.
삼단노선은 마침내 스마트 폰이 플랫폼을 이루어 수많은 사람들이 스스로 생태공동체를 이루게 하는 것과 마찬가지로 아테네 연방의 모든 국가의 모든 시민이 하나의 생태공동체를 이루도록 플랫폼 역할을 한 것이다.

그리고 아테네의 시민이 공적영역이 되고 연방국가들이 사적영역이 되어 자율과 자치로 움직이는 연방국가라는 생태공동체를 이룬 것이다.

⑷ 피레우스 항과 허브와 스포크 Hub & spoke

아테네는 삼단노선을 운영함으로서 자신들의 항구인 피레우스 항을 당시 유럽과 아프리카와 아시아의 많은 항구를 스포크로 삼아 하나로 연결하는 허브항만으로 만들어 막대한 이익을 얻을 수 있었다. 이 피레우스항만은 오늘날 우리나라의 인천공항이나 상해의 포동항만과 같은 역할을 한 것이다.

삼단노선은 민주주의와 하나가 되도록 시민들을 결속시켜주는 수련장이었다. 뿐만 아니라 삼단노선은 아테네와 연방국가들의 민주주의가 하나로 통합될 때 비로소 그 역사적 역할을 할 수 있었다.

> 그것은 그리스 권 전역에 새로운 민주주의를 배양하고 국내외 민주주의 적들의 공격으로부터 아테네를 수호하는 힘이기도 했다.
> 해군력은 상업을 촉진하고 보호하는 역할도 했다. 그리하여 예나 지금이나 그리스 해운업자들이 장악해 온 해상무역 덕에 고대의 아테네는 지중해에서 가장 부유한도시가 되었다. 아테네의 피레우스 항만해도, 동지중해, 아드리아 해, 티레니아 해, 에게 해, 흑해에 걸쳐 있던 국제 교역망의 허브 역할을 했다.(존 R.헤일, 2011)

나아가 아테네 연방의 모든 국가들의 시민이 생존과 번영의 기초가 되었다.

아고라 광장의 가판대에는 아프리카산 상아, 발트 해의 호박, 중국산 비단이

지천으로 널려 있었다. 그런가 하면 오늘 날의 팬더처럼 당시에는 페르시아 공작이 중요한 외교적 선물로 사용되었다. 그런 이국적 사치품 외에 포도주, 소금에 절인 생선, 건축용 석재, 목제와 같은 일반 상품도 취급되었다.(존 R.헤일, 2011)

삼단노선이 플랫폼 생태공동체를 만듦으로서 아테네는 본격적인 민주주의 국가가 되었고 나아가 아테네는 패권국가가 되었을 뿐 아니라 이처럼 풍요로운 국가가 된 것이다.

민주주의 국가 리더십과 조화調和의 근원 한韓

수직적 계층구조의 정치제도에서 리더십은 최상위 1%에게서 나타난다. 그 최상위 존재를 군주주의에서는 왕이라고 하며 과두주의에서는 대통령이나 수상, 총통 등으로 불린다.

프루동은 대담하게도 이 수직적 계층구조 권력 전체를 부정했다. 이 구조가 기독교에 적용될 때 최상위 존재는 신이며, 정치에서는 최상위 존재는 국가가 될 것이다. 그리고 이 수직적 계층구조를 유지하게 만드는 것을 그는 사유재산으로 본 것이다. 따라서 프루동은 이 과두주의 구조의 상징인 신神과 국가國家와 사유재산私有財産을 단호히 거부하고 사유재산은 도둑질이라고 주장함으로써 아나키즘의 아버지가 되었다.

그러나 프루동은 자신이 플라톤이래의 과두주의적 사고의 틀 안에 자신이 갇혀있다는 생각은 전혀 하지 못했다. 그가 생각한 신과 국가는 그가 생각할 수 있었던 틀인 과두주의에서의 신과 국가일 뿐이라는 사실을 그는 인식하지 못한 것이다. 그는 자연의 생태공동체가 움직이는 생명의 과정원리에서 신과 국가를 생각조차 해보지 못한 것이다. 이 문제는 프루동 뿐 아니라 많은 사람들이 생명의 과정원리에서 생각해볼 기회가 없었을 것이다. 왜냐하면 접해볼 기회자체가 없었기 때문에 상상할 수 있는 기회도 없었기 때문이다.

인간 공동체는 자연의 생태공동체와 동일한 원리로 움직일 때 그 공동체는 가장 효율적이며 또한 가장 행복한 상태를 만들 수 있다. 그리고 그 공동체는 수평적 평등구조로서 누구도 배제하지 않는 100%로 이루어진 대중이 스스로 정의와 도덕과 중용으로 대중 스스로의 균형을 이루어 통합에 이른 상태이다. 이 상태에서 대중 스스로가 스스로를 다스리고 다스림을 받는 국가를 만든 것이다. 대중이 만들어 운영하는 이와 같은 국가가 존재할 수 있다는 생각을 할 수 있는 사람은 거의 없을 것이다.

그리고 사유재산은 뒤에 자세하게 설명하겠지만 민주주의의 대중이 스스로 의식주를 해결하고 대중들 사이의 사건들을 대중 스스로 해결함으로서 사유재산 자체가 의미가 없어지는 상태가 된다. 그리고 민주주의 국가의 중심에는 이와 같은 움직임을 이끄는 지도자가 있다. 그 지도자는 수직적 계층구조처럼 꼭대기에 있는 것이 아니라 대중의 중심에서 대중 전체의 조화調和의 중심이 되는 존재이다.

즉 아테네 민주주의의 테세우스와 솔론과 테미스토클레스, 페리클레스와 같은 존재이며 인디언 민주주의의 호데노소니 연방을 이끈 데가나위다나 우리의 고대국가의 영웅인 한인, 한웅, 단군왕검님과 같은 존재이다.

우리는 이 국가의 중심에서 조화를 이루는 존재를 천부경에서는 한一 , 삼일신고에서는 하나님一神, 366사에서는 하느님天神이라고 불렀다. 이 셋은 이름은 달라도 한 존재이다.

프루동은 이와 같은 국가가 존재할 수 있다는 생각을 하지 못했으며 나아가 그와 같은 국가의 지도자가 존재할 수 있다는 사실을 알지 못한 것이다. 그리고 자연의 생태공동체 뿐 아니라 우주 전체도 이와같은 구조인 것이다. 그리고 그 수평적 평등구조의 중심에서 우주 전체의 조화를 이루는 존재를 우리는 하나님 또는 하느님이라고 불렀다.

이 하나님/하느님은 프루동이 부정한 신과는 전혀 다른 차원의 신인 것이다. 즉 인간과 자연을 지배하는 신이 아니라 인간과 자연의 조화를 이루는 신인 것이다. 많은 사람들이 이와 같은 신이 존재한다는 사실을 생각하지 못한 것이다.

① 성군聖君과 공空과 한韓의 차이

유교는 군왕이 성군이 되기를 희망한다. 그러나 민주주의는 대중이 모두 존엄하기를 희망한다. 이 둘은 모두 현실에서 이루기 어렵다. 그러나 나는 군왕이 성군이 되는 것은 현실에서 불가능에 가깝지만 대중이 존엄해지는 것이 현실에서 충분히 가능하다고 본다.

불교의 공空은 우리의 한철학, 한논리학, 한신학, 한사상, 한미학의 중심인 한韓과 정반대의 개념을 가지고 있다. 기존학계의 학자들 중에는 우리의 한철학과 한사상의 이름을 나보다 먼저 사용하면서 우리의 고유한 한韓을 대승불교의 설립자 나가르주나가 설명한 공空으로 설명한 사람들이 있었다.

나는 이 부분이 근본적으로 잘못된 설명이라는 사실을 이미 다른 책에서 충분히 설명했다.[48] 공空은 양극단을 모두 파괴한 상태에서 출현하지만 한韓은 양극단을 통합하여 그 중앙에 공적영역이 출현할 때 그 중심에 존재한다. 그럼으로써 7가지 민주주의의 법칙은 오로지 한을 중심으로 생명의 과정이 진행되는 것이다.

---

48) 최동환. 2008.『천부경』2차 개정판. 지혜의 나무 , 최동환. 2009.『삼일신고』2차 개정판. 지혜의 나무 참조.

② "천하에서 가장 큰 근본은 나의 중심에 존재하는 한一이다

　天下大本在於吾心之中一也"

　　우리의 고대국가에서 전한 천부경과 삼일신고와 366사에서는 인간 그 자체가 진리추구의 출발점이다. 이 진리는 모든 인간이 가지고 있는 근본을 바탕으로 철학의 모든 분야가 설명되어야 한다고 믿는다. 모든 인간의 근본이 곧 한韓이다. 대한민국의 근본이 곧 이 한韓이다. 우주의 중심이 곧 한韓이다.

　　생명의 과정은 그것이 개인이든 공동체이든 자연의 생태공동체이든 우주이든 한韓이 중심이다. 이를 단군 가륵님은 중일경中一經에서 "천하에서 가장 큰 근본은 나의 중심에 존재하는 한一이다 天下大本在於吾心之中一也"(최동환, 1991-삼일신고 초판)라고 했다.

　　단군도해님은 천지인경天地人經에서 이를 일신강충一神降衷 즉 하나님께서는 모든 존재의 중앙에 내려와 계신다고 했다.(최동환, 1991-삼일신고 초판)

　　따라서 모든 민주주의의 시작이자 최종적인 근본은 천하대본재어오심지중일야天下大本在於吾心之中一也라고 본다.즉 하나님께서는 모든 인간의 중심에 내려와 계신다는 일신강충一神降衷의 철학이다.

　　따라서 인간은 모두가 태어날 때부터 죄인이 아니다. 오히려 인간은 태어날 때부터 이처럼 더 할 수 없이 은혜를 받은 존엄한 존재인 것이다.

　　그러므로 독재주의는 지배자 한 명만이 존엄하고 과두주의는 지배자 소수만이 존엄하지만 민주주의는 모든 인간 누구도 배제하지 않고 '우리는 100%' 모두가 모두 다 가장 존엄한 존재이다. 이 존엄한 인간이 존엄함을 드러내기 위해 자기실현과 자기성취와 자기완성을 하는 것이 곧 민주주의의 과정이다. 우리의 조상은 이것을 개천과 재세이화와 홍익인간이라고 했다.

　　즉 생명의 과정은 이 한韓을 중심으로 진행되는 것이다. 하지만 이 한韓은 지배하는 존재가 아니라 조화調和의 중심이다. 조화調和의 중심이자 생명의

과정에서 중심이 되는 존재이다. 그리고 민주주의 과정에서 중심이 되는 존재이다.

이원론의 수직적 계급구조의 최상부 지배자와 이 생명의 과정의 중심인 한韓은 근본적으로 다른 개념을 가진 존재이다. 우리는 이를 분명히 구분할 수 있어야 한다.

10. 공사公私의 통일 -민주주의의 제3법칙-
- 대중의 자기통일로 민주주의 국가 확립 -

대중이 공적영역을 만들어 스스로를 지배하고, 대중이 사적영역을 만들어 스스로에게 지배받을 때 민주주의 국가이다.

민주주의 국가에서 공적영역과 사적영역이 어떻게 분리되지 않고 하나로 통일되어 강력한 플랫폼 생태공동체를 만들 수 있는가?

이 말은 공적영역이 태극이 사적영역인 64괘와 어떻게 하나로 통일될 수 있는가를 묻는 것과 같다.

이 방법을 가장 정확하게 설명하는 내용이 바로 우리의 고대 경전 366사[49]에서 설명하는 팔강령八綱領이다. 이 팔강령은 우리가 익히 아는 팔괘가 가진 진정한 철학적 의미를 담고 있는 것이다.

구글, 삼성, 페이스 북, 애플의 플랫폼은 어떻게 지속될 수 있는가?

우리가 살펴본 스마트폰이 운영하는 플랫폼은 또한 구글, 삼성, 페이스 북, 애플 등의 기업이 사용하는 플랫폼에도 똑같이 적용할 수 있다. 나아가 이 원

---

49) 최동환. 2007. 『366사(참전계경)』 개정판. 지혜의 나무

리는 또한 초연결시대의 스마트 홈, 스마트 시티, 스마트 국가, 스마트 세계와 설립원리와 동일한 이론임을 우리는 살펴보았다.

물론 민주주의 국가의 정부는 대중이며 플랫폼의 주인도 대중이라는 점이 구글, 애플, 페이스북, 아마존 등의 기업과 근본적으로 다른 점이기는 하다.

이제 우리는 이 플랫폼이 만들어져 공적영역과 사적영역이 구분되어 하나의 생태공동체를 이루었음을 알았다. 그런데 문제는 어떻게 이 플랫폼이라는 생태공동체가 자연의 생태공동체와 같이 지속 가능하게 설계할 수 있겠는가 하는 점이다.

우리는 이 내용을 삼성과 애플, 화웨이, 샤오미와 같은 스마트 폰 제작회사의 스마트 폰을 표본으로 삼아 이해할 수 있을 것이다. 이를 위해서는 스마트 폰 제작회사라는 공적영역으로서의 태극이 사적영역인 64괘의 영역에 존재하는 각종 엡제작자들과 스마트폰 사용자들과 하나로 통일될 때 가능할 것이다.

그렇다면 이 태극이라는 공적영역과 64괘라는 사적영역을 하나로 통일하는 방법은 무엇인가?

이 방법은 우리의 고대국가인 한국과 배달국과 단군조선의 공적영역인 정부와 사적영역인 민간부문과 하나로 통일하기 위해 만들었던 방법인 팔강령八綱領에 의해 해결될 수 있는 것이다.

즉 우리의 고대국가의 지도자인 한인, 한웅, 단군왕검께서 국가를 최적화 시키기 위해 현실에서 실제로 실행했던 방법으로서의 팔강령八綱領이라는 과정이 바로 그것이다.

민주주의의 제3법칙과 태극과 64괘를 통합하는 팔강령

민주주의의 제3법칙은 100=[36+64]이다. 바로 이 수식이 태극인 공적영역과 64괘인 사적영역을 통일하는 방법을 설명한다.

먼저 태극을 여덟방향에서 보면 팔괘가 출현한다. 이 팔괘에 의미를 부여하면 바로 태극과 64괘를 통합하는 원리로서의 팔강령이라는 과정이 나타나는 것이다.

과두주의에서 공적영역과 사적영역은 단지 수직적 계급구조에서 소수의 지배계급이 공적영역을 차지하고 피지배계급이 사적영역을 차지하는 이원론의 구조이다. 과두주의의 공적영역과 사적영역은 민주주의의 공적영역과 사적영역과 같은 이름을 사용하지만 그 내용은 하늘과 땅만큼이나 근본적으로 다른 내용이다.

그것은 단지 물질인 청동상이나 석상을 형상과 질료로 나누어 생각하는 것과 인간이 생명을 가지고 삶을 살아가며 생각하고 행동하며 자신을 실현하고 성취하고 완성하는 차이만큼이나 본질적으로 다른 차이를 가진다.

과두주의국가나 독재주의국가에서는 공적영역은 사적영역에 대해 속임

팔강령 八綱領

팔강령 八綱領은 아래의 그림과 같이 태극을 여덟방향에서 관찰한 팔괘에 의미를 부여한 것이다. 팔강령은 태극 36이 의미하는 공적영역과 64괘가 의미하는 사적영역을 통일하는 여덟가지의 과정을 내포하고 있다.
즉 정성 – 믿음 – 사랑 – 구제 – 재앙 – 복 – 보답 – 응함의 여덟가지 과정이다.

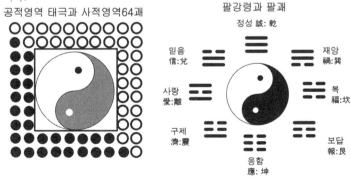

공적영역 태극과 사적영역64괘

팔강령과 팔괘
정성 誠: 乾
믿음 信:兌
재앙 禍:巽
사랑 愛:離
복 福:坎
구제 濟:震
보답 報:艮
응함 應: 坤

그림 33 팔강령

수와 폭력과 선전선동의 프로파간다를 통해 지배한다. 그러나 민주주의 국가는 팔강령을 통해 공적영역과 사적영역이 완전히 하나로 통일하는 과정을 만들어낸다. 따라서 한철학의 생명의 과정은 민주주의의 기본법칙에서 '우리는 100%'와 '45도의 혁명'에서 이미 과두주의를 극복하고 수평적 평등구조의 민주주의 과정에 들어선 것이다. 그리고 민주주의의 제1법칙에서 대중은 스스로 민주주의의 정의와 도덕과 중용의 제도를 만들고, 민주주의의 제2법칙에서 대중은 스스로가 스스로를 다스리는 정부로서의 공적영역을 만들고 대중은 그 공적영역의 지배를 받는 민간부문으로서의 사적영역을 만들었다.

이제 민주주의의 제3법칙은 그 정부로서의 공적영역과 민간부문으로서의 사적영역이 하나로 통일되는 과정으로서의 팔강령八綱領을 설명한다. 이 팔강령은 지난 2천 년간 숨겨져 왔던 팔괘八卦의 참다운 진리를 설명한다는 점에서 또 다른 의의가 있는 것이다.

공적영역을 대중이 장악하고 대중이 대중을 지배하고 대중이 대중의 지배를 받기 위해서는 팔강령의 과정이 필요하다. 팔강령은 성신애제화복보응誠信愛濟禍福報應의 여덟 가지 강령이다. 이 여덟 강령은 대중 스스로 만들어낸 공적영역인 정부가 역시 대중 스스로 이루는 사적영역인 민간부분에 대해 네 가지의 행동을 하고 사적영역은 그 행동에 대해 반응을 하는 민주주의의 필수과정이다.

공적영역인 정부의 네 가지 행동은 성신애제이다. 대중 스스로 만들고 운영하는 정부는 먼저 민간부문에게 할 수 있는 모든 정성誠을 다 해야 한다. 그리고 그 정성誠이 쌓이고 쌓이면 믿음信을 이룰 수 있다. 이 믿음信이 쌓이고 쌓이면 사랑愛을 이룰 수 있다. 이 사랑愛은 모든 허물을 용서할 수 있는 단계이다. 이 사랑愛이 쌓이고 쌓일 때 정부와 민간부문이 하나가 되어 함께 구제濟를 할 수 있다.

정부와 민간부문이 하나로 통일되어 일을 하는 과정이 쌓이고 쌓이면 비로소 국가는 발휘할 수 있는 가장 강력한 힘과 속도를 가지게 되는 것이다. 그러나 정부가 민간부문에 대해 정성과 믿음과 사랑과 구제를 쌓아가는 과정에서 민간부문에게 속이거나 숨기는 것들이 있어 그것들이 쌓인다면 그 국가의 공적영역과 사적영역의 통일은 파괴되고 국가의 힘과 속도는 무너진다. 이것들이 쌓이면 내란과 외환이 일어나는 것이다. 이것이 재앙 禍이다. 따라서 민주주의는 대중이 진행하지만 화禍에서 대중 스스로 대중 자신을 철저하게 심사하여 그 잘못을 가려내는 과정을 거친다. 민주주의는 특히 화禍에서 대중 스스로 정부에 대해 얼마나 철저하게 감시하고 심사하고 잘못이 있으면 즉시 고치고 잘못 행동한 공직자들을 처벌하는가에 달려있는 것이다. 그러나 이 과정에서 속이거나 숨기는 것이 없었다면 사적영역은 공적영역이 사랑을 베푼 만큼 복을 돌려주고, 믿음을 준만큼 보답을 하게 되고, 정성을 쏟은 만큼 응함이 있게 되는 것이다.

이렇게 공적영역이 사적영역에게 행동을 하고 사적영역이 공적영역에게 반응을 하는 팔강령의 여덟가지 과정이 성공적으로 이루어졌다면 그 국가의 공적영역인 정부와 사적영역인 민간부문은 하나로 통일되었다고 할 수 있는 것이다.

이로써 민주주의는 본격적으로 현실에서 자리잡는 것이다. 즉 대중의 지배와 대중의 피지배가 하나의 전체가 되어 통일되는 것이다.

플랫폼이론과 Hub-and-Spoke이론의 통일영역

초연결시대의 기업은 수직적 계급구조에서 사용하는 속임수와 폭력대신 수평적 평등구조에서 제도를 최적화한 플랫폼을 통해 사적영역에 대해 정성과 믿음과 사랑과 함께 일을 한다. 그리고 이 플랫폼을 통해 기업은 사적영역에게 복과 보답과 응함을 얻는 것이다. 즉 민주주의를 현실에서 플랫폼으로 팔강령의 과정을 통해 실현하는 기업이 강력한 기업이 되는 것이다. 반면 여전히 수직적 계급구조에서 과두주의적인 기업을 이끌며 속임수와 폭력과 선전선동의 프로파간다에 기대는 기업은 자동적으로 도태되어 사라지게 되는 것이다.

플랫폼을 만들어 운영하는 기업들이 자신들의 사적영역에게 정성과 믿음과 사랑을 얻어 함께 일을 하는 과정을 만들었다면 그 기업은 사적영역의 협력업체와 고객들과 완전히 하나로 통일 될 수 있다. 이는 생태공동체로서 공적영역과 사적영역이 강력하게 하나가 된 것이다. 그러나 그 과정에서 조금이라도 사적영역에게 속이거나 숨기는 것이 있다면 그 기업은 위기에 처하게 된다. 다시 공적영역의 지배와 사적영역의 피지배가 갈등이 생기며 심하면 분리되는 위험이 발생할 수 있다. 따라서 모든 과정에서 철저하게 기업 스스로가 스스로를 감시하고 심사하고 잘못이 있는 점을 고쳐야한다. 그러나 속이거나 숨기는 것 없이 이 성신애제의 과정을 성공적으로 이끌었다면 이 기업들은 사적영역에게 복과 보답과 응함을 받아 그 플랫폼은 더더욱 강력해지고 기업은 번창하게 되는 것이다.

공항이나 항만도 마찬가지이다. 공항과 항만을 운영하는 당국은 항공사들과 선사들이 그 국가의 공항과 항구를 허브로 삼고 다른 공항과 항구를 스포크로 삼는 것에 그쳐서는 안 된다. 한 걸음 더 나아가 공항과 항만 당국이 항공사들과 선사들이 자신의 공항과 항만을 허브로 삼아 다른 공항과 항구를 스포크로 삼아 움직이는 일에 정성과 믿음과 사랑을 베풀어 이들과 함께 공항과 항구를 운영할 수 있어야 한다. 이 일에 속임수나 숨기는 일이 없었다면 그 공항과 항구는 항공사들과 선사들과 하나로 통일되어 일체가 될 수 있는 것이다. 그리될 때 명실공이 허브공항과 허브항구가 될 수 있는 것이다. 결국 플랫폼 생태공동체나 허브공항, 허브항구는 모두 공적영역이 사적영역에게 모든 정성과 믿음과 사랑을 쏟아 그에 상응하는 반응인 복과 보답과 응함을 사적영역에게 얻는 과정이다.

수직적 계급구조의 지배세력들의 "분리하여 지배하라 divide and rule"는 사고와 행동의 틀로서는 상상도 할 수 없는 차원의 노력을 민주주의로 작동하는 플랫폼 생태공동체의 공적영역은 당연하게 해야 하는 것이다.

만일 모든 플랫폼 기업들이나 허브공항, 허브항만들이 이와 같은 팔강령의 과정을 실행하지 않고 구태의연하게 "분리하여 지배하라 divide and rule"로 생각하고 행동한다면 그들은 더 이상 초연결시대에 살아남지 못할 것이다.

이 팔강령은 민주주의가 만드는 생태공동체를 더욱더 활력있고 강력하게 만들어주는 중요한 여덟가지 과정인 것이다. 이제 기업들은 이 팔강령이라는 민주주의의 제3법칙을 지키는가 아닌가가 곧 기업의 생존을 좌우하는 시대를 살고 있는 것이다.

11. 복지국가福祉國家 –민주주의의 제4법칙
- 대중의 자기성취로 민주주 복지국가 성취 -

인간이 원하는 가장 이상적인 복지상태는 태아상태로 돌아가는 것이다. 태아는 어머니 뱃속에서 삶에 필요한 모든 영양분과 관심은 물론 정성과 믿음과 사랑을 모두 부족함 없이 받는다.

이러한 태아상태가 인간 공동체에게 반영된 것이 이른바 모든 것이 부족함 없이 주어졌다고 상상한 황금시대, 유토피아이다. 그러나 인간은 이미 태어나 현실에서 살고 있다. 필요한 모든 것이 피와 땀과 눈물 없이 무임승차로 주어지는 태아상태나 황금시대, 유토피아 그리고 이상국가가 현실에서 무임승차로 주어지는 경우는 없다.

마찬가지로 현재의 자본주의를 타파한다고 국가 없는 공산주의나 무정부주의의 평등사회가 자동으로 출현하지 않는다는 사실을 모르는 사람은 이제 거의 없을 것이다. 이와 같은 이상국가를 만들겠다는 슬로건들은 모두 소수의 지배자가 무임승차를 바라는 어리석은 군중을 계급화하여 지배하려는 전략에 불과할 것이다.

이상적인 사회는 선과 악 또는 자본과 노동 등의 이원론적 틀에 의해 악이 사라지면 선의 세계가 온다는 식으로 오지 않는 것이다. 그러나 현실에서 황금시대, 유토피아 , 이상국가를 만드는 방법이 있다. 그것이 바로 민주주의를 위한 민주주의의 기본법칙과 7가지 민주주의의 법칙이다.

이는 그 이원론적 사고의 틀로 만든 수직적 계급구조인 과두주의를 민주주의의 기본법칙인 '우리는 100%'와 '45도의 혁명'으로 수평적 평등구조로 만든 다음 민주주의를 시작함으로서 전체 과정을 통해 점진적으로 얻어진다. 즉 군중을 벗어난 스마트 대중이 민주주의의 기본법칙에 이어 민주주의의 제1법칙, 제2법칙, 제3법칙을 만족시킬 수 있을 때 비로소 민주주의의 제4법칙인 81=36+45의 현실화에 착수할 수 있다. 그리고 제5법칙과 제6법칙으로 나아갈 수 있다. 그럼으로써 대중은 이원론의 수직적 계급구조를 만들기 위해 소수의 지배자가 그들의 지배논리로 제시했던 황금시대와 유토피아 또는 국가 없는 이상사회에 속지 않고 대중 스스로 이 같은 평등하고 풍요로운 공동체를 만들어내는 것이다.

바로 이것이 대중이 만들어내는 대중의 자기성취로서의 복지국가이다. 이 복지국가가 곧 진리를 추구하는 대중이 도달할 수 있는 현실의 황금시대이며 유토피아이며 국가 없는 평등사회이다. 바로 이것이 우리민족의 고대국가 한국桓國, 배달국倍達國, 단군조선檀君朝鮮를 창업하고 운영하신 정치가인 한인, 한웅, 단군왕검님께서 우리의 고유한 경전인 천부경과 삼일신고와 366사에 공통적으로 담아 수식과 도형과 철학원리로 제시한 재세이화在世理化이다. 즉 7가지 민주주의의 법칙 중 '민주주의의 제4법칙 81=36+45'은 인간 공동체의 원형을 현실에서 이룬 상태이다.

필변하는 사적영역 64가 스스로 자율과 자치를 이루어 공적영역인 정부의 통제 없이도 스스로가 스스로를 다스리고 다스림을 받는 민주주의를 스스로 이루어 공적영역화한 상태이다. 구글, 삼성, 페이스 북, 애플과 같은 플랫폼을 운영하는 기업들이 궁극적으로 원하는 상태가 바로 이 재세이화의 상태인 것이다. 그러나 오늘날 소위 사회민주주의가 이루고자하는 복지국가는 이 상태에 결코 이르지 못한다. 대중의 자발적인 자치로 이루어져야할 복지를 국가의 관료들이 독점하는 사회민주주의식 복지는 반드시 부패하며 또한 민중선동가들에 의해 휘둘림으로서 국가의 재정을 파탄으로 몰고 가 사회주의와 자본주의 모두를 망치는 최악의 정치제도가 될 것이다.

복지국가는 민주주의 국가에서 대중에게 대중 자신이 허리띠를 졸라매라는 고통을 강력하게 요구할 수 있는 도덕과 정의와 중용을 갖춘 민주주의 정부만이 추진할 수 있다. 민주주의 국가만이 생명의 과정을 통해 점진적인 개혁을 통해 대중이 스스로를 성취하는 상태에 이르러 복지국가를 만드는 것이다. 오로지 참다운 진리를 추구하고 실현하려는 개인과 대중만이 이 복지국가를 현실에서 만들 수 있다.

구글, 삼성, 페이스 북, 애플의 플랫폼 생태공동체가 누리는 풍요

인간이 200만년 동안 민주주의 공동체를 만들어 행동한 이유는 기본적으로 생존을 위한 것이며 더 나아가 풍요로움 삶을 위해서이다.

구글, 삼성, 페이스 북, 애플을 비롯한 기업들이 플랫폼 생태공동체를 만들어 스스로 플랫폼이 되는 이유도 마찬가지이다. 우선 기업의 생존을 위해서이고 나아가 플랫폼 공동체 모두가 풍요를 누리기 위해서이다.

이를 위해서 플랫폼 기업들은 자신도 모르게 민주주의의 기본법칙과 민주주의의 제1,2,3법칙을 이루어낸 것이며 또한 지금 이 민주주의의 제4법칙을 이루려 하는 것이다.

마찬가지로 우리의 고대국가들이 국가를 운영하는 원리로 똑같은 과정을 거쳐 온 것이다. 그리고 앞으로 초연결시대의 스마트 폰, 스마트 홈, 스마트 시티, 스마트 국가, 스마트 세계도 같은 과정을 거치게 되는 것이다.

우리가 표본으로 삼은 스마트 폰이 만드는 생태공동체를 생각해보자. 스마트폰 생태공동체 구성원 모두에게 풍요를 가져다주기 위해서 스마트폰 제작회사가 직접 돈과 인력을 사용하는 것이 아니다. 그렇게 하다가는 엄청난 비용을 감당 못하고 제작회사가 먼저 망할 것이다.

스마트 폰 제작회사는 단지 스마트폰의 구매자와 각종 앱을 만드는 제작자들이 스스로 생태공동체를 만들어 스스로 그 생태공동체를 통해 각자가 원하는 바를 모두 얻을 수 있는 환경을 만들어 주는 것이다. 그 과정은 이렇다. 과거 산업시대의 기차역이 플랫폼 생태계를 만들어 도시로 발전하고, 1920대 자동차 회사 GM의 알프레드 슬론(Alfred Sloan)이 중요한 부품을 플랫폼으로 삼아 모든 차종의 모델에 적용하여 개발비와 생산비를 대폭 절감하여 당시 자동차 시장의 강자 포드를 따라잡을 수 있었다.

이제 스마트 폰은 산업시대의 기차역과 자동차 플랫폼이 만든 혁명을 초연결시대에 스마트 폰이라는 새로운 플랫폼을 만들어 전혀 새로운 혁명을 일으키고 있는 것이다. 플랫폼 생태공동체는 그 참여자 모두에게 풍요로움을 준다. 과거 기차역이 승객과 화주 그리고 각종 상점과 숙박업소와 창고 등 모든 참여자에게 풍요를 가져다주었다. 그 풍요를 기차역을 운영하는 철도청이 만들어준 것은 아니었다. 모든 참여자가 스스로 공동체를 만들어 스스로 원하는 바를 추구하는 과정에서 이루어진 것이다.

자동차 플랫폼도 마찬가지이다. 하나의 부품이 플랫폼이 되면 모든 협력업체가 경쟁을 통해 이를 좋은 품질과 싼 가격으로 만들고 또한 싸고 편리해진 자동차를 구입한 운전자들이 자동차를 이용하여 원하는 바를 얻는 과정에서 모든 참여자가 풍요를 누리게 되는 것이다.

스마트폰도 마찬가지이다. 좋은 하드웨어와 좋은 컨텐츠를 작동할 수 있도록 바탕을 만들어 편리한 인터페이스로서의 OS로 작동할 수 있게 만드는 것이다. 그 다음 제작회사는 스마트폰 구입자와 앱제작자들이 하나로 모일 수 있도록 공간을 마련해준다. 앱제작자들은 생활 곳곳에 활용할 수 있는 수 없이 많은 어플리케이션을 만들고 스마트 폰 구입자들은 그것을 활용함으로서 거대한 플랫폼 생태공동체가 만들어지는 것이다.

이제 제작회사는 이들에게 팔강령으로 정성과 믿음과 사랑을 얻어 함께 일을 하는 과정에서 속이는 것이 없다면 제작회사가 만든 스마트폰 생태공동체는 만들어진 것이다. 이제부터는 스마트폰 구입자와 앱제작자들이 제작회사의 도움없이 스스로 자율과 자치를 통해 이 생태공동체를 운영하며 각자 원하는 바를 얻는 것이다. 모든 참여자가 풍요를 얻는 상태이다. 민주주의의 성취상태에 도달한 것이다. 스마트폰 제작회사는 이 상태에 이를 때 비로소 안정된 기업이익을 창출할 수 있다.

이 민주주의의 성취상태야 말로 마르크스가 말한 국가가 사라진 공산주의요 프루동이 말하는 무정부주의이다. 스마트 폰이 만드는 플랫 폼 생태공동체의 이 상태가 곧 구글, 삼성, 페이스 북, 애플이 만드는 생태공동체가 목표로 하는 상태이다. 그리고 이제부터 스마트 홈, 스마트 카, 스마트시티, 스마트 국가가 만들려는 목표이다.

허브와 스포크 Hub-and-Spoke이론의 대중의 자기성취

정부가 존재하지만 없는 것과 다름없이 민간부문이 스스로 번영을 누릴 수 있도록 대중 스스로를 혁신하는 대중의 성취상태에 대해 플랫폼의 생태공동체를 통해 알아보았다. 이번에는 허브와 스포크Hub-and-Spoke이론으로 확장하여 알아보자.

인천공항과 부산항만을 이용하는 글로벌 항공사와 글로벌 선사들 그리고 그 항공사와 선박을 이용하는 승객들과 화주들은 민주주의의 제1,2,3법칙을 통해 이미 하나로 통일이 된 상태이다.

이제는 승객과 화주 그리고 공항과 항만의 여러 상점들과 호텔 및 유흥시설의 사업주들과 그 고객들이 스스로 하나의 공동체를 이루어 살아서 움직이는 네트워크를 만들어 스스로 각자가 원하는 바를 이루어 풍요를 얻을 수 있을 것이다. 즉 이제부터는 공항과 항만의 당국이 주인이라는 사실조차 의미가 없어지는 것이다. 아나키스트들의 이상향 무정부상태가 이루어지는 것이다. 이들 생태공동체의 구성원 하나하나가 모두 공항과 항만의 주인이 되어 서로 원하는 편리와 이익을 주고받아 하나의 생태공동체로서의 도시를 만드는 것이다. 인천공항과 상해항이 이와 같은 생태공동체를 이루는 비용을 제공하는 것이 전혀 아니다. 그 비용은 생태공동체의 구성원 각자가 부담하고 그 이익도 각자가 얻어 모두가 풍요를 누리게 된다.

인천공항과 상해항은 자신들이 통제하거나 리더십을 발휘하는 것이 아니라 모든 항공사와 선사와 승객과 화주들이 스스로 자신을 통제하고 리더십을 발휘하여 그들 스스로 생태공동체를 형성하여 최대한의 편리와 이익을 얻을 수 있을 때 비로소 세계적인 허브공항과 허브항만이 될 수 있는 것이다. 이 상태는 인천공항과 상해항의 당국이 존재하지만 존재하지 않는 것과 같은 상태이다. 반면에 항공사와 선사와 승객과 화주들 스스로 인천공항이나 부산항만의 주인이 되어 편리와 이익을 극대화한 상태이다.

즉 항공사와 선사와 승객과 화주들은 스스로가 스포크가 아니라 스스로 허브가 되는 상태가 될 때 인천공항과 부산항만은 세계적인 허브로서 성공하게 되는 것이다. 그리고 이 때 비로소 인천공항과 부산항만의 생태공동체를 이루는 모든 참여자가 모두 풍요로움을 얻게 된다. 이 상태야말로 공항과 항만의 모든 참여자가 풍요를 얻는 민주주의의 성취상태가 되는 것이다.

만일 허브공항과 허브항만을 꿈꾸는 공항과 항만이 이 상태에 이르지 못한다면 그 공항과 항만은 더 이상 발전할 수 없는 정체상태가 되며 나아가 주변의 새로운 허브공항과 허브항만에 자리를 내주어야 할 것이다.

이처럼 허브공항과 허브항만은 민주주의의 과정에서도 성취상태까지 도달하는가 아닌가가 발전인가 아니면 정체인가를 결정한다.

64괘에서 45훈으로 - 민주주의의 제4법칙과 사적영역 64괘의 자율과 자치 확보

우리는 대중이 자기통일을 하는 원리가 공적영역인 36이 사적영역인 64와 하나로 통일하는 과정임을 팔강령을 통해 살펴보았다.

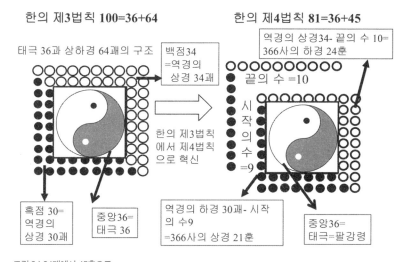

그림 34 64괘에서 45훈으로

이제는 필변하는 사적영역인 64괘의 영역을 최적화하여 사적영역이 스스로 자율과 자치로 스스로 공적영역으로 혁신하는 민주주의의 제4법칙 81=36+45에 대해 알아볼 차례이다. 다시 말해 공적영역인 정부의 통제하에 시시각각 움직이는 사적영역으로서의 민간부문이 이제 스스로 정부의 통제 없이도 스스로가 스스로를 다스리고 다스림을 받는 자율과 자치의 공동체를 이루는 원리이다. 이 원리는 곧 정부가 존재하지만 없는 것과 다름없어도 민간부문이 스스로 번영을 누릴 수 있도록 대중 스스로를 혁신하는 것이다.

이를 위해 대중은 공동체 스스로를 최적화함과 동시에 공동체가 놓여있는 자연의 생태공동체를 최적화해야한다. 그럼으로써 인간 공동체가 자연의 생태공동체와 완전히 하나가 될 수 있으며 그것을 통해 인간은 풍요를 얻을 수 있다. 바로 이 상태가 대중이 스스로 자기성취를 함으로서 풍요를 얻는 상태이다. 대중의 자기통일과 대중의 자기성취는 역경 64괘를 넘어서는 이론체계이다. 즉 시시각각 필변하는 사적영역인 64괘의 영역이 스스로 자율과 자치로 불변하는 공적영역으로 혁신한 것이다.

바로 이것이 우리의 고대국가에서 전한 366사에 담겨있는 45훈의 진리이자 재세이화의 진리인 민주주의의 제4법칙 45= 64-19이다.

역경의 상경 30괘 –시작의 수 9= 366사의 상경 21훈
역경의 하경 34괘 – 끝의 수 10= 366사의 하경 24훈

366사의 45훈= 상경 21훈 +하경 24훈[50]

이 이론체계는 인류가 전한 그 어떤 책에도 전해지지 않는다. 오로지 우리 민족의 고대국가가 전한 우리의 고유한 경전인 천부경과 삼일신고와 366사를

50) 최동환. 2007. 『366사(참전계경)』 개정판. 지혜의 나무

비롯한 20여 가지의 경전들에만 간직되어 있는 우리민족만의 고유한 지식이다. 그리고 바로 이 지식이 초연결시대를 이끄는 스마트 폰, 스마트 홈, 스마트 카, 스마트 시티가 만드는 플랫폼 생태공동체의 주인공인 스마트 대중을 풍요로 이끌어준다.

사적영역과 자연의 생태공동체의 최적화
 - 민주주의의 제4법칙 81=36+45 -

사적영역 64는 국가의 민간부문일 뿐 아니라 그 민간부문의 토대가 되는 자연이기도 하다. 대중은 스스로 민간부문과 그 민간부문이 필요로하는 자연을 최적화한다. 그럼으로써 이 사적영역이 공적영역인 정부 없이도 스스로 자율과 자치로 움직이며 또한 자연역시 자연의 법칙으로 스스로 자율과 자치로 움직일 수 있도록 최적화한다.

우리는 자본주의가 민간부문의 지나친 탐욕으로 지속이 불가능한 국가 공동체가 되어버린 사실을 알고 있다. 그것을 막겠다는 공산주의 국가들은 당 간부들이 모든 권력을 행사라는 일당독재의 끔찍한 관료주의로 무너진 것도 보아서 알고 있다. 어느 국가든 민간부문이 자율과 자치를 통해 정부의 간섭 없이도 자율과 자치로 운영할 수 있을 때 지속할 수 있고 나아가 번영할 수 있다. 민주주의 국가는 바로 이것을 대중의 자기성취 상태에서 이루는 것이다. 또한 역사는 많은 국가와 문명이 그들이 토대로 하는 자연을 지나치게 착취하여 멸망한 사실을 보고하고 있다. 더 이상 자연이 파괴되어 국가와 문명의 삶에 필요한 자원을 제공할 수 없을 때 내란과 외환이 발생하고 국가와 문명이 멸망하는 것은 정해진 공식이다.

따라서 국가의 민간부문이 자신들이 직접 삶을 일구고 자원을 얻는 자연이 지속가능한 상태가 될 수 있도록 최적화하는 것은 국가의 지속과 번영을

대중의 자기성취 재세이화
-사적영역 64괘에서 자율과 자치의45훈으로 -

대중은 스스로 필변하는 64괘의 영역인 사적영역의 시작과 끝을 제거하여
자율과 자치를 이룬다. (64-19=45)
이로써 공동체와 자연이 최적화되어 지속가능한 불변하는 영역이 된다.
이 45가 366사의 45훈이며, 이것이 재세이화이다.

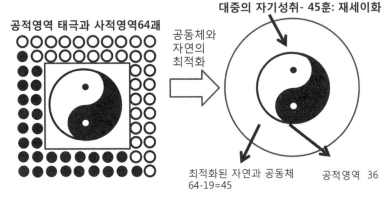

그림 35 64괘에서 45훈으로

위해 필수불가결한 일이다.

바로 이것이 사적영역과 자연의 생태공동체가 통일하는 방법이다. 이는
필변하는 64괘의 영역에서 시작(9)과 끝(10)을 제거함으로서 인간 공동체와 자
연의 생태공동체를 함께 최적화하는 것이다. 즉 366사의 45훈은 필변하는 사
적영역 64가 최적화되어 불변하는 공적영역이 되었음을 의미하는 것이다.

여기서 필변하는 사적영역은 시시각각 변화함으로서 결국 시간속에서 사
라짐을 의미한다. 불변하는 영역의 의미는 변화를 최적화함으로서 지속가능
하게 되어 시간을 극복함을 의미하는 것이다. 다시 말해 사적영역과 자연의
생태공동체와 하나가 되어 시간을 극복하여 지속가능한 생태공동체가 되었
음을 의미하는 것이다. 복지국가란 바로 이러한 상태의 국가에서 만들어진다.

기든스의 '제3의 길'의 일자리 복지는 스마트 대중의 민주주의가 대신한다.

크로포트킨은 『크로포트킨 자서전』에서 사회민주주의를 국가주의적이라는 점에서 적대시한다. "사회주의는 태동 단계부터 생시몽, 푸리에, 로버트 오언으로 대표되는 5개의 방향으로 발전했다. 생시몽주의는 사회민주주의로 발전했고, 푸리에주의는 아나키즘이 되었으며, 오언주의는 영국과 미국에서 노동조합주의, 협동조합주의 및 자치사회주의로 발전했다. 국가주의적인 사회민주주의를 적대시하는 오언주의는 많은 점에서 아나키즘과 일치했다" (표트르 알렉세예비치 크로포트킨, 2003).

오늘날 자본주의 국가이든 사회주의 국가이든 그 국가는 자본주의도 아니며 사회주의도 아니다. 정도의 차이뿐 어느 국가이든 대체로 자본주의를 따르지만 사회주의도 어김없이 받아드리고 있다.

오늘날 사회민주주의는 사회주의 혁명을 피하는 방법으로 복지주의를 받아드리는 현대국가에서 이미 보편적인 정치제도로 자리 잡고 있다. 셰리 버먼은 『정치가 우선한다』에서

> 자유주의와 정통 마르크스주의의 경제 중심주의economism와 수동성을 거부하면서, 그리고 파시즘과 민족사회주의의 폭력성을 회피하면서, 사회민주주의는 정치의 우선성과 공동체주의에 대한 믿음 경제적 힘이 아닌 정치적 힘이 역사의 동력이 될 수 있으며 또 그렇게 되어야 한다는 확선, 그리고 사회의 '욕구'와 '행복'은 보호되고 배양되어야 한다는 확산 위에 세워졌으며, 사회주의의 비마르크스주의적 비전을 나타냈다. 그것은 20세기의 가장 성공적인 이데올로기이자 운동이었다. 즉 사회민주주의의 원리와 정책은 이제까지 공존할 수 없을 것처럼 보였던 것들 (잘 작동하는 자본주의 체제와 민주주의, 그리고 사회적안정)을 융화시킴으로써, 유럽 역사상 가장 번성하고 조화로

웠던 시기를 뒷받침한 것이다.(셰리 버먼, 2010)

라고 주장한다. 하지만 사회민주주의는 생산수단의 국유화를 포기했지만 사회주의의 병폐인 국가주의적인 관료주의를 버린 것은 아니다.

기 에르메는 『민주주의로 가는 길』에서 사회민주주의에 대해 이렇게 말한다.

> 1913년, 로베르토 미헬스(Roberto Michels)는 사회민주주의적 기구들 역시 과두
> 정치에 의해 지배되고 있다는 사실을 밝혀냈는데, 이 과두정치가 보장하는
> 종신적 지위는 민주주의 원칙에 비추어 전혀 적절하지 못한 것이다. (기 에르
> 메, 1998)

사회민주주의적 기구들 역시 과두정치에 의해 지배되고 있다는 사실은 이 사회민주주의의 문제를 잘 드러낸 것이다.

1998년 앤서니 기든스는 제2차 세계대전 이후 서유럽에서 사회적 평등으로 복지국가 건설을 내세웠던 정책을 '제1의 길', 1980년 대 마거릿 대처가 시장경제에 국가의 간섭을 최소화하는 개인을 중심으로 한 시장경제 우위정책을 '제2의 길'로 설정했다. 그리고 기든스는 이른바 '제3의 길'로 '적극적 복지'를 주장했다. 이는 국민이 빈곤상태에 빠지기 전에 일자리를 마련해줌으로써 빈곤상태에 빠지지 않도록 미리 예방한다는 정책이다.

기든스의 '제3의 길'은 경제성장과 기술의 진보로 얻어지는 부를 폭력적 혁명을 피하면서 나누어가질 수 있는 방법을 제시한 것이다. 하지만 이 '제3의 길'도 산업시대적인 한계를 벗어나지 못한 발상에 불과하다.

이제 초연결시대를 맞아 제3의 길은 넘을 수 없는 장벽에 부딪치고 말았다. 초연결시대는 공장자동화와 사무자동화, 인공지능, 로봇, 빅데이터 그리

고 모든 사물에 센서sensor를 달아 사물과 사물이 연결되는 사물인터넷(internet of things: IoT) 등이 의미하는 것은 무엇인가?

이들 모두는 농경시대와 산업시대에 완전고용에 가깝도록 만들었던 일자리들을 박탈한다는 것을 의미한다. 2016년 다보스 포럼의 보고서에 따르면

> 앞으로 5년 내 선진국에서 500만 개의 일자리가 사라질 전망이다. 지구촌 일자리의 65%(19억 명)를 차지하는 주요 15개국 의 350개 대기업 인사 담당 임원을 대상으로 조사한 결과다.(백민정, 2016)

앞으로 5년간 1년에 100만개씩 일자리가 사라진다는 말이다. 그리고 그 후에도 더 악화될지언정 좋아질 가능성은 없는 것이다. 이와 같은 시대에 일자리를 만들어내어 복지국가를 만들겠다는 기든스식의 '제3의 길'은 산업시대의 돌이킬 수 없는 유물이 되어버린 지 오래이다.

과거 아테네와 로마는 노예들이 산업전반을 담당함으로써 아테네인들은 민주주의를 실현하여 남는 시간에 정치와 예술과 문학을 할 수 있었다. 로마인들은 소수 또는 한 명의 지배자가 권력을 쥐는 과두주의 또는 독재주의의 국가를 만들어 다수의 군중들은 빵과 목욕탕과 서커스로 빈둥거리는 건달이 되었다.

초연결시대도 마찬가지로 노동 없이도 모든 산업은 최적화된다. 문제는 민주주의로 대중이 스스로 정치가가 되고, 예술과 문학을 즐기고, 존엄한 종교인이 되어 스스로를 실현하고 성취하고 완성하는 길을 가는가 아니면 로마의 군중처럼 빈둥거리며 소중한 인생을 무의미하게 낭비하는 건달이 되는가의 차이이다. 즉 초연결시대의 일자리는 스마트한 대중이 직접 입법부와 행정부와 사법부와 지방정부의 공직을 맡으며 만들어진다. LG전자의 연구소에서 실험을 통해 증명되었듯 민주주의의 제3법칙 100=36+45에 의해 전체 시

민권자의 36%를 국가의 공직에서 일자리를 만들어 받아드릴 수 있다.

또한 나머지 64%의 사적영역의 시민들도 민주주의의 제4법칙 81=36+45로 인해 대중 스스로 성취함으로써 일자리 문제를 해결하여 풍요로움을 만들 수 있다.

이제는 스마트한 대중이 민주주의를 운영하며 일자리가 사라지는 초연결시대의 복지를 대중이 정치영역에서 일자리를 만들어 대중이 스스로 대중의 복지를 실현하는 복지국가의 시대인 것이다.

초연결시대는 제3의 길은 가고 민주주의의 길이 새롭게 세상을 비추는 시대이다. 관료주의적인 사회민주주의는 더 이상 설 자리가 없어진 것이다.

사회민주주의 복지국가는 복지를 파괴한다.

산업사회를 이끈 자본주의가 인간 공동체에게 저지른 가장 큰 과오는 200만년 이상 살아온 수렵채집시대와 1만년이상 살아온 농경시대의 뿌리가 된 지역공동체를 뿌리째 뽑아 공동체적인 인간의 삶을 원자화하여 갈갈이 찢어 놓았다는 점이다.

자본주의는 이 자연발생적인 지역공동체를 살아가던 사람들 대다수를 도시의 공장으로 끌어들였다. 이 도시의 삶은 인간이 인간일 수 있었던 공동체의 상호부조로 복지를 자연스럽게 창조하는 능력을 파괴하고 이기적인 원자화된 인간으로 개조시켰다. 이 자본주의를 사회주의와 뒤섞어 개조한 사회민주주의의 복지국가는 인간 공동체가 수렵채집생활과 농경생활을 해오며 만들어낸 인간의 본성으로서의 상호부조의 능력을 국가의 관료주의로 독점해 버렸다. 사회민주주의의 복지국가는 공동체가 복지를 자율과 자치를 통해 만들어내는 능력까지 철저하게 파괴해버린 것이다.

산업시대에서도 가족공동체는 살아서 복지를 만들어냈으며 그 외 사회의 각종 자발적이고 자치적인 공동체들이 복지를 스스로 만들어내고 있었다. 그러나 이제 복지를 사회민주주의의 국가 관료들이 독점하는 상태는 도대체 무엇인가? 국가의 관료들이 대중의 복지를 책임진다는 발상은 사회주의적인 발상에 지나지 않는다. 그 관료주도의 국가주의적인 복지가 무능과 부정부패로 얼룩지는 것은 보지 않아도 알 수 있는 것이다. 그보다 더 치명적인 것은 대중이 가진 민주주의적인 능력으로서의 복지능력을 이들 사회민주주의적인 관료들이 근본적으로 파괴하고 있다는 점이다.

이 관료주의적인 사회민주주의 복지의 치명적인 문제는 바로 그들 관료들이 복지국가를 자신들을 위한 복지국가로 만들고 있다는 점에서 보다 더 분명해진다. 즉 복지국가의 중요한 제도인 연금제도를 보자.

> 연금 제도는 과잉보호되는 특정 집단에게 유리하도록 소득을 재분배한다. 이 경우 과잉보호되는 특정 집단은 공무원인 경우가 많다. 공무원들은 다양한 정치적 왜곡을 통해 사회적 특권을 얻어낸다.(알베르토 알레시나 외, 2012)

이른바 복지국가를 이끄는 관료들은 이미 국가를 통해 과잉보호되어 새로운 귀족이 되고 있다. 그럼에도 불구하고 복지국가의 연금제도는 공무원과 같은 사회적 특정집단에게 유리하도록 만들어진다는 것이다.

사회민주주의의 정치제도가 소수의 당 간부들이 지배하는 일당독재의 공산주의 국가나 소수 자본가들이 지배하는 자본주의의 정치제도인 과두주의에서 조금도 벗어나지 못한 과두주의라는 점은 어느 모로 보아도 분명한 것이다. 복지는 이처럼 국가의 관료들이 만들어내는 프로그램에 의해 만들어지고 운영될 수밖에 없는 것이다. 이른바 참다운 복지국가는 오로지 대중이 스스로 정치가가 되어 입법부와 사법부와 행정부와 지방정부의 공직을 맡아 대중 스스로 대중을 다스리고 대중이 스스로 그 지배를 받을 때 가능하다. 먼저 대중이 국가의 공직을 맡는 자체에서 일자리 문제가 해결됨으로써 가장 중요한 복지가 이루어진다.

그리고 대중이 국정을 맡음으로서 부정부패가 근본적으로 사라지고 대중의 집단적 지혜가 관료주의의 무능을 뿌리 뽑는다. 그리고 사적영역의 효율이 극대화됨으로써 그 이익이 세금을 통해 모두에게 돌아감으로써 복지가 이루어지는 것이다. 그리고 무엇보다도 사적영역의 모든 가정과 사회단체들이 인간 공동체의 활력을 되찾고 스스로 복지를 창조해냄으로써 민주주주의 국가의 복지는 정부의 간섭과 통제와 지도 없이도 스마트한 대중이 스스로 성취해 내는 것이다.

한계비용 제로사회와 무정부주의

듀크 대학교의 법학교수인 제임스 보일은 2003년 발표한 그의 42쪽 짜리 짧은 논문 "2차 인크로저 운동과 공공 영역의 건설"에서 다음과 같이 한계비용제로의 개념을 처음으로 주장한다.

> 우리는 많은 부분이 중앙집권적인 통제로부터 자유와 무료를 둘 다 의미하는 세상을 희망할 수 있다. 생산의 한계비용이 무료이며 배송과 저장의 한계비용이 제로에 접근하며 창출과정이 첨가적이고 대부분의 노동에 비용이 들어가지 않으면, 아마도 세상은 조금 달라 보일 것이다. 이러한 미래가 가능하거나 혹은 적어도 부분적으로나마 가능하지 않을까? 한 번 더 생각해보지 않고 그 가능성을 배재해서는 안 된다. (JAMES BOYLE, 2003)

보일이 중앙집권적 통제로부터의 자유와 무료를 희망한다는 것은 무정부주의자들이 말하는 수평적 평등구조의 국가 없는 공동체가 추구하는 자유를 의미하는 것 같다. 그러나 정작 보일이 "생산의 한계비용이 무료이며 배송과 저장의 한계비용이 제로에 접근하며 창출과정이 첨가적이고 대부분의 노동에 비용이 들어가지 않으면"이라고 말하는 순간 그가 가지고 있는 무정부주의적인 이원론을 훨씬 더 넘어 대중의 자기성취에 도달하고 있다. 즉 정부가 존재하지만 존재하지 않는 것과 다름없는 자유로운 공동체가 주어진 것이다. 더구나 풍요로운 공동체가 만들어진 것이다. 이는 세상이 조금 달라 보이는 정도가 아니라 완전히 다른 세상에서 살게 됨을 의미한다.

나는 제임스 보일의 한계비용제로의 개념에서 아나키즘의 철학자이자 혁명가인 바쿠닌과 프루동, 프로포트킨의 모습을 다시 본다. 고드윈에서 시작하여 인쇄공 출신 철학자 프루동에서 모습을 드러낸 무정부주의는 거친 혁명가 바쿠닌과 품위 있는 철학자 프로포트킨에 이르면서 그 이론체계가 마련되었다. 이들이 내세운 아나키즘이 마르크스의 사회주의와 결별한 것은 사회주의가 중앙집권적인 권력을 추구하기 때문이었다. 중앙집권적인 권력이 지배하는 국가에서는 이들 아나키스트들이 생명처럼 소중하게 생각하는 자유自由가 희생된다는 사실을 결코 받아드릴 수 없었기 때문이다.

우리나라에서도 무정부주의는 큰 영향력을 행사했다. 모든 것을 독립운동에 바친 혁혁한 독립운동가 우당 이회영 선생이 바로 유명한 무정부주의자였다. 또한 『조선상고사』를 저술하여 우리에게 너무도 잘 알려진 단재 신채호 선생도 강력한 무정부주의자였다. 그리고 내가 서양철학을 연구하기 시작할 때 큰 감동을 주었던 니콜라이 하르트만의 철학 서적 전체를 번역하여 소개한 하기락 선생도 무정부주의자였다. 간단하게 나열한 무정부주의자의 인물만도 이 정도면 그 전체는 얼마나 큰 규모일 것인지 쉽게 짐작이 가는 것이다.

이 무정부주의는 여러 분파가 있어 쉽게 설명하기 어렵지만 역사가 카가 바쿠닌을 통해 이해한 무정부주의는 국가와 신과 사유재산을 인정하지 않는 것이다. 이는 한 마디로 플라톤의 이원론 이론체계 전체를 강력하게 부정하는 것이다. 무정부주의가 주장하는 수직적계급구조로 작동되는 국가를 위해 존재하는 신神과 국가國家와 사유재산私有財産을 단호히 거부하는 주장은 충분히 이해할 수 있는 것이다. 그러나 무정부주의자들은 수평적 평등구조에서 신神과 국가國家와 사유재산私有財産이 존재할 수 있다는 생명의 과정원리가 설명하는 한의 법칙은 미처 생각하지 못했다.

정부가 존재하지만 존재하지 않는 것과 마찬가지 상태에서 대중이 풍요를 누릴 수 있는 것이 민주주의의 제4법칙 81=36+45의 국가이다.

이 상태가 한계비용이 제로인 상태가 된다. 리프킨은 현상태에서 바로 한계비용제로의 공유사회가 곧 이루어진다고 주장했지만 그것은 서양문명의 고질적인 묵시론적 예언에 지나지 않는 것이다.

제러미 리프킨이 『한계비용제로사회』에서 한 주장은 간단하다. 기술이 혁명적으로 발전하면서 오히려 자본주의 체제가 위협을 받는 모순이 발생하고 있으며, 시장경쟁 체제 틀에서 기술의 발전으로 생산비용은 떨어져 많은 재화와 서비스의 구매가격은 거의 공짜수준으로 하락했지만 이 때문에 오히려 시장경쟁 체제가 위협을 받는 상황에 직면했다는 것이다. 사물인터넷의 발전으로 세계경제가 급속히 공유경제 시스템으로 진입하면서 반자본주의Anti-Capitalism 시대가 도래하기 시작했다는 것이 그의 주장의 핵심이다.

이 주장은 자본주의와 반자본주의의 이원론으로 전체 과정에서 그 전후의 모든 상태들이 무시된 것이다. 한계비용제로의 사회는 민주주의가 만들어내는 생명의 과정 중에서 민주주의의 제4법칙 81=36+45에 해당하는 상태이다. 이 한계비용제로사회 이전에 민주주의의 기본법칙과 민주주의의 제1,2,3의 법칙이 있고 그 후에도 민주주의의 제5,6의 법칙이 있다.

제러미 리프킨은 이 전체과정을 무시하고 이원론으로 한계비용제로의 사회를 억지로 설명하려고 한 것이다.

한계비용제로가 의미하는 민주주의의 제4법칙은 대중이 이끄는 국가를 최적화하여 자연을 최적화함으로써 영원히 지속가능한 가장 최적한 환경을 만들어내는 상태이다. 이처럼 의식주가 완전히 해결되는 풍요로운 상태를 우리의 조상들은 재세이화在世理化라고 불렀던 것이다. 그리고 대중이 이루어낸 이 상태에서 모든 사건이 최적화되어 진정한 평등 완전한 평등을 통해 자발적인 공유사회가 되는 것이 곧 우리의 조상이 말한 홍익인간弘益人間의 상태이다.

대중 스스로가 정부가 되고 스스로 시민이 되는 과정민주주의는 이와같은 점진적인 과정을 거쳐 인류가 전체 역사를 통해 그토록 염원했던 모든 꿈과 희망을 대중 스스로 하나도 빠짐없이 현실에서 모두 이루어내는 민주주의인 것이다.

과거 종교나 위대한 영웅에 의해 이루어진다고 주장했던 황금시대나 유토피아가 대중이 만들어가는 민주주의 시대에 현실에서 만들어가는 것이다. 즉 인간이 산속이나 수도장에서 수도하거나 또는 대학에서 연구함으로서 진리가 얻어지는 것이 아니다. 그보다는 개인과 대중이 현실에서 스스로를 성취하며 진리를 구하고 실현해나가는 것이다.

12. 평등국가 平等國家 - 민주주의의 제5법칙
- 대중의 자기완성으로 민주주의 평등국가 완성 -

어떤 상태의 사회에서 인간이 평등해질 수 있을까? 그보다 먼저 어떤 상태라야 인간과 인간이 자신이 가진 것을 남과 기꺼이 나눌 수 있을까?

먼저 대중 스스로가 자연을 최적화하고 공동체를 최적화함으로써 의식주를 해결하는 자기성취상태에 이르지 못하는 한 대중은 평등하거나 자기 것을 남과 나누는 상태가 될 수 없을 것이다.

대중이 스스로 의식주를 해결한 상태에서 대중이 만든 공동체 안에서 일어나는 모든 사건들을 최적화할 수 있다면 대중은 물질의 소유와 계급이 더 이상 중요하지 않게 될 것이다. 민주주의를 운영하는 대중은 이로써 진정한 나눔과 평등을 국가의 강제나 간섭 없이 스스로 이루어내는 것이다. 이것이 대중의 자기완성이다.

인간 공동체는 200만년 이상 수렵채집을 하면서 이러한 공동체를 만들어 성공적으로 운영함으로서 생존할 수 있었고 또한 발전할 수 있었다. 또한 이 것이 자연의 생태공동체의 일반법칙이기도 하다. 인간 공동체에는 언제나 여러 가지 사건이 생겨나기 마련이다. 그 사건들을 가장 잘 이해하고 현실에서 직접 해결할 수 있는 존재는 국가가 아니라 자신이 살고 있는 공동체의 구성원들이다. 하지만 인간 공동체를 지배계급과 피지배계급으로 갈라쳐서 수직적 계급구조로 계급화 함으로써 서로 반목하고 투쟁하는 자본주의와 사회주의와 같은 과두주의에서는 이와 같이 자율과 자치를 통해 서로가 서로의 문제를 해결해주기는 불가능하다.

대중이 의식주를 함께 해결하는 자기성취상태와 그것을 함께 나누는 자기완성상태는 다른 상태이다. 우리민족의 고대국가의 철학자와 정치가들은 이 상태를 홍익인간弘益人間이라고 한 것이다.

나눔과 평등의 민주주의 국가

과두주의에서 최상위층이 될 때 그들 소수들만은 일상적인 사건이든 법적인 사건이든 권력과 돈의 힘으로 자신들에게 일어나는 사건들을 억지로 해결하려고 했다. 이는 많은 부작용을 낳으면서 사회의 위화감의 원인이 되었다. 그러나 그들 최상위층이 아닌 나머지 돈과 권력이 없는 99%의 민중은 늘 불안과 공포 속에서 살아야 했다. 그 사정을 고드윈은 이렇게 말한다.

현재로서는 기이하고 복잡한 사회체제 때문에 수많은 사람들이 악한 惡漢의 봉이 될 수밖에 없는 狀況이지만 일단 사기협잡을 일삼는 정부를 없애 버리면 아무리 순진한 사람도 자신을 오도하는 요술쟁이와 같은 정부의 술책을 간파하게 될 것이다. (윌리엄 고드윈, 2006)

고드윈은 사기협잡을 일삼는 정부를 없애면 문제가 해결될 것으로 보았다. 이는 문제를 제기하는 일에는 충분히 성공했지만 문제를 해결하는 일에는 조금도 도움이 되지 못하는 주장이다. 그러나 민주주의를 운영하는 스마트 대중은 과두주의 정부를 민주주의 정부로 만들어 이 사기협잡의 문제를 해결하는 것이다. 민주주의를 운영하여 이미 의식주를 해결한 대중은 이제 대중 스스로 자신들의 사건들을 서로가 힘으로 모아 자율과 자치를 통해 해결한다.

대중에게 일어나는 일의 대부분은 대중 스스로가 해결방법을 가지고 있기 마련이다. 누구나 어려움에 봉착할 수 있으므로 민주주의를 운영하는 대중 각자는 모두 다른 사람들의 어려움에 최대한 도움을 주는 것이다. 이것이야말로 진정한 나눔이다. 이미 민주주의의 대중은 자기성취를 이루며 복지국가를 만들어 자본주의의 노숙자나 자살자의 문제와 사회주의의 강제노동소의 문제를 해결했다.

민주주의의 대중은 이제 대중 스스로의 사건들을 대중 스스로 해결함으로서 의미심장한 상태를 만들어낸다. 즉 땅에 울타리를 치고 내 것이라고 주장한 계몽주의 시대의 적나라한 이기심이 이제 필요가 없어지는 것이다. 땅에 울타리를 치고 내 것이라고 주장한 이유가 무엇인가? 그것은 의식주문제를 해결하기 위함이 아닌가? 그리고 권력과 돈을 차지함으로서 자신들에게 주어지는 사건들을 손쉽게 해결하기 위함이 아니었던가?

이제 대중이 자기를 완성하여 의식주를 해결하고 자신들의 사건을 서로 힘을 나누어 해결하는 상태에서 그 같은 이기심은 쓸 곳이 없어진 것이다.

이미 모두가 원하는 의식주와 정치적 권력을 모두 평등하게 나누어 가지고 있으며 또한 권력과 돈을 독차지 하지 않아도 사건들을 원만하게 해결하는 평등한 공동체를 이룬 것이다. 이런 공동체에서 혼자만 땅에 울타리를 치고 내 땅이라며 자본주의적인 이기심을 나타내는 일이 더 이상 필요하지 않을 것이다.

민주주의를 운영하는 대중이 국가의 공권력에 기대지 않고 스스로 나눔과 평등을 얻었다는 것은 곧 소유권이 유명무실해짐을 의미하는 것이다. 이 상태에서 비로소 국가는 자연스럽게 공유에 도달하게 되는 것이다.

아나키즘 철학자 프루동은 "소유, 그것은 도둑질이다" (프루동, 2003)라는 명제를 세웠다. 그러나 민주주의의 완성상태에서는 소유는 도둑질이라는 명제 자체가 무명무실해지는 것이다.

민주주의의 완성상태에서는 공산주의라고 하는 다소 무시무시하게 들리는 이름의 정치제도도 사실상 유명무실해진다. 이른바 무정부주의가 그토록 미워하는 사유재산이 자연스럽게 더 이상 의미가 없어지는 것이다. 그리고 공산주의가 폭력혁명을 통해 도달하려고 했지만 근처도 가지 못한 이른바 공산사회가 그 어떤 폭력도 없이 자율과 자치를 통해 비로소 도래하는 것이다. 이미 평등하고 모두가 자신의 것을 기꺼이 나누는 것이 상식이며 생활 그 자체인 상태에서 "소유, 그것은 도둑질이다"라는 말이나 공산주의라는 말은 거북한 개념이 되어버리는 것이다.

대중이 만들어내는 민주주의의 자기완성 상태야말로 누구나 원하는 일을 하고 필요한 만큼 가지고 또한 돈과 권력의 개입 없이 서로 필요한 것을 서로 기꺼이 나눔으로서 평등해지는 것이다. 이것이 민주주의가 이루어내는 궁극적인 평등국가이다. 즉 인간 모두는 모두가 각각 장단점을 가지고 있으므로 인간 개인은 언제나 불완전하다. 인간이 완전할 수 있으려면 반드시 서로가 서로의 장점으로 서로의 단점을 보완해줄 때만이 가능하다.

즉 모든 인간이 모든 인간을 이롭게 하는 국가의 상태를 만들지 못한 상태에서는 어떤 인간도 완전해질 수 없으며 어떤 인간도 행복해질 수 없다. 따라서 그와 같은 국가에서는 개인은 평등해질 수 없고 나아가 진정한 평등국가가 이루어질 수 없는 것이다.

인간 개인이 스스로의 가치를 최대한 높여 위대해지는 길은 자발적으로 서로가 서로를 도와 서로가 함께 서로의 문제를 해결하며 서로가 함께 평등을 누리며 함께 존엄해지는 길 뿐이다. 이 일에 동참하지 않아도 상관없겠지만 동참함으로써 얻는 모든 평등과 행복을 스스로 저버리는 사람은 거의 없을 것이다. 그래도 그 평등과 행복을 저버리는 사람은 그렇게 살아갈 자유도 있다. 누군가 혼자 산에서 평생 도를 닦는다고 해도 그 또는 그녀는 결코 위대해질 수도 없고 자신이 행복해질 수도 없다. 또한 모든 인간의 평등과 행복은 지금까지의 여러 과정을 성공적으로 이룬 다음 마지막 상태인 대중의 자기완성의 상태에 이를 때 비로소 가능하다. 이 상태야말로 지난 역사에서 진리를 구하던 모든 학자와 수도자가 도달하려고 하던 최고의 깨달음의 상태이며 황금시대이며 지상낙원의 상태이며 유토피아인 것이다.

이제 우리는 대중이 자기완성을 통해 국가가 있지만 국가가 없는 것과 마찬가지인 상태에 도달했다. 이탈리아의 공산당 서기장이자 우리에게 헤게모니 투쟁과 진지전 등을 통해 잘 알려진 안토니오 그람시의 말을 들어보자.

국가 없는 국가라는 개념은 또한 순수 유토피아이기도 하다. 왜냐하면 그러한 상은 모든 사람들이 진정으로 평등하고 따라서 모두 동등하게 합리적·도덕적이며, 또 법을 다른 계급이 부과한 것, 의식에 대해 외적인 어떤 것으로 강제를 통하여 받아들이는 것이 아니라, 자발적이고 자유롭게 받아들일 수 있다는 가정 위에 서 있는 것이기 때문이다. (안토니오 그람시, 2005)

그람시가 국가 없는 국가를 순수 유토피아라고 말했지만 우리는 이러한 국가가 현실에서 충분히 가능하다는 사실을 확인한 것이다. 이 같은 지상낙원, 유토피아, 이상향을 단순한 선악이원론이나 , 신비주의, 무임승차로 얻으려는 사상가나 종교가, 신비주의자들은 허다하게 많았다. 하지만 이 민주주의의 완성상태는 민주주의의 기본법칙에 이어 민주주의의 제1,2,3,4법칙을 모두거처 민주주의의 제5법칙에 이르러 겨우 마련된 것이다.

사람들은 누구나 원하는 소중한 것을 쉽게 이루려한다. 그러나 이 세상에 쉽게 이루어지는 것은 사기나 협잡이거나 그만큼 값싼 것들에 불과하다. 그렇다고 소중한 것을 얻을 수 없는 것은 아니다. 단지 소중한 것은 그만큼 공을 들일 때 비로소 이루어진다.

리눅스와 위키피디아의 플랫폼과 대중의 자기완성

플랫폼 생태공동체가 대중의 완성상태에 도달할 수 있을까? 나아가 허브와 스포크 Hub-and-Spoke 생태공동체는 어떤가?

스마트 폰의 영역이 작다면 스마트 홈, 스마트 카, 스마트 시티가 만들 플랫폼 생태공동체는 어떠할까? 또한 국가의 공적영역을 허브로 만들어 사적영역을 스포크로 받아드려 스포크에서 일어나는 모든 사건을 최적화한다면 어떨까? 대중이 플랫폼이론과 허브와 스포크 Hub-and-Spoke이론을 사용하여 국가에 적용하는 것은 곧 민주주의의 제5법칙을 적용하여 완성상태에 이르는 것과 동일할 것이다.

여기서 우리는 리눅스와 위키피디아를 생각해볼 필요가 있다. 이들의 플랫폼은 구글, 삼성, 페이스 북, 애플과 네이버와 동일한 방법으로 작동한다. 그러나 돈을 목적으로 하는 기업이 아니라 비영리재단이라는 점이 다르다.

첫째 리눅스를 살펴보자. 리누스 토발스가 1991년 컴퓨터의 운영체제 리눅스를 만들어 소스를 무료로 공개한 이래 전 세계의 수천명의 프로그래머들이 자발적으로 참여하여 윈도우와 IOS에 버금가는 세계에서 가장 우수한 운영 체제를 만들었다.

리눅스는 비영리재단인 리눅스재단이 개발자와 기업들의 도움으로 운영하고 있다. 리눅스는 자신의 능력을 돈과 권력과 무관하게 제공하려는 사람들에 의해 시작되었고 그들은 오늘날 이미 세계를 움직이고 있다.

> 최소형 소비 가전에서부터 초대형 수퍼컴퓨터에 이르기까지 모든 것에 사용되고있다. 리눅스는 독일의 항공수송 통제 시스템 운영을 돕고 있다. 그뿐 아니라, 여러 기의 발전소를 운영하는 데도 리눅스가 사용되고 있다 BMW 자동차들도 리눅스를 기반으로 하는 경우가 많다. 이 책을 집필하고 있는 현재, 5억명이 넘는 셋톱 케이블 박스, 티보, 안드로이드 전화기, 기타 가정용 기기 사용자들이 리눅스를 활용하고 있으며 15억 명이 구글, 야후 등 셀 수 없이 많은 각종 웹사이트를 방문할 때마다 간접적으로 리눅스를 사용한다" (돈 탭스코트 외, 2011)

이처럼 전 세계에 막대한 영향력을 행사하지만 이들은 돈과 권력과 무관하다. 이들은 자신들의 삶을 자신들의 능력을 나눔으로서 완성해나가고 있는 것이다. 오늘날 리누스의 후계자들은 줄을 지어 나타나고 있다. 제조업의 새 시대를 열고 있는 3D 프린터분야에서 오픈소스 프로그램은 줄을 이어 소개되고 있다.

둘째 위키피디아를 살펴보자. 지미 웨일스는 2001년 누구나 참여할 수 있는 온라인 백과사전 위키피디아를 만들었다. 2011년 3월 기준, 매달 4억 명이 방문하고 방문자들 중 1% 정도가 스스로 백과사전을 만들어 나간다. 그리고 또한 일부가 기부금을 내어 비영리 재단 형태로 운영된다. 리눅스와 위키피디아는 놀라울 만큼 강력한 자기조직화를 통해 범세계적인 플랫폼 생태공동체를 만들었다. 그리고 자본주의적인 운영방식을 완전히 벗어나 있다. 이들 생태공동체를 움직이는 핵심 구성원들은 자신들이 가지고 있는 지적능력을 권력이나 돈과 무관하게 불특정다수를 위해 자신의 시간과 노력을 들여 기꺼이 나누고 있다.

같은 플랫폼 생태 공동체라고 해도 바로 이점이 다른 플랫폼 생태공동체와 전혀 다른 상태임을 설명해주는 것이다. 구글, 삼성, 페이스 북, 애플의 사용자들은 주로 자신의 이익을 위해 플랫폼을 이용한다. 그리고 이 이용자들을 고객으로 삼는 사업자들이 비용을 대는 것이다.

자본주의자들의 냉정한 계산에 의하면 이 같은 행동은 바보들이나 하는 행동이다. 그러나 리눅스와 위키피디아가 운영하는 생태공동체는 자발적으로 서로가 서로를 도와 서로가 함께 서로의 문제를 해결하며 서로가 함께 평등을 누리며 함께 존엄해지는 길을 현실에서 만들어가고 있다.

즉 사람 사는 세상을 사람답게 살아보자는 민주주의를 완성하는 길을 현실에서 만들어나가고 있는 것이다.

이 리눅스와 위키피디아의 생태공동체에서 공적영역인 재단은 단지 공동체의 운영을 위해 존재할 뿐이다. 공동체 구성원 모두가 원하는 바는 공동체 구성원들이 스스로 나서서 지적능력을 나눔으로써 이루어지고 있다.

이 공동체의 운영원리를 국가에 적용해보자. 국가에 존재하는 모든 국민이 자신이 가지고 있는 능력을 그것이 필요한 모든 국민에서 자발적으로 서로 나누는 상태가 이루어진다.

우리는 모두 사람이다. 모든 사람은 모두가 한 가지 능력은 있다. 바꾸어 말하면 모든 사람은 모두 한 가지의 능력밖에 없는 것이다. 세상을 살기 위해서는 한 가지 능력으로는 불가능하다. 많은 능력이 필요한 것이다. 따라서 사람이 사람답게 사는 세상은 자신이 가진 능력을 필요한 사람에게 나누어주고 또한 자신에게 필요한 능력을 남에게 빌려 쓰는 거대한 플랫폼 생태 공동체가 반드시 필요한 것이다. 누구나 한 가지씩의 능력밖에 없기 때문이다. 이러한 플랫폼 생태공동체에서는 그 누구도 우월하지 않는 평등이 이루어진다. 아니 인간사회가 정상적으로 운영된다는 것은 이렇게 모두가 평등하게 된다는 것을 의미한다.

국가는 이와 같은 모두가 평등한 플랫폼 생태공동체에 도달할 때 비로소 그 국가를 이루는 대중은 스스로를 완성했다고 말할 수 있다. 인간으로서 가장 평등한 공동체를 만들었을 때 그 대중은 서로가 서로에게 아무 것도 속이거나 숨기지 않고도 함께 행동할 수 있는 가장 정직한 상태에 있는 것이다. 모든 공동체의 구성원들이 이처럼 생각하고 행동한다면 그것은 우리의 고대국가의 정치가이자 종교가들이 말한 홍익인간弘益人間의 상태에 이르게 되는 것이다. 이것이 스마트한 대중이 민주주의를 완성한 상태이다.

384효에서 366사로 - 국가의 모든 사건 최적화

인간과 인간 또는 인간과 사물 또는 사물과 사물사이에는 어떤 시간상의 특정지점에서 사건이 발생하여 그 전후로 상태가 변화한다. 특히 문제가 되는 것은 인간과 인간사이의 사건이다. 이 사건에는 사물이 관계될 수도 있다. 사건은 반드시 당사자와 관계자가 있다. 그리고 그들 사이에는 맥락과 과정이 있다. 또한 사건은 유형이 있으며 이는 384가지로 분류하여 부호화할 수 있다. 이른바 변화를 64개의 괘로 표현할 때 모든 괘는 6개의 효爻로 나뉜다. 따라서 64괘×6효=384효이다. 즉 하나의 효가 하나의 사건을 설명하는 것이다. 이로서 인간에게 일어나는 모든 사건은 수량화할 수 있고 부호화할 수 있으며 그것을 의미별로 분류할 수 있는 것이다.

그러나 문제는 인간이 공동체를 운영하며 인간과 인간 또는 인간과 사물

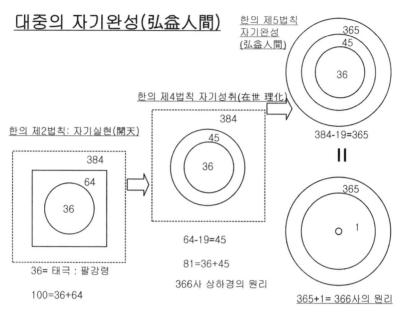

대중의 자기완성(弘益人間)

한의 제5법칙
자기완성
(弘益人間)

365
45
36

384-19=365

한의 제4법칙 자기성취(在世 理化)

384
45
36

한의 제2법칙: 자기실현(開天)

384
64
36

64-19=45

81=36+45

366사 상하경의 원리

365
○ 1

||

36= 태극 : 팔강령

100=36+64

365+1= 366사의 원리

그림 36 민주주의의 제5법칙 대중의 자기완성

사이에 필연적으로 일어날 수밖에 없는 사건들을 어떻게 최적화하여 착취를 당하거나 억울한 일을 당하는 사람이 없도록 최적화하는가에 있다.

모든 사건을 최적화한다는 것은 그 사건들의 시작과 끝을 제거하는 일이다. 갑이라는 사람이 을이라는 사람에게 억울한 일을 당하여 한이 맺혀 삶을 살아갈 수 없을 정도로 억울함을 가지게 되었다고 가정하자.

이 일을 최적화하는 길은 먼저 그 같은 일이 시작조차 되지 않도록 교육과 정의와 도덕, 중용 그리고 법제도를 완비하여 서로가 서로에게 유익할 지언정 해가되는 일이 없도록 사회와 국가 자체를 바꾸어야 하는 것이다.

그리고 만에 하나 그같이 억울한 일이 시작되었다면 즉시 가족과 친지와 이웃 그리고 사회와 국가가 나서서 해결을 함으로써 그 끝을 제거하는 일이다. 이 일은 모든 인간의 중심에 존재하는 존엄성의 근원인 한韓인 1이 중심이 되어 줄 때 가능하다.

이처럼 모든 사건의 유형인 384가지 효의 시작과 끝을 제거했을 때 384-시작(9)-끝(10)+1(한韓) = 366이 된다.

바로 이 숫자가 우리의 고대 경전 삼일신고의 글자수이며 366사의 366개 최적화된 사건으로서의 가르침의 숫자이다. 그리고 천부경 81자를 둘러싸고 있는 보이지 않는 366개의 숫자이다.

이처럼 인간을 둘러싼 모든 사건을 최적화함으로써 억울한 사람이 한 사람도 생기지 않고 서로가 서로에게 이롭게 만들 때 인간 개개인은 서로를 완성할 수 있다. 그리고 대중도 스스로를 완성할 수 있으며 국가도 스스로를 완성할 수 있는 것이다. 그럼으로써 공동체의 개개인은 행복을 누리게 되고 국가는 태평을 누리게 되는 것이다.

우리의 조상들은 국가를 세우며 개개인과 대중과 국가를 완성하는 이 상태를 홍익인간弘益人間이라고 한 것이다.

이 개개인과 대중 그리고 국가의 완성상태인 홍익인간의 상태에 이르면 비로소 모든 인간과 인간은 평등平等한 상태가 된다.

13. 민주주의 국가의 생태공동체적 선순환

우리는 생명의 과정 안에 담긴 여러 상태들을 통해 스마트한 대중이 민주주의 국가를 이루어내는 전체 과정을 살펴보았다.

여기서 민주주의 평등국가는 곧 대중이 자기실현과 자기성취와 자기완성을 과정적으로 이루어냄으로서 가능함을 알았다. 이를 우리의 고대국가에서는 개천과 재세이화와 홍익인간의 셋이 하나가 되어 그 중심인 한韓으로 돌아가는 상태로 보았다. 이를 태평상태라고 한다.

이 국가는 그야말로 이상국가로서 모든 국가가 원하는 바를 모두 담고 있다. 이와 같은 이상국가가 바로 우리의 고대국가인 한국, 배달국, 단군조선이라고 할 수 있을 것이다. 하지만 이 완전한 국가도 영원하지 않다는 것을 우리는 역사를 통해 알고 있다. 따라서 이 완전한 국가가 그동안의 과정을 통해 축적한 지식과 경험을 후세에 전하는 일은 너무도 중요한 일이 된다. 우리의 고대국가가 무려 8,000년 동안 각 왕조들이 우리의 고유한 경전인 천부경과 삼일신고와 366사와 그 외 20여권의 경전을 만들고 또한 후세에 전한 이유가 바로 이것이다.

이 경전들에 이 생명의 과정 전체를 담아 전함으로서 인간 공동체가 만들수 있는 가장 완벽한 정치체제인 민주주의가 사라지지 않고 영원히 지속될수 있기 때문이다. 또한 정치체제뿐 아니라 종교와 사회 등 모든 분야의 지식과 경험도 전할 수 있는 것이다. 바로 이것이 자연의 생태공동체가 만들어내는 생태적 선순환이기도 하다.

대중의 태평상태 – 민주주의 이상

'민주주의의 제 6 법칙 3 → 1'

대중의 태평상태는 대중이 자기실현을 통해 국가를 세우고, 대중이 자연과 사적영역이 정부의 간섭 없이 자율과 지치로 스스로가 스스로를 다스리고 다스림을 받으며, 대중이 스스로의 공동체 안의 모든 사건을 자율과 자치로 해결할 수 있는 상태이다.

이 셋의 과정의 시작은 대중 스스로의 중심에 한韓인 1이 자리 잡으면서 가능했다. 그리고 이제 이 셋이 다시 그 시작인 한韓으로 돌아가는 것을 대중의 태평상태라고 한다. 이를 단군 도해님께서는 집일함삼 회삼귀일 執一含三 會三歸一이라고 했다.

이는 대중이 자기실현과 자기성취와 자기완성의 과정을 그 가운데에 존재

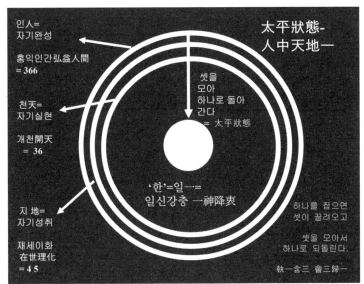

인人=
자기완성

홍익인간弘益人間
=366

천天=
자기실현

개천開天
=36

지 地=
자기성취

재세이화
在世理化
=45

太平狀態-
人中天地一

셋을
모아
하나로 돌아
간다
= 太平狀態

'한'=일一=
일신강충 一神降衷

하나를 잡으면
셋이 끌려오고

셋을 모아서
하나로 되돌린다.

執一舍三 會三歸一

그림 37 식물이 진행하는 생명의 과정과 순환

하는 한과 함께 하나가 되어 위기상태에 빠지지 않고 태평한 나라를 유지발
전하는 상태를 의미한다. 대중이 태평에 이른 이 태평한 나라가 우리민족이
추구하던 국가였다. 이른바 땅위에 존재하는 이상적인 국가이지만 대중이 노
력하여 실현가능한 나라인 것이다.

(1) 삼일사관 - 집일함삼 회삼귀일

이른바 한을 잡음으로써 개천과 재세이화와 홍익인간을 이루고 이 셋을
하나로 하여 다시 한으로 돌아가는 것이다. 이것이 과거 한국, 배달국, 단군조
선이 이루어 후세에 전한 법이며 다시 우리가 이루어 후세에 전할 법이다.
헤겔의 절대정신은 국가를 피라미드식 계층구조로 만든 다음 그 최상부에
절대정신이 위치하는 것이다. 그리고 그 절대정신의 의지에 따라 그 하부의
모든 계층이 움직이는 것이다. 이는 헤겔의 국가철학의 핵심내용이다.

삼일사관에서는 그 절대정신과 전혀 다른 차원을 존재를 '한韓'이라고 부른다. 그리고 한은 수평적 평등구조의 네트워크를 만들어내는 대중이 스스로가 스스로를 다스리는 공적영역과 다스림을 받는 사적영역이라는 대중의 자기실현이라는 민주주의의 중심에 존재한다. 즉 한이 대중의 자기실현을 위한 대중의 중심으로 존재하는 것이다. 한은 누구도 강제하지 않을 뿐 아니라 그 반대의 개념인 자유 그 자체이다. 그리고 한은 나아가 대중의 중심에 존재하며 자기성취와 자기완성을 이룰 수 있는 근거가 되어주는 것이다. 따라서 한은 헤겔의 절대정신과는 정반대의 개념을 가지는 것이다.

(2) 유물사관과 삼일사관

토대가 상부구조를 결정한다는 마르크스의 유물사관은 산업시대의 대표적인 잔재로서의 사상적 도구이다. 이는 피라미드식 수직적 계층구조인 기존의 자본주의가 작동할 수 없고 파멸할 수밖에 없다는 이론이다. 그러나 이 이론은 기존의 자본주의적 수직적 계층구조의 내용을 거꾸로 뒤집어 새로운 일당독재의 더 강력한 중앙집권적 수직적 계층구조의 국가를 만드는 결과를 가져왔다. 따라서 기본적으로 수직적 계층구조 자체는 아무리 여러 번 거꾸로 뒤집는다 해도 바뀌지 않는다는 점에서 유물사관은 플라톤과 아리스토텔레스의 이원론의 구조를 그대로 가지고 있다.

이 유물사관이 민주주의의 기본법칙인 '우리는 100%'를 이루고 '45도의 혁명'을 만나는 순간 하부구조가 상부구조를 결정한다는 내용은 자연스럽게 사라진다. 그리고 상부구조와 하부구조를 이루는 모든 대중이 누구도 배제하지 않고 우리는 100%를 이룬다. 나아가 45도의 혁명을 이루며 상부구조와 하부구조는 서로 평등하게 균형을 이루면서 그 중간에 연결영역이 발생하여 하나로 통합을 이루게 된다.

여기서 과두주의를 가능하게 했던 속임수로서의 도덕을 이루던 상부구조는 수평적 평등구조의 민주주의를 가능하게 하는 민주주의적인 도덕으로 혁신한다. 하부구조도 과두주의를 가능하게 하던 폭력으로서 정의를 수평적 평등구조를 가능하게 하는 민주주의적인 정의로 혁신한다.

이로서 유물사관은 이제 생명의 과정을 진행하는 민주주의의 삼일사관으로 근본적으로 바뀌게 되는 것이다. 즉 상부구조는 상생의 영역이 되고 하부구조는 상극의 영역이 되며 그 경계면의 연결영역은 양극단의 균형을 이루는 중용의 영역이 되어 하나로 통합되며 과정을 시작하는 것이다.

이제 산업시대가 영원히 다시 오지 않듯 자본주의와 마르크스의 유물사관은 역사 속으로 영원히 사라지고 대신 초연결시대를 이끌 삼일사관이 새롭게 그 자리를 채운다.

민주주의와 생명의 과정의 순환

민주주의는 고대 아테네민주주의와 인디언 민주주의 그리고 우리민족의 한민주주의가 있었다. 이 중에서 아테네 민주주의는 민주주의의 설계와 실행 방법이 전혀 전해지지 않는다. 인디언 민주주의도 서양인이 관찰한 기록이 남아있을 뿐 다른 것은 아무 것도 없다.

오로지 한국과 배달국과 단군조선을 통해 천부경과 삼일신고와 366사와 20여 가지의 경전을 전한다. 그리고 그 경전에서 민주주의의 설계도와 실행 방법이 수와 도형과 철학이론과 실험데이터로 설명되며 그것이 아테네민주주의와 인디언민주주의를 공통적으로 설명한다. 이로써 과거에 있었던 세 가지 민주주의가 오늘날 다시 시작할 수 있게 됨으로서 자연이 만드는 생태공동체와 같이 인간 공동체의 핵심인 민주주의가 거대한 순환을 만들어낼 수 있게 된 것이다.

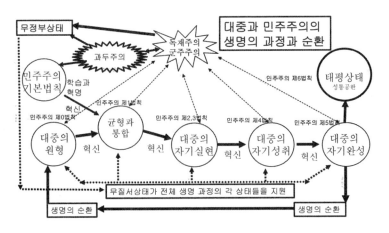

그림 38 대중과 민주주의의 생명의 과정과 순환

위의 그림은 이 책에서 함께 다루어본 대중이 민주주의 국가를 이루기 위해 민주주의의 기본법칙으로 과두주의를 극복하고 자기균형과 통합, 자기실현, 자기통일, 자기성취, 자기완성, 태평상태를 이루는 7가지 민주주의의 법칙이다. 그리고 이제 이 민주주의의 법칙은 다시 씨앗이 되어 순환하는 것이다.

한민족의 고대경전 천부경과 삼일신고와 366사 그리고 20여권

우리의 조상들이 국가를 처음 시작한 이래 모든 새로운 국가가 창업될 때마다 국가 최고지도자가 경전을 만들어 후세에 전했다. 이 경전 등은 9000년 전에 전한 천부경이 바탕을 이루고 있었다. 가장 오래된 경전이 가장 세련된 경전이라는 점은 이해하기 어려운 점이다. 우리의 조상들이 만든 고대 국가인 한국과 배달국과 단군조선은 만들어지고 또한 멸망하여 사라졌지만 이 경전들이 전해짐으로써 개천과 재세이화와 홍익인간의 진리로 이 국가들을 만든 대중은 다시 부활하여 영원히 살게 된 것이다.

우리의 조상들이 고대국가를 처음 세울 때 천부경과 삼일신고와 366사에 이와 같은 생명의 과정원리를 수식으로 수량화하고 도형과 부호와 철학 이론화하여 공통적으로 담아 후세에 전한 이유가 바로 이것이다. 즉 가장 전달하고 보존하기가 쉽게 만들어야 했기 때문이다. 천부경은 불과 81자이며 삼일신고는 366자이다. 그리고 366사는 366개의 가르침으로 이를 모두 말로 설명했다.

우리의 고대국가인 한국은 말로 전한 천부경, 배달국은 글자로 전한 천부경과 새롭게 삼일신고와 366사, 단군조선은 단군팔조교. 고구려는 개물교화경, 발해는 삼일신고 어제찬이 그것이다. 이처럼 무려 8000년 동안 한 번도 중단되지 않고 우리의 천부경과 삼일신고와 366사가 전해지고 또한 이 경전들을 바탕으로 새로운 경전을 만든 것이다. 지금 전해지는 것만으로도 20여 권이 된다. 즉 새로운 국가이지만 그 이전 처음 국가가 만들어질 때의 원리를 그대로 물려받아 다시 나중에 새로 생길 국가에게 전한다는 의미가 있는 것이다.

한 번 완성된 과정이 영원히 지속된다면 새롭게 태어나는 후손들은 이 생명의 과정이 진행되며 하나하나의 상태를 극복하고 새로운 상태들을 만들면서 얻어지는 그 행복이 무엇인지 알 수 없게 된다. 따라서 이 과정은 한 사람의 인간이 태아 상태에서 출산과정을 거쳐 신생아가 되어 성인이 되고 짝을 만나 행복하게 살면서 다시 아이를 출산하는 과정과 같다. 또한 벼가 땅속에서 움을 틔우고 싹을 내어 자라나 벼꽃을 피워내고 나아가 드디어 잘 익은 열매인 벼를 만들어내는 과정과 같다. 국가 또한 이 과정을 그대로 거치는 것이다. 이 과정을 겪는 것은 한 인간이 죽어야하고 한 국가가 멸망해야 하는 비극을 겪지만 동시에 생명의 과정을 통해 영원히 살아있는 것과 같다.

우리민족의 고유한 경전 천부경과 삼일신고와 366사와 20여 가지의 경전이 의미하는 바가 바로 이것이다. 즉 대중이 스스로 시작과 끝을 제거하여 영원을 추구하는 것이다. 이를 위해 우리 모두의 중심에 존재하는 한을 잡으면 개천과 재세이화와 홍익인간을 이루고, 이 셋을 모아 다시 우리 모두의 중심에 존재하는 한으로 돌아간다는 것이다.

우리의 신학인 한신학에서 한은 곧 순수한 우리말이자 우리의 신학의 중심인 하나님 또는 하느님으로 불리는 존재이다.

(1) 민주주의의 생명의 과정과 순환의 원리

실로 인간이 대중을 이루고 국가를 운영하며 자기완성을 이루어 평등한 상태에 이르기에는 우리가 살펴본 바와 같아 길고도 험난한 과정이 필요하다. 대중은 국가를 통해 자기완성을 향해 과정을 진행한다. 그러나 대중은 자기완성에 도달할 수 있음과 동시에 자기완성에 도달하는 것은 불가능하다.

국가가 자기완성에 도달했다는 말은 곧 국가의 과정이 끝났다는 말이 된다. 하지만 대중이 진행하는 국가의 과정에는 끝이 없다. 하나의 국가가 자기완성에 도달하면 반드시 그 국가는 생명이 다한다. 영원불변하는 국가는 없기 때문이다. 그러나 자기완성에 도달한 대중으로서의 국가는 자신이 완성한 생명의 과정의 원리를 다시 처음부터 시작하는 대중에게 전해준다.

그럼으로써 새로 시작하는 대중은 국가를 이루어 다시 자기완성을 향해 새로운 생명의 과정을 진행할 수 있는 것이다. 따라서 이전에 자기완성에 도달한 국가는 종말을 맞은 것이 아니라 다시 생명을 얻어 새롭게 삶을 사는 것이다. 이것이 국가의 시작과 끝을 제거하는 것이다. 하지만 이 국가는 단순한 무한반복을 거듭하는 것이 아니다. 이 국가는 새로운 환경과 새로운 문명에서 새롭게 시작하는 것이다. 따라서 이 국가는 영원히 죽지 않고 생명을 유지하지만 매번 처음과 같이 새로운 삶을 얻어 새롭게 살아가는 것이다.

이러한 생명의 과정을 국가가 무한하게 누릴 수 있도록 가능하게 만들 수 있는 것이 이 국가의 설계도와 실행방법을 후세에 전하기 때문이다.

결론

　플라톤과 동중서이후 지금까지 동서양의 정치제도는 과두주의와 독재주의 이외에 다른 정치제도가 만들어질 수 없었다.

　그러나 소크라테스학파가 파괴한 민주주의의 이름만은 오늘날 어디에서나 사용되고 있다. 어떤 경우에도 민주주의가 될 수 없는 자본주의와 사회주의가 마치 민주주의인 것처럼 민주주의의 이름을 사용하고 있는 것이다. 이들이 좌/우, 진보/보수 등의 이름으로 싸우는 동안 진정한 민주주의는 아예 학계나 언론에서 언급의 대상으로도 되지 못하고 말살 당해온 것이 그동안 민주주의의 운명이었다. 따라서 민주주의는 플라톤 이후 그 설계도와 실행방법을 설명한 단 한 사람의 철학자도 전해지지 않으며 또한 그 책도 전해지지 않는 것이다. 그럼에도 불구하고 이와 같은 괴상한 현상에 대해 의문을 품는 학자조차 없는 실정이었다.

　인류는 200만년 이상 민주주의로 살아왔기에 인간이라 함은 곧 민주주의적인 삶과 불가분의 관계에 있다. 그러나 철기시대이후 농경시대와 산업시대까지는 독재주의와 과두주의가 동서양에서 유행해왔고 그것을 설명한 철학자가 플라톤과 동중서였다. 이는 자기조직화로 진행되는 인간다운 생명의 과정과는 반대되는 것이었다. 즉 인간을 물건 취급하는 자기 파괴적인 이원론으로 만들어진 수직적 계급구조를 바탕으로 하는 정치제도였다.

　그런데 정보화시대부터 이 독재주의와 과두주의는 현실과 맞지 않기 시작했다. 그리고 오늘날 초연결시대에는 다시금 자기조직화로 진행되는 인간다운 삶이 세계의 중심에서 시작하여 전 세계로 전파되기 시작했다.

그것이 바로 구글, 삼성, 페이스 북, 애플 등이 사용하는 플랫폼 생태공동체이론이며, 인천공항과 상해항이 사용하는 허브와 스포크 이론이다. 그리고 학계에서도 오스트롬과 티롤이 바로 이 이론과 연결되는 민주주의 이론을 설명하며 노벨 경제학상을 받았다.

이 플랫폼 생태공동체이론과 허브와 스포크이론 그리고 오스트롬과 티롤의 이론은 모두 농경시대와 산업시대를 주도하던 플라톤과 동중서의 독재주의와 과두주의 이론으로는 접근조차 할 수 없는 전혀 다른 차원의 이론체계였다. 바로 그 이론이 인류가 200만년 동안 사용하던 민주주의 이론인 것이다. 그러나 민주주의의 이론체계와 그 실행방법을 설명한 철학자는 지금까지 단 한 명도 없었고 그것을 전하는 책도 단 한 권도 없었다.

따라서 우리는 민주주의 이론체계와 그 실행방법을 백지 상태에서 처음부터 다시 복원해내지 않으면 안 되었다. 그 방법은 고대 아테네의 민주주의를 플라톤 이전의 자료들을 통해 복원할 수 있었다. 또한 아메리카 인디언의 민주주의가 탁월한 민주주의라는 사실을 알았다. 그리고 이 두 가지 민주주의를 이해하고 설명하기 위한 이론체계가 바로 우리민족의 고대 국가에서 전하는 우리의 고유한 경전 천부경과 삼일신고와 366사에 공통적으로 내장된 수식과 도형과 부호와 철학이론이었다. 그리고 이 수식과 도형과 부호와 철학이론은 또한 우리민족의 고대문명이 남긴 지식을 설명하는 하도낙서와 음양오행과 태극과 팔괘와 64괘, 384효이며 64괘를 최적화하는 45훈과 384효를 최적화하는 366사를 담는 내용이었다.

이 내용은 무려 2천 년간 동북아에서 동중서가 중화주의 유교로 이원론의 수직적계급구조로 왜곡시키고 파괴한 우리민족의 고대경전 천부경, 삼일신고, 366사에서 전한 진리를 원래의 수평적 평등구조로 이루어지는 생명의 과정 원리로 바로 잡은 내용이라는 사실을 분명하게 보여주었다. 그리고 나는 이 경전들에 내장된 이론체계를 우리나라의 세계적인 기업 LG전자의 연구소와 산학협동 계약을 맺어 두 차례의 엄밀하고 구체적이고 객관적인 과학적 실험을 통해 과학적 데이터로 증명할 수 있었다.

이로써 민주주의의 이론체계는 엄밀한 과학적 실험데이터로 뒷받침할 수 있게 되었다. 즉 우리의 고유한 경전에 내장된 수식과 도형과 부호와 철학이론은 과학적 실험으로 증명된 것이며 바로 그 이론체계가 고대 아테네의 민주주의와 인디언 민주주의를 설명하는 것이었다. 동시에 우리민족의 고대국가의 민주주의를 설명하는 것이었다. 그리고 그 실험으로 증명된 이론체계가 오늘날 초연결시대의 세계적인 기업들이 사용하는 플랫폼 생태공동체 이론과 세계적인 공항과 항만이 사용하는 허브와 스포크 이론이었다. 또한 이 이론체계가 고대 아테네의 플랫폼 생태공동체를 만들었던 삼단노선을 설명하고 있었다.

민주주의 생태공동체가 진행하는 자기조직화로 시작하는 생명의 과정을 설명하는 이 모든 것들은 플라톤과 동중서의 독재주의와 과두주의의 자기파괴적인 이론으로는 절대로 설명할 수 없는 전혀 다른 차원의 이론체계였다.

이제 우리는 민주주의를 민주주의와 반대되며 민주주의를 파괴하는 플라톤의 과두주의와 독재주의로 설명하려는 지금까지의 시도가 얼마나 터무니없는 억지였는지를 알 수 있게 되었다. 그러나 그동안 누구도 민주주의를 과두주의와 독재주의의 이론으로 설명하려는 터무니없는 억지에 대해 의문을 품거나 반박하려는 학자가 없었다. 물론 민주주의는 반드시 생명의 과정이론이 설명하는 생태 공동체이론으로 설명해야한다는 주장을 전개하는 학자도 없었다.

이제 우리는 민주주의를 플라톤 이래의 과두주의/독재주의 이론으로 설명하려는 시도는 지금 당장 멈추어야 한다고 자신 있게 말할 수 있게 되었다. 그리고 민주주의는 반드시 생명의 과정이론이 설명하는 생태 공동체이론으로 설명해야한다는 사실에 확신을 가질 수 있게 되었다. 또한 무엇보다도 민주주의는 단순한 정치제도 이상의 것이라는 사실도 알 수 있었다. 인간 개인이 자기실현과 자기성취와 자기완성을 위해 할 수 있는 가장 완전한 방법은 산속이나 수도장에서 수도나 수련을 하거나 대학에서 학문을 연구하는 것이 아니라는 사실이다. 민주주의 시대에는 대중 전체가 천재이며 영웅이 된다.

진리를 추구하고 실현하여 자신을 완성해나가는 참다운 길은 현실에서 우리가 살고 있는 국가를 민주주의로 바꾸어나가는 바로 그 길 임을 우리는 알게 된 것이다. 이 책『민주주의』는 전작인 『우리는 99%에서 한사상으로』를 디딤돌 삼아 만들어졌다. 그리고 이 책『민주주의』는 한국혁명韓國革命과 우리 민족의 고유한 미학美學으로 설명하는 한류韓流를 포함해서 발간하려 했었다. 그러나 집필과정에서 책의 분량이 지나치게 많아져 책을 세 권으로 나누게 되었다. 따라서 이 책에 담지 못한 한국혁명韓國革命과 한류韓流에 대한 내용은 따로 단행본으로 책을 나누어 설명하려고 한다.

그리고 이 책들의 바탕은 우리 한민족이 그 장대한 역사를 살아오며 끊임없이 축적한 집단적 지혜를 담고있는 우리의 고유한 『천부경』과 『삼일신고』와『366사』그리고 20여권의 경전들이다.

그 중『천부경』과『삼일신고』는 1981년 이래 초판과 개정판을 거쳐 2차 개정판으로 발간되었고, 『366사』는 초판을 거쳐 개정판으로 발간되어있다. 또한 20여권의 고유한 경전들은 그동안 발간한 책들에서 몇 권은 원본과 간단한 기본개념을 소개한 바가 있지만 전체적으로 깊이 있게 소개하지는 못했다.

우리민족의 집단적 지혜를 담고 있지만 수천 년간 먼지를 뒤집어쓰고 있는 이 20여권의 경전들을 소개하고 나아가 이 시대에 맞게 설명하여 미래를 준비하는 일 역시 필수불가결한 작업일 것이다.

우리는 이 책을 통해 민주주의의 전반적인 내용을 함께 검토해보았다. 쉽지는 않았을 이 책을 마지막 페이지까지 읽어주신 독자님들에게 감사한다. 끝

참고문헌

Donelson R. Forsyth. 2009. 『집단역학』. 남기덕외 5인역. 시그마프레스.

JAMES BOYLE. 2003. "THE SECOND ENCLOSURE MOVEMENT AND THE CONSTRUCTION OF THE PUBLIC DOMAIN". LAW AND CONTEMPORARY PROBLEMS [Vol. 66:33]

C. 프레드 앨퍼드. 2000. 『한국인의 심리에 대한 보고서』. 남경대역. 그린비.

Gustave Le Bon. 2008. 『군중심리』. 김성균역. 이레미디어.

Own work. 2005. (based upon a drawing of Jean Taillardat in La Tri⊠re ath⊠nienne et la guerre sur mer aux et I si⊠cles, 1968)

SwissChocolateSC. 2015. (Model of a greek trireme Deutsches Museum, Munich, Germany)

강규선. 1998. 『월인석보주해』. 보고사.

高亨. 1995. 「고형의 주역」. 김상섭 역. 예문서원.

계연수. 1986. 『한단고기』. 임승국 역. 정신세계사.

기 에르메. 1998. 『민주주의로 가는 길』. 임미경역. 한울.

김도훈. 2010. 『플랫폼 경쟁에서 양면시장(Two-Sided Market) 이론의 적용 가능성』.
(KORMS webzine 2010 년도 제 4 호).

김성환/김민철/이재영/김남심/강유리/김태현. 2008. 『양면시장(two-sided market)이론에 따른 방송통신 서비스 정책 이슈 연구』. 정보통신정책연구원.

김용근. 1999. 『명태 선생님의 환경교실』. 푸른나무.

김주리 기자. 2015년10월28일자. 『텐아시아』. (금수저? 흙수저? 서민 두 번 울리는 '수저계급')

김진경. 1991. 『그리스 비극과 민주정치』. 일조각.

김 진영. 2015. 『양면시장(Two Sided Market)과 한계비용 제로사회』, Vertical Platform.

다윈. 1987. 『종의 기원』. 박만규 역. 삼성출판사.

데오도르 아도르노. 2008. 『부정변증법』. 홍승용역. 한길사.

돈 탭스코트. 앤서니 윌리엄스. 2011. 『매크로위키노믹스』. 김현정외 역. ㈜북 이십일 21세기북스.

동중서. 춘추번로: 오행지의 (시에 쏭링謝松齡. 『음양오행이란 무엇인가?』. 김홍경·신하령 역.

동중서董仲舒. 2005. 『춘추번로春秋繁露』. 제43편 陽尊陰卑. 남기현 해역. 자유문고.

동중서. 2006.『동중서의 春秋繁露』.신정근역. 태학사.

디오게네스 라에르티오스. 2011.『그리스 철학자 열전』. 전양범역. 동서문화사.

로버트 달.2008.『민주주의와 그 비판자들』. 조기제역. 문학과 지성사.

루소. 1987.『사회계약론』. 이환역. 삼성출판사.

루이스 헨리 모건.2000.『고대사회』. 최달곤역. 문화문고.

리차드 리키/로저 레윈.1987.『오리진』. 김광억역. 학원사.

마르크스·엘겔스.『공산당선언』. 2000.서석연역. 범우사.

마크 판 퓌흐트 · 안자나 아후자. 2011.『빅맨』. 웅진씽크빅.

맨슈어 올슨. 1992.『國家의 興亡盛衰』. 崔洸역. 한국경제신문사.

멘슈어 올슨. 2013.『집단행동의 논리』.최 광 ·이 성 규역.한국문화사.

맹성렬. 2015.『아담의 문명을 찾아서』. 김영사.

볼프 슈나이더. 2015.『군인』.박종대역. 열린책들.

박용안 외. 2001.『 한국의 제4기환경』. 서울대학교출판부.

박홍규. 2009.『인디언 아나키 민주주의』. 홍성사.

버나드 마넹. 2004.『선거는 민주적인가』. 곽준혁 역. 후마니타스.

부르스 커밍스. 2001.『한국현대사』. 김동로외 역. 창작과 비평사.

백민정 기자. 2016-01-26자. 중앙일보. "전 세계 7세 아이들 65%는 지금 없는 직업 가질 것"

소광희 외. 1983.『철학의 제문제』. 지학사.

소포클레스. 2010.『안티고네』(그리스 비극 걸작선). 천병희역. 도서출판 숲)

孫穆. 1991.『鷄林類事』(강신항. 1991,『계림유사 고려방언연구』. 성균관대학교출판부)

셰리 버먼. 2010.『정치가 우선한다』. 김유진역. 후마니타스(주).

아리스토텔레스. 2010.『정치학』. 천병희역. 도서출판 숲.

아이스퀼로스. 2008년.『아이스퀼로스 비극전집』. 천병희 역. 도서출판 .

안재구. 2000. 수학문화사1』. 일월서각.

안토니오 그람시.2005.『옥중수고 1』. 이상훈역. 거름.

알베르토 알레시나. 에드워드 글레이저.2012.『복지국가의 정치학』.전용범역. 생각의힘.

에드워드 기번.『로마 제국 쇠망사』. 1988.강석승 역. 동서문화사.

에드워드 버네이스. 2011.『프로파간다』. 강미경. 공존.

에반 티 프리처드. 2004.『시계가 없는 나라』. 강자모역. 동아시아.

에르네스토 라클라우 ·샹탈 무페.2012.『헤게모니와 사회주의 전략: 급진 민주주의 정치를 향하여』.
    이승원역. 후마니타스.

에우리피데스. 2010. 『메데이아』. [『그리스 비극 걸작선』. 천병희역. 도서풀판 숲. 2010년]

엘리너 오스트롬. 2010.『공유의 비극을 넘어』. 윤홍근 ·안도경역. 랜덤 하우스코리아(주).

엘리아스 카네티. 1993.『군중과 권력』. 강두식역. 학원사.

오경아. 2015년 12월 31일자 동아일보『난초. 신비로운 지구의 강자』.

우실하. 2007.『동북공정 넘어 요하문명론』. 소나무.

윌리엄 고드윈. 2006.『최초의 아나키스트』. 강미경역. 지식의 숲.

이상규. 2010.『양면시장의 정의 및 조건』. 정보통신정책연구 제17권 제4호.

잉바르 카를손. 안네마리에 린드그렌. 2009.『사회민주주의란 무엇인가』. 윤도형역. 논형.

자크 랑시에르. 2010.『민주주의는 왜 증오의 대상인가』. 허경역. 인간사랑.

정수일. 2001.『고대문명교류사』. 사계절.

조지 버나드 쇼 외. 2006.『페이비언 사회주의』. 고세훈 역. 아카넷.

조지프.A. 아마토. 2006.『걷기 인간과 세상의 대화』. 김승욱 역. 작가정신.

존 R . 헤일. 2011.『완전한승리. 바다의 지배자』. 이순호역.

존 롤스.『정의론』. 2013. 황경식역. 이학사.

주희.1996.『역학계몽』. 김상섭 해설. 예문서원.

제임스. 1985.『프래그머티즘』. 임영철 역. 휘문출판사. 세계의 대사상 10.

찰스 만. 2005.『인디언』. 전지나 역. 오래된미래.

최동환. 1996.『366사(참전계경)』 초판. 지혜의 나무.

최동환. 2007.『366사(참전계경)』 개정판. 도서출판 삼일.

최동환. 1991.『삼일신고』 초판. 하남출판사.

최동환. 2000.『삼일신고』 개정판. 지혜의 나무.

최동환. 2009.『삼일신고』 2차 개정판. 지혜의 나무.

최동환. 2010.『단군과 예수의 대화』. 지혜의 나무.

최동환. 2012.『우리는 99%에서 한사상으로』. 지혜의 나무.

최동환. 1991.『천부경』. 초판. 하남출판사.

최동환. 2000.『천부경』 개정판. 지혜의 나무.

최동환. 2008.『천부경』 2차 개정판. 지혜의 나무.

최동환. 1992.『한역』. 강천 지혜의 나무.

최동환. 2004.『한철학1-생명이냐 자살이냐』. 지혜의 나무.

최동환. 2005.『한철학2-통합과 통일』. 지혜의 나무.

최동환. 2006.『한사상과 다이내믹 코리아』. 지혜의 나무.

최병삼,김창욱,조원영. 2014.『플랫폼.경영을바꾸다』.삼성경제연구소.

칼 마르크스.1990.『고타 강령 초안 비판』 (칼 맑스 · 프리드리히 엥겔스 저작선집 제4권. 박종철출판사.1990년).

칼 R. 포퍼. 1982.『열린사회와 그 적들 Ⅱ』. 이명현역. 민음사.

크세노폰. 2001.『소크라테스의 회상』. 최혁순역. 범우사.

탈레스 외. 2005.『소크라테스 이전 철학자들의 단편 선집』. 김인곤외역 .아카넷.

투퀴디데스.2011.『펠로폰네소스 전쟁사』. 천병희역. 도서출판 숲.

테오도르 아도르노. 2008.『부정변증법』. 홍승용역. 한길사.

티모시 프리크.2002.『예수는 신화다』. 송영종역 . 동아일보사.

팽구송 역. 2000.『원문 동이전』. 서문문화사

김재송·엄애경·이경 역.1999.『한글 동이전』. 서문문화사

퓨트르 알렉세예비치 크로포트킨.2003.『크로포트킨 자서전』.김유곤역. 우물이 있는 집.

풍우란馬友蘭. 2007.『중국 철학사 상』. 박성규 역. 까치글방.

프루동. 2003.『소유란 무엇인가』.아카넷. 이용재역.

프루타르크. 2000.『프루타르크의 영웅전 Ⅰ』. 이성규역. 현대지성사.

프리드히리 니체. 2009.『비극의 탄생. 즐거운 지식』. 곽복록 역. 동서문화사.

프리드리히 엥겔스. 1985.『가족의 기원』. 김대웅 역. 아침.

프랭크 뉴포트. 2007.『여론조사』. 정기남 역. 휴먼비즈니스.

플라톤. 1997.『국가』. 박종현 역. 서광사.

플라톤. 2000.『티마이오스』. 박종현/김영균 역. 서광사.

피에르 클라스트르.2005.『국가에 대항하는 사회』.홍성흡역. 이학사.

니콜라이 하르트만.1987.『철학의 흐름과 문제들』.강성위역. 서광사.

한스 크리스챤 후프. 2000.『역사의 비밀』. 이민수 역. 오늘의 책.

험프리 미첼. 2000.『스파르타』. 윤진역. 도서출판 신서원.

홍순만. 2015.『HUB 거리의 종말』. 문이당.

화이트헤드. 2001.『과정과 실재』. 오영환역. 민음사.

헤로도토스. 1986.『역사』. 박관순역. 범우사.

헤시오도스. 2009.『신들의 계보』. 천병희역. 숲.

헤시오도스. 2009.『일과 날』. 천병희역, 숲.

찾아보기